城市轨道交通供电系统设计丛书

城市轨道交通供电系统设计管理与服务

CHENGSHI GUIDAO JIAOTONG GONGDIAN XITONG SHEJI GUANLI YU FUWU

于松伟　韩连祥　陈德胜　编著

西南交通大学出版社
·成都·

内容摘要

本书在作者总结城市轨道交通供电系统设计管理与项目服务以往数十年经验的基础上，系统地阐述了城市轨道交通供电系统设计各阶段的设计内容、设计管理、设计服务。全书共分 11 章，对设计文件组成、内容深度要求、设计接口管理、设计质量审查、设计工作配合、设计服务要求、国际工程特点等进行了全面介绍。

本书具有城市轨道交通供电系统的设计管理指南作用，适用于城市轨道交通工程供电系统的设计及其管理人员，对城市轨道交通建设与运营管理单位的工程技术及管理人员来说，也是一本很好的参考书；同时本书也可供大专院校、科研单位、施工单位、设备制造厂家等专业人员参考。

图书在版编目（CIP）数据

城市轨道交通供电系统设计管理与服务 / 于松伟，韩连祥，陈德胜编著. —成都：西南交通大学出版社，2019.10

（城市轨道交通供电系统设计丛书）

ISBN 978-7-5643-7180-7

Ⅰ. ①城… Ⅱ. ①于… ②韩… ③陈… Ⅲ. ①城市铁路 – 供电系统 – 系统设计 Ⅳ. ①U239.5

中国版本图书馆 CIP 数据核字（2019）第 225972 号

城市轨道交通供电系统设计丛书

城市轨道交通供电系统设计管理与服务

于松伟　韩连祥　陈德胜　编著

*

出 版 人　阳　晓
责任编辑　李芳芳
封面设计　本格设计

西南交通大学出版社出版发行

四川省成都市金牛区二环路北一段 111 号西南交通大学创新大厦 21 楼

邮政编码：610031　发行部电话：028-87600564　028-87600533

http://www.xnjdcbs.com

四川森林印务有限责任公司印刷

*

成品尺寸：185 mm×260 mm　　印张：27.75

字数：690 千字

2019 年 10 月第 1 版　　2019 年 10 月第 1 次印刷

ISBN 978-7-5643-7180-7

定价：98.00 元

课件咨询电话：028-81435775

图书如有印装质量问题　本社负责退换

版权所有　盗版必究　举报电话：028-87600562

序 言

截止到 2018 年年底，我国城市轨道交通开通运营线路总里程已超过 5700 km，在世界范围内，这一规模已处于举足轻重的地位。城市轨道交通作为交通领域的重要组成部分，应该为加快推进新时代交通强国建设提供有力支撑。而城市轨道交通的"强"，除了建设规模大、运营规模大以外，还应体现在"高质量建设"与"高水平运营"上。

目前，我国经济已由高速增长阶段转向高质量发展阶段。在这一宏观经济条件下，我国城市轨道交通也进入了"量力而行，有序推进；严控风险，持续发展"阶段。这其中，规划设计质量、建设施工质量、运营服务质量，就成了可持续发展的根本问题。

设计工作，是城市轨道交通工程建设的龙头。设计质量影响建设质量、工程投资、运营服务。只有确保高质量设计，才会有高质量工程建设与高质量运营服务。而高质量的设计，又需要高水平的设计管理提供保障，并贯彻于设计服务全过程。

城市轨道交通供电系统，是城轨工程中重要机电设备系统之一，它担负着为电动车辆和各种运营设备提供电能的重要任务，对城市轨道交通的安全、可靠、准点、快捷运营具有直接影响。可以说，城市轨道交通供电系统设计管理与设计服务水平，事关城市轨道交通运营水平与服务品质，直接影响城市轨道交通的"高质量建设"与"高水平运营"。

十年前，北京城建设计发展集团（前身北京城建设计研究总院）的电气工程师们，对多年来的城市轨道交通供电系统设计经验及研究成果进行了全面总结、系统提升，并编著成《城市轨道交通供电系统设计原理与应用》一书，与业内分享。今天城市轨道交通已呈多制式、网络化、智慧化发展，面对新制式、新技术、新设备不断涌现，许多创新技术在工程中首次应用的设计环境，为了在提高设计水平的同时，管控保证设计质量，提供更好的设计服务，他们又把长期以来的城轨供电设计管理与设计服务的要求、内容、方法，总结提升为《城市轨道交通供电系统设计管理与服务》，奉献给行业。这在城轨工程众多专业中是不多见的，值得赞许。

我相信，书中"前期研究技术要点""工程设计技术要点""设计接口管理措施""设计审查要点"等内容，将有助于提升设计质量、确保设计服务，为工程建设运营提供基础保障，为我国建设城市轨道交通强国提供有力支持。

中国工程院院士

施仲衡

2019.3.26

前 言

一个高质量的设计，取决于两点：一是设计原理要对，二是设计管理要好。

十年前，我们团队共同编著完成了《城市轨道交通供电系统设计原理与应用》一书。编写策划此书时，就打算后续在此基础上，再继续编写一本《城市轨道交通供电系统设计管理与服务》，形成"姊妹篇"。前者解决"城轨供电系统设计之道"问题，后者解决"城轨供电系统设计之法"问题。即，"设计原理与应用"主要是让读者明白：设计原理是什么？解决"设计原理要对"的问题；而"设计管理与服务"主要是让读者明白：设计管理如何做？解决"设计管理要好"的问题。

"设计管理与服务"，包括两部分内容：一是"设计管理"，二是"设计服务"。

什么是"设计管理"？这里的"设计管理"，不是"设计"与"管理"，也不是对（企业）管理进行设计，而是"设计的管理"，即对设计进行管理。换言之，"设计管理研究的是如何在各个层次整合、协调设计所需的资源和活动，并对一系列设计策略与设计活动进行管理，寻求最合适的解决方法，以达成企业的目标和创造出有效的产品（或沟通）"。显然，设计管理的这一概念，既适用于设计单位对设计工作的管理，也适用于建设单位对设计工作的管理。本书的"设计管理"，属于"建设工程勘察设计管理"范畴，是建设工程项目管理的重要组成部分，是对城市轨道交通工程供电系统设计活动进行管理，其目的是保证工程设计质量，保护人民生命和财产安全。"设计管理"的内容包括：设计目标管理、设计质量管理、设计流程管理、知识产权管理和企业设计系统管理等。本书重点在于各阶段（含前期研究）设计质量管理与设计流程管理，其主要内容是：设计过程控制、设计接口管理、设计质量审查。这是由城市轨道交通工程专业多、投资大、工期长的特点所决定的。设计过程控制包括：对图会签、互提资料、设计更改、限额设计、设计标准化等管理。

什么是"设计服务"？这里的设计服务有两层意思：一是设计单位履约好"设计合同"，就是最大的设计服务，这包括搞好图纸设计本身，也包括做好设计配合，如"采购配合""安装调试配合""验收配合"等内容；二是设计单位在承接"设计合同"这个主业之外，也可以承担"设计咨询"与"设备集成服务"等合同任务，这也是设计单位能够为业主或建设方提供的两种服务。

全书共分11章。具体内容如下：概论；前期研究；工程设计；设计接口管理；设计质量审查；采购配合；安装调试配合；验收配合；设计咨询；设备集成服务；国际工程设计管理与服务。

"概论",从"设计"概念入手,对"城轨供电系统设计"的内容进行了说明,并就其"设计管理"与"设计服务"的内容进行了总体描述,最后强调了设计管理及服务的工作流程。

"前期研究",城轨前期研究阶段包括:城轨线网规划,近期建设规划,可行性研究。前期研究阶段,在设计人员看来,这些"研究"工作,也是广义"设计"工作,所以把前期研究阶段,也收入本书。当然,在前期研究阶段,"供电"专业的工作,虽然很重要,但相对于线路规划、经济分析等专业而言,是从属性的、辅助性的,对设计管理来说,抓住现阶段供电专业的"技术要点"是第一位的。

"工程设计"是设计管理的基础。要讲"设计管理",首先要弄清"工程设计",本章按总体设计、初步设计、施工图设计等,分别给出了不同阶段设计文件组成内容、深度要求、管理要点,并对对图会签要点、互提资料要求、设计变更、限额设计、设计标准化进行了说明。

"设计接口管理",是设计管理的重要内容与有效手段。设计接口管理,分成"设计接口"与"接口管理"两部分。设计接口包括:供电系统内部接口,供电系统与其他专业的接口,供电系统与外部的接口。接口管理,重在措施落地。

"设计质量审查",是本书的重点内容,是设计管理的重中之重!审查工作包括:专业评审(及综合评审),设计校审,系统审定,总体审定,政府审查等。书中的校审要点、系统审定要点、总体审定要点,是北京城建设计发展集团电气工程师们长期以来校审工作的经验总结与智慧结晶。

采购、安装调试、验收组织的主责单位或部门,虽然不是设计单位,但从工程项目管理角度,设计单位应提供"采购配合""安装调试配合""验收配合"等设计服务。往往这也是工程设计服务合同内容。

"设计咨询",这里不是"设计与咨询",而是"设计的咨询",即对城轨供电系统设计工作提供咨询服务,是设计合同之外的另一个咨询合同。在城市轨道交通建设工程中,一个设计单位可以承担其供电设计工作,或者承担其供电设计的咨询任务,两者不同时。当设计单位承接了设计咨询工作时,应该怎么做?本书给出了工作思路、咨询内容、咨询要点和管理措施。

"设备集成服务"的概念,最早来源于"项目管理承包 PMC"的工作内容。城轨供电系统复杂、设备众多,各种设备接口尤为重要。设备集成服务,将有利于系统平衡、功能匹配,有助于保证系统的整体性、完整性、一致性。设计单位对供电系统的总体方案、工程接口、技术标准等理解更加到位,完全可以承担"设备集成服务商"角色。本书给出了设备集成服务职责、服务组织构成、设备招标文件审查、设备招标配合、设备合同管理、设计联络、设备监造、设备出厂检验与验收、设备供货管理、设备安装及调试管理、设备验收管理、图纸和文件管理等具体操作指南。

"国际工程设计管理与服务",它与国内工程相比,有共性部分,但也自具特点。而国际工程中供电专业与其他专业相比,则大同小异。因而,基于国际工程应用案例,本书把国际工程设计管理与服务的特点梳理总结出来,供城轨供电设计师从事国际工程时参考。

为便于查阅使用，本书把大量附表集中放置在附录中。

本书由于松伟、韩连祥、陈德胜等 14 位执笔人共同编著。于松伟负责总策划并统稿，担任主审，起草编写大纲，撰写内容摘要、前言、后记等。各章节执笔人如下：韩连祥执笔第 1 章、第 5 章；陈德胜执笔第 2 章；孙名刚执笔第 3 章；高扬执笔第 4 章；梁玉娟执笔第 6 章；杨超执笔架空接触网部分；曾鹏执笔接触轨部分；高东升执笔第 7 章；王实山执笔第 7.8 节；樊建辉执笔第 8 章；杨锐执笔第 9 章；贾国兴执笔第 10 章；雷芳执笔第 11 章。

中国工程院施仲衡院士 90 高龄为本书作序，这是对城市轨道交通供电系统设计工作的极大关注和对作者的殷切勉励。编写过程中，王汉军、李国庆、杨秀仁等公司领导给予了大力支持。沈子钧、张巍、杨兴山、包童、富科军、郭婷、王绍勇、高平等业内专家审阅了本书，并提出了宝贵的修改意见。王实山在本书编写过程中，做了大量的文字处理及协助组织编写工作。北京城建顺捷电子图文公司为本书编写提供了便捷服务。西南交通大学出版社为本书出版提供了鼎力支持。

在此，对所有编著人员、审稿人员、指导者、支持者一并表示深深的感谢！

最后作者由衷地感谢被誉为"中国地铁的摇篮"的北京城建设计发展集团股份有限公司（前身北京城建设计研究总院有限责任公司）及其全体同事们。公司是我们编写者技术成长的沃土、事业发展的平台，正是公司积极向上的学术氛围、博大精深的技术资源，不仅造就了"设计原理与应用"，也成就了"设计管理与服务"。本书编写过程中的主要参考文献，以目录的形式附在书末。在此，对其作者或单位表示衷心的感谢！

由于编写人员的技术水平有限，编写时间又短，本书难免会有疏漏之处，敬请广大读者批评指正！我们希望本书的出版对行业可持续发展能够起到"添砖加瓦"的作用。

作 者

2019 年元月于北京

目录

1 概论 ·· 001
  1.1 "设计"概述 ·· 001
  1.2 城轨供电系统设计 ·· 002
    1.2.1 前期研究 ·· 002
    1.2.2 工程设计 ·· 003
  1.3 设计管理 ··· 006
    1.3.1 设计接口管理 ··· 007
    1.3.2 设计质量审查 ··· 009
  1.4 设计服务 ··· 010
    1.4.1 设计配合服务 ··· 011
    1.4.2 设计咨询服务 ··· 012
    1.4.3 设备集成服务 ··· 013
  1.5 设计管理及服务流程 ·· 013

2 前期研究 ··· 015
  2.1 概述 ·· 015
  2.2 线网规划 ··· 015
    2.2.1 设计文件构成 ··· 016
    2.2.2 设计文件内容及深度要求 ··· 017
    2.2.3 技术要点 ·· 017
  2.3 近期建设规划 ·· 018
    2.3.1 设计文件构成 ··· 018
    2.3.2 设计文件内容及深度要求 ··· 019
    2.3.3 技术要点 ·· 021
  2.4 可行性研究 ··· 023
    2.4.1 设计文件构成 ··· 023
    2.4.2 设计文件内容及深度要求 ··· 025

   2.4.3 技术要点···026
3 工程设计···029
 3.1 概　述···029
   3.1.1 工程设计范围···029
   3.1.2 工程设计的阶段划分···030
   3.1.3 工程设计的组成及内容··030
 3.2 总体设计文件构成···031
   3.2.1 设计说明书··031
   3.2.2 附　图···032
 3.3 初步设计文件构成···032
   3.3.1 外部电源···032
   3.3.2 主变电所···033
   3.3.3 系统方案···034
   3.3.4 变电所··035
   3.3.5 牵引网··036
   3.3.6 电力监控系统···037
   3.3.7 杂散电流腐蚀防护系统··038
   3.3.8 供电车间···038
 3.4 施工图设计文件构成···039
   3.4.1 外部电源···039
   3.4.2 主变电所···040
   3.4.3 系统方案···042
   3.4.4 变电所··042
   3.4.5 接触网··043
   3.4.6 电力监控系统···045
   3.4.7 杂散电流腐蚀防护系统··046
 3.5 技术管理要点··047
   3.5.1 总体设计技术管理要点··047
   3.5.2 初步设计技术管理要点··048
   3.5.3 施工图设计技术管理要点···049
 3.6 对图会签要点··053
   3.6.1 系统方案、变电所对图会签要点···053
   3.6.2 牵引网对图会签要点···054
   3.6.3 电力监控系统对图会签要点··055

  3.6.4 杂散电流腐蚀防护系统对图会签要点 ·················· 056
3.7 互提资料 ·· 057
  3.7.1 互提资料管理 ································· 057
  3.7.2 总体设计互提资料要求及内容 ···················· 057
  3.7.3 初步设计互提资料要求及内容 ···················· 058
  3.7.4 施工图设计互提资料要求及内容 ·················· 060
3.8 设计更改 ·· 061
  3.8.1 设计更改管理重点 ······························ 061
  3.8.2 设计更改类型识别 ······························ 061
3.9 限额设计 ·· 065
  3.9.1 限额设计控制目标 ······························ 065
  3.9.2 限额设计控制手段 ······························ 065
  3.9.3 限额设计保证措施 ······························ 066
3.10 设计标准化 ··· 068
  3.10.1 标准化分类 ··································· 068
  3.10.2 管理文件标准化 ······························· 068
  3.10.3 供电系统设计标准化建议内容 ··················· 070

4 设计接口管理 ·· 071

4.1 概　述 ·· 071
  4.1.1 接口定义 ······································ 071
  4.1.2 接口分类 ······································ 072
4.2 接口关系 ·· 073
  4.2.1 供电系统内部接口关系 ·························· 073
  4.2.2 供电系统与其他专业的接口关系 ·················· 075
  4.2.3 供电系统与城市相关部门的接口关系 ·············· 081
4.3 供电系统内部接口 ···································· 081
  4.3.1 系统方案与变电所的接口 ························ 081
  4.3.2 系统方案与牵引网的接口 ························ 082
  4.3.3 系统方案与电力监控系统的接口 ·················· 082
  4.3.4 系统方案与杂散电流腐蚀防护系统的接口 ·········· 082
  4.3.5 变电所与牵引网的接口 ·························· 083
  4.3.6 变电所与电力监控系统的接口 ···················· 083
  4.3.7 变电所与杂散电流腐蚀防护系统的接口 ············ 083
  4.3.8 牵引网与电力监控系统的接口 ···················· 084

  4.3.9 电力监控系统与杂散电流腐蚀防护系统的接口 ············ 084
 4.4 供电系统与其他专业的接口 ························· 084
  4.4.1 系统方案与其他专业的接口 ······················· 084
  4.4.2 变电所与其他专业的接口 ························· 087
  4.4.3 牵引网与其他专业的接口 ························· 089
  4.4.4 电力监控系统与其他专业的接口 ··················· 091
  4.4.5 杂散电流腐蚀防护系统与其他专业的接口 ··········· 092
 4.5 供电系统与外部的接口 ····························· 093
  4.5.1 供电系统与城市电力部门的接口 ··················· 093
  4.5.2 供电系统与城市规划部门的接口 ··················· 093
  4.5.3 供电系统与城市气象部门的接口 ··················· 094
 4.6 接口管理 ··· 094
  4.6.1 接口管理要求 ··································· 094
  4.6.2 互提资料管理 ··································· 095
  4.6.3 对图会签管理 ··································· 096

5 设计质量审查 ··· 098
 5.1 概　述 ··· 098
 5.2 专业评审 ··· 100
  5.2.1 投标方案专业评审 ······························· 100
  5.2.2 可行性研究专业评审 ····························· 101
  5.2.3 总体设计专业评审 ······························· 103
  5.2.4 初步设计专业评审 ······························· 103
  5.2.5 综合评审 ······································· 105
 5.3 设计校审 ··· 106
  5.3.1 校审职责 ······································· 106
  5.3.2 校审要点 ······································· 107
 5.4 系统审定和总体审定 ······························· 109
  5.4.1 系统审定和总体审定职责 ························· 110
  5.4.2 系统审定图纸和要点 ····························· 110
  5.4.3 总体审定图纸和要点 ····························· 111
 5.5 政府审查 ··· 111
  5.5.1 外部专家评审 ··································· 112
  5.5.2 施工图设计审查 ································· 112

6 采购配合 ··· 113
 6.1 概　述 ··· 113

6.2 主要设备订货技术要求 ·· 114
6.2.1 开关类设备 ·· 114
6.2.2 牵引整流机组 ··· 127
6.2.3 配电变压器 ·· 130
6.2.4 列车再生制动能量吸收装置 ··· 133
6.2.5 架空接触网 ·· 137
6.2.6 接触轨 ··· 144
6.2.7 电力监控系统 ··· 151
6.2.8 电力电缆 ·· 165
6.2.9 其他设备 ·· 168

6.3 主要设备设计联络要点 ·· 173
6.3.1 开关类设备 ·· 174
6.3.2 牵引机组 ·· 175
6.3.3 配电变压器 ·· 176
6.3.4 列车再生制动能量吸收装置 ··· 177
6.3.5 架空接触网 ·· 178
6.3.6 接触轨 ··· 179
6.3.7 电力监控系统 ··· 179
6.3.8 电力电缆 ·· 180
6.3.9 其他设备 ·· 181

7 安装调试配合 ·· 183
7.1 概　述 ·· 183
7.2 安装交底要点 ·· 184
7.2.1 系统方案及变电所 ·· 184
7.2.2 牵引网 ··· 184
7.2.3 电力监控系统 ··· 185
7.2.4 杂散电流腐蚀防护系统 ·· 185
7.3 单机调试要点 ·· 185
7.3.1 变压器类设备测试 ·· 185
7.3.2 开关类设备调试 ·· 188
7.3.3 主要元器件类设备调试 ·· 198
7.4 所内调试要点 ·· 201
7.4.1 所内设备之间的调试 ··· 202
7.4.2 所内设备与电力监控系统之间的调试 ······································· 203

7.4.3 上网隔离开关与电力监控系统之间的调试 ………………………… 204
  7.5 所间调试要点 ……………………………………………………………… 204
   7.5.1 交流侧设备调试 ……………………………………………………… 204
   7.5.2 直流侧设备调试 ……………………………………………………… 204
  7.6 系统调试要点 ……………………………………………………………… 205
   7.6.1 牵引变电所与牵引网调试要点 ……………………………………… 205
   7.6.2 牵引网系统调试 ……………………………………………………… 205
  7.7 综合联调要点 ……………………………………………………………… 208
   7.7.1 与地方供变电部门的联调 …………………………………………… 208
   7.7.2 与其他各专业的联调 ………………………………………………… 208
   7.7.3 与控制中心的联调 …………………………………………………… 209
  7.8 车辆冷、热滑配合要点 …………………………………………………… 209
   7.8.1 冷滑配合要点 ………………………………………………………… 210
   7.8.2 热滑配合要点 ………………………………………………………… 211

8 验收配合 ……………………………………………………………………… 212
  8.1 概　述 ……………………………………………………………………… 212
  8.2 供电系统分部工程验收 …………………………………………………… 213
   8.2.1 综合接地验收 ………………………………………………………… 213
   8.2.2 系统电缆、光缆敷设验收 …………………………………………… 214
   8.2.3 接触轨验收 …………………………………………………………… 216
   8.2.4 架空接触网验收 ……………………………………………………… 217
   8.2.5 变电所验收 …………………………………………………………… 220
   8.2.6 电力监控系统验收 …………………………………………………… 224
   8.2.7 杂散电流腐蚀防护系统验收 ………………………………………… 225
  8.3 供电系统单位工程验收 …………………………………………………… 226
   8.3.1 单位工程验收的前提条件 …………………………………………… 226
   8.3.2 单位工程验收查验及审阅内容 ……………………………………… 227
  8.4 试运行配合 ………………………………………………………………… 227
   8.4.1 试运行测试内容 ……………………………………………………… 227
   8.4.2 试运行测试指标 ……………………………………………………… 228

9 设计咨询 ……………………………………………………………………… 230
  9.1 概　述 ……………………………………………………………………… 230
  9.2 设计咨询工作思路 ………………………………………………………… 230

####### 9.2.1 工作意义 230
####### 9.2.2 工作目标 231
####### 9.2.3 工作要求 232
####### 9.2.4 设计咨询工作原则 233
9.3 供电系统设计咨询内容 234
####### 9.3.1 服务范围 234
####### 9.3.2 服务内容 235
####### 9.3.3 总体设计咨询工作 235
####### 9.3.4 初步设计咨询工作 238
####### 9.3.5 招标设计咨询工作 241
####### 9.3.6 施工图设计咨询工作 242
9.4 供电系统设计咨询要点 245
####### 9.4.1 总体设计阶段咨询要点 246
####### 9.4.2 初步设计阶段咨询要点 247
####### 9.4.3 招标设计阶段咨询要点 250
####### 9.4.4 施工图设计阶段咨询要点 251
9.5 设计咨询管理 253
####### 9.5.1 设计咨询过程管理 253
####### 9.5.2 质量控制管理 257
####### 9.5.3 进度控制管理 260
####### 9.5.4 协调管理 262
####### 9.5.5 投资控制管理 265
####### 9.5.6 接口控制管理 269
####### 9.5.7 合同与信息管理 271
####### 9.5.8 设计咨询工作成果管理 275
10 设备集成服务 278
10.1 概述 278
10.2 设备集成服务职责 279
####### 10.2.1 项目相关方 279
####### 10.2.2 设备到场前的服务 279
####### 10.2.3 设备到场后的服务 280
####### 10.2.4 服务责任 280
10.3 服务组织构成 285
####### 10.3.1 人员配置 285

10.3.2　岗位职责 ………………………………………………………………… 285
10.4　设备招标文件审查 ……………………………………………………………… 288
　　　10.4.1　设备招标文件组成 …………………………………………………… 288
　　　10.4.2　审查工作流程 ………………………………………………………… 288
　　　10.4.3　文件接收与审查 ……………………………………………………… 289
　　　10.4.4　审查会议组织 ………………………………………………………… 289
　　　10.4.5　确定设备招标文件 …………………………………………………… 289
10.5　设备招标配合 …………………………………………………………………… 289
　　　10.5.1　设备招标工作流程 …………………………………………………… 290
　　　10.5.2　配合招标答疑 ………………………………………………………… 290
　　　10.5.3　组织合同谈判 ………………………………………………………… 291
　　　10.5.4　审查合同文本 ………………………………………………………… 291
10.6　设备合同管理 …………………………………………………………………… 291
　　　10.6.1　设备合同管理内容 …………………………………………………… 291
　　　10.6.2　设备合同支付 ………………………………………………………… 292
　　　10.6.3　设备合同变更 ………………………………………………………… 292
　　　10.6.4　设备合同索赔 ………………………………………………………… 293
　　　10.6.5　设备合同结算 ………………………………………………………… 295
10.7　设计联络 ………………………………………………………………………… 295
　　　10.7.1　制订设计联络计划 …………………………………………………… 295
　　　10.7.2　组织设计联络会 ……………………………………………………… 295
　　　10.7.3　产品设计审查 ………………………………………………………… 298
10.8　设备监造 ………………………………………………………………………… 300
　　　10.8.1　设备监造分类 ………………………………………………………… 301
　　　10.8.2　设备监造范围 ………………………………………………………… 301
　　　10.8.3　设备监造人员 ………………………………………………………… 302
　　　10.8.4　设备监造计划 ………………………………………………………… 302
　　　10.8.5　设备监造项目 ………………………………………………………… 303
　　　10.8.6　设备监造实施 ………………………………………………………… 303
　　　10.8.7　设备监造记录 ………………………………………………………… 306
10.9　设备出厂检验与验收 …………………………………………………………… 307
　　　10.9.1　出厂检验 ……………………………………………………………… 307
　　　10.9.2　出厂验收 ……………………………………………………………… 307
10.10　设备供货管理 ………………………………………………………………… 310

		10.10.1 设备到场计划	310
		10.10.2 设备生产通知及到货通知	311
		10.10.3 设备到场验收及开箱检查	311
		10.10.4 设备仓储	312
	10.11	设备安装及调试管理	312
		10.11.1 设备安装督导	313
		10.11.2 设备调试配合	314
	10.12	设备验收管理	316
		10.12.1 设备验收参与单位	316
		10.12.2 设备验收依据	317
		10.12.3 设备验收目标	317
		10.12.4 设备验收工作重点	317
		10.12.5 设备验收主要内容	317
	10.13	图纸和文件管理	318
		10.13.1 基本要求	318
		10.13.2 管理程序	319
		10.13.3 图文分类	319
		10.13.4 归档和移交	321
11	国际工程设计管理与服务		322
	11.1	国际工程简介	322
		11.1.1 国际工程基本概念	322
		11.1.2 国际工程项目特点	323
		11.1.3 国际工程设计工作	324
	11.2	国际工程标准	325
		11.2.1 国内外城轨交通标准对比	325
		11.2.2 中国城轨标准在国外主要应用情况	326
		11.2.3 中国城轨标准国际化的建议	328
		11.2.4 中国城轨标准国际工程应用实例	329
	11.3	前期研究	331
		11.3.1 前期工作	331
		11.3.2 现场调查	332
	11.4	工程设计	333
		11.4.1 基本设计	333
		11.4.2 详细设计	333

11.4.3　统一标准 ··· 334
　　11.4.4　关注翻译 ··· 334
　　11.4.5　界定文件组成 ··· 335
　　11.4.6　明确审查流程 ··· 335
　　11.4.7　限额设计 ··· 335
 11.5　采购配合 ·· 336
　　11.5.1　设备订货技术要求 ··· 336
　　11.5.2　设计联络与协调 ··· 336
 11.6　其他问题 ·· 338
　　11.6.1　合同管理 ··· 338
　　11.6.2　进度控制 ··· 340
　　11.6.3　工程分包 ··· 342
　　11.6.4　沟通管理 ··· 342

附　录 ··· 343
参考文献 ··· 423
后　记 ··· 425

1 概 论

城市轨道交通（简称城轨）是城市综合交通体系中的重要组成部分。城轨供电系统是实现城轨车辆正常运行和车站保持正常秩序的电力来源，供电系统设计是保障城轨工程实现正常功能性要求、安全性要求的主要基础，而设计管理是工程建设设计合规性、方案合理性、经济良好性的程序保障。设计服务是纸质设计文件在工程上的延伸，是文字化到工程化的实现阶段及过程，最终以完成设计目标为目的。

本书以"设计"概论为引，在介绍城轨供电系统的前期研究、初步设计和施工图设计等不同阶段设计内容的基础上，着重描述设计接口管理、设计质量审查、采购配合、安装调试配合、验收配合、设计咨询、设备集成服务等涉及设计管理和设计服务的有关内容。随着我国"一带一路"倡议的不断深入，本书以城轨供电系统为例，对国际工程设计管理与服务和国内工程相比较所体现出来的特点也进行了介绍。

1.1 "设计"概述

"设计"一词起源于人类的社会活动，在不同的社会生活中被赋予了不同的含义并且进行了延伸。在元代戏曲家尚仲贤的作品《气英布》中有"运筹设计，让之张良；点将出师，属之韩信。"，其中的"设计"为设下计谋、谋划之意。

"设计"的谋划之意也延伸到人类对所在社会的改造。人类通过劳动改造世界，创造文明，创造物质财富和精神财富，而最基础、最主要的创造活动是造物。设计便是对造物活动进行预先的计划，可以把任何造物活动的计划技术和计划过程理解为设计。简而言之，设计就是有目的的创作行为，是把一个计划、规划、设想通过某种形式表达出来的过程。

随着社会的发展，设计也相应涉及工程领域。工程设计是根据建设工程和法律法规的要求，运用科技知识和方法，对建设工程所需的技术、经济、资源、环境等条件进行综合分析、论证，对工程项目的建设提供有技术依据的设计文件和图纸的整个活动过程，是建设项目生命期中的重要环节，是建设项目进行整体规划、体现具体实施意图的重要过程，是科学技术转化为生产力的纽带，是处理技术与经济关系的关键性环节，是确定与控制工程造价的重点阶段。工程设计是否经济合理，对工程建设项目造价的确定与控制具有十分重要的意义。城市轨道交通是城市公共交通的重要组成部分，城轨建设属于城市大型基础设施建设范畴，对于缓解城市交通拥堵的压力有非常积极的作用，被称为改善交通的利器。截止到2018年年底，中国已有35个城市开通了城轨交通，运营总里程为5766多千米。城轨建设是一项复杂的工作，从工程策划到完成需经过若干阶段，如立足于城市规划的城市轨道交通线网规划；

立足于近期规划实施的城市轨道交通建设规划；基于工程建设开展的可行性研究、总体设计、初步设计和施工图设计以及施工安装调试、验收、试运行等过程。在整个建设过程中，设计是灵魂，设计思想贯穿工程建设的始终，设计质量影响工程质量、工程投资以及随之而来的营运效果与运营费用。

城轨工程的设计特点是过程长、专业多、风险高。设计接口复杂，既包括城轨与城市供水、电力方面的外部接口，也包括供电与信号、供电与土建以及供电各子系统间等内部接口。因此，合理的设计必须有完善的管理制度来保障，设计的成果也必须通过有效的服务来贯彻。

1.2 城轨供电系统设计

城轨供电系统是城轨工程设计中的重要内容，与工业与民用电气设计相比，由于城轨供电的重要服务对象为电动车辆，因此两者有着较大的不同。与铁路供电系统相比，由于站间距、车辆启动加速度及其运载量的差异，城轨供电系统也有自身的特点，一般采用直流牵引供电制式。但在市域快轨交通工程中，随着长大线路的出现，也开始引入了交流牵引供电制式。本书内容以采用直流牵引供电制式为基础。

1.2.1 前期研究

城轨工程前期研究可包括线网规划、近期建设规划和可行性研究等阶段。线网规划研究是以城市总体发展规划为基础，并为城市总体发展规划服务。通过线网规划的研究，制定出城市轨道交通的线路发展规划。在城市已发展地区，能够服务既有城市社会环境的现状和发展，改善城市交通环境；在城市待发展地区，结合城市总体发展规划，能够引领城市地区的建设发展。近期建设规划是在已批复的线网规划的基础上开展的研究工作，主要分析研究在线网规划中，哪些线路的建设是较为迫切、与城市规划中的发展结合更为密切、对改善城市既有交通拥堵效果显著的。可行性研究是以近期建设规划为基础，详细分析拟建城轨工程的必要性及其经济影响，并对线路、土建、设备系统等专业的重要方案进行比选、论证，为城轨工程实施的审批创造条件。

城轨外部电源的资源共享，有利于减少对城市电网公共资源的占用，在采用集中式供电的前提下，外部电源的资源共享还有利于减少对城市土地资源的占用，尤其是在城市中心区城网资源和用地条件都比较紧张的情况下，可行且合理的资源共享研究对于线网规划、近期建设规划都应是必备的文件组成内容。

城轨供电系统的服务主要对象之一为电动车辆，因此牵引供电制式的选择应符合电动车辆的要求。在电动车辆没有要求或前期研究中不涉及电动车辆的情况下，供电系统设计可以根据接触网自身特点进行分析。牵引供电制式选择首先是电流制，在此暂不讨论交流制，均以直流制为基础，然后是电压等级的选择和接触网悬挂方式的选择。在线网规划和近期建设规划阶段分析、研究接触网型式，有助于符合城市发展定位和工程特点，并可避免型式过于多样化而不利于城轨日后的运营管理。对于景观要求高的线路或城市中心区的地上线路，应选用对城市景观影响小的接触网型式，市域快轨工程可选择弓网关系跟随性好的接触网型式等。

城轨工程可行性研究意味着前期规划研究取得成效，开始进入城轨实施建设环节，可行性研究报告是对具体城轨线路全方位的研究分析，需要完成本线路的功能定位分析、必要性分析、建设项目能够改善的问题或在地区发展中起到的作用分析等。项目的投资、效益、风险分析是可行性研究报告的又一重要内容，项目可行性研究报告的工程规模、线路形式应符合近期建设规划，项目投资应细化分年投资计划和资金筹措方案，效益分析应包括财务分析、经济分析等。可行性研究报告中项目建设方案的比选、论证是后续项目实施的关键环节，是衡量项目技术可行性的重要内容。在可行性研究报告中供电系统设计文件应满足住建部批准的《城市轨道交通工程设计文件编制深度规定》（以下简称《编制深度规定》）的要求，对外部电源方案、中压供电网络、牵引供电系统方案（如牵引变电所在线路上的分布等）进行方案比选、论证。

对于外部电源方案，应在近期建设规划外部电源及资源共享方案的基础上，落实外部电源方案的可行性，并应取得城市供电部门对外部电源方案的相关支持性文件。

可行性研究报告供电设计章节包括设计说明和附图，其中设计说明包括如下内容：① 工程概况；② 主要编制原则及技术标准；③ 系统构成与功能；④ 外部电源方案；⑤ 主变电所或电源开闭所的设置；⑥ 中压网络与供电系统方案；⑦ 牵引变电所、降压变电所的设置；⑧ 牵引网制式的选择；⑨ 电力监控系统；⑩ 杂散电流腐蚀防护系统、接地与过电压保护；⑪ 动力照明配电；⑫ 谐波治理及无功补偿；⑬ 用电指标分析；⑭ 主要设备选型原则。附图可包括外部电源、主变电所及牵引变电所分布示意图；供电系统图；主变电所或电源开闭所主接线图；典型牵引、降压变电所主接线图。

可行性研究供电系统设计方案的技术、经济比选，需要有相关计算进行支持，如主变电所设置及中压网络需要进行网络潮流计算，牵引变电所分布需要进行牵引供电计算等。

1.2.2　工程设计

城轨工程设计可包括总体设计、初步设计和施工图设计。其中总体设计是城轨工程设计所特有的设计阶段，是为加强总体方案把控及设计接口管理而增设的一个设计阶段，但它并不是一个必需的设计阶段，《编制深度规定》中只有初步设计、施工图设计阶段的要求，并没有总体设计阶段要求，各工程可根据需要自定。

1. 总体设计阶段

在城轨项目实施中，一般在可行性研究报告之后将进行设计招标，中标的若干设计单位可在建设方的组织下，结合各设计投标方案，对项目线路方案、土建方案和设备系统方案进行优化和完善，以得到更为合理、适用的设计方案。很多城轨工程为了梳理总体方案、确定主要设计标准和明确设计接口，常常设有总体设计阶段。

总体设计供电文件组成内容与可行性研究报告相比，应增加设计接口内容，主要技术标准应细化，设计方案应增加深度。附图可根据工程情况和建设方的要求确定。在总体设计时，供电系统的外部电源方案和牵引网型式应已确定，可继承可行性研究报告的成果，如可行性研究报告方案有问题也可再进行比选。外部电源方案的工作在于落实外电源接入方案、主变电所用地及主变电所至城轨线路的电缆通道，并将设计接口划分明确。牵引变电所的分布及牵引机组容量应结合线路、车辆和运营组织资料再次进行计算验证。杂散电流腐蚀防护是城轨工程的难点，因为杂散电流腐蚀防护的实施效果，涉及设计、施工和运营等全过程，在设计阶段涉及供电、轨道、结构和相关设备等多专业。因此，设计界面及其相关要求一定要描述明确，而且在后续的设计阶段需持续跟进。

2. 初步设计阶段

初步设计是在已批复的可行性研究报告（总体设计）的基础上进行编制，供电系统设计主要工作是深化、细化技术方案，包括技术参数的确定和设备选型，为设备招标和施工图设计做准备。供电系统初步设计文件构成仍然为设计说明书和设计图纸，与前面的设计阶段相比，设计文件的内容和深度大大增加，可按照系统方案、变电所、电力监控系统、牵引网、杂散电流腐蚀防护系统等分别成册。设计图纸可根据各部分的图纸数量决定是否单独成册。

系统方案设计说明书包含以下内容：① 工程概述；② 设计范围；③ 设计依据、原则及标准；④ 上一阶段审查意见和执行情况；⑤ 设计接口；⑥ 设计方案；⑦ 电缆选型；⑧ 下阶段设计注意问题；⑨ 系统电缆数量表。在设计说明书中，对可行性研究报告专家评审提出的意见应有回复，并与具体的设计方案描述相对应。电缆选型应注意线路敷设形式对电缆选型的影响，地下线路应采用低烟无卤型，地上线路应特别考虑电缆应满足耐受环境条件的要求。

系统方案设计图纸包括以下内容：① 主变电所（电源开闭所）、牵引变电所位置分布图；② 交流供电系统图；③ 直流牵引供电系统图；④ 系统电缆敷设位置图。

变电所设计说明书包含以下内容：① 工程概述；② 设计范围；③ 设计依据、原则及标准；④ 上一阶段审查意见和执行情况；⑤ 设计接口；⑥ 设计方案；⑦ 用电负荷计算及配电变压器容量选择；⑧ 设备选型；⑨ 下阶段设计注意问题；⑩ 主要设备材料表。变电所设计图纸包括：① 主接线图；② 中压开关柜、直流开关柜、低压开关柜排列图；③ 交直流自用电系统图；④ 接地（综合接地）系统图；⑤ 设备布置平面图。各开关柜排列图中应标注主要元器件的规格、电缆（母线槽）型号及规格。在初步设计阶段，低压用电负荷尚不准确，低压排列图无须每个变电所都出此图。

电力监控系统设计说明书包含以下内容：① 工程概述；② 设计范围；③ 设计依据、原则及标准；④ 上一阶段审查意见和执行情况；⑤ 设计接口；⑥ 设计方案；⑦ 设备选型；⑧ 下阶段设计注意问题；⑨ 主要设备材料表。电力监控系统设计图纸包括：① 电力监控系统图；② 典型混合、降压变电所综合自动化系统图。

牵引网设计说明书包含以下内容：① 工程概述；② 设计范围；③ 设计依据、原则及标准；④ 上一阶段审查意见和执行情况；⑤ 设计接口；⑥ 设计方案；⑦ 设备选型；⑧ 下阶段设计注意问题；⑨ 主要设备材料表。接触轨设计图纸包括：① 接触轨系统接线图；② 接触轨布置平面图；③ 不同道床型式下接触轨安装示意图。架空接触网设计图纸包括：① 架空接触网系统接线图；② 架空接触网电分段示意图；③ 不同情况下架空接触网悬挂安装示意图；④ 车辆综合基地库内典型悬挂示意图。

杂散电流腐蚀防护系统设计说明书包含以下内容：① 工程概述；② 设计范围；③ 设计依据、原则及标准；④ 上一阶段审查意见和执行情况；⑤ 设计接口；⑥ 设计方案；⑦ 设备选型；⑧ 下阶段设计注意问题；⑨ 主要设备材料表。杂散电流腐蚀防护设计图纸应为杂散电流腐蚀防护系统图。

初步设计供电系统各子系统设计说明书中虽然有些标题内容相同，但各子系统应根据自身设计范围进行对应描述，比如：系统方案的工程概述可描述线路形式及长度、地下及地上车站数量、控制中心和车辆综合基地的设置；变电所设计工程概述应增加电源引入的描述；牵引网设计说明的工程概述应增加隧道施工工法的描述；杂散电流腐蚀防护系统设计说明的工程概述应增加道床型式的描述等。由于供电各子系统的设计内容不同，各子系统的设计方案描述就完全不同了。

城轨工程在采用集中式供电时，外部电源引入和主变电所的初步设计内容可单独成册，一般由当地供电设计单位进行设计，并应通过当地供电部门的审查、批准。

初步设计阶段供电系统需要进行计算验证方案的合理性。计算内容可包括网络潮流计算、牵引负荷计算、牵引网电压质量计算、回流轨对地电压计算、谐波计算、中压网络短路电流计算、牵引网短路电流计算、系统电缆热稳定计算等。

3. 施工图设计阶段

施工图设计，顾名思义是直接用于工程施工的图纸设计。施工图设计是以批准的初步设计为基础进行深化和细化而完成的。与前面的设计阶段以设计说明书为主不同，施工图设计以图纸为主，设计说明则作为对设计图纸的补充。

系统方案施工图设计图纸内容包括：① 设计说明；② 系统电缆材料表；③ 交流供电系统图；④ 直流牵引供电系统图；⑤ 中压网络继电保护配置图；⑥ 系统电缆敷设平面及剖面图。系统方案是可行性研究和初步设计等阶段需重点确定的内容，在施工图设计阶段，方案性的内容已经确定，应将详细计算后的计算容量、设备容量和选定的电缆规格型号在各系统图中标注清晰。系统方案施工图设计主要工作在于系统电缆敷设，包括系统一次电缆和二次电缆，在电缆穿越人防门、防淹门、道岔区及敷设高程变化的位置应有横向或纵向剖面图。

变电所施工图设计图纸内容较多，变电所的施工图设计应包括一次设计和二次设计。一次设计主要是将初步设计确定的主接线、各开关设备排列图、系统图按照设备招标后的资料标注所选用元器件的数量和技术参数。二次设计包括各开关的控制、保护、信号和测量的二次原理图和外接端子排线图。外引接地装置设计一般也属于变电所设计内容，应注意总等电位连接内容也在接地设计中。

变电所施工图设计图纸包括：① 设计说明；② 主要设备材料表；③ 主接线图；④ 中压开关柜排列图；⑤ 直流开关柜排列图；⑥ 低压开关柜排列图；⑦ 交直流自用电系统图；⑧ 设备布置平面图、剖面图；⑨ 设备基础孔洞及预埋件平面图、剖面图；⑩ 电力电缆联系图；⑪ 电缆敷设平面图、剖面图；⑫ 变电所继电保护配置图；⑬ 交流中压配电系统二次原理图及外引端子排接线图；⑭ 直流牵引供电系统二次原理图及外引端子排接线图；⑮ 控制电缆联系图；⑯ 接地系统图（含总等电位连接）；⑰ 外引接地装置布置平面、剖面图；⑱ 变电所接地线敷设图等。

在设置综合监控系统的情况下，电力监控系统多集成于综合监控系统，其施工图设计内容是各变电所综合自动化。其中三遥量的确定是其重要内容，而三遥量的确定涉及运营管理要求，需要征求运营公司的意见。电力监控系统的设计图纸包括：① 设计说明；② 全线监控系统图（含控制中心、主变电所和车辆综合基地复示系统）；③ 各变电所综合自动化系统图；④ 各变电所三遥量表；⑤ 各变电所综控屏布置和电缆敷设平面、剖面图。

牵引网系统是供电系统的重要子系统，牵引网设计质量直接影响车辆取流的连续性、平滑性，而且架空接触网或接触轨是供电系统中唯一没有备用的设备，牵引网自身的可靠性非常重要。接触轨施工图设计图纸包括：① 设计说明；② 主要设备材料表；③ 接触轨电气系统图；④ 接触轨布置平面图；⑤ 接触轨零部件及安装图。架空接触网施工图设计图纸包括：① 设计说明；② 架空接触网电气系统图；③ 架空接触网布置平面图；④ 架空接触网非标零部件图；⑤ 架空接触网安装图。

杂散电流腐蚀防护系统施工图设计图纸包括：① 设计说明；② 主要设备材料表；③ 杂散电流腐蚀防护系统图（应含传感器等配电）；④ 排流柜原理接线图；⑤ 排流钢筋、监测系统钢筋焊接、引出端子要求；⑥ 排流系统电缆敷设图。

供电系统施工图设计计算内容可包括：① 中压网络最大、最小运行方式下短路电流计算；② 牵引网近端、远端短路电流计算；③ 继电保护整定计算；④ 低压负荷计算及配电变压器容量校验；⑤ 直流操作蓄电池容量计算；⑥ 低压间接接触防护自动切断电源有效性核算；⑦ 工频接地电阻计算、跨步电压及接触电压合规性验算；⑧ 排流钢筋截面面积计算等。

城轨工程是一个综合性的工程，除了供电系统外还需要有多个专业参与，如线路、信号专业等，专业和专业之间并不是独立的，而是存在相互配合关系，即接口关系。工程设计过程中，实施和验证设计接口通过专业间的互提资料和对图会签来实现，而设计接口的完整性和正确性与互提资料、对图会签的内容、深度密切相关。

当设计文件已通过相关审查，形成阶段性成果文件后，设计文件不应被随意修改。《建设工程勘察设计管理条例》中规定，建设单位、施工单位、监理单位不得修改建设工程勘察、设计文件；确需修改建设工程勘察、设计文件的，应当由原建设工程勘察、设计单位修改。因此，设计更改的进行，有相关的程序和流程要求，设计更改的内容和深度也应满足对应设计阶段的内容和深度要求。

1.3 设计管理

工程设计是工程建设的组成部分，设计管理也应符合工程建设的管理特点，并遵从工程建设的相关管理内容和管理方法。目前，工程建设管理的基本方法就是"PDCA"控制方法，基本工作内容是"三控""二管""一协调"。

PDCA 循环是美国质量管理专家戴明博士首先提出的，所以又称戴明环。全面质量管理的思想基础和方法依据就是 PDCA 循环。PDCA 循环的含义是将质量管理分为四个阶段，即计划（plan）、执行（do）、检查（check）、处理（action）。在质量管理活动中，要求把各项工作按照做出计划、计划实施、检查实施效果，然后将成功的纳入标准，不成功的留待下一循环去解决的工作方法。城轨工程设计管理也采用"三控""二管""一协调"作为基本内容，其中"三控"为设计进度控制、设计质量控制和成本控制，"二管"为设计合同管理、设计信息管理，"一协调"为设计过程中设计主体内部协调和外部协调。

设计进度控制是指工程进展过程中设计工作的进度控制。控制的目的是通过采用控制措施，确保在工程设计交付的时间内实现目标计划。设计质量控制是指设计工作应按设计规范和设计合同确定的标准进行，并对形成设计质量的各种因素进行检测、核验，对存在的差异提出调整、纠正措施的监督管理过程。成本控制是设计成本的控制。

合同管理：所说的合同管理就是尊重"契约"，一切按照合同办事，设计合同的执行贯穿于工程建设的全过程。信息管理是指设计管理是一项现代化的管理活动，要依靠大量的信息以及对大量信息进行管理。

"一协调"是说明设计的过程，也是沟通、协调的过程，在这个过程中需要工程设计各方的相互配合，也需要和设计外部的建设参与各方，如建设方、设计咨询方等沟通以及得到城市主管相关部门的指导和支持，实现这些沟通、配合工作，需要大量的协调工作。

本书主要介绍设计管理中的设计质量控制，重点在于设计接口管理和设计质量审查。设计接口管理主要由设计项目组流程控制，设计质量审查主要由设计单位体系管控。

1.3.1 设计接口管理

工程设计项目需要若干专业相互配合才能完成，复杂程度较高的城轨工程当然也不例外。在以工程整体质量优秀为目标的设计工作中，设备专业对土建专业提出的设计要求、系统专业内的分工、配合，都涉及接口划分和接口内容的合理确定，这就首先需要进行接口划分。在设计接口确定后，如何将合理的接口准确无误地实施完成，就需要设计接口管理。设计接口管理包括工程设计过程中的互提资料管理以及验证互提资料符合性的设计对图、会签管理。

1. 设计接口

设计接口应首先进行接口分类，可按照接口对象和接口性质分类，详细分析各相关专业之间的接口关系以及彼此联系，最后确定接口界面、接口内容和接口责任。

供电系统按照接口对象的不同，可分为内部接口和外部接口。内部接口又可分为城轨项目内部相关专业接口，如供电系统与土建专业，以及供电系统内各子系统间的接口，如变电所与牵引网等。外部接口指城轨供电系统与城市相关部门或单位的接口，如供电系统与城市电力部门的接口。

供电系统可分为系统方案、变电所、电力监控系统、牵引网和杂散电流腐蚀防护系统等子系统。供电系统内子系统间接口包括：系统方案与变电所；系统方案与电力监控系统；系统方案与牵引网；变电所与电力监控系统；变电所与牵引网；变电所与杂散电流腐蚀防护系统；牵引网与电力监控系统；牵引网与杂散电流腐蚀防护系统等。

供电系统与城轨项目内部专业的接口包括：供电系统与线路专业；供电系统与行车专业；

供电系统与车辆专业；供电系统与限界专业；供电系统与轨道专业；供电系统与建筑专业；供电系统与结构专业；供电系统与各设备系统等。

在内部接口中，接口专业之间的关系也不相同。专业间关系有单向性的，也有双向性的；有一次性沟通协商就完成接口内容，也有多次往复沟通协商才能实现接口目的。线路专业需向供电系统提供线路的平面、纵断面及车站设置数量和里程，为直流牵引供电计算、接触网平面布置提供基础数据。行车专业提供行车密度、车辆编组、行车交路和配线设置，作为直流牵引供电计算和接触轨、架空接触网电分段设置及配线中布置的设计条件。车辆专业需提供列车重量、定员及超员乘客数量、牵引及制动特性曲线、辅助用电容量用于供电系统进行直流牵引供电计算。供电系统需向限界专业提出区间电缆支架的外形尺寸及安装位置，为限界专业确定设备限界提供条件。轨道专业应向供电系统提供走行轨电气参数，用于直流牵引供电计算、直流短路计算，供电系统应向轨道专业提供过轨线缆数量、位置和回流电缆、均流电缆与走行轨连接方式、位置以及道床钢筋焊接要求等。供电系统应向建筑专业提出变电所、上网开关柜室等用房要求、运输通道和孔洞等。供电系统应向结构专业提出荷载、孔洞等。

供电系统的外部接口主要涉及城市电力部门和主变电所设计单位，关系到外电源引入方案、主变压器选择和中压馈线数量、容量。当外部电源方案采用集中式供电，需要建设主变电所时，涉及主变电所的建设用地，与城市规划部门存在接口。

设计接口的确定和实施贯穿于在城轨项目设计的各个阶段，但不同阶段接口内容的深度会存在差异，而且内容也可能会有变化。在前期研究阶段，设计工作常常由一个设计单位独立承担，因此存在设计接口的相关专业会在一个设计单位内，可通过执行设计单位自身质量管理体系中的设计管理相关规定实现接口管理。在总体设计、初步设计、施工图设计等工程设计阶段，设计工作由多个设计单位共同承担，但会有一个设计总体单位，由此单位成立设计总体组负责总体性技术工作上的把控和接口的管理。

2．接口管理

在接口管理中的互提资料环节，应有设计单位自身设计管理规定的或设计总体组制定的《互提资料单》，《互提资料单》可附图（含电子文件）来共同实现互提资料的完整性。《互提资料单》应由提资专业填写，提资专业和接收专业共同签字，表示完成互提资料过程。为保证互提资料的准确性，可要求校核人对《互提资料单》进行复核，并由专业负责人最终认定。为保证设计过程的可追溯性，《互提资料单》应保留到下一阶段设计工作正式开始后再进行销毁。由于是设计终身负责制，施工图设计阶段的《互提资料单》应作为设计归档文件，一直保留到本项目进行正式改造开始后再进行销毁。

在设计发生变化，涉及专业接口内容时，需要重新填写《互提资料单》，在《互提资料单》及相关附图中，应明确更改的内容。

专业间互提资料的管理，应有合理的时间计划安排，确保项目按照进度计划有效实施。因此接口管理在互提资料阶段的管理有效性，涉及互提资料内容的有效性和时间的计划性、及时性，这在接口管理中需同时给予关注。

设计对图、会签是接口管理中落实互提资料的检验环节，是为了保证确实落实接口专业提出的接口内容、接口要求的重要环节，设计对图应核对接口内容和接口要求有效实施且与本专业的设计无干扰，避免各专业间出现不对应现象，以保障项目设计的总体设计质量。

设计对图、会签的实施和有效性的保障与项目负责人（系统负责人）、专业负责人和设计人都相关，需要组织和相关人员各负其责。供电系统内子系统的对图、会签由供电系统负责人按照项目进度计划要求及时组织，设计人进行相关图纸核对工作，当出现遗漏或不一致的情况，各子系统的设计人、专业负责人应协商并修正，出现的问题和达成一致意见的修正内容应记录在《对图记录单》中，《对图记录单》应有接口专业各设计人共同签字认可。在设计图纸核对无误或已按照修正内容修改后，提资专业设计人在对方相关图纸上签署。

1.3.2　设计质量审查

在设计单位的技术岗位中，有设计人、校核人、专业负责人、审核人和审定人等。在设计产生成品过程中，除设计人、专业负责人参与具体设计工作外，还需要校核人、审核人和审定人对设计图纸进行审查，俗称"三审"。当然设计单位对于设计质量的审查不仅包括上述三审工作，而且有设计专业评审和综合评审对专业重要方案和项目重大方案进行把控。

在城轨具体项目中，除设计单位自身的质量控制环节外，还有设计项目总体组的系统审定、总体审定，对项目技术要求、标准统一性的审查，避免同类设计的内容五花八门。城轨工程复杂、投资多、风险大，因此，在城轨线网规划、近期建设规划、可行性研究和初步设计等阶段，政府将委托相关单位组织行业专家对项目合规性、必要性、合理性和经济性进行审查。

在城轨工程设计招标中，供电系统多为独立标段，设计单位在设计投标、可行性研究、初步设计都要求进行专业评审，以保证设计方案能够体现专业最好水平。供电系统设计投标的专业评审首先应梳理设计招标文件中对投标文件大纲、格式和内容的要求，避免投标文件出现不应标或出现废标条款。投标文件的技术方案需对应招标文件的技术要求和评分细则。

可行性研究阶段供电系统设计主要是结合近期建设规划中外部电源资源共享和线路、行车等资料，对技术方案进行研究和论证，并协助其他专业完成可行性研究报告的设备国产化率和经济分析等内容。因此，可行性研究供电系统专业评审的重点在于对技术方案的分析和比较，技术方案的内容主要包括外电源供电方式、接触网型式和牵引变电所的分布。外部电源方案应参照城轨线网规划、近期建设规划的研究成果，结合本项目线路和沿线周边电力资源的具体情况进行优化和分析；接触网的型式应首先考虑到项目所在城市的发展特点，然后再从技术层面对不同的接触网型式结合本项目特点进行比选、论证；在直流牵引且采用走行轨回流的情况下，牵引变电所的分布还应考虑到杂散电流的影响。

初步设计阶段是确定重大方案的最后一个环节，在此阶段设计条件应已稳定，各方要求也应明确。供电系统初步设计的编制应在批复的可行性研究报告的基础上，对可行性研究报告的技术方案进行深化和细化，并应通过详细计算取得对技术方案的支持。供电系统初步设计的专业评审应考虑初步设计的技术方案是否继承了已批复的可行性研究的方案，计算结果对技术方案的支持性以及选择的变压器、整流器的容量以及断路器等元器件技术参数是否合理适用。设备选型是否符合工程项目的特点，如地下线路电力电缆是否有低烟无卤，地上线路电力电缆是否有防日晒、防开裂的要求等。

综合评审不是必需的设计质量审查程序，是根据项目进展需要由项目负责人决定是否申请召开。综合评审工作应在专业评审后进行。

在城轨工程不同的设计阶段或不同的设计内容，设计质量审查可采用二级校审或三级校审。二级校审为校核和审核，三级校审为校核、审核和审定，各校审人有不同的任职资格相对应。校核人、审核人和审定人的校审内容在审查完整性的前提下可有侧重，如校核要求是全面性，审核重点为合规性，包括设计程序的合规性及对所执行规范的合规性，而审定要求是总体方案及主要方案的合理性。

在城轨项目中，供电系统设计除执行自己设计单位的设计管理规定，进行相应的设计评审和设计校审外，还应接受设计总体总包单位为本项目制定的设计总体组的技术管理，系统审定人应为设计总体组中供电系统专业的技术负责人，总体审定人可为设计总体组的总体或管理设备专业的副总体。在施工图设计阶段，系统审定人和总体审定人应对供电系统有关设计图纸进行审查并签署。系统审定人审查的设计图纸可包括：① 设计说明；② 供电系统图及继电保护配置图；③ 变电所主接线图；④ 变电所设备布置平面图、剖面图；⑤ 电力监控系统构成图；⑥ 变电所综合自动化系统；⑦ 接触网供电分段示意图；⑧ 正线接触网布置平面图；⑨ 车辆综合基地接触网布置平面图。总体审定人可只审查设计说明。

城轨工程在线网规划到初步设计的各个阶段，都将由政府委托相关单位组织召开专家审查会，对设计文件组成内容、深度、执行设计规范的合规性以及主要技术方案的合理性和经济性进行全面的审查。

在施工图设计完成后将由具备资质的审图公司对施工图设计图纸进行审查。从安全性、可靠性和合理性等多方面保证城轨工程的设计质量。

1.4 设计服务

供电系统设计服务包括设计配合服务、设计咨询服务和设备集成服务。设计配合服务又可包括甲供设备采购配合、设备安装调试配合和工程验收配合。设计配合服务是城轨项目设计合同中自身固有的内容。设计咨询服务是与设计任务不同的工程管理内容，是为了加强工程设计质量的审查力度，以体现在城轨工程建设中对设计工作的重视。设计咨询服务工作理念来源于施工监理，有时甚至与设计监理相混淆。设备集成服务是代建方的一种项目管理形式，其合约的主要内容是在建设方的授权下，从设备采购阶段开始对甲供的供电设备的采购、生产监造、现场安装及调试等的全过程管理。

1.4.1 设计配合服务

在设备采购配合中，供电系统设计重要的服务内容是编制各类甲供的供电设备技术规格书-用户需求书（以下简称技术规格书），技术规格书是建设方完成编制的设备招标文件中技术内容的组成部分。技术规格书的编制工作是在初步设计完成批复后开始进行，编制依据是初步设计所确定的技术参数和设备材料数量。对于各种开关柜、变压器、整流器等供电设备，初步设计文件的设备数量也是准确的，但电缆等材料的数量并不准确。在电缆等材料进行采购招标中，可采用单价标的方式。供电设备和材料采购招标中，明确所处环境及气候条件是非常重要的，如海拔条件将影响绝缘要求；电缆在地下线路敷设应要求低烟无卤；电缆在地上线路敷设应能耐受紫外线及温度变化产生的应力等。供电设备的技术参数选择应有计算结果作为支持，如变压器的容量、断路器额定电流及额定短路分断电流、电力电缆截面等。

在设备招标过程中，供电系统设计还应和建设方、设备集成服务商等一起参加与中标生产厂商的设计联络等工作，商讨设备招标文件涉及但并不很明确的设备技术问题。

在技术规格书的编制中，对执行的设备制造标准、规范应进行查新，避免出现设备制造的旧版规范，技术规格书的重点是对设备或材料如电缆提出完整的性能或功能要求，而没必要对设备和电缆等制造方面进行过多描述，如钢板厚度、电缆屏蔽层材料、铠装层搭接长度等，这些方面可由生产厂商根据现行国家设备制造标准、规范自行处理，避免后续工作产生不必要的合约纠纷。

安装调试配合是供电系统设计为解决施工单位在安装、调试过程中各种问题而进行的配合工作。当出现施工图设计表达不明确，出现错、漏或土建实施结果出现偏差，如变电所隔墙位置出现偏差，造成设备检修通道变小等，供电系统设计需在施工现场协助或指导施工单位解决问题。安装调试配合涉及供电系统各子系统，尤其是安装于变电所的供电设备较多。总体可分为四大类：其一为变压器类，为落地安装，包括牵引变压器、配电变压器、整流器等；其二为开关设备类，为落地安装，包括各电压等级交流开关柜、直流开关柜、综控屏、交直流电源屏等；其三为牵引网系统设备，包括架空接触网立柱、腕臂、接触轨支架等；其四为其他设备，包括电缆支架、杂散电流传感器、参比电极等。设备安装配合主要解决施工现场供电设备的孔洞预留和基础槽钢及其预埋件、架空接触网立柱基础等应符合施工图设计要求。调试配合主要为开关类设备，如断路器的合分操作、联锁联跳以及断路器跳闸定值校验等。调试配合可分为单机调试、所内调试、所间调试和系统调试。

城轨工程的电源均来自城市电网。城市电网各电源点为城轨送电时（俗称"发电"），"发电"将检验供电设备、电缆的绝缘和继电保护整定的合理性，为避免现场发生断路器跳闸等突发情况，供电系统设计也应到场配合。"发电"包括城网电源送至城轨工程首个受电变电所，然后再送电至城轨各变电所，并对各种变压器进行冲击拉合闸试验，检验变压器的机械强度、绝缘强度和继电保护的整定。

冷滑和热滑是城轨工程建设过程中特有的一种调试。所谓冷、热滑是以车辆是否带电来区分。采用不同速度的冷滑试验将检验车站、区间电缆支架是否有侵入限界的情况,检验架空接触网、接触轨与车辆受电弓、受流器的配合是否良好。热滑是车辆带电运行,以贴近实际运行的方式对牵引供电系统的设计、设备进行检验。在车辆采用不同速度运行的条件下,检验车辆受电弓、受流器与接触网系统的配合是否平滑、顺畅,变电所直流牵引设备运行是否正常,是否存在直流快速开关误跳闸情况。

设计和施工是关系到城轨工程整体质量的两大环节。设计质量的把控是由设计单位自身、设计咨询单位、设计总体组和政府职能部门层层审查把关,以保障设计能够满足城轨安全性、合理性和经济性的要求。而工程验收是对工程施工质量进行检验和把关,施工质量的优劣对整个工程质量更是起到了决定性的作用,施工出现质量问题可能意味着极大的安全风险,并且修正错误也将带来极大的经济损失。工程验收也有诸多相应的施工验收规范作为衡量工程各施工内容质量的标准,对于城轨工程也有《地下铁道施工及验收规范》等针对本行业的国家标准。

供电系统设计的验收配合包括变电所、接触网等单项工程验收和竣工验收,其中单项工程分主控项目和一般项目进行检查。由于城轨工程的建设是为运营服务,因此城轨对供电系统等设备系统的检验更具特点的是试运行。试运行是在冷、热滑试验成功,系统联调结束,所有设施设备验收合格,通过不载客列车运行,对运营组织管理和设施设备系统的可用性、安全性和可靠性进行检验。试运行由建设单位组织、运营单位参与,除了没有乘客乘坐外,其他所有内容都应和运营时一样、按运营图跑车。在试运行期间,供电系统的检验也分主控项目和一般测试项目,并均应满足设计的要求。

1.4.2 设计咨询服务

设计咨询是城轨工程设计管理常见的一种模式,由建设方聘请设计咨询单位协助或代替建设方进行设计管理工作,以加强保证设计质量、进度和节约投资。设计咨询单位和工程设计单位没有合同关系,对工程设计单位具有独立性。

设计咨询工作一般与工程设计工作同时进行招标,而且是一个整体大标段,也就是说中标设计咨询单位将审查所有参与本项目设计单位的设计成果文件。设计咨询服务的设计阶段为总体设计、初步设计和施工图设计,因此能够提供高水平的设计咨询服务的前提是设计咨询单位应当具有城轨行业相应的设计资质丰富的设计和管理经验,承担过城轨的设计总体和系统、工点设计工作,熟悉应用设计规范,了解城轨的建设发展。

设计咨询项目人员应对项目所在地城轨线网规划及本工程特点、难点有一定的了解和认识,设计咨询接收供电系统设计单位提交的设计文件和图纸,对照《城市轨道交通设计文件深度规定》对供电系统设计文件的内容、深度进行核查,检查执行的规范、标准是否有效准确,技术方案、设备选型是否符合规范、标准的要求并满足运营的安全性和功能性的需要。

在总体设计、初步设计和施工图设计各阶段,设计咨询应有不同的重点,保证设计咨询的意见切实可行,符合实际工程进展的需要。设计咨询不应成为设计成果文件的校核人，应把握好供电系统设计咨询的关键和重点，做好建设方委托的设计管理工作。当建设方委托设计咨询进行设计管理过程控制时，设计咨询需对设计的进度、质量和投资进行过程管理，并参与各接口方的协调工作，使工程设计工作有序、进度可控，设计质量也得到保证。

1.4.3 设备集成服务

设备集成服务是工程建设管理的一种模式，也是对于设备系统建设管理的一个特点。供电设备集成服务（简称设备集成）商是作为建设方代表，对甲供的供电设备采购、供货、安装调试等一系列活动进行集成化管理，承担受委托管理范围的责任，但属于非决策机构。重大问题仍由建设方决策。

在不同的城轨工程项目中，设备集成服务的范围和内容也不尽相同，需根据设备集成服务招标文件确定。设备集成服务的常规内容包括制订设备集成管理计划、甲供设备招标文件审查、参加设备招标并组织设备合同谈判、组织设备中标后的设计联络、负责设备监造、组织供货管理、协助设备安装和设备调试、配合设备合同管理等。设备集成商工作相关方包括建设方、供电系统设计单位、施工安装单位及监理单位、甲供设备生产厂商。

供电设备集成服务的招标也和设计咨询工作等同时进行，但供电设备集成服务不是管理全线所有供电设备，而是甲供设备，并且车辆综合基地中供电车间的设备一般不在供电设备集成服务的范围内。设计单位也可以参加投标并承担设备集成服务。

设备集成服务主要以组织、协调和配合为主，需要设备集成服务商具有较强的指挥、组织和处理问题的能力，并且要基本了解所负责的设备的技术要求、设备生产流程、质量控制流程、出厂试验流程和相关要求等等。设备集成服务基本分为四个主要阶段：其一为设备招标采购准备阶段，在此阶段需要按照建设方委托，设备集成服务商组织设计单位完成各设备招标文件的编写并通过审查。其二为设备招标阶段，设备集成服务配合建设方进行设备招标、招标答疑并组织进行设备合同谈判，对设备合同文本中涉及技术规格书的内容进行审查，组织设计单位与设备供货商进行设计联络。其三为设备监造，设备监造模式按照工作内容、工作范围和介入深度的不同，也有不同的分类。其四为设备到场及安装调试，设备集成服务商在设备安装调试环节的职责，是对设备供货商进行督导，协调相关设备供货商及时到达现场做好相关技术支持工作。

1.5 设计管理及服务流程

设计管理及服务流程见图1.5.1。图中，内部评审为设计单位内部专业评审和综合评审；内部校审为设计单位内部校核、审核和审定；设计总体组审定为系统审定和总体审定。

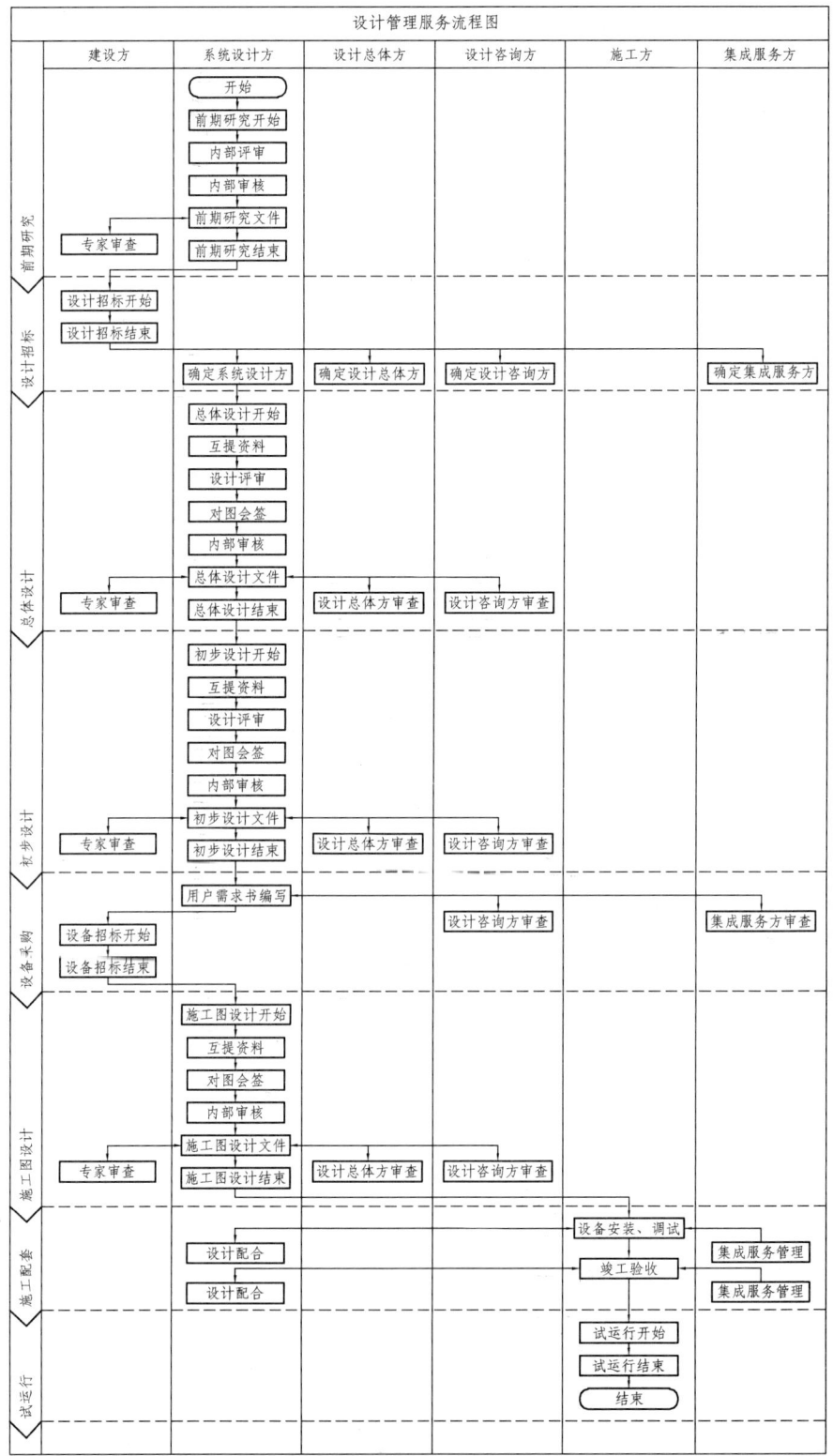

图 1.5.1　设计管理及服务流程图

2 前期研究

城市轨道交通工程设计一般分为前期阶段和工程设计阶段，前期阶段可分为线网规划、近期建设规划和可行性研究等三个阶段。

城轨工程线网规划研究是以城市总体发展规划为基础，并为城市总体发展规划服务。通过线网规划的研究，制定出城市轨道交通的线路发展规划。

2.1 概　述

前期阶段设计文件的编制，必须贯彻执行国家有关市政公用工程的政策和法令，应符合国家强制性标准条文和现行的市政公用工程建设标准、设计规范和制图标准，遵守设计工作程序，前期阶段设计文件应完整齐全，内容深度需符合相关要求。

在前期研究的线网规划和近期建设规划中，城轨供电系统设计的主要研究工作在于外部电源方案、资源共享方案和牵引供电制式。城轨工程作为城市电网的用户，供电系统的研究内容作为线网规划和近期建设规划的配套和支持性内容。外部电源方案研究应首先分析城网电源的现状和发展规划，了解城市电网的电压等级构成和对应的供电能力，使城轨外部电源方案符合城市电网的特点。另外按照线网规划和近期建设规划所提出的城轨用电需求，也为城市电网的规划指出了方向，使城市电网的建设更有利于为城轨建设。

可行性研究供电系统设计方案的技术、经济比选，需要有相关计算进行支持，如主变电所设置及中压网络需要进行网络潮流计算，牵引变电所分布需要进行牵引供电计算等。

2.2 线网规划

城市轨道交通发展直接影响到城市的布局结构和发展方向，应统筹规划、分步实施。所有拟建设城市轨道交通项目的城市，应在编制城市总体规划及城市交通发展规划的基础上，组织制订城市轨道交通线网规划，根据城市发展要求和财力情况，明确远期目标和近期建设任务，以及相应的资金筹措方案。

在线网规划阶段，城轨供电系统设计的主要研究工作在于初定外部电源方案和牵引供电制式。外部电源方案研究应首先分析城网电源的现状和发展规划，了解城市电网的电压等级构成和对应的供电能力，使外部电源方案符合城市电网的特点；牵引供电制式可以根据接触网自身特点进行分析，牵引供电制式选择首先是电流制，在此暂不讨论交流制，均以直流制为基础，然后是电压等级的选择和接触网悬挂方式的选择。

2.2.1 设计文件构成

城市轨道交通线网规划也是项目建设的前提，对建设项目的选择、为项目建设提供规划条件、协调与其他交通方式的衔接及市政工程的配套，都有直接的联系。

根据国家发展和改革委员会"关于加强城市轨道交通规划建设管理的通知（发改集成〔2015〕49号）"文件，线网规划是城市轨道交通长远发展的总体设计，是建设规划的重要依据，应具备科学性、稳定性和前瞻性。线网规划编制内容及要点如下[6]：

（1）研究范围和年限。研究全市域范围内轨道交通的网络布局、功能定位和总体安排。在城镇密集地区，考虑与相邻城市轨道交通系统的衔接和协调。规划年限应包含远期和远景，远景线网应基本达到远期线网研究深度，并与之相协调。

（2）功能定位和发展模式。统筹市域范围不同区域，以交通调查数据为基础，分析客流特征、建设条件等，区分不同类型轨道交通的功能分工和服务水平，合理选择发展模式。

（3）网络布局。基于定量测试的多方案比选，构建与城市用地形态、空间结构和客流分布等相适应的网络布局，提出各规划期出行结构、线网规模和密度等指标。确保线网规模合理，功能层次分明，满足不同年限的发展要求；线路基本走向方案可行，保证规划稳定性。

（4）环线与市域快线。对于中心城区面积较大、各方向发展较均衡的城市，在规划放射型线路的同时，研究设置环线的必要性。对城市外围组团，研究规划市域快线。

（5）综合衔接。做好城市轨道交通与干线铁路、机场等综合交通枢纽的衔接。大型铁路客站和机场要规划城市轨道交通引入，规划年发送量2500万人次以上的铁路客站应研究引入多条线路的必要性；衔接普通机场优先考虑复合功能线路，衔接规划年吞吐量超过5000万人次的机场，研究设置专用线路的必要性。

（6）深化研究重点。梳理可能对线网规划实施产生重大制约的因素，落实车辆基地、换乘节点、联络线等关键方案。对影响线网布局的地质水文、文物古迹和工程重难点等开展专题研究。

（7）规划用地控制。编制与线网规划相对应建设用地专项控制性规划，做好用地预留和控制，并与城市控制性详细规划紧密结合、相互协调。确定线路、场站、资源共享、大型交通接驳等设施用地范围，纳入城市规划管理体系。

结合上述线网规划编制内容及要点，在线网规划阶段，供电系统的主要编制内容如下：

（1）根据城市电网情况，如城市电网变电站的分布位置、电压等级、容量配置及裕度等，初步确定城轨外电源供电方式及电源点，如采用集中式、混合式或分散式供电，以及主变电所或开闭所的设置位置及数量。

（2）配合车辆选型，初步确定牵引供电制式，如牵引供电的电流制、电压等级、接触网形式（接触轨/架空接触网）及接触网悬挂/授流方式等。

线网规划供电系统可不进行方案比选，供电系统的主要文件构成如下：

（1）系统方案。主要包括外电源供电方式和牵引供电制式方案。

（2）附图（如果有）。

2.2.2 设计文件内容及深度要求

根据线网规划供电系统的设计文件构成，供电系统设计文件内容及深度要求如下：

1．系统方案

线网规划中的新建线路，需结合线路、车站、车辆制式等情况，初定供电系统的外部电源供电方式、中压供电网络的电压等级及接线形式；需结合车辆制式，统筹初定牵引网的供电制式、电压等级等。

线网规划中的延伸线路，需结合延伸线路与既有线路的关系、车站换乘及贯通运营等情况，初定供电系统牵引网制式及电压等级。

结合线网规划中各条线路走向、车站分布、外部电源供电方式，初定外电源设置位置及数量。

2．附图

结合外部电源供电方式以及初定的外电源设置位置及数量，绘制外电源分布图。

由于本阶段线路方案及外电源方案不太稳定，也可以不附图。

2.2.3 技术要点

1．外部电源方案

外部电源方案有集中式供电、分散式供电、混合式供电三种方式。集中式供电方案，是指由专门设置的主变电所集中为牵引变电所及降压变电所供电的外部供电方式。分散式供电方案，是指沿线分散引入城市中压电源直接（或通过电源开闭所间接）为牵引变电所及降压变电所供电的外部供电方式。混合式供电方案，多指以集中式供电为主以分散式供电为辅的供电方式。

城市轨道交通的外部电源就是为城轨供电系统的主变电所或电源开闭所提供的外部城市电网电源。主变电所的功能是接受城网高压电源，经降压为牵引变电所、降压变电所提供中压电源；主变电所适用于集中式供电。电源开闭所的功能是接受城市中压电源，为牵引变电所、降压变电所转供中压电源，电源开闭所一般与车站牵引（或降压）变电所合建；电源开闭所适用于分散式供电。

在线网规划阶段，需要结合线路、车站、车辆等情况，初定外部电源供电方式及电压等级。

2．牵引网供电制式

牵引网包括接触轨和接触网。架空接触网是将接触导线架设于车体上方的一种接触网形式，电力机车通过受电弓从架空接触网取得电流，架空接触网可用于铁路干线、城市轨道交通以及工矿电力机车牵引线路。架空接触网按悬挂形式的不同，可分为柔性架空接触网和刚性架空接触网，可简称为柔性悬挂和刚性悬挂。

接触轨系统是沿线路敷设专为电动车辆授给电能的系统。接触轨系统根据授流方式不同分为上部授流、下部授流和侧部授流三种形式。接触轨材料分为两种：一种为低碳钢材质，另一种为钢铝复合材质。低碳钢接触轨重量大、电阻高，钢铝复合接触轨的主要材料为铝材，因此它与低碳钢接触轨相比，具有重量轻、电阻小的特点；同时为了增加接触轨的耐磨性能，将不锈钢带作为接触面，这使钢铝复合接触轨的寿命可以达到 50 年以上。目前采用接触轨的新建线路已经逐步采用钢铝复合接触轨代替低碳钢接触轨。

在线网规划阶段，需要结合车辆制式等情况，初定牵引网供电的电流制、电压等级、接触网形式（接触轨或架空接触网）及接触网悬挂/授流方式。

2.3 近期建设规划

城市轨道交通近期建设规划一般根据城市总体规划及综合交通规划，结合城市财力、工程建设周期等因素，确定城市轨道交通近期建设需求，以及城市轨道交通财政可支持的建设目标。在需求和可行两大目标的约束下，根据交通需求、城市发展提出城市轨道交通修建的规模。

近期建设规划阶段供电系统的主要工作是在已批复的线网规划基础上，进一步研究并稳定外部电源方案和牵引供电制式方案，并开展基于近期建设规划线路的外部电源资源共享方案研究。

2.3.1 设计文件构成

城市轨道交通近期建设规划研究重点是阐明项目的必要性，提出客运能力和工程规模，进行必要的经济效益分析和投资估算。近期建设规划是政府管理部门立项的依据。

根据国家发展和改革委员会"关于加强城市轨道交通规划建设管理的通知（发改集成〔2015〕49 号）"文件，建设规划以线网规划为基础，提出近期建设方案，作为项目实施的依据。建设规划编制内容及要点如下[6]：

（1）项目选择。优先建设客流需求大、缓解交通拥堵明显的线路。

（2）建设规模。建设规划期限为 5～6 年，建设规模应与交通需求、政府财力和建设管理能力相适应。项目资本金比例不低于 40%，政府资本金占当年城市公共财政预算收入的比例一般不超过 5%，轨道交通出资额占城市维护建设财政性资金的比例一般不超过 30%。

（3）总体要求。在对建设规划实施情况及时总结的基础上，根据线网规划、交通需求、建设管理能力、政府财力、新技术发展和国家政策导向等，结合城市发展重点提出建设规划。包括背景分析、线网规划、建设必要性、规划方案、工程方案、投资估算、建设保障和风险分析等。完成用地控制规划，开展社会稳定风险分析、环境影响评价、客流预测、交通一体化等方面的专题研究；结合城市特点，开展资源共享、网络化运营、地质灾害等专题研究。

（4）客流预测。以五年内交通调查数据为基础，利用交通预测模型开展客流预测专题研究，满足规划方案比选、线路系统规模确定和经济分析等要求。预测内容包括城市交通需求、轨道交通线网客流、建设线路初、近、远期客流等，分析客流总量和结构特征，对客流预测结果进行敏感性分析和风险分析。

（5）规划方案。从规划层面提出近期建设重点，明确近期建设方案构建原则，匡算近期建设规模，从方案与城市规划和交通需求的适应性、与财力的匹配性以及投资和客流效益等方面进行多方案比选分析，提出推荐方案，明确建设任务和时序安排，确定线路服务水平和技术标准。

（6）工程方案。近期建设项目应达到预可行性研究深度，重点落实线路起讫点、基本路由、敷设方式、车站分布、系统规模、设备初步选型和资源共享等内容。对于涉及特殊不良地质、文物古迹、穿山岭跨江海长大隧道、重要枢纽、集中拆迁片区（旧城改造、车辆基地等）和环境敏感点的控制性工程方案，在专题研究的基础上提出具体措施。

（7）投资能力。深化工程投资和前期费用的估算，确保工程投资合理可控、征地拆迁等前期费用符合实际，提高建设规划投资估算准确性。合理确定资本金比例，明确资金筹措方案，落实资本金和债务资金来源。统筹运营、在建和规划项目的分年投资计划安排，编制财政收支预算平衡表，全面考量政府的资金保障能力。编制财务计划现金流量表，确保政府财力可支撑和企业财务可持续。

（8）建设保障。建立健全规划编制的公众参与制度，开展公示工作，广泛听取社会各方面意见，采纳合理化建议，提高规划实施的民意基础。做好规划环境影响评价工作，确保规划方案在建设、运营阶段满足相关规范要求。开展规划社会稳定风险分析和评估，积极预防和化解风险。首次申报城市应明确组织机构及人才保障措施。

（9）发展地铁和轻轨的城市将有轨电车纳入建设规划做好衔接，其余城市有轨电车建设规划由省级发展改革部门做好衔接。以地面线路、钢轮钢轨和低地板为主要技术路线，采用适宜的技术标准，合理控制工程造价。

结合近期建设规划阶段上述总体编制内容及要点，在建设规划阶段供电系统的主要编制内容如下：

（1）调查城市电网及外部电源引入情况，稳定各条线路的外部电源供电方式、电压等级。
（2）配合车辆选型，稳定牵引网供电制式及电压等级。
（3）稳定供电系统构成范围内其他方面的设置方案、供电系统构成，明确供电系统规模。
（4）匡算供电系统的工程投资。
（5）研究外电源资源共享。

近期建设规划供电系统可不进行方案比选，供电系统的主要文件构成如下：

（1）系统方案。在已批复的线网规划基础上，进一步稳定外电源供电方式、外部电源电压等级和牵引供电制式方案。
（2）外电源资源共享方案。稳定线网主变电所（开闭所）设置位置、接入方式、选址、电缆敷设及通道、无功补偿、容量配置等方案。
（3）附图。可包括外部电源资源共享示意图。

2.3.2　设计文件内容及深度要求

根据近期建设规划供电系统的设计文件构成，供电系统设计文件内容及深度要求如下：

1. 外部电源

1）稳定外部电源的供电方式

外部电源方案有集中式供电、分散式供电、混合式供电三种方式，外部电源方案要通过综合比选确定。

2）稳定外部电源的电压等级

外部电源的电压等级，对于集中式供电方案一般为 110 kV（东北地区也有 66 kV）；对于分散式供电方案，外部电源电压等级应与城网电压等级相一致，一般为 10 kV。外部电源电压等级要通过综合比选确定。

2．中压供电网络

1）稳定中压供电网络的电压等级

城轨中压供电网络的电压等级，主要包括：10 kV、20 kV、35 kV 等三个等级。其中，分散式供电方式下一般采用 10 kV 电压等级，集中供电方式下多采用 35 kV 电压等级。20 kV 电压等级在国外被广泛应用。

2）稳定中压供电网络的接线形式

城轨中压供电网络常用典型接线有：单电源辐射网、"手拉手"环网、"网格式"环网、电缆单环网、电缆双环网等。目前，电缆双环网是国内城市轨道交通最为常见的中压网络接线形式。

3．变电所

1）稳定牵引变电所的设置方案

根据牵引供电估算，稳定牵引变电所设置方案，以便匡算工程量，估算投资。

2）稳定降压变电所的设置方案

根据车站及场段的规模大小，通过单位面积指标估算，稳定降压变电所的设置方案。以便匡算工程量，估算投资。

4．牵引网

牵引网包括接触轨和接触网。

1）接触网系统

架空接触网是将接触导线架设于车体上方的一种接触网形式，电力机车通过受电弓从架空接触网取得电流，架空接触网可用于铁路干线、城市轨道交通以及工矿电力机车牵引线路。

根据架空接触网按悬挂形式的不同，可分为柔性架空接触网和刚性架空接触网，可简称柔性悬挂和刚性悬挂。

2）接触轨系统

接触轨系统是沿线路敷设专为电动车辆授给电能的系统。接触轨系统根据授流方式不同分为上部授流、下部授流和侧部授流三种形式。

接触轨材料分为两种：一种为低碳钢材质，另一种为钢铝复合材质。

3）电压等级

IEC 标准对直流牵引供电电压等级规定为直流 600 V、直流 750 V、直流 1500 V。我国国家标准《城市轨道交通直流牵引供电系统》（GB 10411—2005）规定采用直流 750 V 和直流 1500 V 两种电压制。

直流 1500 V 接触轨供电相对直流 750 V，可以降低牵引供电系统的馈线电流，减少牵引变电所的数量，从而降低供电系统的造价。但随着牵引网供电电压的提高，也抬高了回流轨的对地电位，这对接触轨绝缘安全和人身安全、杂散电流腐蚀防护等提出了更高要求。

5．其他

本阶段需要明确电力监控系统与综合监控系统（如果有）的关系，界定相互之间的工作范围，稳定电力监控系统构成及接线。

基于匡算工程投资的考虑，还需将供电系统范围内的其他主要内容，一一进行简要说明，稳定整个供电系统的设计范围及内容。

结合供电系统设计范围及内容，阐述供电主要设备的选型原则及思路，分析供电设备的国产化基本情况，并统计形成初步国产化率。

6．附图

主要为外电源（主变电所或开闭所）资源共享图。

7．外电源资源共享专题研究

分析确定线网主变电所（开闭所）设置位置、接入方式、选址、电缆敷设及通道、无功补偿、容量配置等方案。

2.3.3 技术要点

1．稳定外部电源供电方式及电压等级

外部电源供电方式比选因素包括：工程条件、工程方案、工程投资、运营管理等。其中工程方案又包括：供电质量、供电可靠性、中压网络电压、牵引供电系统对城网的影响、资源共享、工程实施等。

外部电源电压等级需要与当地城市电力部门紧密联系、协商确定，需要与当地城市电力网络相适应、相匹配，需要与城市轨道交通建设规划中各条线路的供电需求相适应。

2．稳定中压供电网络电压等级及接线形式

城轨中压供电网络电压等级需要与外部电源供电方式相匹配，需要与牵引网制式及电压等级相匹配，需要与建设规划的整体需求相适应。

城轨中压供电网络的重要指标是供电可靠性。供电可靠性是指供电系统设备对用户连续供电的能力。

城轨中压供电网络的设计，应根据中压网络优化准则，结合外部电源的实际情况，通过对供电分区的用电性质、负荷密度的分析研究，稳定安全可靠、经济实用的中压网络接线方式。

3．稳定牵引及降压变电所设置

牵引变电所的设置取决于牵引网电压等级、牵引网电压损失，同时应对杂散电流腐蚀防护、线路能耗、电缆敷设、土建造价及运营管理等加以统筹考虑。

牵引变电所分布应尽量均匀，便于牵引整流机组规格统一，便于设备维护管理以及降低维护成本。简单地为减少牵引变电所数量，而设置过长供电分区，将不利于牵引网电压改善

和杂散电流腐蚀防护。

牵引变电所的设置方案,需满足直流牵引供电系统运行方式要求、牵引网电压损失允许值要求,兼顾杂散电流腐蚀防护需求和线路能耗需要。

降压变电所的位置应靠近负荷中心,考虑电缆进出方便、设备运输方便。应综合考虑低压用电负荷的分布与大小、车站规模等,合理确定车站降压变电所的数量及位置。区间是否设置跟随式降压变电所,取决于直供低压电源电缆和跟随式降压变电所的经济技术比较。

降压变电所有独立式、跟随式、混合式三种类型。按构筑物形式不同,有与车站合建式、单建式、箱式三种类型。在满足各种用电负荷供电要求的情况下,同一个车站内,降压变电所与牵引变电所应合建。车辆段降压变电所应尽量与牵引变电所合建。

4. 稳定牵引网制式及悬挂/授流方式

牵引网包括接触轨和接触网。

架空接触网按悬挂形式的不同,可分为柔性架空接触网和刚性架空接触网,可简称柔性悬挂和刚性悬挂。根据本阶段各条线路地下、地面、高架等敷设形式的不同,稳定不同区段的接触网悬挂方式,以便统计工程量,匡算投资。

接触轨系统根据授流方式不同,分为上部授流、下部授流和侧部授流三种形式。根据与车辆选型协调一致、统筹确定的结果,稳定各条线路的接触轨授流方式。

5. 开展外电源资源共享研究

供电系统应结合线网进行电力资源共享设计。电力资源共享形式应包括城市轨道交通线网内部共享、轨道交通线路与地区用户共享。

分析供电系统外电源设计基础资料,如线网规划、线网建设时序、城市电网现状、城市电网建设规划、沿线外电源(主变电所)建设用地等情况。

分析研究线网主变电所(开闭所)设置位置方案。需要根据每条线路的外电源供电方式及电压等级、中压供电网络接线及电压等级、牵引及降压变电所设置方案,经过供电系统用电容量估算,并与城市电力网络协商对接,稳定各条线路主变电所(开闭所)的设置方案。

分析研究线网主变电所(开闭所)资源共享方案。结合各条线路初步确定的主变电所(开闭所)设置方案,以"区域共享"理念为导向,对于建设规划中各条线路主变电所(开闭所)设置,以区域划块的方式进行整合分析,对于具备条件的区域内的两个及以上主变电所(开闭所)进行整合,实现外部电源的资源共享。

分析研究线网主变电所(开闭所)接入系统方案。对于资源共享主变电所(开闭所),需要从建设、计量、运维管理等多个方面,分析资源共享主变电所(开闭所)接入不同线路的接线方式,并明确接口界面。

分析研究线网主变电所站址方案。需要与城市规划部门、城市电力部门做好对接,稳定各主变电所(开闭所)的选址位置。

分析研究线网主变电所进线电缆通道方案。需要与城市规划部门、城市电力部门做好对接,稳定引入各主变电所(开闭所)的外部电源电缆敷设路径。

分析研究线网主变电所无功补偿方案。对于单建的主变电所,基于本条线路的无功功率估算,稳定主变电所无功功率补偿设置方案;对于资源共享主变电所,需要初步分析各条线路相关的无功功率估算值，稳定主变电所无功功率补偿设置方案，并做好一定的预留、改造条件。

2.4 可行性研究

根据国务院办公厅"关于加强城市快速轨道交通建设管理的通知（国办发〔2003〕81号）"等有关规定进行编制。可行性研究报告应在国务院批准的《城市快速轨道交通建设规划》的基础上进行编制。通过对项目有关的技术、经济等情况进行调查、研究、分析，对各种建设方案进行比选论证，并对项目建成后的企业财务效益、社会经济效益、社会影响进行预测及评价，以选择技术先进实用、建设方案合理可行、财务经济及社会效益可行，投资风险较低的工程建设方案，为项目审批提供可靠依据。

在可行性研究报告中，供电系统设计文件应满足住建部批准的《城市轨道交通工程设计文件编制深度规定》（以下简称《编制深度规定》）的要求，对外部电源方案、中压供电网络、牵引供电系统方案如牵引变电所在线路上的分布等进行方案比选、论证。

对于外部电源方案，应在近期建设规划外部电源及资源共享方案的基础上，进一步落实外部电源方案的可行性，并应取得城市供电部门对外部电源方案的相关支持性文件。

可行性研究供电系统设计方案的技术、经济比选，需要有相关计算进行支持，如主变电所设置及中压网络需要进行网络潮流计算，牵引变电所分布需要进行牵引供电计算等。

2.4.1 设计文件构成

可行性研究主要是为了论证本工程建设项目是否可行，需从技术和经济两个方面做全面分析论证和多种方案比较。可行性研究是投资者和政府部门进行项目最终决策的重要依据，也是国家立项的依据。

根据国家发展和改革委员会"关于加强城市轨道交通规划建设管理的通知（发改集成〔2015〕49号）"文件，为提高城市轨道交通项目可行性研究报告编制和评估水平，明确研究深度和重点，规范评估内容和要点，制定了《城市轨道交通工程项目可行性研究报告编制和评估大纲》如下[6]：

（1）项目建设背景。

项目建设背景是项目实施的边界条件，包括项目概述、上位规划研究、建设必要性、工程建设条件等。

（2）项目技术条件。

项目技术条件是项目实施的总体原则，包括客流量预测、总体技术标准等。

总体技术标准。重点明确项目在综合交通体系、轨道交通线网中的功能定位，确定运输能力、旅行速度、发车间隔、舒适度、换乘便捷性等服务水平，提出安全、环境、自动化、投资控制等方面的系统标准。对市域快线、机场线等特殊功能线路开展针对性研究。

（3）项目建设方案。

项目建设方案是项目实施的关键环节，在总体方案基础上，详细研究土建工程方案、设备系统方案和组织实施方案。

总体方案。包括车辆、限界、线路、车站分布、运营组织、车辆基地、配线设置、控制系统构成、资源共享等。在满足总体技术标准要求的基础上，重点把握系统目标和各专业之间的协调性。

设备系统方案。包括供电、通风空调、给排水及消防、通信、信号、站台门、电梯与自动扶梯、自动售检票、乘客信息、设备监控、运营控制中心等系统，以及设备国产化方案。提出供电系统、通风空调系统、信号系统的功能配置方案，结合项目特点研究分期实施等方案；提出其他各系统配置原则；关注各设备系统之间的效能均衡性。

（4）项目适应性分析。

项目适应性分析是项目实施的重要保障，包括交通衔接、社会稳定、节约能源、环境保护、文物保护、安全评估、防灾与人防等，并根据外部条件对项目建设方案进行反馈。

交通衔接。除建设方案中已涵盖的综合交通枢纽外，研究与其他交通方式的衔接换乘。重点是交通衔接设施设置原则、大型衔接设施的分布和规模、实施管理主体和保障措施等，确保同步设计、同步建设、同步投入使用。

社会稳定。按照重大项目社会稳定风险评估办法的要求，主要研究内容包括风险调查、风险因素识别、风险估计和判断，提出风险防范和化解措施，以及措施落实后的预期风险等级。

节约能源。按照固定资产投资项目节能评估和审查的要求，主要研究内容包括节约能源措施以及能耗指标分析等。

环境保护、文物保护、安全评估、防灾与人防等。按照相关法律、法规和规范性文件要求，结合项目特点开展针对性研究。

（5）项目综合分析。

项目综合分析是对项目投资、效益、风险等方面开展全面研究，明确结论与建议。

投资估算与资金筹措。与已批复建设规划进行详细对比分析，结合分年投资计划，落实资金筹措方案。重点结合建设规划实施情况，考量本项目的政府资金保障能力。

效益分析。包括财务分析和经济分析。财务分析重点研究财务费用、财务效益分析、不确定性分析等；经济分析重点研究经济费用估算、经济效益估算、国民经济评价、敏感性分析等。

社会分析。重点研究项目在城市经济社会发展、交通环境、自然环境等方面的影响，分析项目的社会效益以及可能出现的社会风险，提出对策措施。

风险分析。重点研究项目的规划风险、市场风险、工程风险、技术风险、资金风险、管理风险等，识别风险因素，确定风险等级，提出对策措施，并对项目建设方案进行反馈。

结论与建议。通过对项目研究的全面总结，明确项目是否可行，提出下一步工作建议。

结合可行性研究阶段上述总体编制要求，可行性研究阶段供电系统主要编制内容如下：

（1）外部电源方案：外部电源方案的方式（集中、分散、混合）、外部电源的落实。

（2）供电系统方案：主变电所（或开闭所）的设置数量及容量、中压网络的构成及其电压等级的选择。

（3）牵引供电方案：牵引网系统的标称电压（1500 V 或 750 V）的确定、牵引变电所的设置数量及容量、牵引网悬挂方式的选择（接触轨或架空网）。

（4）电力监控与综合监控系统的关系界定。

(5) 杂散电流腐蚀防护及综合接地方案。

可行性研究供电系统应对重要方案进行技术、经济比选，供电系统的文件构成如下：

(1) 设计说明。

(2) 附图。

2.4.2　设计文件内容及深度要求

1. 设计说明[2-4]

(1) 工程概况。

线路敷设形式、线路长度、线路延伸情况（如有）、车站形式（有无换乘站）、线路初近远期运输能力、运行交路、车辆型式、控制中心与车辆段设置等。

(2) 设计依据。

列出与工程设计有关的依据性文件的名称和文号，如前一阶段的文件或报告、政府有关主管部门的批文、设计任务书或委托协议等。

列出设计采用的主要法规和标准。

(3) 设计原则及技术标准。

列出主要的设计技术原则，如容量选型技术标准、运行方式界定、主要接线形式等。

(4) 系统构成与功能。

列出供电系统的子项构成，并明确各子项所要实现的功能。

(5) 外部电源方案。

描述沿线电网现状、建设规划和送电能力，针对性地提出比选方案，通过量化分析，做到工程的可实施性与经济性的统一。

分析外部电源的供电方式，如集中式、分散式、混合式等，通过经济技术分析比较，确定本项目的外电源供电方式。

(6) 中压网络方案。

分析中压供电网络不同接线形式，经技术经济比较，合理确定适用于本项目的中压供电网络接线形式、供电分区划分方案等。

结合中压供电网络接线、供电分区划分、各变电所容量，开展中压供电网络潮流计算、压降计算，并确定电缆规格。

(7) 牵引变电所、降压变电所方案。

开展牵引供电计算，合理确定牵引变电所的设置位置、牵引供电各分区压降和牵引整流机组容量。

合理确定降压变电所的设置位置、数量及配电变压器容量。

(8) 牵引网方案。

结合车辆选型情况，合理确定牵引网的制式、电压等级。

结合牵引供电系统设置情况，合理确定牵引网正线系统接线方案、车辆段接线方案。

(9) 电力监控系统方案。

需要明确与综合监控系统（如果有）的关系、接口界面等。

当电力监控系统集成到综合监控系统时，需要明确电力监控系统的功能、性能设置，确定变电所自动化系统的接线形式及控制中心的设置要求。

当电力监控系统独立设置时,需要明确整个电力监控系统的系统构成、系统功能、系统性能以及各层级的接线形式。

(10)杂散电流腐蚀防护与接地系统方案。

需要明确整个杂散电流腐蚀防护系统的构成,以及杂散电流防护、监测、排流主要措施。

结合牵引供电计算结果、牵引网制式及电压等级,对于杂散电流易泄漏区域,需要通过综合技术分析,采取特殊的杂散电流防护措施。

结合供电系统整体构成及系统方案,合理制定接地要求,确定综合接地方案。

对于特殊区域及设备,需要明确相关的过电压保护措施。

(11)谐波治理及无功补偿。

结合供电系统构成范围,分析外电源处、变电所处的谐波构成及谐波含量。

开展谐波计算,并结合计算结果,确定外电源处、变电所的谐波治理措施。

(12)用电指标分析。

估算本项目的用电量,包括动力照明用电量和牵引供电用电量。

(13)主要设备选型原则。

对供电系统各设备的国产化情况进行分析,并形成国产化率结果。

确定供电系统主要设备的选型原则。装备水平应与工程的功能要求和使用条件相适应。

(14)主要设备材料统计。

2. 附图[2][5]

(1)外部电源、主变电所(或开闭所)及牵引变电所分布示意图。

(2)供电系统图。

(3)主变电所主接线图(如有)。

(4)典型牵引、降压变电所主接线图。

2.4.3 技术要点

1. 外部电源方案

在建设规划阶段确定的外电源供电方式、外电源资源共享专题研究成果、城市电力部门编制的外电源可行性研究报告等基础上,通过经济技术分析比较,确定本项目的外电源供电方式、外电源的设置位置、主变电所(或开闭所)接线形式等。

当采用主变电所时,需结合外电源资源共享专题研究成果,进一步分析共享主变电所的接线形式及容量配置;需结合主变电所与城市电力部门的工作分界,分析计算主变电所供电范围内的无功功率情况,以及不同运行方式下的无功功率情况,并根据无功功率情况,合理设置 SVG 集中无功功率补偿措施或其他分布式无功功率补偿措施。

当采用电源开闭所时,建议电源开闭所与所在车站的变电所合建。

2. 中压网络方案

结合外电源供电方式(集中式、分散式和混合式)、外电源设置位置及数量、牵引变电所及降压变电所设置位置，通过潮流计算、压降计算、容量计算及运行方式等，合理确定中压供电网络的接线和供电分区。

通过潮流计算、压降计算、损耗计算等，合理确定中压供电网络的电缆规格。

中压供电网络接线形式的确定，需关注一定的经济性，合理确定中压电缆的规格及数量；需关注不同运行方式转换时的灵活性，相应的联锁、保护易设置且安全、可靠。

3. 牵引变电所、降压变电所方案

变电所应靠近负荷中心，变电所的设置位置需便于电缆线路引入和引出以及设备运输。

开展牵引供电计算时，需关注各项输入信息的完整性，如线站位、车辆选型及编组、车重及载客量、车辆牵引特性、行车交路及组织等；需关注相关参数取值的合理性，如单位能耗、走行轨电阻、牵引网载流量、车辆启动电流等；需关注其他牵引、制动设置措施，如是否设置列车制动能量吸收利用装置等。

当设置列车制动能量吸收利用装置时，牵引整流机组容量的设置需综合考虑列车制动能量吸收利用因素。

降压变电所的设置位置，需考虑配电距离及压降因素。

配电变压器容量配置，需合理考虑需要系数、同时系数的取值，避免正常运行方式下的长期轻载运行。

4. 牵引网方案

牵引网制式及电压等级的确定，需要与线站位、车辆选型及编组、速度目标值、行车组织、环境因素等相适应、相匹配，符合该项目的总体目标及需求。

牵引网的悬挂方式或授流方式，需要与车辆选型相匹配，并与线路敷设方式相适应。

牵引网的系统接线方案，需要与线站位、牵引变电所设置、自动化监控系统相匹配。

牵引网系统的材质选择，需要符合材料、工艺、技术的发展趋势，并体现整体系统的可靠性。

5. 电力监控系统方案

无论是否集成于综合监控系统（如果有），变电所自动化系统需要有完整、完善的系统功能、性能设置，并作为其中一级操控层级，可以独自运行。

电力监控系统的系统接线方案，在满足可靠性、安全性的前提下，需尽量优化、简化，并采取符合技术发展趋势、与各设备相匹配的通信接线方式及通信接口。

电力监控系统的监控功能设置，需与潜在的运营管理基础条件相适应、相匹配。

6. 杂散电流腐蚀防护方案

需要结合牵引网制式及电压等级，采取合适的杂散电流防护措施。如跨坐式单轨系统、储能型有轨电车系统等可以采取有别于地铁系统的杂散电流防护措施。

需要结合牵引供电计算结果中全线走行轨电位数据，采取与走行轨电位相对应的、有针对性的、差异化的杂散电流腐蚀防护措施。

需要结合线路走向，对沿线各种市政管线、管道进行全面排查梳理，并在满足各种规范、标准要求的前提以下，对于一些特殊区段采取特殊防护措施。

7. 谐波治理及无功补偿

通过供电系统设计和设备选型，各用电设备所产生的谐波引起的电网电压正弦波形畸变率应予以控制，并应符合现行国家标准相关要求。

根据对 400 V 系统的谐波计算，基于需要可采取有源滤波等措施。

可采取高脉波牵引整流机组，抑制牵引供电系统所产生的谐波。

当采取中压能馈式列车制动能量吸收利用装置时，需采取措施抑制所产生的谐波。

外部电源引入点处（主变电所或开闭所）的谐波含量需符合现行国家标准相关要求。

基于供电系统范围内各处无功功率的计算结果，可以采取集中式及分散式无功功率补偿措施。

结合主变电所与城市电力部门的工作分界，分析计算主变电所供电范围内的无功功率情况，以及不同运行方式下的无功功率情况，并根据无功功率情况，合理设置 SVG 集中无功功率补偿措施或其他分布式无功功率补偿措施。

外部电源引入点处功率因数应满足城市电力部门要求。

8. 用电指标分析

估算本项目的牵引供电用电量，并通过指标对照法对牵引变电所设置、容量配置、参数取值等进行分析，用以验证牵引供电系统方案的技术合理性。

估算本项目的动力照明用电量，并通过指标对照法对降压变电所设置、容量配置、参数取值等进行分析，用以验证降压变电所设置方案的技术合理性。

估算本项目的用电量，并通过指标对照法来验证整个供电系统方案的技术合理性。

3 工程设计

城市轨道交通工程设计包括总体设计、初步设计、施工图设计三个阶段。其中,施工图设计还包括两部分:分别为前期的施工图设计和后期的施工配合两个阶段。互提资料、设计变更、限额设计、设计标准化一直贯穿着工程设计的始终。

本章分九部分介绍城轨供电系统工程设计,内容包括总体设计、初步设计、施工图设计文件构成,技术管理要点,对图会签要点,互提资料,设计更改,限额设计和设计标准化。

3.1 概 述

工程设计包括总体设计、初步设计和施工图设计。其中对于是否设置总体设计阶段不做强制要求,但考虑到城轨工程设计的复杂性,本着安全可靠、功能合理、经济适用、节能环保、技术先进的目标,大多城轨工程设置总体设计阶段。

3.1.1 工程设计范围

供电系统工程设计范围包括外部电源、主变电所(电源开闭所)、系统方案、牵引变电所、降压变电所、牵引网、电力监控系统、杂散电流腐蚀防护系统、供电车间。

1)外部电源

外部电源设计包括:对端电力公司的110 kV(或66 kV)出线间隔和110 kV(或66 kV)线路设计,含架空线、电缆线路敷设与线路走行沿线的路由规划、征地拆迁与通信线路的接入设计。

2)主变电所

主变电所设计包括:主接线、二次接线、设备选择、设备布置、土建设计等。主变电所与城市电网的设计界面为城网变电所110 kV(或66 kV)高压出线间隔,电源外线由主变电所设计单位同时设计;主变电所与全线系统的设计界面为主变电所中压馈线开关的电缆接线端,主变电所馈出电缆一般由全线系统设计单位设计。

3)系统方案

系统方案设计包括:中压供电网络、牵引变电所布点、系统运行方式、潮流分析、谐波计算、再生制动能量利用装置的确定等。系统方案与牵引变电所和降压变电所的设计界面为各变电所中压进线开关的引入端。

4）牵引变电所

牵引变电所设计包括：主接线、二次接线、自用电、设备平面布置、电缆敷设等。牵引变电所与牵引网的设计界面为牵引网上网隔离开关的电流输入端、回流箱的电流输出端。上网电缆及回流电缆由牵引变电所负责设计。

5）降压变电所

降压变电所设计包括：主接线、二次接线、自用电、低压谐波及无功补偿、设备平面布置、电缆敷设等。降压变电所与动力照明的设计界面为降压变电所低压开关柜的馈出端，低压馈出电缆由动力照明负责设计。

6）牵引网

牵引网设计包括：接触悬挂、支持结构与基础、附加导线、防雷与接地、平面布置、隔离开关、回流箱及均流箱和连接电缆等。

7）电力监控系统

电力监控系统设计包括：控制中心电力调度系统、变电所综合自动化系统、供电复示系统。电力监控系统需要的通信通道由通信负责设计。

当采用综合监控系统时，电力监控系统集成到综合监控系统中，作为综合监控系统的一部分进行统一设计。明确综合监控系统与变电所综合自动化系统的接口划分，变电所综合自动化由变电所负责设计，控制中心电力调度系统的功能、供电复示系统均由综合监控系统负责设计。

8）杂散电流腐蚀防护系统

杂散电流腐蚀防护系统设计包括：排流柜设置、排流钢筋设置、监测系统设置、单向导通设置等。

9）供电车间

供电车间设计包括全线供电工区的设置和车辆综合基地供电车间的设计。含车站、停车场供电工区和车辆段供电车间的用房、定员、设备配置以及管理修程的设置和原则。

3.1.2 工程设计的阶段划分

《城市轨道交通工程设计文件编制深度规定》（2013年11月）中包括可行性研究、初步设计和施工图设计。对于总体设计没有规定。

总体设计阶段主要为方案设计优化和深化，包括系统标准的确定，技术方案的进一步比选论证以及设计接口。

初步设计阶段主要为技术方案的落实，包括技术参数的设定、设备选型等。

施工图设计阶段主要为技术方案的实施，包括工程招标配合、施工图和施工配合。

3.1.3 工程设计的组成及内容

总体设计应根据批准的项目建议书或可行性研究报告进行编制，要明确系统方案，系统制式，系统控制因素，工程规模，方案应充分比选和论证。对关键性的技术要点进行广泛调研和给出论证结论，应能满足初步设计开展的需要。

初步设计应根据批准的可行性研究报告或总体设计进行编制，要明确工程规模、设计原则和标准，深化设计方案，确定拆迁、征地范围和数量，提出设计中存在的问题、注意事项及有关建议，其深度应能控制工程投资，满足编制施工图设计、主要设备招标及施工准备的要求。

施工图设计应根据批准的初步设计进行编制，其设计文件应能满足施工招标、施工安装、材料设备订货、非标设备制作、加工及编制施工图预算的要求。

设计文件的编制必须贯彻执行国家有关工程建设的政策、法规、工程建设强制性标准和制图标准，遵守设计工作程序，各阶段设计文件应完整齐全，内容深度符合相关要求。

本章中提出的设计文件编制深度属基本要求，不影响建设方及相关项目设计合同提出的其他要求。根据项目类型和规模，设计文件的内容可适当增减或合并。

3.2 总体设计文件构成

在工程可行性研究报告批复后，城轨建设可分为若干标段进行工程设计招标，工程设计中标单位可根据业主要求，开展总体设计。

工程可行性研究报告应在国务院批准的《城市轨道交通近期建设规划》的基础上进行编制。总体设计阶段为可行性研究报告的优化与深化设计，可结合投标方案及可行性研究报告的结论与建议，通过对项目有关技术、经济等情况进行调查、研究、分析，对各种建设方案进行比选论证，以选择技术先进实用、建设方案合理可行、财务经济及社会效益可行、投资风险较低的工程建设方案。

3.2.1 设计说明书

（1）工程概况。

线路敷设形式，线路长度，线路延伸情况（如果有），车站形式（有无换乘站），线路初、近、远期运输能力，运行交路，车辆型式等。

（2）主要设计原则及技术标准。

（3）系统构成与功能。

（4）外部电源方案。

描述沿线电网现状、建设规划和送电能力，针对性地提出比选方案，通过量化分析，做到工程可实施性与经济性的统一。

（5）主变电所（或电源开闭所）设置。

（6）中压供电网络与供电系统方案。

（7）牵引变电所、降压变电所设置。

（8）牵引网制式选择。

（9）电力监控系统。

（10）杂散电流腐蚀防护、接地与过电压保护。

(11)谐波治理及无功补偿。
(12)用电指标分析。
(13)主要设备选型原则。

3.2.2 附图

(1)变电所分布示意图。
(2)供电系统图。
(3)主变电所主接线图(如果有)。
(4)典型电源开闭所(如果有)、牵引、降压变电所主接线图。
(5)典型变电所布置平面图。
(6)牵引网系统接线示意图。
(7)牵引网安装断面图。
(8)电力监控系统示意图。
(9)典型变电所综合自动化系统图。
(10)控制中心电能质量监测系统图。
(11)典型变电所电能质量监测系统图。
(12)杂散电流腐蚀防护系统图。
(13)综合接地系统图。

3.3 初步设计文件构成

在可行性研究或总体设计的基础上,初步设计阶段主要为供电系统技术方案的落实,论证方案的适应性、可靠性和合理性,落实接口条件,确定主要技术参数和设备选型等。

供电系统初步设计文件的构成包括设计说明书和设计图纸两部分。其中,设计说明书描述供电系统的技术方案和相关技术参数的选择。设计图纸包括供电系统各子系统的主要技术方案。

3.3.1 外部电源

1. 设计说明书

(1)设计范围。
(2)设计依据。
(3)主要设计原则。
(4)主要技术标准。
(5)系统概况。
概述工程情况、外部电源供电方案。
(6)工程规模。

外部电源的敷设方式，含架空线路长度、电缆线路长度；电缆排管、拉管、顶管、电缆沟、电力隧道的长度；电缆敷设路径和走向等。

（7）电缆路径选择。

影响路径的因素，线路路径方案的比选，线路推荐路径的描述，规划部门对接入方案的意见和相关协议的说明。

（8）电缆及附件选型。

（9）过电压保护和接地。

（10）电缆支持与固定。

（11）电缆敷设土建要求。

排管、拉管、顶管、电缆沟、电力隧道。

（12）主要设备材料表、主要工程数量表。

2．设计图纸

（1）外部电源线路路径图。

（2）全线电缆电气结构图。

（3）电缆构筑物敷设断面图。

（4）电缆构筑物接地装置布置图。

（5）电缆沟支护图。

（6）电缆沟预埋件大样图。

3.3.2 主变电所

1．设计说明书

（1）设计范围。

（2）设计依据。

（3）主要设计原则。

（4）主要技术标准。

（5）设计接口。

（6）电气一次方案。

电气主接线，主要设备选型，防雷、接地和过电压防护，交直流自用电，电缆敷设及防护措施、防火措施，电气总平面布置及配电装置排列，短路电流计算等。

（7）电气二次方案。

环境条件、主要技术指标、保护及自动装置配置、交直流操作电源、计量及联锁和闭锁要求等。

（8）远动、通信。

监控系统功能、故障录波要求、谐波在线监测等。

（9）土建工程。

站址地理位置，站址自然条件，总平面布置，土建设计，机电设备系统、防火措施，防盗措施等。

（10）对侧高压间隔改扩建工程。

高压系统一次方案、高压系统二次方案、土建设计等。

（11）主要设备材料表、主要工程数量表。

（12）附件。

主变电站接入城网系统的设计报告评审意见；

110 kV（或66 kV）断路器、隔离开关、电流互感器选择表；

35 kV断路器、隔离开关、电流互感器、电缆选择表；

所用电负荷统计表及所用变压器容量选择；

蓄电池、充电装置型式及容量选择。

2．设计图纸

（1）电气主接线图。
（2）电气总平面布置图。
（3）变电站站址位置及征地图。
（4）总平面及竖向布置图。
（5）隔离开关、电流互感器选择结果表。
（6）导线、母线、电缆选择结果表。
（7）电缆夹层平面图。
（8）变电所各层电气布置平面图。
（9）变电所剖面图。
（10）继电保护、自动装置及测量配置图。
（11）二次设备室屏位布置图。
（12）监控系统网络图。
（13）交直流自用电系统图。
（14）光纤通信系统设备配置图。
（15）光传输设备网络拓扑图。
（16）线路路径方案图。
（17）电缆通道横断面图。
（18）电缆沟接地装置图。
（19）电缆蛇形敷设示意图。
（20）电缆接头示意图。
（21）电缆金属护层接地方式示意图。

3.3.3 系统方案

1．设计说明书

（1）设计范围。
（2）设计依据。
（3）主要设计原则。

（4）主要技术标准。
（5）设计接口。
（6）上一阶段审查意见及执行情况。
（7）系统方案设计。

牵引供电计算，确定牵引变电所的位置、容量及直流馈线电流；

动力照明负荷计算，确定配电变压器容量和低压进线电缆截面；

中压网络方案；

正常运行及非正常运行方式下中压网络的电压水平，全年的电能需要量及线路损耗；

继电保护的设置和配合；

无功补偿及谐波治理；

过电压及绝缘配合。

（8）设备选型及国产化。
（9）其他需要说明的问题。
（10）主要设备材料表、主要工程数量表。

2．设计图纸

（1）全线变电所分布图。
（2）全线供电系统图。
（3）直流牵引供电系统图。

3.3.4 变电所

1．设计说明书

（1）设计范围。
（2）设计依据。
（3）主要设计原则。
（4）主要技术标准。
（5）设计接口。
（6）上一阶段审查意见及执行情况。
（7）变电所位置、全线变电所数量及分布。
（8）变电所主接线。
（9）继电保护设置及二次回路要求。
（10）设备选择的原则及主要设备技术性能。
（11）设备布置。
（12）变电所自用电。
（13）防雷、接地、过电压防护。
（14）其他需要说明的问题。
（15）主要设备材料表、主要工程数量表。

2．设计图纸
（1）变电所主接线图。
（2）变电所布置平面图、剖面图。
（3）中压开关柜排列图。
（4）直流开关柜排列图。
（5）低压开关柜排列图。
（6）接地系统图。

3.3.5 牵引网

1．设计说明书
牵引网系统中的接触网分为接触轨和架空接触网两种形式。

1）接触轨
（1）设计范围。
（2）设计依据。
（3）主要设计原则。
（4）主要设计标准。
（5）设计接口。
（6）上一阶段审查意见及执行情况。
（7）主要设计条件。
线路平面图、剖面图、纵断面图、路基、道床及轨枕布置情况，建筑及结构平面图、剖面图，车辆技术参数及工艺要求，牵引供电计算参数，信号专业轨道电路及限界资料等。
（8）主要技术方案。
接触轨支撑装置、授流方式、接触轨接线、防护罩等。
（9）其他需要说明的问题。
（10）主要设备材料表、主要工程数量表。

2）架空接触网
（1）设计范围。
（2）设计依据。
（3）主要设计原则。
（4）主要技术标准。
（5）设计接口。
（6）上一阶段审查意见及执行情况。
（7）接触网设计条件。
车站及线路情况、车辆（技术参数）情况、限界情况及接触网运行条件等。
（8）接触网主要技术数据。
导线高度、导线组成、结构高度、拉出值、接触线坡度和导角、跨距、锚段长度、锚段关节、侧面限界、绝缘距离、爬电距离等。

（9）支柱、支持装置及绝缘子。

（10）供电分段及电连接。

（11）防护措施。

（12）其他需要说明的问题。

（13）主要设备材料表、主要工程数量表。

2．设计图纸

1）接触轨

（1）正线供电分段示意图。

（2）车辆综合基地供电分段示意图。

（3）不同道床轨枕形式下接触轨安装示意图。

（4）接触轨系统平面布置图。

（5）接触轨系统接线图。

2）架空接触网

（1）供电分段示意图。

（2）接触悬挂安装示意图。

（3）车辆综合基地供电分段示意图。

（4）车辆综合基地软（硬）横跨安装示意图。

（5）车库内典型悬挂示意图。

（6）直流牵引供电系统图。

3.3.6 电力监控系统

1．设计说明书

（1）设计范围。

（2）设计依据。

（3）主要设计原则。

（4）主要技术标准。

（5）设计接口。

（6）上一阶段审查意见及执行情况。

（7）运营控制中心。

（8）变电所综合自动化系统。

（9）系统要求。

（10）系统构成。

运营控制中心（包括操作人员工作站、模拟盘、不间断电源及打印机等）、通道、终端设备等。

（11）系统功能。

遥控功能、遥信功能、遥测功能、遥调功能、数据处理显示及打印功能、用户画面、软件修改、汉字显示及自检功能等。

（12）系统容量。

运营控制中心对应的变电所数量及终端设备应具有的遥控、遥测、遥信、遥调数量。

（13）其他需要说明的问题。

（14）主要设备材料表、主要工程数量表。

2．设计图纸

（1）电力监控系统图。

（2）电力调度中心平面示意图。

（3）电力调度中心设备原理图。

（4）终端设备原理图。

3.3.7　杂散电流腐蚀防护系统

1．设计说明书

（1）设计范围。

（2）设计依据。

（3）主要设计原则。

（4）主要技术标准。

（5）设计接口。

（6）上一阶段审查意见及执行情况。

（7）对相关专业的要求。

（8）排流系统。

（9）监测系统。

（10）监测点设置。

（11）杂散电流腐蚀防护设备及性能要求。

（12）其他需要说明的问题。

（13）主要设备材料表、主要工程数量表。

2．设计图纸

（1）杂散电流腐蚀防护示意图。

（2）杂散电流排流网设置示意图。

（3）杂散电流监测网设置示意图。

3.3.8　供电车间

1．设计说明书

（1）设计范围。

（2）设计依据。

(3)主要设计原则。
(4)主要技术标准。
(5)设计接口。
(6)上一阶段审查意见及执行情况。
(7)维修机构、定员配备、房屋设施。
(8)设备配置。
(9)资源共享。
(10)其他需要说明的问题。

2.设计图纸

(1)供电车间组织机构配置示意图。
(2)供电车间布置平面图。

3.4 施工图设计文件构成

施工图设计阶段设计文件内容包括外部电源、主变电所、系统方案、变电所、接触网、电力监控系统、杂散电流腐蚀防护系统和供电车间。施工图设计主要侧重在工程设备招标、工程实施和工程验收等方面。

施工图设计应根据批准的初步设计进行编制,施工图设计文件应达到根据其编制施工图预算、安排设备和材料订货、非标准设备的制作、施工和安装及调试,进行工程验收的深度。

施工图设计内容以图纸为主,应包括:封面、图纸目录、设计说明、图纸等。其中,设计说明主要描述本册图纸中需要阐述的内容。

3.4.1 外部电源

外部电源的施工图设计包括土建设计,在此仅描述电力工程的一次、二次设计的内容。

1)设计说明
(1)设计范围。
(2)设计依据。
(3)系统概况。
概述整个工程情况、外部电源供电方案。
(4)主要技术经济特征。
线路电压等级、线路架设形式、接地方式、线路路径长度、沿线高程、沿线地形地貌、电缆规格型号和主要技术要求、主要气象条件、金属护套接地方式。
(5)变电站进出线布置。
根据初步设计审查纪要,确定出线间隔数量。
(6)线路路径。
线路路径方案,推荐路径描述。

（7）电缆电气部分。

环境条件、电缆型式。

（8）过电压的防护。

分段接地情况、过电压保护措施、电缆通道接地装置、技术关键性数据。

（9）电缆附件。

GIS 电缆终端、接地箱、中间接头。

（10）电缆构筑物型式及电缆敷设方式。

排管、拉管、顶管、电缆沟、电力隧道等。

（11）电缆通道内的附属设施。

通风、排烟、消防、给排水、低压配电、人防。

（12）电缆通道防火。

（13）电缆的备用长度、电缆的弯曲半径、电缆的分盘等。

（14）电缆敷设中的其他事项。

电缆敷设类型、电缆分盘类别、低压电缆中间接头进行穿刺式施工（外层加装绝缘防护壳，不得采用缠绕式）、电缆敷设时牵引力和侧压力（含滑动力、滚动力）。

（15）主要设备材料表、主要工程数量表。

2）主要设计图纸

（1）110 kV（或 66 kV）电缆走向及敷设位置示意图。

（2）电缆金属护套接地配置图。

（3）电缆电气接头安装图。

（4）电缆通道电气设备配置图。

3.4.2 主变电所

主变电所施工图设计包括土建设计，在此仅描述电气工程的一次、二次设计内容。

1. 城网 220 kV 变电所改扩建工程

1）设计说明

（1）设计范围。

（2）设计依据。

（3）系统概况。

概述整个工程情况、外部电源供电方案。

（4）220 kV 城网变电站 110 kV（66 kV）馈出线间隔。

现状馈出线间隔数量、远期馈出线间隔数量。

（5）变电所一次设计。

（6）变电所二次设计。

（7）变电所布置平面图。

新增间隔数量、位置。

（8）新增馈出线间隔技术参数要求。

额定电压、额定电流、分断能力、接线方式。
（9）电缆通道防火。
（10）主要设备材料表、主要工程数量表。

2）主要设计图纸
（1）220 kV 变电站 110 kV（或 66 kV）配电装置接线图。
（2）220 kV 变电站 110 kV（或 66 kV）配电装置布置平面图。
（3）220 kV 变电站 110 kV（或 66 kV）电缆馈出线间隔断面图。
（4）220 kV 变电站 110 kV（或 66 kV）配电装置基础布置图。
（5）220 kV 变电站 110 kV（或 66 kV）GIS 设备电气间隔图。
（6）220 kV 变电站 110 kV（或 66 kV）GIS 二次原理及端子排接线图。
（7）电力电缆联系图。
（8）一次、二次电缆清册。

2．110 kV（或 66 kV）主变电所工程

1）设计说明
（1）概述。
设计依据、设计内容、设计分界点、建设规模、电气主接线、中性点接地方式。
（2）短路电流计算及主要设备选择。
短路电流计算，电气设备选择，主变压器、110 kV（或 66 kV）GIS 设备、35 kV 设备的选择。
（3）电气总平面布置及配电装置。
电气总平面布置，防雷及接地，照明、动力及检修，电缆设施（电缆敷设的要求、电缆的支持与固定、电缆金属层的接地），电缆防火（安全措施、阻火分隔方式、阻火分隔的技术要求、阻火墙，阻火隔层和阻火封堵的实施）。
（4）电气一次施工注意事项。
（5）主要设备材料表、主要工程数量表。

2）主要设计图纸
（1）电气主接线图。
（2）电气总平面布置图。
（3）变电所布置平面图。
（4）主变压器平、断面图。
（5）110 kV（或 66 kV）GIS 平、断面图。
（6）35 kV（10 kV）配电室平面布置图。
（7）35 kV（10 kV）开关柜平、断面图。
（8）35 kV（10 kV）SVG 平、断面图。
（9）交直流自用电系统图。
（10）二次设备室屏位布置图。
（11）继电保护、自动装置及测量配置图。
（12）变电所电气二次部分原理图、端子排接线图。

（13）二次电缆联系图、二次电缆清册。
（14）变电所综合自动化接线图。
（15）光纤通信系统设备配置图。
（16）光传输设备网络拓扑图。
（17）电缆敷设平、剖、断面图。
（18）防火封堵大样图。

3.4.3　系统方案

1）设计说明
（1）工程概况。
简述线路形式、长度，地下、地上车站数量、平均车站间距，控制中心、车辆综合基地的设置。
（2）设计范围。
（3）设计依据及技术标准。
包含初步设计文件、本次设计文件涉及的相关规范及标准、会议纪要和互提资料单、主要技术参数。
（4）初步设计评审意见和执行情况。
（5）设计方案。
简述中压供电网络和系统电缆敷设方式，电缆支架形式等技术要求。
（6）其他需要说明的问题。
（7）主要设备材料表、主要工程数量表。

2）主要设计图纸
（1）全线供电系统图（含交流、直流）。
（2）中压供电网络继电保护配置图。
（3）系统电缆敷设平面及剖面图。
（4）中压供电网络继电保护定值单。
（5）直流牵引供电系统继电保护定值单。

3.4.4　变电所

1）设计说明
（1）工程概况。
a. 车站变电所。
简述本车站形式、面积及变电所类型，变电所在车站的位置分布，变电所设备层、电缆夹层净空高度。
b. 车辆综合基地变电所。
简述变电所类型、形式及在车辆综合基地的位置分布，变电所设备层、电缆夹层净空高度。

c. 区间变电所。

简述区间变电所类型及形式，区间变电所中心里程，区间变电所设备层、电缆夹层净空高度，区间变电所室内外高差。

d. 控制中心变电所。

简述控制中心规模、面积，变电所在控制中心的位置分布，变电所设备层、电缆夹层净空高度。

（2）设计范围。

（3）设计依据及技术标准。

初步设计文件、本次设计文件涉及的相关规范及标准、会议纪要和互提资料单、地质勘查报告、主要技术参数。

（4）初步设计评审意见和执行情况。

（5）设计方案。

电源引入、引出位置；交流中压与低压、直流主接线形式及运行方式；牵引机组、配电变压器设置及运行方式；保护配置；防雷及操作过电压措施；接地装置及接地电阻说明。

（6）施工注意事项。

（7）其他需要说明的问题。

（8）主要设备材料表、主要工程数量表。

2）主要设计图纸

（1）变电所主接线图。

（2）交流中压、低压、直流开关柜排列图。

（3）交直流自用电系统图。

（4）设备布置平面、剖面图（含变电所位置图）。

（5）设备孔洞及预埋件平面、剖面图。

（6）电力电缆联系图。

（7）电缆敷设平面、剖面图。

（8）变电所继电保护配置图。

（9）变电所交流中压配电系统二次原理图（含外部接线端子排）。

（10）交流低压配电系统二次原理图（含外部接线端子排）。

（11）直流牵引配电系统二次原理图（含外部接线端子排）。

（12）通信、控制电缆联系图。

（13）接地系统图。

（14）接地装置布置平面、剖面图。

（15）变电所接地线敷设平面图。

3.4.5 接触网

1．接触轨

1）设计说明

（1）工程概况。

简述线路形式、长度，地下、地上车站数量，地下隧道形状、施工工法，车辆综合基地的设置。线路平面图、剖面图、纵断面图、路基、道床及轨枕布置情况，建筑及结构平面图、剖面图，车辆技术参数及工艺要求，牵引供电计算参数，信号专业轨道电路及限界资料等，并及时向相关专业反馈资料。

（2）设计范围。

（3）设计依据及技术标准。

初步设计文件、本次设计文件涉及的相关规范及标准、会议纪要和互提资料单、主要技术参数。

（4）初步设计评审意见和执行情况。

（5）设计方案。

接触轨系统的结构形式及电压标准；接触轨的布置原则及基本要求；接触轨膨胀接头及普通接头的设置；接触轨端部弯头的设置；接触轨防爬器的设置；线路基本情况及不同道床轨枕形式下接触轨绝缘子、底座及玻璃钢防护罩支架的布置间距要求；电源及电分段的设置；电气接线板的设置；设备选型；接触轨供电方式；安全防护。

（6）施工注意事项。

（7）其他需要说明的问题。

（8）主要设备材料表、主要工程数量表。

2）主要设计图纸

（1）接触轨系统电气系统图。

（2）接触轨系统接线图。

（3）车站接触轨系统布置平面图（含剖面图、局部大样图）。

（4）区间接触轨系统布置平面图（含剖面图、局部大样图）。

（5）车辆综合基地接触轨系统布置平面图（含剖面图、局部大样图）。

（6）各种道岔区接触轨、支架、绝缘子布置图。

（7）接触轨零部件及安装图。

2．架空接触网

1）设计说明

（1）工程概况。

简述线路形式、长度，地下、地上车站数量，地下隧道形状、施工工法，车辆综合基地的设置。线路平面图、剖面图、纵断面图、路基、道床布置情况，建筑及结构平面图、剖面图，车辆技术参数及工艺要求，牵引供电计算参数，信号专业轨道电路及限界资料等，并及时向相关专业反馈资料。

（2）设计范围。

（3）设计依据及技术标准。

初步设计文件、本次设计文件涉及的相关规范及标准、会议纪要和互提资料单、主要技术参数。

（4）初步设计评审意见和执行情况。

（5）柔性悬挂设计方案。

气象条件，导线组成，导线工作张力，分段绝缘器的设置，带电体的绝缘间距，基准里程计列，接触网导线高度，接触网坡度及导角，刚柔过渡段接触网设计，接触网拉出值，接触网非工作支的高度、角度，接触网跨距，接触网结构高度，接触网防雷和接地设计，双导线并沟线夹的设置，电连接安装，线岔安装，接触网锚段长度和下锚，接触网悬挂编号，隔离开关的设置，接触网支柱容量选择，接触网支柱施工安装误差，接触网限界门施工安装误差。

（6）刚性悬挂设计方案。

气象条件，刚性悬挂组成，导线工作张力，分段绝缘器的设置，带电体的绝缘间距，基准里程计列，刚性悬挂接触网导线高度，刚性悬挂接触网拉出值，刚性悬挂接触网悬挂间距，刚性悬挂汇流排悬挂高度，人防门锚段安装，防淹门锚段安装，电连接安装，线岔安装，刚性悬挂接触网锚段长度和下锚，接触网悬挂编号，隔离开关的设置，汇流排防护罩安装。

（7）电源及电分段的设置。
（8）设备选型。
（9）施工注意事项。
（10）其他需要说明的问题。
（11）主要设备材料表、主要工程数量表。

2）主要设计图纸
（1）接触网电气系统图。
（2）接触网布置平面图（包括支柱布置、锚段关节、电分段、下锚等）。
（3）接触网安装图（包括各种断面情况的安装图及支柱安装图）。
（4）接触网的非标准零件图。
（5）接触网支柱、硬横梁构造图。
（6）接触网电气设备安装图（包括支柱基础图、下锚基础图、混凝土侧板图、混凝土支柱底板图、混凝土支柱锚板图）。

3.4.6 电力监控系统

1）设计说明
（1）工程概况。
简述线路形式、长度，各种变电所位置及数量。
（2）设计范围。
（3）设计依据及技术标准。
包含初步设计文件、本次设计文件涉及的相关规范及标准、会议纪要、互提资料单和主要技术参数。
（4）初步设计评审意见和执行情况。
（5）设计方案。
电力调度中心系统构成及数据容量要求，牵引变电所综合自动化系统构成及数据容量，降压变电所综合自动化系统构成及数据容量，变电所综合自动化系统设备配置，变电所综合自动化管线敷设方式，电源、防雷与接地。

（6）施工注意事项。
（7）其他需要说明的问题。
（8）主要设备材料表、主要工程数量表。

2）主要设计图纸
（1）全线电力监控系统图。
（2）全线监控系统网络图。
（3）电力调度设备布置平面图。
（4）电力调度设备端口表。
（5）电力调度设备电缆联系图。
（6）电力调度设备电缆敷设图。
（7）电力调度接地系统图。
（8）电力调度接地线敷设图。
（9）变电所四遥量表。
（10）变电所综合自动化系统图。
（11）变电所设备、电缆敷设平面、剖面图。

3.4.7 杂散电流腐蚀防护系统

1）设计说明
（1）工程概况。
简述线路形式、长度，地下、地上车站数量，道床形式，车辆综合基地的设置。
（2）设计范围。
（3）设计依据及技术标准。
包含初步设计文件、本次设计文件涉及的相关规范及标准、会议纪要和互提资料单、如主要技术参数。
（4）初步设计评审意见和执行情况。
（5）设计方案。
杂散电流腐蚀防护要求，排流网设置及截面，排流柜运行方式，监测设备安装、电缆敷设及电源要求，单向导通装置设置。
（6）施工注意事项。
（7）其他需要说明的问题。
（8）主要设备材料表、主要工程数量表。

2）主要设计图纸
（1）杂散电流腐蚀防护系统图（包括排流和监测部分）。
（2）车站、区间、桥梁等防护要求图。
（3）道床等主要排流钢筋网设置图。
（4）排流柜原理图。
（5）排流柜设备布置图。

（6）钢筋焊接、引出端子要求。
（7）参比电极设置位置图。
（8）监测设备安装图。
（9）设备绝缘安装要求。
（10）单向导通装置原理图。
（11）单向导通装置接线图。

3.5 技术管理要点

技术管理始终贯穿着工程设计的全过程，总体设计阶段主要侧重于设计接口管理、技术原则确定和方案比选；初步设计主要侧重于技术方案的落实和实施、工程投资控制；施工图设计主要侧重于技术细节的把控和工程后期配合。

3.5.1 总体设计技术管理要点

总体设计阶段技术管理要点：总体设计应以批复的可行性研究报告的技术方案为基础，主要是把握总体设计原则和工程设计文件内容及深度要求。总体设计主要侧重在工程方案比选、技术标准、设计接口等方面。

1）系统方案

设计依据及标准规范，主要设计原则及技术标准，设计接口，专家评审意见及执行情况，外部电源及供电方式，主变电所（电源开闭所）设置，中压供电网络，直流牵引供电系统计算与布点方案等。

2）变电所

牵引降压混合变电所和降压变电所（跟随式降压变电所）主接线和运行方式，物业开发供电原则，同期实施换乘车站资源共享供电原则，无功补偿和谐波治理，接地，防雷与过电压保护，房屋及设备工艺布置。

3）牵引网

设计条件，设计原则及技术标准，受流方式分析，接触网设计方案，牵引网技术参数的确定。

4）电力监控系统

控制中心的功能，系统构成及功能，综合监控系统中电力调度功能，变电所综合自动化系统方案，电能质量监测系统。

5）杂散电流腐蚀防护系统

设计原则，防护方案，排流方案，监测方案，对相关专业的要求。

6）供电车间

供电车间的功能，设置规模，维修机构的设置，定员配置，设备配置。

3.5.2 初步设计技术管理要点

初步设计技术管理：初步设计应以批复的可行性研究报告、审查完成的总体设计技术方案为基础，主要是把控供电系统技术参数、落实外部电源的边界条件和工程中需要说明的问题，对于续建工程应给出工程衔接的说明，对于不可预测项应给出工程中需要说明的主要事项和下阶段需要解决的问题。

1）外部电源

技术可行、经济合理的线路路径，线路沿途政府规划部门的意见并取得地方政府对线路路径的认可文件。外部电源的敷设方式，含架空线路长度、电缆线路长度、电缆排管、拉管、顶管、电缆沟、电力隧道的长度，电缆敷设路径和走向等。用地情况、影响路径的因素，线路路径方案的比选，线路推荐路径的描述，规划部门对接入方案的意见和相关协议的说明。

电缆导体的输送容量及最大工作电流，电缆及附件的运行条件和运行环境，电缆排列方式和敷设方式。电缆型式和截面选择，附件选型。分段接地情况，过电压保护措施，电缆通道接地装置。电缆的支持与固定。电缆敷设土建部分以及排管、拉管、顶管、电缆沟、电力隧道的分段方案。

2）主变电所

站址地理位置，站址自然条件，总平面布置，电气主接线，主要设备选型，防雷、接地和过电压防护，所内自用电，电缆敷设及防护措施、防火措施，电气总平面布置，短路电流计算及主要设备选择。

3）系统方案

中压网络方案及其运行方式潮流计算、短路计算、继电保护整定，变压器容量选择，中压系统电缆选型及电缆敷设设计，谐波及无功功率的补偿装置等。

4）变电所

变电所主接线，设备选择的原则，继电保护设置及二次回路要求，变电所自用电（包括交、直流电源）和蓄电池容量选择，变电所防雷、接地、过电压防护，设备房间布置，维护及检修通道，电缆通道，电缆夹层等。

5）牵引网

（1）接触轨。

接触轨支撑装置，授流方式，接触轨接线，防护罩，与信号灯专业配合等要求。

（2）架空接触网。

导线高度，导线组成，结构高度，拉出值，接触线坡度和导角，跨距，锚段长度，锚段关节，侧面限界，绝缘距离，爬电等。支柱，支持装置及绝缘子的选用。供电分段及电连接以及防护措施。

6）电力监控系统

监控系统的要求和系统构成，运营控制中心要求、通道、终端设备等。

遥控、遥信、遥测、遥调功能，数据处理显示及打印功能，用户画面、软件修改、汉字显示及自检功能等。

运营控制中心对应的变电所数量及终端设备应具有的遥控、遥测、遥信、遥调数量。系统的主要技术指标。

7）杂散电流腐蚀防护系统

对其他专业的要求。排流系统、监测系统、监测点设置。杂散电流腐蚀防护采用设备及性能要求。

8）供电车间

维修机构，定员配备，房屋设施。设备配置以及资源共享。

3.5.3　施工图设计技术管理要点

施工图设计技术管理要点：施工图设计应以批复的初步设计的技术方案为基础，主要是控制供电系统的技术参数、技术细节，内容以图纸为主，应包括封面、图纸目录、设计说明、图纸等，应达到能够以编制施工图预算，安排设备和材料订货，非标准设备的制作，施工和安装及调试。

1．外部电源

设计规范、规程、图集、标准。

外部电源供电方案。

主要气象条件、线路电压等级、线路架设形式、线路路径长度、沿线高程、沿线地形地貌、接地方式、电缆规格型号和主要技术要求。

变电站进出线间隔数量、规格型号和主要技术要求。

过电压的防护：分段接地情况、过电压保护措施、关键性技术数据。

电缆附件：GIS电缆终端、接地箱、中间接头。

电缆构筑物型式及电缆敷设方式：明确架空线还是地下线路，对于地下线路确定排管、拉管、顶管、电缆沟、电力隧道等。

电缆通道内的附属设施设计接口：通风、排烟、消防、给排水、低压配电、人防。

电缆通道防火：设备线缆槽、管、洞的防火封堵。

电缆的备用长度、电缆的弯曲半径、电缆的分盘等。

电缆选型应满足设备招标、功能使用和安装的要求。

主要设备材料表、主要工程数量表应满足工程招标、计价和工程实施需要。

2．主变电所

1）220 kV变电所新增间隔

设计规范、规程、图集、标准。

现状出线间隔数量、远期出线间隔数量。

220 kV变电站110 kV（或66 kV）配电装置配置接线图、平面布置图、电缆出线间隔断面图、配电装置基础布置图。

变电所一次设计，包括设备安装和电缆敷设。

变电所二次设计，包括原理图、端子排接线图、联系图、电缆清册。

变电所布置平面，新增间隔数量、位置，变电所设备运输路径。

新增间隔技术参数要求、额定电压、额定电流、分段能力、接线方式。

电缆通道防火：含设备防火封堵、电缆沟、槽、管、洞的防火封堵。

电缆的备用长度、电缆的弯曲半径、电缆的分盘等。

设备选型应满足设备招标、功能使用和安装的要求。

主要设备材料表、主要工程数量表应满足工程招标、计价和工程实施需要。

2）110 kV（或 66 kV）主变电所

设计规范、规程、图集、标准、范围。

整个工程情况、外部电源供电方案。

电气主接线、中性点接地方式。

短路电流计算及主要设备选择。

主变压器、110 kV（或 66 kV）GIS 设备、35 kV 设备的选择。

电气总平面布置及配电装置，防雷、接地、动力照明设施、电缆敷设和防火封堵，包括电缆防火安全措施、阻火分隔方式、阻火分隔的技术要求，阻火墙，阻火隔层和阻火封堵的实施。

电气总平面布置图、变电所布置平面图、交直流自用电系统图、二次设备室屏位布置图、继电保护、自动装置及测量配置图、变电所电气二次部分原理图、端子排接线图及相关清册。

电气一次施工注意事项：施工过程中务必保持图中所注电气距离的要求，并考虑连接线的合理及美观。

所有预留孔洞、埋件、埋管在施工过程中，电气安装人员与土建施工人员应密切配合，以免遗漏或返工。

110 kV（或 66 kV）GIS 所有预埋件在预埋前认真核对土建、电气相关图纸，并尽量减小施工误差。

主控室内二次设备的接地点，以及通信设备间的通信设备的接地点与高压配电装置的接地点应远离，以降低入地电流对其设备造成的干扰。

变电所综合自动化接线图、光纤通信系统设备配置图、光传输设备网络拓扑图。

电缆通道防火：含设备防火封堵、电缆沟、槽、管、洞的防火封堵。

电缆的备用长度、电缆的弯曲半径、电缆的分盘等。

设备选型应满足设备招标、功能使用和安装的要求。

主要设备材料表、主要工程数量表应满足工程招标、计价和工程实施需要。

3．系统方案

设计规范、规程、图集、标准、范围。

整个工程情况、外部电源供电方案。

线路形式、长度，地下、地上车站数量、平均车站间距，控制中心、车辆综合基地的设置。

中压供电网络和系统电缆敷设方式，电缆支架形式等技术要求。给出车站、区间、车辆综合基地电缆敷设平面及剖面图。

中压供电网络潮流分布，最大、最小运行方式下短路电流计算，直流牵引供电系统短路电流计算。电缆选型应满足设备招标、功能使用和安装的要求。

主要设备材料表、主要工程数量表应满足工程招标、计价和工程实施需要。

4．变电所

设计规范、规程、图集、标准、范围。

所在车站形式、面积及变电所类型及形式，变电所在车站的位置分布，变电所设备层、电缆夹层净空高度。

车辆综合基地变电所类型及形式，在车辆综合基地的位置分布，变电所设备层、电缆夹层净空高度。区间变电所类型及形式，区间变电所中心里程，区间变电所设备层、电缆夹层净空高度，区间变电所室内外高差。控制中心规模、面积，变电所在控制中心的位置分布，变电所设备层、电缆夹层净空高度。

开闭所的设置，电源引入、引出位置，交流中压与低压、直流主接线型式及运行方式，牵引机组、配电变压器设置及运行方式，保护配置，防雷及操作过电压措施，接地装置及接地电阻说明。

低压负荷计算及配电变压器的容量核算，变电所继电保护整定计算，直流操作电源蓄电池的容量计算，低压线路单相接地故障保护的有效性核算，接地电阻计算，跨步电压、接触电压的计算。

变电所主接线图，交流中压、低压、直流开关柜排列图，交直流自用电系统图，设备布置平面、剖面图（含变电所位置图），设备孔洞及预埋件平面、剖面图，电力电缆联系图，电缆敷设平面、剖面图，变电所继电保护配置图，变电所交流中压配电系统二次原理图（含外部接线端子排），交流低压配电系统二次原理图（含外部接线端子排），直流牵引配电系统二次原理图（含外部接线端子排），通信、控制电缆联系图，变电所接地图纸（含接地系统图、接地装置布置平面、剖面图、变电所接地线敷设平面图）。

设备选型应满足设备招标、功能使用和安装的要求。

主要设备材料表、主要工程数量表应满足工程招标、计价和工程实施需要。

5．接触网

1）接触轨

设计规范、规程、图集、标准、范围。

线路形式、长度，地下、地上车站数量，地下隧道形状、施工工法，车辆综合基地的设置。

接触轨供电方式和安全防护，系统的结构形式及电压标准，接触轨的布置原则及基本要求，膨胀接头及普通接头的设置，端部弯头的设置，防爬器的设置。

线路的基本情况及不同道床轨枕形式下接触轨绝缘子、底座及玻璃钢防护罩支架的布置间距要求。

电源及电分段的设置与车辆专业的配合关系。

电气接线板的设置。

设备选型应满足设备招标、功能使用和安装的要求。

主要设备材料表、主要工程数量表应满足工程招标、计价和工程实施需要。

接触轨系统电气系统图，系统接线图，布置平面图（含剖面图、局部大样图），零部件图和配套安装图。

2）架空接触网

设计规范、规程、图集、标准、范围。

线路形式、长度，地下、地上车站数量，地下隧道形状、施工工法，车辆综合基地的设置。线路平面图、剖面图、纵断面图、路基、道床布置情况，建筑及结构平面图、剖面图，车辆技术参数及工艺要求，牵引供电计算参数，信号专业轨道电路及限界资料等，并及时向相关专业反馈资料。

柔性悬挂设计方案：气象条件，导线组成，导线工作张力，分段绝缘器的设置，带电体的绝缘间距，基准里程计列，接触网导线高度，接触网坡度，刚柔过渡段接触网设计，接触网拉出值，接触网非工作支的高度、角度，接触网跨距，接触网结构高度，接触网防雷和接地设计，双导线并沟线夹的设置，电连接安装，线岔安装，接触网锚段长度和下锚，接触网悬挂编号，隔离开关的设置，接触网支柱容量选择，接触网支柱施工安装误差。

刚性悬挂设计方案：气象条件，刚性悬挂组成，导线工作张力，分段绝缘器的设置，带电体的绝缘间距，基准里程计列，刚性悬挂接触网导线高度，刚性悬挂接触网拉出值，刚性悬挂接触网悬挂间距，刚性悬挂汇流排悬挂高度，人防门锚段安装，防淹门锚段安装，电连接安装，线岔安装，刚性悬挂接触网锚段长度和下锚，接触网悬挂编号，隔离开关的设置，汇流排防护罩安装，电源及电分段的设置。

设备选型应满足设备招标、功能使用和安装的要求。

主要设备材料表、主要工程数量表应满足工程招标、计价和工程实施需要。

计算架空接触网：支柱容量、弛度、跨距、直流电阻计算。

接触网电气系统图，布置平面图，接触网装配图，接触网的非标准零件图，接触网支柱、硬横梁构造图，接触网电气设备安装图。

6．电力监控系统

设计规范、规程、图集、标准、范围。

电力调度中心系统的构成及数据容量的要求，变电所（含牵引降压混合变电所、区间牵引变电所、降压变电所）综合自动化系统的构成及数据容量，变电所综合自动化系统的设备配置，变电所综合自动化管线的敷设方式，电源、防雷与接地。

全线电力监控系统图，全线监控系统网络图，电力调度设备布置平面图，电力调度设备端口表，电力调度设备电缆联系图，电力调度设备电缆敷设图，电力调度接地系统图，电力调度接地线敷设图，变电所四遥量表，变电所综合自动化系统图，变电所设备、电缆敷设平面、剖面图。

设备选型应满足设备招标、功能使用和安装的要求。

主要设备材料表、主要工程数量表应满足工程招标、计价和工程实施需要。

7．杂散电流腐蚀防护系统

设计规范、规程、图集、标准、范围。

线路形式、长度，地下、地上车站数量，道床形式，车辆综合基地的设置。

杂散电流腐蚀防护要求，排流网设置及截面，排流柜运行方式，监测设备安装，电缆敷设及电源要求。

设备选型应满足设备招标、功能使用和安装的要求。

主要设备材料表、主要工程数量表应满足工程招标、计价和工程实施需要。

计算排流网钢筋截面积和极化电位差。

杂散电流腐蚀防护系统图（包括排流和监测部分），车站、区间、桥梁等防护要求图，道床等主要排流钢筋网设置图，排流柜原理图，排流柜设备布置图，钢筋焊接、引出端子要求，参比电极设置位置图，监测设备安装图，设备绝缘安装要求和单向导通装置的原理图、安装图和接线图。

3.6 对图会签要点

3.6.1 系统方案、变电所对图会签要点

1）一般要点

（1）工程名称、工程号、图标、封面格式等是否一致，各专业是否统一。

（2）各专业平面图是否一致，方向标、里程是否一致。

（3）采用的控制坐标点位置是否准确，数据是否统一。

（4）线路曲线资料是否和线路平面图资料一致。

（5）建筑平面、剖面、轴线、尺寸、标高等与结构、各专业所注是否一致。

（6）建筑名称、平面布置、建筑轴线、墙柱和设备位置及尺寸，各专业是否一致。

（7）各专业管线位置及交叉处的标高是否协调一致。

（8）各专业管道位置、标高与结构梁板标高有无矛盾。

（9）建筑竖向设计与各专业管线设计是否矛盾。

（10）建筑限界、结构限界、设备限界是否一致。

（11）各专业互提资料是否落实。

2）与接口专业对图会签要点

（1）系统方案与线路专业。

牵引供电计算参数与线路及行车资料是否一致。

（2）系统方案与限界专业。

区间电缆敷设位置、电缆支架层数是否满足要求。

电缆从隧道顶部跨轨时，是否满足限界要求。

（3）系统方案与结构专业。

电缆从隧道顶部跨轨时，结构是否满足系统所提要求。

（4）系统方案与轨道专业。

电缆经轨道跨轨时，预埋管的数量、位置是否满足要求。

（5）系统方案与建筑专业。

车站站台板下平面、剖面是否满足电缆敷设要求。

需要的电缆预留孔洞位置及尺寸是否符合要求，防火封堵是否满足要求。

（6）系统方案与相关设备、弱电系统。

电缆敷设路径是否冲突。

（7）变电所与建筑专业。

牵引变电所，降压变电所位置，平面布置及面积是否符合要求；变电所层高、电缆夹层高度是否满足技术要求；电气专业所需要的预留孔洞及预埋件的位置及尺寸是否符合要求；电缆竖井位置、面积是否满足要求；各房间开门位置、大小、开启方向是否满足要求。

（8）变电所与结构专业。

预留孔洞及预埋件位置、数量与要求是否一致；运输通道、电缆通道、预埋件、孔洞预留位置及尺寸是否与设备位置一致；结构柱、梁、变形缝的位置是否对变电所的设备布置造成重大影响。

（9）变电所与通风、给排水系统。

给排水是否满足变电所用水要求；与变电所无关的管线是否穿越变电所；变电所消防设施是否满足要求；提供的环境条件是否与规范要求相符；相关管道与电气设备距离是否符合要求。

（10）变电所与动力照明系统。

低压柜馈出是否满足负荷等级要求；低压柜馈出电缆与馈出开关的配合是否满足要求；低压柜馈出开关与动照第一级开关是否满足配合要求；共用电缆支架的间距、层数是否满足要求；共用电缆井的电缆敷设是否有冲突；低压馈出回路的编号与动照专业是否一致。

（11）变电所与通信、信号等弱电系统。

接地网的接口位置是否符合要求；接地网的接地电阻是否满足要求。

（12）变电所与电力监控系统。

配电回路是否满足要求；接地网电阻是否满足要求；综控屏位置、数量是否满足要求；综控屏孔洞是否满足要求；电缆敷设是否有矛盾。

（13）变电所与杂散电流腐蚀防护系统。

配电回路是否满足要求；排流柜位置、孔洞是否满足要求；接口位置是否一致；与直流负极连接的排流电缆是否满足要求。

3.6.2 牵引网对图会签要点

1）一般要点

（1）工程名称、工程号、图标、封面格式等是否一致，各专业是否统一。

（2）各专业总平面图是否一致，方向标、里程是否一致。

（3）采用的控制坐标点位置是否准确，数据是否统一。

（4）线路曲线资料是否和线路平面图资料一致。

（5）建筑平面、剖面、轴线、尺寸、标高等与结构、各专业所注是否一致。

（6）建筑名称、平面布置、建筑轴线、墙柱和设备位置及尺寸，各专业是否一致。

（7）各专业管线位置及交叉处的标高是否协调一致。

（8）各管线位置、标高与结构梁板标高有无矛盾。

（9）建筑竖向设计与各工种管网设计是否矛盾。

（10）建筑限界、结构限界、设备限界是否一致。
（11）各专业互提资料是否落实。

2）牵引网与接口专业对图会签要点

（1）与系统方案。
变电所设置及牵引供电计算与线路及运营管理是否一致。
（2）与建筑专业。
上网隔离开关柜室或隔离开关平面布置及面积是否符合要求。
需要的预留孔洞及预埋件的位置及尺寸是否符合要求。
站台板下平面、剖面是否满足电缆敷设要求。
（3）与结构专业。
预留孔洞及预埋件位置、数量与要求是否一致。
运输通道、电缆通道、预埋件、孔洞预留位置及尺寸是否与设备位置一致。
（4）与给排水系统。
管道与电气设备距离是否符合要求，与电线电缆位置是否矛盾。
管道之间有无矛盾。
（5）与暖通系统。
管道与电气设备距离是否符合要求，与电线电缆位置是否矛盾。
管道之间有无矛盾。
（6）与通信信号系统。
轨道电路与接触网的关系是否明确。
（7）与其他专业。
电线电缆管线与其他专业管线之间是否有交叉等矛盾。
接触网设备的安装是否符合限界的要求。
区间电缆敷设、电气设备的安装是否符合限界的要求。
（8）与桥梁专业。
预留孔洞及预埋件位置、数量与要求是否一致。
运输通道、电缆通道、预埋件、孔洞预留位置及尺寸是否与设备位置一致。

3.6.3　电力监控系统对图会签要点

1）一般要点
（1）工程名称、工程号、图标、封面格式等是否一致，各专业是否统一。
（2）各专业平面图是否一致，方向标、里程是否一致。
（3）线路曲线资料是否和线路平面图资料一致。
（4）建筑平面、剖面、轴线、尺寸、标高等与结构、各专业所注是否一致。
（5）建筑名称、平面布置、建筑轴线、墙柱和设备位置及尺寸，各专业是否一致。
（6）各专业管线位置及交叉处的标高是否协调一致。
（7）各管线位置、标高与结构梁板标高有无矛盾。
（8）建筑竖向设计与各工种管网设计是否矛盾。

（9）建筑限界、结构限界、设备限界是否一致。

（10）各专业互提资料是否落实。

2）电力监控系统与接口专业对图会签要点

（1）电力监控系统与综合监控系统。

接口设计内容是否吻合，是否有遗漏或重复；电力调度中心功能是否满足要求。

（2）电力监控系统与通信系统。

变电所电话设置是否满足要求；变电所闭路电视设置是否满足要求；通信规约和带宽是否满足要求；接口位置是否一致。

（3）电力监控系统与变电所。

配电回路是否满足要求；接地网电阻是否满足要求；综控屏位置、数量是否满足要求；综控屏孔洞是否满足要求；电缆敷设是否有矛盾。

3.6.4 杂散电流腐蚀防护系统对图会签要点

1）一般要点

（1）工程名称、工程号、图标、封面格式等是否一致，各专业是否统一。

（2）各专业平面图是否一致，方向标、里程是否一致。

（3）采用的控制坐标点位置是否准确，数据是否统一。

（4）线路曲线资料是否和线路平面图资料一致。

（5）建筑平面、剖面、轴线、尺寸、标高等与结构、各专业所注是否一致。

（6）建筑名称、平面布置、建筑轴线、墙柱和设备位置及尺寸，各专业是否一致。

（7）各专业管线位置及交叉处的标高是否协调一致。

（8）各管线位置、标高与结构梁板标高有无矛盾。

（9）建筑限界、结构限界、设备限界是否一致。

（10）各专业互提资料是否落实。

2）杂散电流腐蚀防护系统与接口专业对图会签要点

（1）杂散电流腐蚀防护系统与结构、桥梁专业。

结构、桥梁的杂散电流防护措施是否符合要求；变形缝的位置是否一致。

（2）杂散电流腐蚀防护系统与轨道专业。

道床钢筋网截面是否满足要求；道床的杂散电流防护措施是否符合要求；扣件的绝缘电阻是否满足要求；走行轨底面距道床的距离是否满足要求；道床插筋与结构或桥梁钢筋的距离是否满足要求。

（3）杂散电流腐蚀防护系统与通信、信号系统。

走行轨旁的通信信号设备是否为绝缘安装。

（4）杂散电流腐蚀防护系统与给排水系统。

引入隧道内的管线是否设有绝缘法兰；走行轨旁的水管位置及安装方式是否满足要求；冷凝水的排放是否为集中排放。

（5）杂散电流腐蚀防护系统与动力照明系统。

区间设备的配电回路是否满足要求。

(6)杂散电流腐蚀防护系统与变电所。

配电回路是否满足要求;排流柜位置、孔洞是否满足要求;接口位置是否一致;与直流负极连接的排流电缆是否满足要求。

3.7 互提资料

互提资料主要应用在总体设计、初步设计、施工图设计三个阶段。当存在工程设计更改时,也应以互提资料的形式,将工程中发生的事件记录下来。

3.7.1 互提资料管理

专业间互提资料时必须填写《互提资料单》,《互提资料单》由设计人填写,专业负责人校核。如果设计人和专业负责人为一人,可由校核人进行校对。《互提资料单》应归档。

设计过程中正式互提资料需提供白图,互提资料专业负责人对所提资料负责,并在白图上签字确认,若接收方要求附电子文件时,提资方应提供与白图内容一致的电子文件。

《互提资料单》上应由提资和接收双方签字,一式两份,分别保留。过程中的互提资料可在下阶段工程设计工作开始后销毁。

互提资料有更改时,需重新提资料,更改资料应在互提资料上明确注明更改部位、更改内容。若更改变化较大(牵涉到大局的方案性修改),必须经各专业协商、必要时经过设计评审后方可进行。

最终的互提资料的图纸、文件等由设计人保留至竣工后方可销毁。

由专业负责人编制专业设计互提资料内容,明确设计基本情况、设计依据、设计基础资料、设计原则和技术条件。在设计开始和设计过程中主动收集齐全各种基础资料,科学分析专业间的互提资料文件的适用条件,从而稳定设计的前提条件,起到有效的事前指导作用。

根据工程设计进度计划安排,拟订互提资料计划,重点确认互提资料的内容、提交时间、责任人等要素,落实互提资料责任,确保设计进度计划的有效落实。同时,将严格审查互提资料的有效性和及时性,上游专业及时向下游专业通报已发生或可能发生的变化,避免因无效资料导致的设计资源浪费和质量缺陷,提高设计工作效率,保证设计工作的协调性、一致性和总体性。

3.7.2 总体设计互提资料要求及内容

总体设计互提资料应侧重在工程设计方案等方面。

1. 总体设计互提资料要求

1)系统方案

(1)输入资料。

外部电源资料;线路平面图和纵断、剖面图;车站位置表;行车组织资料;车辆技术条件及牵引电机特性曲线。

(2)输出资料。

外部电源建议方案;全线供电系统图;供电系统运行方式及用电量;全线变电所位置分布图;车站、区间、车辆综合基地电线电缆敷设要求及方式;接触网形式。

2）变电所

（1）输入资料。

车站、控制中心、车辆综合基地建筑图；典型车站、区间、控制中心、车辆综合基地动力照明回路需求资料。

（2）输出资料。

变电所位置要求；典型变电所设备布置平面图；变电所设备发热量；变电所用水需求和对其他管线的要求。

3）接触网

（1）输入资料。

线路总平面图和纵断、剖面图；车站建筑资料；行车组织资料；牵引计算资料；车辆综合基地平面布置资料；轨道安装形式及相关尺寸；车辆资料。

（2）输出资料。

接触网形式及布置要求；接触网安装要求。

4）电力监控系统

（1）输入资料。

全线供电系统图；典型变电所设备布置平面图；电能质量管理要求；电度计量管理要求；变电所管理要求。

（2）输出资料。

电力调度中心功能要求；通信规约及带宽要求；变电所通信要求；变电所闭路电视监控要求；电力监控设备用电要求。

5）杂散电流腐蚀防护系统

（1）输入资料。

线路平面图及纵剖面图；道床类型；车站、区间施工工法；全线供电系统图；牵引最大有效电流。

（2）输出资料。

道床扣件绝缘电阻的要求；道床排流钢筋网截面及连接要求；道床排水沟位置要求；结构钢筋、桥梁钢筋连接要求；通信、信号、水管等轨旁设备安装要求；管线进入隧道的绝缘要求；杂散电流设备的用电需求。

2．总体设计互提资料内容

总体设计互提资料内容详见附表3.1~3.8。

3.7.3　初步设计互提资料要求及内容

初步设计互提资料应侧重在相关技术参数的确定等方面。

1．初步设计互提资料要求

1）系统方案

（1）输入资料。

外部电源资料；总体设计审查意见及其回复；线路平面图和纵断、剖面图；车站位置表；

行车组织资料；车辆技术条件及牵引电机特性曲线。

（2）输出资料。

外部电源建议方案；供电系统运行方式及用电量；全线变电所位置分布图；车站、区间、车辆综合基地电线电缆敷设要求、敷设路径及方式；接触网形式、设备布置位置及布置要求。

2）变电所

（1）输入资料。

总体设计审查意见及其回复；车站、控制中心、车辆综合基地建筑图；车站、区间、控制中心、车辆综合基地动力照明回路需求资料；全线供电系统图。

（2）输出资料。

变电所位置要求及设备布置平面图；变电所设备发热量；变电所用水需求和对其他管线的要求。

3）接触网

（1）输入资料。

总体设计审查意见及其回复；线路总平面图和纵断、剖面图；车站建筑资料；行车组织资料；牵引计算资料；车辆综合基地平面布置资料；轨道安装形式及相关尺寸；车辆资料。

（2）输出资料。

接触网形式、设备布置位置及布置要求；接触网安装要求。

4）电力监控系统

（1）输入资料。

总体设计审查意见及其回复；全线供电系统图；变电所设备布置平面图；变电所设备种类及四遥量要求；电能质量管理要求；电度计量管理要求；车站、车辆综合基地建筑平面图；变电所管理要求。

（2）输出资料。

电力调度中心功能要求；通信规约及带宽要求；变电所通信要求；变电所闭路电视监控要求；电力监控设备用电要求；主要设备材料表。

5）杂散电流腐蚀防护系统

（1）输入资料。

总体设计审查意见及其回复；线路平面图及纵剖面图；道床类型；车站、区间施工工法；全线供电系统图；牵引最大有效电流。

（2）输出资料。

对走行轨焊接点的电阻要求；对走行轨电缆连接的要求；道床扣件绝缘电阻的要求；道床排流钢筋网截面及连接要求；道床排水沟位置要求；结构钢筋、桥梁钢筋连接要求；通信、信号、水管等轨旁设备安装要求；管线进入隧道的绝缘要求；通风冷凝水集中排放的要求；杂散电流设备的用电需求。

2．初步设计互提资料内容

初步设计互提资料内容详见附表3.9～3.17。

3.7.4 施工图设计互提资料要求及内容

施工图设计互提资料应侧重在工程方案的实施等方面。

1. 施工图设计互提资料要求

1）系统方案

（1）输入资料。

外部电源（主变电所）短路容量；外部电源（主变电所）接地方式；外部电源（主变电所）继电保护整定值；线路平面图和纵断、剖面图；车站位置表；行车组织资料；车辆技术条件及牵引电机特性曲线；初步设计审查意见及其回复；车站站台板下平面图、剖面图；区间限界图；区间平面图。

（2）输出资料。

外部电源具体引入位置及方式；全线供电系统图；继电保护整定值；电缆跨轨做法或要求；系统电缆开孔及封堵要求；电缆通道及站台板人孔要求；区间电缆支架层架距及托板长度；电缆及其附件、材料数量；电缆孔洞防火封堵材料数量；供电电缆敷设路径及管线。

2）变电所

（1）输入资料。

车站、控制中心、车辆综合基地建筑图；车站、区间、控制中心、车辆综合基地动力照明回路需求资料；全线供电系统图；变电所内电力监控设备用电资料；杂散电流设备用电资料；土壤电阻率；相关专业接地电阻要求。

（2）输出资料。

变电所位置要求及设备布置平面图；变电所设备孔洞及预埋件要求图；变电所人孔位置及尺寸；变电所引入、引出电缆孔洞位置、尺寸及封堵要求；变电所运输通道、运输门及荷载要求；设备外形尺寸和重量；变电所设备发热量；变电所用水需求和对其他管线的要求。

3）接触网

（1）输入资料。

线路总平面图和纵断、剖面图；车站建筑资料；行车组织资料；牵引计算资料；车辆综合基地平面布置资料；轨道安装形式及相关尺寸；道岔布置资料；车站、区间结构平面及纵剖面图；人防门资料；防淹门资料。

（2）输出资料。

接触网形式、设备布置位置及布置要求；接触网预埋件资料；接触轨安装要求；道岔处接触轨布置图。

4）电力监控系统

（1）输入资料。

全线供电系统图；变电所设备布置平面图；变电所设备种类及四遥量要求；变电所电气设备通信接口形式；电能质量管理要求；电度计量管理要求；杂散电流的监控要求；车站、车辆综合基地建筑平面图；变电所管理要求。

（2）输出资料。

电力调度中心功能要求；通信规约及带宽要求；变电所通信要求；变电所闭路电视监控要求；电力监控设备用电要求；电力监控设备电源、接地要求；电力监控设备组屏要求。

5）杂散电流腐蚀防护系统

（1）输入资料。

线路平面图及纵剖面图；道床类型；车站、区间施工工法；全线供电系统图；牵引最大有效电流。

（2）输出资料。

对走行轨焊接点的电阻要求；对走行轨电缆连接的要求；道床扣件绝缘电阻的要求；道床排流钢筋网截面及连接要求；道床排水沟位置要求；结构钢筋、桥梁钢筋连接要求；通信、信号、水管等轨旁设备安装要求；管线进入隧道的绝缘要求；通风冷凝水集中排放的要求；杂散电流设备的用电需求；杂散电流的监控要求。

2．施工图设计互提资料内容

施工图设计互提资料内容详见附表 3.18～3.25。

3.8 设计更改

城轨工程供电系统的涉及面广，专业技术接口复杂，工程实施的周边条件存在的变化因素较多，因此在施工过程中会有一定数量的"设计更改"，将直接影响供电系统的工程造价和建设质量。如何有效控制设计更改，以及如何控制由此引起的投资、进度、质量等管理目标的变化保持在预定范围内，是设计更改管理的中心问题。

3.8.1 设计更改管理重点

从严控制、制定强制性审批程序和规定审批权限。

制定"设计更改"分类标准和审批程序，但手续办理又应简便、快捷，不能影响现场施工工期。

合理界定设计更改范围、严格实施分类分层管理，控制设计质量，减少不必要的变更数量和规模。

强化设计人员现场配合施工，发现图纸问题及时处理。

增加"设计更改原因分析"环节，明确责任和奖罚原则。

3.8.2 设计更改类型识别

设计更改是对已发布的正式设计文件进行更改。

为确保设计图纸更改的正确性、有效性和可追溯性，设计更改的质量控制必须严格执行。如果各工程建设方已编制《设计更改管理规定》，也应按建设方的相应规定执行。

1．设计更改方式

可分为图纸设计更改和洽商类设计更改。

2．设计更改提出

（1）外部设计评审、审查结果要求进行设计更改时；

（2）图纸抽查、复查中发现设计存在缺陷或问题时；

（3）根据建设方的要求发生的变更；
（4）施工过程中要求的设计更改；
（5）设计原始资料及有关的社会要求发生变更。

3．设计更改依据

（1）上级主管部门对重大修改的审批意见；
（2）设计更改的会议纪要；
（3）建设方要求更改的正式文件；
（4）其他联系单等。

以上文件作为《设计更改任务单》的附件，作为图纸设计更改的书面依据。

4．设计更改管理范围

在设计过程中，凡对已审定初步设计图纸和施工图设计图纸进行变更，增、减工程项目均属于变更设计。

设计更改管理的范围包括设计全过程中的变更设计事项，设计单位自交出设计文件至工程竣工期间需要变更设计，均应按设计更改管理规定执行。

5．设计更改管理工作流程

如图 3.8.1 所示。

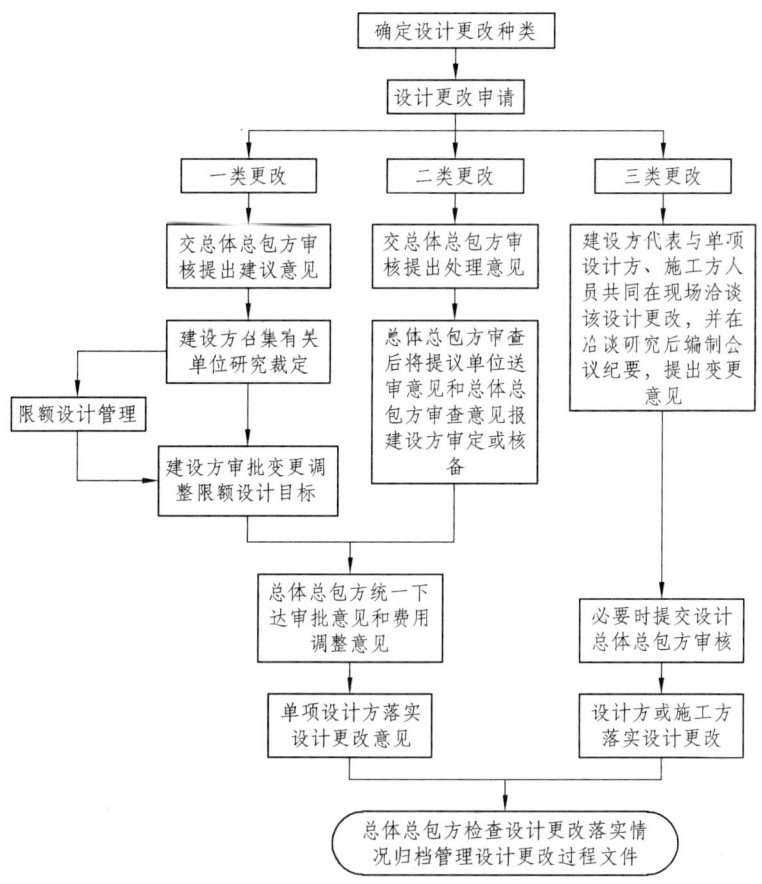

图 3.8.1 设计更改管理流程图

6. 设计更改类型识别

1）设计更改的识别

当设计更改变化较大或同时涉及几个专业时，需采用图纸设计更改的方式进行。在进行前，均应进行原因的识别和类别的划分。设计更改考虑其内容的重要性、技术复杂程度和增减投资额等因素，划分为一、二、三类。

2）凡符合下列条件之一者属一类设计更改

（1）一次更改增减投资在300万元（含）以上者。

（2）设计更改涉及多个专业（三个或三个以上），且有重大质量影响的。

（3）设计更改覆盖面较广，影响较大者。

此类更改由项目负责人提出，技术质量部组织进行设计更改的评审，评审程序按《设计评审管理规定》执行。

3）凡符合下列条件之一者属二类设计更改

（1）设计更改涉及二个专业以上（含二个专业）。

（2）一次更改增减投资在300万元（含）以下，20万元以上者。

此类更改由项目负责人组织进行设计更改的评审。

4）三类设计更改

设计更改仅涉及单专业且一次更改增减投资在20万元以下者。

此类更改可由专业负责人对更改原因进行识别，根据需要组织进行评审。

5）洽商类设计更改

当修改仅涉及原图纸中个别数字、文字、符号及原图纸中局部图面时，可采用洽商类设计更改。为确保能正确及时识别设计更改对其他专业的影响，洽商记录应由项目负责人进行签署确认方为有效，并在签署后及时将洽商记录在《施工配合日志》上。

6）设计更改的审批

设计更改，由申请人填写《设计更改任务单》，《设计更改任务单》应注明更改的原因、内容、更改类别及涉及的专业。特别应注明对已施工部分或其他相关专业的影响及采取措施的要求。更改应充分考虑对后续专业的影响，凡影响后续专业者，应及时向后续专业提供更改资料，以确保后续专业将更改的有关内容纳入施工图。

设计更改由项目负责人审批。

各类设计更改如果原图纸有建筑师签章时，还需先征得原签章建筑师的同意后（根据《中华人民共和国注册建筑师条例》第三章二十七条），再报相关人员审批。

《设计更改任务单》由项目负责人定期整理，报市场营销部备案。

成果文件整册更改出图，变化标识在封面的"版本"标识上。原版图为"0"版本时（"0"版本第一次正式出图的版本），第一次出整册更改出图，封面加更改标识"A版"字样，在项目名称下方加更改标识（A~Z版）字样。第二次出整册更改出图，加更改标识"B版"字样，从A~Z依此类推。图纸图号与封面版本号保持一致。

项目名称、设计阶段（A~Z版）。

7. 设计更改的分类

1）按阶段划分

设计更改按阶段分为：总体设计更改、初步设计更改和施工图设计更改。

总体设计更改是指总体设计成果文件通过评审后，由于周边条件改变（如线位、编组、敷设方式）引起的供电系统变更。

初步设计更改是指初步设计成果文件通过评审后，由于周边条件改变（如站位、工法、车站数量、车辆型式）引起的供电系统变更。

施工图设计更改是指施工图设计成果文件提交后发生的变更，包括由于建设方根据环境条件和工期要求提出的变更、设计人设计缺陷致使施工无法进行引起的变更及设备招标的原因引起的供电系统变更。

2）按程度划分

为保证合同设计费包干管理的有效实施，合理界定和平衡设计更改带来的设计工作量增加因素以及承担合理风险因素，借鉴以往工程变更管理经验，工程设计更改建议分为一、二、三类进行管理，各类定义如下：

（1）一类设计更改。

符合下列两条者为一类变更：

设计更改经建设方通过的基本原则、技术标准、重大方案等；

一次变更设计影响供电系统安装投资在300万元（含）以上者。

（2）二类设计更改。

凡未改变初步设计审查意见，但变更工点一般设计原则、方案，技术比较复杂，或需要补充外部电源等相关资料，以及虽不属于上述范围而一次变更设计影响供电系统安装投资范围在20万~300（含）万元者，属于二类变更。

主要工程项目包括：供电安装工程中，管道、电缆线路走向引起的设计更改，并引起不同承包商工程量的变化。

（3）三类设计更改。

零星设计更改工作，可现场处理的问题可采用工程洽商单的方式处理。

主要工程项目包括但不限于：

供电系统安装工程中，管道、电缆线路走向引起的设计更改，但不引起不同承包商工程量的变化。

凡未改变经初步设计审查委员会通过的基本原则、技术标准、重大方案等审查意见，但改变工点局部设计原则、方案。

或不属于以上项目，但一次变更引起供电投资在2万~20万元（含2万元，不含20万元）者。

凡变更技术简单以及辅助工程设计且不降低地铁技术标准，使用功能和不影响限界、管道布设、电缆线路走向，设备制造一次变更引起投资增加在5万元以下者，供电系统的投资增加在2万元以下的变更，由设计单位和施工单位自行负责。

设计更改应考虑对后续专业的影响，后续专业施工图尚未交付施工，应将变更设计的内容纳入施工图设计；若后续专业施工图已交付，视对后续专业文件受影响的程序，分别按所属专业变更设计。

8．设计更改费用管理

1）一类设计更改

一类设计更改会导致限额设计目标的调整，一旦存在此类变更，本标段的设计单位在变更发生后，应在"设计更改申请单"中详细列明变更发生的原因、建议解决措施、技术经济对比分析、限额设计目标调整建议、对设计进度计划的影响分析、建议的设计费调整金额，并报送总体总包项目经理部审查，其中限额设计目标调整按"限额设计管理办法"要求执行。设计更改费用经设计总包单位审核报建设方审批，相应调整设计合同费用。

2）二类设计更改

在二类设计更改发生时，如对限额设计目标产生影响，应及时按照"限额设计管理办法"要求进行限额设计目标调整。设计更改费用由本标段设计方提出测算意见和技术经济分析报告，报送设计总体总包方审查，设计总体总包方将结合该设计更改产生的原因和程度，报建设方审批相应调整设计费合同金额，同时根据该设计更改费用的额度向建设方提出对引起变更的责任单位的经济处罚意见。

3）三类设计更改

三类设计更改纳入单项设计单位自身合同责任范围，不发生设计更改费用调整事项。

3.9 限额设计

限额设计（投资控制）是项目实施管理的关键目标，要通过价值工程和限额设计的有效贯彻，综合权衡项目建设投资、拆迁运营成本及与工期、运营、环境、景观、施工难度等指标的影响，充分挖掘设计方案投资节约潜力，切实实现项目"经济适用"。

3.9.1 限额设计控制目标

在保证系统功能、设计标准和设计质量前提下，按总体设计投资估算分解实行初步设计限额设计，按初步设计概算投资分解实行施工图限额设计，初步设计与施工图设计没有得到建设方同意时，均不得突破限额目标。初步设计概算不突破总体设计估算，施工图设计修正概算不突破初步设计概算。

3.9.2 限额设计控制手段

根据项目全生命周期成本发生的规律，只有在项目早期进行投资的优化控制，通过价值工程等手段合理优化项目实施方案，围绕功能分析和成本分析确定合理的项目投资目标，并在设计过程、施工过程和运营过程监控管理目标成本的发生情况，才能有效地降低项目投资。

根据项目投资管理实践，价值工程和限额设计是投资控制管理的有效手段。价值工程是投资控制的关键分析管理工具，从功能与成本的合理匹配入手，在保证工程安全和基本功能需求的基础上，减少冗余功能，优化有效成本费用的功能贡献，以达到充分发挥成本费用效益的目的。应该说，价值工程是投资控制的核心分析和管理手段，同时也是项目管理的关键理念之一。

限额设计是目标管理在投资控制方面的具体运用，在价值工程思路的指导下，围绕价值分析确定的限额投资目标，通过细化的多方案经济比选、设备选型分析等手段，确保设计过程投资控制在预定目标之内，其核心在于限额目标的合理确定、严格的过程控制，包括严格的设计变更管理。

以价值工程为核心，审视全线规划建设环境和总体运营方案及对项目的功能规模定位要求，从项目建设运营全过程费用和项目运营保障能力、环境景观效果的最佳"性价比"视角着手设计方案优化，全过程贯彻落实限额设计，严格设计变更管理，充分挖掘项目成本潜力，切实实现"经济适用"目标。

3.9.3 限额设计保证措施

根据项目总体方案和估算投资目标，项目限额设计将围绕建设方功能要求的深入分析展开，通过方案设计、初步设计、施工图设计的多层次细化技术经济比选，切实实现限额设计目标的有效落实，具体从以下方面开展：

设计工作遵循"以人为本""交通功能第一"的原则展开，做到"安全可靠、功能合理、技术先进、经济适用"，在投资限额目标的基础上，结合项目设计内容进一步分解投资，明确投资控制主要指标，在编制设计概、预算时逐步细化落实。

在保证项目功能和设计质量的前提下，设计工作按投资限额开展，在限额设计范围内充分运用价值分析、多方案技术经济比较等技术手段，对设计方案进行优化，降低工程投资，严格控制投资概算。

设计方案必须进行技术经济分析，通过对设计方案、工艺、设备等进行价值工程的评价，在满足功能要求的前提下，采用技术经济合理和可以降低工程投资的方案。

设计方案经济比选应根据阶段设计成果，采取相应的投资估算指标，保证估算的准确性。

技术经济分析将依据当地价格水平进行详细投资估算，采用当地定额和取费标准编制概算，对采用市场价格的设备材料应基于市场多方询价，在满足设计要求的条件下采用中等偏低价格，以保证投资控制的准确性。

设备选型将是项目投资控制分析的重点，在建设方与总体总包规定的前提下，尽量对设备投资综合考虑运营费用与建设费用，对其全寿命周期成本进行全面评估，以建议或确定最佳合理投资。

定期根据设计工作进展情况，检查限额设计目标执行情况，及时对影响投资控制的因素进行分析，采取有效措施，保证工程投资控制在预定目标范围内。

严格控制扩大初步设计和施工图设计的变更，设计变更必须提出经济影响后果分析，重大方案变更必须提出技术经济比选方案，经审批后方可实施，确保工程概、预算不突破限额目标。

强化设计人的经济责任意识，加强价值工程理念的培训和教育，通过设计与经济专业的有意识密切配合，共同挖掘项目成本节约潜力。

1. 总体设计阶段

了解建设方对项目的功能要求，开展设计优化。

依照当地价格水平进行详细投资估算,估算指标精度应与设计方案深度相符。

分析总体设计投资估算与可研投资估算的差异,综合评估项目总体投资控制水平,确定下一步初步设计方案优化重点。

2．初步设计阶段

对投资有重要影响的设计方案进行多方案技术经济比选。

根据设计总体总包方下发的设计概算编制办法,细化项目概算编制细则,统一投资计算办法。

检查设计过程的限额设计执行情况,重点检查设计方案和重大设备选型。

检查设计方案和外部规划衔接条件的稳定性。

编制初步设计概算和工程量清单。

评审确认扩大初步设计概算,并对投资指标进一步对比分析。

3．施工图设计阶段

在初步设计概算投资限额范围内,进一步深化方案、设备询价比选,对超限额的设计方案必须分析原因,不合理提高预定功能标准或投资浪费的设计方案一律否决。

根据施工图设计文件编制项目修正概算。

严格设计更改管理,对设计更改必须结合对项目功能的影响,进行多方案经济比选,控制投资在限额范围内。

4．后期服务阶段

严格设计变更与现场洽商管理。

围绕项目施工配合与后期服务,为建设方提供有价值的技术支持和管理服务建议。

总结分析工程限额设计执行情况和效果,保证工程投资控制在初步设计概算范围内。

5．供电系统限额设计控制要点

1)外部电源方案

为工程提供可靠外部电源。

2)主变电所

主变电所内设备,尽量通过改进布置方式,简化接线和设备选型等措施,实现变电所小型化,以减小占地,改善环境质量,降低投资。

3)中压供电网络方案

中压供电网络选用双环网结构,负荷转移能力满足 N-1 安全准则。

选用合适的中压电缆截面,使其能满足载流量要求、动稳定性和热稳定性,并满足在一路退出时,另一路能够承担一、二级负荷的供电,末端电压损失不超过 5%。选择电缆截面时,在满足要求的前提下,不选择电缆截面过大,以避免造成工程浪费。

4)牵引变电所布点

根据线路、行车、车辆等专业的相关质量,进行牵引供电系统仿真计算,并结合多方面的因素,共同确定牵引变电所的布点。

对于牵引变电所的设置,除了考虑牵引网电压等级、牵引网电压损失,还应统筹杂散电流腐蚀防护、线路损耗、电缆敷设、土建造价及运营管理等因素。不仅考虑到建设期的投资，还应考虑运营费用。牵引变电所尽量分布均匀，使得牵引整流机组规格统一，便于设备维护管理以及降低维护成本。

5）设备招标阶段

设备招标阶段，在建设方的指导下，进行招标设备规格书的编写和招标图纸的绘制。技术规格书中，明确化和具体化各种供电设备的各项技术参数，减少设计联络时参数的变化，减少设备规格调整，从而控制设备成本。

6）工程实施阶段

对于综合接地网具有一定的代表性。

综合接地网施工过程中，在敷设完成一段后，即对此段接地网的电阻进行测试，如果接地网的电阻已经满足接地系统要求，便可停止接地网的其余部分敷设，以减少接地网扁铜的材料，节省投资。

在工程施工过程中，严格把关，尽量减少工程变更，降低由于变更额外增加的工程费。

3.10 设计标准化

落实标准化技术体系，项目设计标准化工作，主要通过标准图、通用图编制来体现。

从供电系统特点分析，在设计过程中，标准化设计项目包括（但不限于）以下设计项目：线路电压损失计算书、低压柜出口处及低压馈线电缆末端短路电流计算书、配电变压器容量及低压无功功率补偿计算、变电所主接线施工图设计、互提资料模板等。

完善通用图、标准图的审批程序。通用图、标准图绘制→总体组专业负责人审核汇编→总体审批→建设方审定并批准应用。

明确通用图、标准图的使用原则，宜采用本专业、本系统的通用图、标准图，由总体组各专业负责人统一使用范围及技术标准，各专业副总体在施工图总体审定的过程中监督通用图、标准图使用。

3.10.1 标准化分类

标准化分类包括管理文件标准化、技术文件标准化两类。

（1）管理文件标准化：包括标准化设计管理、标准化指导思想、标准化目标、标准化设计思路、标准化设计原则。

（2）技术文件标准化：包括供电系统标准化成果文件。

3.10.2 管理文件标准化

工程建设周期紧张，工程地质情况复杂，给建设管理造成极大困难。推行标准化设计，可简化同类供电系统设计的重复劳动，提高设计效率，简化建设管理，降低建设费用，提高工程建设速度，保证工程质量。

1. 标准化指导思想和工作目标

1）指导思想

在工程设计过程中，认真总结各地地铁供电系统建设管理经验，注重吸收国内外的先进技术和理念，积极推行标准化设计，以适应建设需要，促进技术进步，提高管理水平。坚持"以人为本、可持续发展"的理念，推行标准化设计，实现设计的科学化、规范化和系统化管理。

2）工作目标

在工程建设过程中推行标准化设计包括：工程项目设计标准化、设计图文格式标准化、设计管理流程程序化。

2. 标准化设计原则和工作思路

1）标准化设计原则

结合工程具体情况，结合集约化、人性化的设计理念，制定标准化设计管理办法。

遵循标准化、模块化设计的原则，在分析全线工程特点及各专业系统的基础上，对具有共性的设计提出标准图、通用图编制的管理流程和实施措施。

标准化的设计文件，应符合国家有关技术规范和技术标准以及地方有关规定，应体现国内既有地铁和在建线路技术水平以及科研成果，同时应具有可操作性强，以指导具体工程设计。

2）标准化工作思路流程图

通用图、标准图编制流程如图 3.10.1 所示。

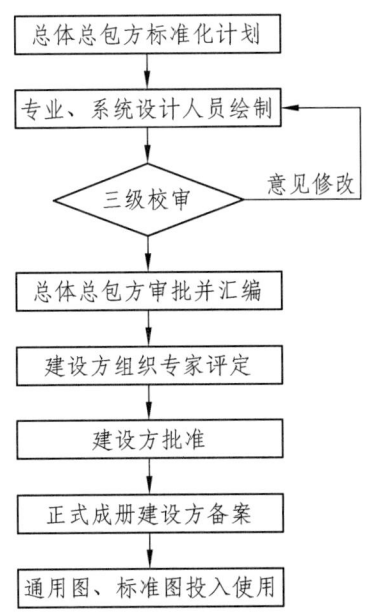

图 3.10.1 通用图、标准图编制流程图

3.10.3 供电系统设计标准化建议内容

标准化项目涵盖工程项目设计标准化、设计图文格式标准化以及经济技术评价指标体系标准化,主要包括经济技术评价指标体系、标准图设计、通用图设计、综合管线平衡原则、CAD绘图和图层管理等内容。

从供电系统特点分析,在设计过程中标准化设计项目主要包括(但不限于)以下设计项目:变电所,车站综合控制室,区间电缆敷设,车站设备管线综合布置及安装的标准化设计,施工临时占地指标的标准化分析等。

供电系统技术文件标准化成果(参考)见表3.10.1。

表3.10.1 供电系统技术文件标准化成果(参考)

序号	名称	专业	备注
1	变电所设备安装施工图设计通用图	变电所	
2	低碳钢接触轨构件及安装施工图设计通用图	接触轨	
3	钢铝复合接触轨构件及安装施工图设计通用图	接触轨	
4	柔性架空接触网构建及安装施工图设计通用图	接触网	
5	刚性架空接触网构建及安装施工图设计通用图	接触网	
6	杂散电流腐蚀防护系统土建配合通用图	杂散电流	

4 设计接口管理

接口在城市轨道交通工程中广泛存在。从宏观的管理层面上看,接口反映于管理界面的科学划分、管理责任的合理分担、工作任务的合理分配、参建单位的互相配合等方面;从微观的技术层面来看,接口反映于城轨工程各子系统之间、各专业之间、各标段之间存在的物理和信息关系。从某种意义上来讲,城轨工程项目的管理就是对各种接口的综合管理。

供电系统作为城轨工程中一项重要且复杂的系统,它直接影响着城市轨道交通运营的顺畅和安全。供电系统所涉及的接口内容和技术环节较多,如果设计方对设计接口掌握深度不够、处理经验不足,就会直接影响工程建设,轻者造成专业间相互扯皮推诿,造成工程返工、影响工期和投资,重者造成整个系统运行不稳定,无法正常使用。如何解决好供电系统与其他系统之间的设计接口及供电系统的内部设计接口,是工程设计的主要问题之一。因此,处理好供电系统内、外部接口问题,理顺供电系统接口关系、划清接口界面、确定接口内容、提出接口要求、进行接口管理,是供电系统设计工作重点和难点之一。本章"设计接口管理"包括"设计接口"与"接口管理"两部分,即设计接口的描述与设计接口的管理。

4.1 概 述

供电系统作为城轨工程建设必不可少的内容,与城轨工程其他系统存在客观的联系,为了理顺供电系统的设计范围、与其他系统的设计分工,本章将研究供电系统设计接口关系及管理的内容。

供电系统设计主要分为外部电源、主变电所、系统方案、变电所、牵引网、电力监控系统和杂散电流腐蚀防护系统[7]。其中,外部电源及主变电所一般单独委托当地供电设计单位,因此供电系统设计自身既存在内部设计接口也存在外部设计接口。内部设计接口是供电系统子系统间设计接口,外部设计接口主要是与当地供电设计单位设计内容的接口。

另外,供电系统设计作为城轨工程设计的内容之一,与其他专业的设计存在配合关系,也就存在设计接口,这部分接口也属于专业间设计接口。如供电系统与线路专业、车辆专业和动力照明系统的接口等等。接地作为与供电系统安全密切相关的系统,在很多工程中归属在供电的设计范围内。但在部分工程中,为减少设计单位间的接口,接地归属在动力照明系统设计范围内,为方便与接地的接口描述,本章将接地作为独立的系统考虑。

在城轨供电系统接口设计如此复杂的情况下,如何把控好接口设计的内容并使接口设计无缝衔接,是接口设计管理需要重点考虑的内容。

4.1.1 接口定义

"接口"一词在《辞海》里的解释为"两个物体的口子相连接,两个不同系统(或子程序)

交接并通过它彼此作用的部分"。接口较早出现在计算机行业,通常指计算机硬件之间为了相互传输数据而建立的传送标准、连接设备及通信协议,或指计算机软件系统之间进行数据交换的标准程序或协议数据格式[8]。

城轨工程建设从设计角度讲按照专业内容分为线路专业、车辆专业、建筑专业、结构专业、轨道专业、通信系统、信号系统、供电系统、火灾自动报警系统(FAS)等专业和系统;从工程施工角度根据不同工程又划分不同标段,由不同的施工方实施;按建设阶段可划分为设计阶段、施工招投标阶段、施工阶段、调试阶段、试运行阶段、试运营阶段等;从管理角度参建方可划分为建设方、设计方、施工方、监理方、咨询方等。这些单位之间、建设阶段之间、专业系统之间客观存在或人为分割的界面关系,这些界面关系无论是管理上的还是技术层面的,都可称为城轨工程建设的接口。

城轨工程建设的设计接口属于技术层面的内容,城轨工程设计工作由众多专业、系统组成,每个专业、系统实现特定的功能,最终实现城市轨道交通安全可靠运行。然而各专业、系统并非孤立,某个专业、系统功能的实现基于其他专业和系统基础上或服务于其他系统。针对相互有关联的两个系统设计工作,划分工作内容的界面就很有必要的,这个工作界面就是设计接口。

供电系统设计作为城轨工程设计内容的一个不可或缺的环节,有其常规的设计内容,但在不同城轨建设工程中也有差异,为避免遗漏,需要明确设计工作内容,与其他专业、系统设计工作的工作界面,这个界面就是供电系统设计接口。

4.1.2 接口分类

供电系统设计接口涵盖的范围比较广泛,其设计接口可从多个角度加以理解,具体来说可以从接口对象、接口性质角度对供电系统接口进行划分。无论从哪个角度进行接口划分,其最终目的都是梳理工作关系,避免工程实施过程中的差、错、漏现象的发生。为了便于设计管理,使整个城轨工程设计衔接顺畅,供电系统接口从接口对象角度进行划分,同时接口类型按照接口性质加以区别。

1. 按接口对象分类

根据接口对象划分,分为内部子系统间接口(以下简称"内部接口")、不同专业间接口(以下简称"专业接口")和外部接口。外部接口指供电系统与城轨工程以外城市相关单位的接口,如城市电力部门、规划部门等;专业接口指供电系统与城轨工程内部其他专业或系统的接口包括与主变电所、线路专业、行车专业、车辆专业、限界专业、轨道专业、建筑专业、结构专业、人防专业、通信系统、信号系统、综合监控系统、FAS、暖通空调系统、给排水系统、气灭系统、动力照明系统、站台门系统等接口;内部接口指供电系统内部子系统之间的接口,主要指系统方案、变电所、牵引网、电力监控系统、杂散电腐蚀防护系统之间的接口。

2. 按接口性质分类

根据接口性质划分,设计接口包括物理接口和信息接口。其中,物理接口是指供电设备与其他系统设备间的硬件接口,例如与主变电所出线柜电缆终端;信息接口是指供电与其他专业或系统的信息关系,例如与通信传输系统、时钟系统信息传输规约等。

4.2 接口关系

供电系统和其他专业、系统、城市部门之间的工作关系，决定了接口的划分结果。为了更好地理解接口划分的根源，本节重点介绍供电系统和其他专业、系统、城市部门之间及供电系统内部子系统间的工作关系。

4.2.1 供电系统内部接口关系

供电系统设计的子系统（专业）一般可划分为系统方案、变电所、牵引网、电力监控系统、杂散电流腐蚀防护系统和接地系统。各子系统（专业）作为供电系统的一部分，相互之间存在密不可分的联系。

系统方案负责供电系统整体方案的制定，并向其他子系统（专业）提供相关设计参数和整体设计要求，是供电系统的纲领，同时系统方案在具体设计中也要接受其他子系统（专业）的反馈信息并可能对系统方案设计内容进行调整。

系统方案主要设计内容包括向主变电所设计提出选址建议，确定主变压器容量、系统接地型式、中压供电网络接线与运行方式，向变电所提出牵引变电所设置位置，确定牵引变压器容量、继电保护与自动装置配置方案以及电能质量评估、治理措施、能耗分析、防雷与系统过电压防护、接地方案、中压电缆选型等。

变电所负责电源开闭所、牵引变电所、降压变电所及跟随式降压变电所的所内设计，实现交-直流电能转换为电动列车提供直流电源，为城轨车站、区间、车辆综合基地和控制中心等动力照明设备供电，主要设计内容包括变电所主接线与运行方式、继电保护与自动装置配置、控制与信号、测量与计量、交直流所用电系统、设备选型、设备布置及其所内电缆敷设等。

牵引网负责接触网与回流网的设计，直接为电动列车服务，主要设计内容包括接触网及回流网形式与规格、支持装置、供电电分段设置、牵引网系统的防雷与接地、设备及零部件选型等。

电力监控系统完成对城轨变电所、接触网设备进行远程数据采集和监控功能。在控制中心通过调度端、通信通道和执行端（变电所综合自动化系统）对主要电气设备进行遥控、遥测、遥信，实现对供电系统的调度、运营管理。电力监控系统主要设计内容包括电力监控系统的功能及系统方案、变电所综合自动化系统的功能及系统方案、三遥量的确定和设备选型等。

杂散电流腐蚀防护系统的主要功能是减少因直流牵引供电引起的杂散电流，防止其对外扩散，尽量避免杂散电流对轨道及附近结构钢筋、金属管线的电腐蚀，并对杂散电流及其腐蚀防护相关参数进行监测。杂散电流腐蚀防护系统主要设计内容包括杂散电流腐蚀防护原则及方案构成、对相关专业的防护要求、监测系统、排流系统等。

接地系统的主要功能是城轨交通各类设备提供工作、安全和防静电接地并为地面建筑提供防雷接地，主要设计内容包括各系统设备接地方案、接地装置设计等。当接地系统由供电系统设计时一般由变电所完成。

1．系统方案与变电所的接口关系

系统方案是变电所设计的先决条件，系统方案向变电所设计提出变电所类型及位置、交流供电系统与直流牵引供电系统接线方案及运行方式要求，并为其提供短路计算结果等设计数据，为变电所设计提供基础条件；变电所设计为系统方案提供低压配电负荷等计算资料。

2．系统方案与牵引网的接口关系

系统方案是牵引网设计的先决条件，系统方案向牵引网设计提供直流牵引供电系统接线方案及运行方式等要求，并为牵引网设计提供直流牵引系统负荷计算、短路计算等数据支持；牵引网为系统方案提供接触网电气参数等基础资料，用于直流牵引系统计算。

3．系统方案与电力监控系统的接口关系

系统方案为电力监控系统设计提供交流供电系统与直流牵引系统接线方案及运行方式等基础资料，用于变电所综合自动化设计。

4．系统方案与杂散电流腐蚀防护系统接口关系

系统方案为杂散电流腐蚀防护系统提供牵引变电所设置位置、回流方案及直流牵引供电计算电流等基础资料，用于制定杂散电流腐蚀防护方案、监测方案；杂散电流腐蚀防护技术指标是否满足要求，也对系统方案的稳定性有影响。

5．系统方案与接地的接口关系

系统方案是接地系统设计的先决条件，系统方案确定系统接地类型，并提出接地要求；接地系统根据系统方案和接地要求进行接地装置设计。

6．变电所与牵引网的接口关系

变电所接收牵引网提供的回流箱、接触网上网隔离开关位置等基础资料，用于变电所设计中电缆路由等设计内容，牵引网系统接收变电所提出的对上网电动隔离开关的闭锁要求。

7．变电所与电力监控系统的接口关系

变电所向电力监控系统提供变电所主接线、运行方式、设备平面、设备监控装置类型及通信协议等基础资料，为电力监控系统执行端确定监控方案等提供设计依据。在工程设计中，电力监控子站设置在变电所设备房间，一般由变电所统筹考虑设备安装、接地、电源等，电力监控系统需向变电所提供设备几何尺寸、设备安装、接地及电源要求。

8．变电所与杂散电流腐蚀防护系统的接口关系

变电所接收杂散电流腐蚀防护系统提供的排流柜几何、电气参数等资料，变电所专业考虑排流柜安装位置及接入负极回流系统方案。

9．变电所与接地系统的接口关系

变电所向接地系统提出变电所设备工作、安全接地需求，接地系统根据变电所需求制定接地系统方案、设计接地装置。

10．牵引网与电力监控系统的接口关系

牵引网向电力监控系统提供接触网上网隔离开关设备监控装置类型及通信协议等基础资料，为电力监控系统执行端确定监控方案等提供设计依据。

11．牵引网与接地系统的接口关系

牵引网向接地系统提出牵引网设备工作、安全接地需求，接地系统根据牵引网需求制定接地系统方案、设计接地装置。

12．电力监控系统与杂散电流腐蚀防护系统的接口关系

电力监控系统与杂散电流腐蚀防护监测系统属于相对独立系统，但在工程实施过程中，杂散电流腐蚀防护监测系统借用电力监控系统通信通道，杂散电流监测系统作为一种设备类型接入变电所综合自动化系统，经电力监控通信通道将信息上传至杂散电流腐蚀防护监测上位机。

4.2.2　供电系统与其他专业的接口关系

供电系统作为城轨交通工程的动力来源，与城轨交通各专业用电设备存在客观的联系。供电系统为各类用电设备提供电能，各类用电设备的负荷性质、大小又反过来影响供电系统的规模与容量。供电系统实现其功能需依托各类供电设备，供电设备选型受用电负荷、工作环境和自然条件的影响，供电设备布置还需要土建预留空间条件。

1．供电系统与主变电所的接口关系

主变电所只适用于集中供电方式，其功能是接受城网高压电源，经降压为供电系统的牵引变电所、降压变电所提供中压电源。主变电所设计内容一般包括：主接线、二次接线、设备选择、设备布置、土建设计等；主变电所与城市电网的设计界面一般为城轨主变电所高压引入线间隔，城网变电所至城轨主变电所的电源外线一般由主变电所设计单位同时设计。

主变电所作为城轨交通工程电能来源，本应是供电系统组成的一部分。但根据城轨工程建设惯例，主变电所设计工作一般由当地电力设计单位承担，因此一般把主变电所作为外部专业来描述。

主变电所的设计是为城轨工程提供可靠、稳定电源，同时也是基于城轨工程负荷性质、所需负荷容量进行的设计。供电系统需向主变电所设计提供城轨负荷性质、分布、容量等基础资料作为主变电所的设计依据。根据城轨工程供电系统设计的实际情况，有的主变电所设计单位对城轨工程用电负荷性质不甚了解，一般主变电所的选址、主接线型式、主变压器容量、电能质量补偿方案等内容需由供电系统向主变电所专业提供设计建议，主变电所专业根据供电系统建议进行设计。

2．供电系统与行车专业的接口关系

行车专业负责城轨工程运营组织设计工作。城轨工程运营组织设计是依据城市轨道交通线网规划、客流预测量和乘客出行需求，确定城轨工程的运营规模、运营模式和运营管理方式[9]。其中，运营规模是影响供电系统的基础设计资料，运营规模设计一般包含各设计年限列车编组、定员、运行交路及间隔、旅行速度、系统设计能力等内容。

运营规模是直流牵引供电系统、牵引网、杂散电流腐蚀防护系统设计的基础，直接影响牵引变电所布点方案、牵引机组容量、主变压器容量、牵引网电分段、杂散电流排流方案等。作为上游专业，行车专业需向供电系统提供列车编组、定员、运行交路及间隔、旅行速度、系统设计能力等运营规模相关资料，作为系统方案及牵引网等设计的输入条件。

3．供电系统与车辆专业的接口关系

城轨车辆是城市轨道交通系统运输功能的载体，用于运送城轨旅客。车辆有动车、拖车两种形式。动车本身带有动力牵引装置，拖车本身无动力牵引装置；动车又分为带有受电弓的动车和不带受电弓的动车。动车通过受电弓自牵引网取电，与牵引供电系统有直接的联系。

牵引供电系统需要满足城轨车辆的用电需求。车辆的受流形式、额定电压、车辆型式与编组、电气性能是直接影响牵引供电系统中牵引网型式、额定电压、牵引机组容量、牵引变电所设置的重要因素。在牵引供电系统设计之前，车辆专业应向供电提供车辆相关设计参数，作为系统方案及牵引网等设计的输入条件。

4．供电系统与限界专业的接口关系

城轨工程限界是限定车辆运行及轨道区周围构筑物超越的轮廓线，分为车辆限界、设备限界和建筑限界[9]。设备限界是车辆在故障运行状态下所形成的最大动态包络线，用以限制行车区的设备安装。

接触网、上网隔离开关、中压电缆、上网电缆等安装在车站或区间内。系统方案与牵引网需向限界专业提供行车区的设备安装需求，以便于限界专业控制设备限界。

5．供电系统与线路专业的接口关系

线路专业负责城轨线路平面走向和竖向曲线的设计工作，城轨线路是列车行进的路由，按功能定位可分为正线、配线和车场线[9]。城轨线路设计依据城市总体规划、轨道交通线网规划、近期建设规划及其所建城轨工程在线网中的功能定位和客流特征，同时还应考虑地形、道路、地下管线、敏感建筑、文物保护、环境景观、工程地质及水文地质条件、施工方法与交通疏解等因素。

线路资料是牵引供电系统设计的基础，线路的长度、曲线、纵坡、站位直接影响牵引供电系统中牵引变电所设置方案、用电质量、能耗指标等。线路专业需向供电系统提供的线路资料，主要包括线路平面、纵断面、换乘站及延伸线的预留等。

6．供电系统与轨道专业的接口关系

轨道是城轨车辆行驶的结构基础，主要指路基面或结构面以上的部分，由钢轨（走行轨）、扣件、轨枕、道床等结构组成。

在以轨道中的钢轨作为牵引回流系统的工程中，走行轨是牵引供电系统中的回流网，是牵引供电系统的组成部分。走行轨的电气参数直接影响牵引供电系统的设计方案。在采用走行轨回流的系统中，牵引供电系统需要走行轨电气连续；杂散电流腐蚀防护系统要求走行轨绝缘安装，并且道床应采用有效的排水措施、足够的钢筋网截面、测防端子的有效设置以满足杂散电流腐蚀防护系统要求。

供电系统和轨道专业需要把需求、基础资料互提给对方，并明确接口界面。

杂散电流腐蚀防护系统需向轨道专业提供钢轨绝缘安装要求、排水要求、道床内排流网截面积要求、测防端子设置要求；牵引网向轨道专业提供均回流电缆连接型式及位置；轨道专业需向系统方案提供钢轨电阻等。

7．供电系统与建筑专业的接口关系

城市轨道交通建筑是城轨交通建筑物和构筑物的总称，一般指车站建筑。根据功能可分为站厅、站台、出入口、风亭、运营管理及设备用房。车站建筑是城轨交通乘客集散和乘降的场所，同时也是城轨交通供电系统、机电系统、弱电系统服务的对象。车站建筑需为供电系统等设备提供运输、安装、检修维护的空间条件。

变电所、牵引网应根据设备组成和选型情况，将各类设备运输、安装、防火要求、线缆敷设要求等提供给车站建筑专业；车站建筑专业根据变电所、牵引网提供的设备运输、安装、预留预埋、防火需求，考虑变电所、牵引网设备房等的设计。

8．供电系统与结构专业的接口关系

城轨交通结构指城轨的车站与区间为保证列车安全运营和结构体系稳定的主要受力结构，可分为车站结构和区间结构，根据结构与地面的相对关系也可分为高架结构和地下结构。为便于梳理供电系统与结构专业关系，此处按照车站结构与区间结构描述。

车站结构与车站建筑密不可分，变电所、牵引网设备运输、安装、预留预埋、防火等要求需要在车站结构设计中落实。在工程设计中，车站对外接口专业一般为车站建筑专业，车站结构专业直接对外接口较少；杂散电流腐蚀防护系统需向车站结构专业提供杂散电流腐蚀防护系统要求及相关图纸，并确认结构专业在设计中落实杂散电流腐蚀防护系统要求。

区间结构（含地下、高架）设计需落实系统方案、牵引网区间设备安装要求、预留预埋要求及杂散电流腐蚀防护系统要求。系统方案、牵引网应向区间结构专业提供区间设备安装要求、预留预埋要求；杂散电流腐蚀防护系统应提出防护要求及相关图纸，并确认结构专业在设计中落实上述要求。

9．供电系统与暖通空调系统的接口关系

通风、空调与采暖系统主要功能是为城轨运营创造一个与之相适应的环境，为乘客及城轨工作人员提供必需的安全卫生条件，为列车以及运营设备的正常运行和故障下运行提供必要的环境条件。供电系统设备运行需要一个良好稳定的环境，恶劣环境会严重影响设备的安全、寿命。

变电所需向暖通空调系统提供设备用房内设备数量、发热量及正常运行的环境温度要求，暖通空调系统根据变电所要求进行通风或空调设计，以满足设备正常运行。

10．供电系统与给排水与消防系统的接口关系

给排水与消防系统由各车站、区间等的给排水、水消防、自动灭火设施及灭火器等系统组成，其主要功能是为车站、区间提供满足国家的规定标准和城轨营运所需要的生产、生活和消防用水；排水通畅且水质达到国家或地区环保部门的规定；自动灭火系统为满足城轨车

站内重要电气设备机房的消防要求,确保城轨运营安全可靠。

给排水金属管线应采取杂散电流腐蚀防护措施,供电系统应给出相关要求,并确认设计中落实要求。

地下车站变电所的设备房间集中了各种供电设备,对消防设施有着特殊要求,需要设置自动灭火系统。自动灭火系统应能及时探测火灾并联动灭火装置,并能不损害设备或诱发"二次伤害",变电所应向消防系统提供设备房自动灭火系统设置要求。

11. 供电系统与动力照明配电系统的接口关系

动力照明配电系统作为直接面对用电设备的末级配电系统,本是供电系统的一部分。但按照城轨工程设计惯例,动力照明配电系统设计不作为单独标段进行设计招标,而是纳入土建标段,因此将动力照明系统作为外部专业来描述。

动力照明配电系统是直接向车站、区间、车辆基地的用电设备提供低压交流电源的系统,主要由配电装置及控制设备、照明设备及控制设备、线缆组成。动力照明配电系统电源引自牵引降压混合变电所、降压变电所或跟随式降压变电所,动力照明系统需向变电所提供负荷性质、容量等基础资料,作为降压变电所低压开关设备的设计依据。根据城轨工程变电所设计的惯例,各类型机电用电设备负荷资料由动力照明系统汇总后,提给变电所专业。变电所专业根据动力照明系统提供的负荷资料计算确定配电变压器容量和低压开关柜的回路配置。

12. 供电系统与通信系统的接口关系

通信系统是城轨交通的中枢神经系统,为迅速、准确、可靠地传送城轨交通运营、管理所需的各种信息提供保障。这些信息包括普通话音、广播、文字、数据及图像信息等,同时还应为其他有通信传输通道需求的系统提供相应的传输通道。通信系统一般由传输系统、无线通信系统、公务电话系统、专用电话系统、视频监视系统、广播系统、时钟系统、办公自动化系统、电源系统及接地、集中告警系统等子系统组成。

电力监控系统由调度端、终端及通信通道组成,电力监控通信通道在工程中多由通信传输系统提供。电力监控系统应向通信系统提供通信通道容量、接口类型,作为通信系统设计的基础资料。

电力监控系统多采用通信系统的标准时钟信号,时钟信号由通信系统的时钟子系统提供。电力监控系统应向通信系统提供时钟接口类型及数量要求,作为通信系统设计的基础资料。

按照常规电力调度需求,在电力值班人员所在处设置电力调度电话分机作为专用通信设备;在变电所设备用房设置视频监视系统,向控制中心提供防灾、救灾视觉信息。专用电话系统及视频监视系统一般由通信系统设计,供电系统需向通信系统提供电力调度电话分机及视频监视系统设置需求,并确认通信系统设计落实。

为满足通信设备正常运行,通信设备接地电阻不应大于 1Ω,接地系统设计应满足通信设备接地要求,并应考虑通信接地使用的接地母排。

13. 供电系统与自动售检票系统的接口关系

自动售检票系统(AFC)[9]是一种由计算机集中控制的自动售票、自动检票以及自动收费和统计的封闭式自动化网络系统,主要有清分系统、线路中央计算机系统、车站计算机系统、车站终端设备、传输通道和车票构成。

车站终端设备、金属管、槽、接线盒、分线盒等应进行电气连接，并应可靠接地。为满足 AFC 设备正常运行，AFC 设备接地电阻不应大于 1Ω，接地系统设计应满足 AFC 设备接地要求，并应考虑 AFC 接地使用的接地母排。

14．供电系统与信号系统的接口关系

信号系统是城轨交通系统中的重要组成部分，是保障列车运行安全的重要基础设施。信号系统通过采用先进的通信技术、网络技术、计算机技术，实现高效、及时、准确的行车调度指挥和运输管理。信号系统包括 ATC 系统[9]及车辆基地信号系统，ATC 系统应满足自身系统设备及通信系统、供电系统等相关系统设备故障条件下行车安全的需求，ATC 系统应能与通信、电力监控等系统接口。

ATC 系统由 ATS 系统、ATP 系统、ATO 系统组成。其中，ATP 系统是保证列车行车安全的基本系统，是提高运输效率的重要设备，可实现列车间隔控制、超速防护。基于轨道电路的 ATP 系统利用兼做回流系统的走行轨时，走行轨上装设的牵引回流线、均流线等不应影响轨道电路的正常工作。

当采用综合接地系统时，为满足信号设备正常运行，信号设备接地电阻不应大于 1Ω，接地系统设计应满足信号设备接地要求，并应考虑信号接地使用的接地母排。

15．供电系统与火灾自动报警系统（FAS）的接口关系

为了保护人身和财产安全，预防和减少火灾灾害，给乘客创造安全的乘车环境，地铁设 FAS，对全线进行火灾探测、报警及联动控制。

FAS 实现中央级、车站级两级管理，中央级、车站级、现场级三级控制方式；中央级功能由综合监控系统实现，主要负责全线 FAS 集中监控管理，运营模式、运行累计等工作。车站级作为本站 FAS 控制室，设置于各车站控制室、车辆段消防控制室，主要负责车站级的火灾自动报警系统的管理与联动控制。

FAS 与非消防电源实现联动，在火灾情况下联动在变电所 0.4 kV 开关柜馈线处切除非消防负荷电源。变电所 0.4 kV 开关柜非消防负荷馈线回路应预留切非条件，FAS 应输出切非信号。

当采用综合接地系统时，为满足 FAS 设备正常运行，FAS 设备接地电阻不应大于 1Ω；当采用专用接地装置时，接地电阻不大于 4Ω，接地系统设计应满足 FAS 设备接地要求，并应考虑 FAS 接地使用的接地母排。

16．供电系统与综合监控系统的接口关系

综合监控系统（ISCS）[9]属于城轨交通系统机电设备综合自动化的范畴，目前它是以环境及防灾等为核心，通过对相关系统的集成或互联，采用统一的系统结构、通信协议和软硬件平台，实现统一的人机界面，建立一个高度资源共享的信息平台，为运营管理和维护提供强大的自动化管理手段，并为安全行车和调度指挥提供应急处理方案及信息，目的是为了提高城轨交通的服务质量和运营管理水平。

当设置综合监控系统时，电力监控系统中的电力调度系统应集成到综合监控系统中。综合监控系统应能实现遥控、遥信、遥测、遥调、数据传输及处理、报警处理及统计报表等功能。电力监控系统向综合监控系统提出对控制中心功能要求，提出对传输通道带宽、通道类

型、通信规约及接口类型的要求，综合监控系统应能实现电力监控电力调度系统的功能。

为满足综合监控系统设备正常运行，综合监控系统设备接地电阻不应大于 1Ω，接地系统设计应满足综合监控系统设备接地要求，并应考虑综合监控系统接地使用的接地母排。

17．供电系统与环境与设备监控系统的接口关系

城轨交通的环境与设备监控系统（BAS）负责全线车站、区间和车辆基地中的各种正常运营保障设施（包括暖通空调设备、给排水设备、照明设备、自动扶梯、电梯等）和事故紧急防救灾设施（水消防系统、防排烟系统、应急照明系统等）进行实时的监控管理，并确保以上系统的安全可靠运行，特别是在地下车站发生火灾事故的情况下，使有关救灾设施按照设计工况及时有效地运行，从而保障人身安全。

为满足 BAS 设备正常运行，BAS 设备接地电阻不应大于 1Ω，接地系统设计应满足 BAS 设备接地要求，并应考虑 BAS 接地使用的接地母排。

18．供电系统与门禁系统的接口关系

门禁系统（ACS）[9]是现代化安全管理系统，集微机自动识别技术和现代安全管理措施为一体，是解决城轨交通重要出入口安全防范管理的有效措施。

为满足 ACS 设备正常运行，ACS 设备接地电阻不应大于 1Ω，接地系统设计应满足 ACS 设备接地要求，并应考虑 ACS 接地使用的接地母排。

19．供电系统与站台门系统的接口关系

为保障列车运营及乘客的安全，防止乘客因拥挤跌落站台，改善乘客的候车环境，节省运行能耗，城轨交通多设置站台门系统。站台门系统一般由门体、门机、电源及控制组成。

站台门设备的接地应纳入综合接地系统，接地电阻不大于 1Ω，接地系统设计应满足站台门系统设备接地要求，并应考虑站台门系统接地使用的接地母排。

20．供电系统与人防专业的接口关系

为提高城市整体防灾抗毁能力，充分利用城轨交通的设施、设备，完善战时人防防护功能，城轨工程按照规定的人防等级进行设防。

供电系统的电力电缆等在地下区间需埋管通过人防段结构墙，供电系统需向人防专业提出埋管数量、材质和位置等要求，人防专业设计需满足供电系统提出的要求。

架空接触网在地下区间需根据自身形式在人防门预留孔洞，在战时转换时不影响人防专业功能，人防专业根据牵引网预留要求设计人防门。

21．供电系统与车辆基地的接口关系

在城轨交通中车辆基地是车辆停放、维修及后勤保障基地，通常包括综合维修中心、物资总库、培训中心和其他生产、生活、办公等配套设置，主要承担配属车辆的停放、运用、清扫、洗刷、消毒、列检、双周/三月检、临修、运用列车事故后的救援、不落轮镟修、材料及物资的供应、设备及机具的维修、内燃机车及轨道车等的整备及维修、乘务作业等工作。

车辆基地设有牵引变电所和牵引网为车辆提供直流电源，设有降压变电所为运用库等的机电设备提供交流低压电源，供电系统应向车辆基地提出设置变电所的类型、数量和位置要求。

供电系统需向车辆基地提供电力电缆等的路径、数量和敷设型式要求，车辆基地室外工程设计需满足供电系统要求。

牵引网应根据车辆基地电气化要求进行牵引网系统设计。

供电维修车间作为综合维修中心组成部分，应能满足供电设备的维修和检修工作。供电维修车间根据具体的维修和检修作业向车辆基地提出生产房屋的设置需求，车辆基地根据供电维修车间要求，考虑供电维修车间生产用房及相关建筑物的设计。

4.2.3 供电系统与城市相关部门的接口关系

供电系统外部协调主要是从城市电力公司、规划部门、气象部门获取信息并与其协调稳定设计中的边界条件。

城轨工程供电系统的外部接口条件是否落实直接关系到工程进度和实施。因此，从工程前期研究就应加强同城市电力公司、规划部门等有关部门的沟通和协调，尽早稳定外部供电方案并按照城轨工程建设要求有序实施。

1．供电系统与城市电力公司关系

城市轨道交通作为城市用电大户，电源接入、供电系统方案及用电量均需要提请城市电力公司审批。在方案制定阶段，供电系统应向城市电力公司收集城轨交通线路沿线外部电源分布等基本情况或委托城市供电设计单位进行外电源供电方案设计。

2．供电系统与城市规划部门的接口关系

城轨工程作为一项基础设施建设需占用大量建设用地，城市规划部门需参与城轨建设的可行性研究等阶段设计审查。

主变电所作为供电系统重要组成部分，独立设置在城轨交通沿线，主变电所建设用地须经城市规划部门审批同意。主变电所应在可行性研究阶段向城市规划部门上报建设用地需求。

3．供电系统与气象部门关系

为保证供电系统中电气设备的可靠运行，设备选型应按照环境条件（湿度、温度、海拔、风力、覆冰、雷暴日等）进行选择。不同城市的环境条件差异较大，具体环境条件应向气象部门收集资料。

4.3 供电系统内部接口

按照供电系统内部子系统（专业）间接口关系，本节描述供电系统内部的接口界面和接口责任，在具体工程接口实施过程中应制定详细的接口实施细则。

4.3.1 系统方案与变电所的接口

1）接口界面

35 kV（10 kV）进出线开关柜电力电缆接线端子；

35 kV（10 kV）进出线开关柜保护光缆熔接盒；

系统电缆支架、变电所电缆支架；

强电接地母排。

2）接口责任

（1）系统方案负责电力电缆选型，并将电力电缆选型结果及电力电缆数量、敷设要求提供给变电所；变电所负责电力电缆终端设计，并在变电所夹层范围内考虑电力电缆敷设路径及桥支架预留。

（2）变电所负责保护光缆的选型与熔接盒设计，并将光缆选型结果及数量、敷设要求提供给系统方案设计。变电所负责考虑开关柜内熔接盒安装，并在变电所夹层范围内考虑光缆敷设路径及桥支架预留；系统方案设计负责保护光缆敷设、尾纤制作。

（3）变电所负责直流馈线、回流电缆的选型及敷设，并将电力电缆选型结果及电力电缆数量、敷设要求提供给系统方案设计；系统方案负责变电所夹层范围外电力电缆敷设路径设计及桥支架预留。

（4）系统方案设计负责电力电缆屏蔽层、铠装层接地，并向变电所提供接地要求；变电所负责接地母排设计，预留电力电缆屏蔽层、铠装层接地条件。

注：若接地设计纳入供电系统设计范畴，一般由变电所负责，系统方案与接地接口纳入系统方案与变电所接口描述。

4.3.2 系统方案与牵引网的接口

1）接口界面

牵引变电所布点、直流牵引系统电缆。

2）接口责任

系统方案负责提供牵引变电所布点、牵引网载流系统截面、上网电缆、均流电缆和回流电缆的规格、数量；牵引网负责牵引网型式、组成和上网电缆、均流电缆、回流电缆选型、敷设。

4.3.3 系统方案与电力监控系统的接口

1）接口界面

供电系统主接线及运行方式。

2）接口责任

系统方案负责向电力监控系统提供供电系统方案及运行方式；电力监控系统负责根据系统方案及运行方式进行控制中心电力调度系统的设计。

4.3.4 系统方案与杂散电流腐蚀防护系统的接口

1）接口界面

牵引变电所布点、牵引馈线平均电流。

2）接口责任

系统方案负责向杂散电流腐蚀防护系统提供牵引变电所布点、馈线平均电流等；杂散电流腐蚀防护系统负责防护方案设计。

4.3.5　变电所与牵引网的接口

1）接口界面

上网隔离开关一次接线端子；

上网隔离开关二次接线端子；

回流箱；

强电接地母排。

2）接口责任

（1）牵引网负责向变电所提供上网隔离开关安装位置及上网隔离开关电源侧一次接线端子预留；变电所负责直流馈线电缆选型、敷设。

（2）牵引网负责向变电所提供上网隔离开关安装位置及上网隔离开关二次接线端子预留；变电所负责电源电缆、控制电缆选型、敷设。

（3）牵引网负责向变电所提供回流箱安装位置及回流箱内接线条件预留；变电所负责回流电缆选型、敷设。

（4）变电所负责提供强电接地母排安装位置及架空地线接线条件；牵引网负责架空地线与强电接地母排的连接，并向变电所提供架空地线接地要求。

注：若接地设计纳入供电系统设计范畴，一般由变电所负责故牵引网与接地接口纳入牵引网与变电所接口描述。

4.3.6　变电所与电力监控系统的接口

1）接口界面

综控屏；

变电所设备间隔层通信设备。

2）接口责任

（1）电力监控系统负责向变电所提供综控屏安装、电源、接地要求；变电所负责综控屏的安装、配电及接地。

（2）变电所向电力监控系统提供变电所设备间隔层通信单元的位置、接口类型及数量、通信协议；电力监控系统负责通信线缆的选型、敷设及转换装置。

4.3.7　变电所与杂散电流腐蚀防护系统的接口

1）接口界面

排流柜。

2）接口责任

杂散电流腐蚀防护系统负责排流柜设计及向变电所提供排流柜安装、电源、接地要求；变电所负责排流柜的安装、配电、接地及排流柜至负极柜间电缆选型、敷设。

4.3.8 牵引网与电力监控系统的接口

1）接口界面

上网隔离开关二次接线端子。

2）接口责任

牵引网负责上网隔离开关设计，并向电力监控系统提供接触网隔离开关安装位置及接触网隔离开关二次接线端子预留；电力监控系统负责控制电缆选型、敷设。

4.3.9 电力监控系统与杂散电流腐蚀防护系统的接口

1）接口界面

杂散电流监测装置。

2）接口责任

杂散电流腐蚀防护系统负责杂散电流监测装置设计，并向电力监控系统提供杂散电流监测装置安装位置、接口类型及数量、通信协议；电力监控系统负责通信线缆的选型、敷设。

注：杂散电流监测装置一般装设在排流柜内，接口界面也可以划在排流柜。为明确其通信功能，在此接口界面为杂散电流监测装置。

4.4 供电系统与其他专业的接口

按照供电系统与其他专业间接口关系，本节描述专业间的接口界面和接口责任，在具体工程接口实施过程中应制定详细的接口实施细则。

4.4.1 系统方案与其他专业的接口

系统方案设计与城轨交通其他专业或系统的接口，包括与主变电所、线路专业、行车专业、车辆专业、限界专业、轨道专业、建筑专业、结构专业、动力照明系统、通信系统、人防专业、站场专业等的接口。

1. 系统方案与主变电所接口

1）接口界面

35 kV 出线开关柜电力电缆接线端子；

35 kV 出线开关柜保护光缆熔接盒；

主变电所电缆支架；

35 kV 系统接地方案；

主变压器 110 kV 侧短路容量、技术参数。

2）接口责任

（1）系统方案设计负责电力电缆选型，并将电力电缆选型结果及电力电缆数量、敷设要求提供给主变电所；主变电所负责电力电缆终端设计，并在变电所夹层范围内考虑电力电缆敷设路径及桥支架预留；系统方案设计负责主变电所至城轨线路的电缆敷设。

（2）系统方案设计负责保护光缆的选型与熔接盒设计，并将光缆选型结果及数量提供给主变电所。主变电所专业负责考虑开关柜内熔接盒安装，并在主变电所设备夹层范围内考虑光缆敷设路径及桥支架预留；系统方案设计负责主变电所至城轨线路的保护光缆敷设。

（3）系统方案设计负责提供 35 kV 系统接地型式；主变电所负责变电站内接地系统及接地装置设计。

（4）主变电所负责向系统方案设计提供 110 kV 侧最大与最小运行方式下短路容量、主变压器参数及主变电所 35 kV 出线整定值；系统方案设计负责 35 kV 系统保护定值整定。

2．系统方案与线路专业的接口

1）接口界面

线路平面、纵断面、车站站间距表。

2）接口责任

线路专业负责向系统方案设计提供线路平面图、纵断面图、站间距等；系统方案设计负责根据线路条件进行牵引供电计算。

3．系统方案与行车专业的接口

1）接口界面

车辆编组及行车组织。

2）接口责任

行车专业负责向系统方案设计提供车辆编组及行车交路设置；系统方案设计负责根据车辆编组及行车交路条件进行牵引供电计算。

4．系统方案与车辆专业接口

1）接口界面

车辆主要车辆参数。

2）接口责任

车辆专业负责向系统方案设计提供车辆主要参数（重量、载员、启动电流、电机数量与功率、辅助用电容量）、牵引及制动特性曲线；系统方案设计负责根据车辆参数进行牵引供电计算。

5．系统方案与限界专业的接口

1）接口界面

系统电缆支架。

2）接口责任

系统方案设计负责向限界专业提供供电系统电缆支架尺寸、安装位置；限界专业确定设备限界。

6．系统方案与轨道专业的接口

1）接口界面

钢轨电参数；

道床埋管。

2）接口责任

（1）轨道专业负责向系统方案设计提供轨道钢轨电阻参数；系统方案设计依据钢轨电参数进行牵引供电计算。

（2）系统方案设计负责向轨道专业提供线缆过轨穿管要求；轨道专业负责轨道内预埋管设计。

7．系统方案与结构专业的接口

1）接口界面

电缆支架。

2）接口责任

系统方案设计负责向结构专业提供供电系统电缆支架安装要求、电缆埋管要求和荷载；结构专业负责供电电缆支架安装条件预留及电缆穿管预埋。

8．系统方案与建筑专业的接口

1）接口界面

电缆支架、电缆埋管。

2）接口责任

系统方案设计负责向建筑专业提供供电系统在车站电缆支架安装及开孔要求、电缆埋管要求；建筑专业负责安装条件预留、孔洞预留及电缆穿管预埋。

9．系统方案与动力照明系统的接口

1）接口界面

电缆支架。

2）接口责任

动力照明系统负责向系统方案设计提供车站、区间同路径范围内电缆敷设要求；系统方案设计负责电缆支架设计，预留动力照明系统电缆敷设条件。

10．系统方案与通信系统的接口

1）接口界面

强弱电缆路由。

2）接口责任

系统方案设计与通信系统互提管线路由，协商确定区间供电系统管线与通信管线安装路径。

11．系统方案与人防专业的接口

1）接口界面

人防穿管。

2）接口责任

供电系统负责向人防专业提供供电系统电缆穿管要求；人防专业负责结构墙体电缆穿管预留。

12．系统方案与站场专业的接口

1）接口界面

站场电缆构筑物。

2）接口责任

系统方案设计负责向站场专业提供供电系统电缆路由及建构筑物要求；站场专业负责电缆构筑物设计。

4.4.2 变电所与其他专业的接口

变电所与城轨工程其他专业或系统的接口，包括与建筑专业、通信系统、信号系统、综合监控系统、FAS、环境与设备监控系统、自动售检票系统、暖通空调系统、给排水系统、动力照明系统、门禁系统、站台门系统等的接口。

1．变电所与建筑专业的接口

1）接口界面

变电所设备房建筑要求。

2）接口责任

变电所负责向建筑专业提供变电所设备布置、运输、安装、开孔要求及车站内穿管预埋要求；建筑专业负责变电所设备用房及相关建筑物、埋管设计。

2．变电所与暖通空调系统的接口

1）接口界面

变电所设备房温度、管线要求。

2）接口责任

变电所负责向暖通空调系统提供变电所设备发热量、设备用房环境温度要求及管线安装要求；暖通空调系统负责变电所设备房通风系统及其通风管线设计。

3．变电所与给排水与消防系统的接口

1）接口界面

变电所设备房管线要求。

2）接口责任

变电所负责向给排水与消防系统提供变电所设备房消防及管线安装要求；给排水与消防系统负责变电所气体灭火装置设计。

4. 变电所与动力照明系统的接口

1）接口界面

0.4 kV 开关柜馈线端子；

交流屏；

变电所电缆支架；

强弱电接地母排；

变电所照明、检修用电要求。

2）接口责任

（1）动力照明系统负责向变电所提供低压负荷资料：包括配电回路的名称、容量、功率因数、负荷等级；变电所负责 0.4 kV 开关柜设计为动力照明系统提供低压电源。

（2）变电所负责向动力照明系统提供变电所交流屏用电负荷资料：包括配电回路的名称、容量、功率因数、负荷等级；动力照明系统负责向交流屏提供电源及电缆选型。

（3）动力照明系统负责向变电所提供变电所夹层范围内动力照明系统电缆敷设要求；变电所负责变电所夹层范围内电缆支架预留。

（4）动力照明系统负责向变电所提供动力照明系统接地要求；变电所负责提供强弱电母排设计，预留动力照明系统接地电缆接入条件，并向动力照明提供强电母排安装位置。

（5）变电所负责向动力照明系统提供变电所设备房照明、检修用电需求，动力照明系统负责变电所照明、检修电源设计。

5. 变电所与通信系统的接口

1）接口界面

通信设备接地需求。

2）接口责任

通信系统负责向变电所提供设备接地需求，变电所负责接地装置设计。

6. 变电所与自动售检票系统的接口

1）接口界面

自动售检票系统接地需求。

2）接口责任

自动售检票系统负责向变电所提供设备接地需求，变电所负责接地装置设计。

7. 变电所与信号系统的接口

1）接口界面

信号系统接地需求。

2）接口责任

信号系统负责向变电所提供设备接地需求，变电所负责接地装置设计。

8. 变电所与火灾自动报警系统（FAS）的接口

1）接口界面

0.4 kV 开关柜消防切非接线端子；

FAS设备接地需求。

2）接口责任

（1）变电所负责向FAS提供消防切非联动需求（消防切非信号数量、类型）及0.4 kV开关柜消防切非端子预留；FAS负责向变电所0.4 kV开关柜提供消防切非通信电缆选型、敷设。

（2）FAS负责向变电所提供设备接地需求，变电所负责接地装置设计。

9．变电所与综合监控系统的接口

1）接口界面

综合监控系统设备接地需求。

2）接口责任

综合监控系统负责向变电所提供设备接地需求，变电所负责接地装置设计。

10．变电所与环境与设备监控系统的接口

1）接口界面

环境与设备监控系统设备接地需求。

2）接口责任

环境与设备监控系统负责向变电所提供设备接地需求，变电所负责接地装置设计。

11．变电所与门禁系统的接口

1）接口界面

门禁系统设备接地需求。

2）接口责任

门禁系统负责向变电所提供设备接地需求，变电所负责接地装置设计。

12．变电所与站台门系统的接口

1）接口界面

站台门系统设备接地需求。

2）接口责任

站台门系统负责向变电所提供设备接地需求，变电所负责接地装置设计。

4.4.3 牵引网与其他专业的接口

牵引网与城轨交通其他专业或系统的接口，包括与行车专业、线路专业、车辆专业、限界专业、建筑专业、结构专业、信号系统、暖通空调系统、人防专业等的接口。

1．牵引网与行车专业的接口

1）接口界面

行车组织要求。

2）接口责任

行车专业向牵引网提供行车组织，牵引网根据行车组织设计牵引网电分段。

2. 牵引网与线路专业的接口

1）接口界面

线路平纵图。

2）接口责任

线路专业向牵引网提供线路平纵图,牵引网根据线路图进行专业设计。

3. 牵引网与车辆专业的接口

1）接口界面

受电弓型式、尺寸及工作要求。

2）接口责任

车辆专业向牵引网提供受电弓型式、尺寸及工作要求,牵引网根据受电弓资料选择牵引网型式及其平面、结构、装配设计。

4. 牵引网与限界专业的接口

1）接口界面

上网隔离开关、牵引网的安装位置、尺寸。

2）接口责任

牵引网负责向限界专业提供上网隔离开关、牵引网的安装位置、尺寸；限界专业负责核实设备限界。

5. 牵引网与建筑专业的接口

1）接口界面

上网隔离开关。

2）接口责任

牵引网负责向建筑专业提供车站范围内上网隔离开关（上网隔离开关柜）安装位置、安装尺寸、安装要求；建筑专业负责保证相关空间条件。

6. 牵引网与结构专业的接口

1）接口界面

上网隔离开关。

2）接口责任

牵引网负责向结构专业提供区间范围内上网隔离开关安装位置、安装尺寸、安装要求；结构专业负责相关孔洞设计。

7. 牵引网与暖通空调系统的接口

1）接口界面

接触网设备房温度要求。

2）接口责任

牵引网负责向暖通空调系统提供设备用房内设备数量、发热量、运行温度要求,暖通空调系统根据牵引网要求进行通风或空调设计。

8．牵引网与信号系统的接口

1) 接口界面

牵引回流方案。

2) 接口责任

采用轨道电路的工程，信号系统负责向牵引网提供回流轨连接方案；牵引网负责牵引回流线、均流线设计，并应不影响轨道电路的正常工作。

9．牵引网与人防专业的接口

1) 接口界面

人防门、人防埋管。

2) 接口责任

牵引网负责向人防专业提供牵引网过人防门方式及穿管要求；人防专业根据牵引网预留要求设计人防门及电缆穿管。

4.4.4 电力监控系统与其他专业的接口

电力监控系统与城轨工程其他专业或系统的接口，包括与主变电所、通信系统、综合监控系统、建筑专业等的接口。

1．电力监控系统与主变电所的接口

1) 接口界面

电力调度系统功能；

通信电缆、对时电缆。

2) 接口责任

（1）主变电所负责向电力监控系统提供电力调度系统功能要求；电力监控系统负责电力调度系统功能设计。

（2）主变电所负责向电力监控系统提供综控屏安装位置、通信接口类型及数量、对时接口类型及数量、通信协议、通道带宽；电力监控系统负责通信线、对时线选型、敷设。

2．电力监控系统与通信系统的接口

1) 接口界面

综控屏对时接口；

综控屏通信接口；

电力调度系统网络设备。

2) 接口责任

（1）电力监控系统负责向通信系统提供对时接口类型、数量、位置等要求；通信系统负责通信对时系统方案设计及对时线缆敷设。

（2）电力监控系统负责向通信系统提供通信接口类型、数量、位置、通信协议、通道带宽等要求；通信系统负责通信网络设计及通信线缆敷设。

注：电力监控系统未集成于综合监控系统或未设置综合监控系统时，电力监控系统与通信系统接口可参照本接口规定。

（3）电力监控系统负责向通信系统提供控制中心电力调度系统通信接口类型、数量、位置、通信协议、通道带宽等要求；通信系统负责通信通信网络设计及通信线缆敷设。

注：电力监控系统未集成于综合监控系统或未设置综合监控系统时，电力监控系统与通信系统接口可参照本接口规定。

3．电力监控系统与综合监控系统的接口

1）接口界面

综控屏通信接口；

电力调度系统功能要求。

2）接口责任

（1）电力监控系统负责向综合监控系统提供变电所综合自动化系统通信接口类型、数量、位置、通信协议、通道带宽等要求；综合监控系统负责通信网络设计及通信线缆敷设。

（2）电力监控系统负责向综合监控系统提供电力调度系统功能需求；综合监控系统负责电力调度系统硬件配置及软件功能设计。

注：电力监控系统集成于综合监控系统时，电力监控系统与综合监控系统接口可参照本接口规定。

4.4.5 杂散电流腐蚀防护系统与其他专业的接口

杂散电流腐蚀防护系统（以下简称杂散电流）与城轨工程其他专业或系统的接口，包括结构专业、轨道专业、通信系统、信号系统、动力照明系统等的接口。

1．杂散电流与结构专业的接口

1）接口界面

杂散电流对结构要求。

2）接口责任

杂散电流负责向结构专业提供结构段内电气连通、结构段间相互绝缘及测防端子设置要求等；结构专业负责落实结构段内钢筋焊接、结构段间绝缘、测防端子设置。

2．杂散电流与轨道专业的接口

1）接口界面

杂散电流对轨道要求。

2）接口责任

杂散电流负责向轨道专业提供道床结构段内电气连通、道床与区间结构绝缘及测防端子设置等要求；轨道专业负责落实道床结构段内钢筋焊接、道床与区间结构绝缘及测防端子设置。

3．杂散电流与动力照明系统的接口

1）接口界面

区间检修箱。

2）接口责任

杂散电流负责向动力照明系统提供杂散电流监测传感器位置、数量、负荷性质及大小等要求和电源线敷设；动力照明系统负责在区间检修箱预留电源线接线端子。

4．杂散电流与信号系统的接口

1）接口界面

杂散电流对信号要求。

2）接口责任

杂散电流负责向信号系统提出轨旁设备、管线、预埋管与轨道绝缘等要求；信号系统负责落实信号设备、管线、预埋管与轨道绝缘的设计。

5．杂散电流与通信系统的接口

1）接口界面

杂散电流对通信要求。

2）接口责任

杂散电流负责向通信系统提出轨旁设备、管线、预埋管与轨道绝缘等要求；通信系统负责落实通信设备、管线、预埋管与轨道绝缘的设计。

4.5　供电系统与外部的接口

供电系统除与城轨交通内各系统存在接口外，与城市电力部门、规划部门以及气象部门也存在着工作关系，与这些部门的接口为外部接口。

4.5.1　供电系统与城市电力部门的接口

城轨工程建设过程中，可行性研究阶段应向城市供电公司就城轨工程的供电方案进行咨询；初步设计阶段应向供电公司就供电方案、用电量等向供电公司进行报装。供电系统应负责协助建设方完成方案咨询、供电方案及用电量报装工作，向供电公司提交供电方案及用电量报装文件。

供电公司作为城轨工程供电方案、用电量报装的审批主管部门，负责城轨工程供电方案的审查工作，并对提交的供电方案与用电需求文件进行批复。

4.5.2　供电系统与城市规划部门的接口

城轨工程建设过程中，应向规土局提交初步设计文件、建设工程用地选址方案。供电系统负责提交供电系统初步设计文件、主变电所建设工程用地选址报批文件及协助建设方完成初步设计文件、主变电所建设工程用地选址文件报批工作。

规土局作为城轨工程方案及建设用地的审批主管部门，负责城轨工程初步设计方案、建设工程用地审查工作，并向建设方提供初步设计审查批复、建设工程规划选址意见书、建设工程用地规划许可证、建设工程规划许可证，以满足城轨工程开工条件。

4.5.3 供电系统与城市气象部门的接口

城轨工程建设过程中，应调查当地的气象资料如温度、湿度、雷暴日、风速等作为设计文件的基础资料。设计方应提请气象部门提供相关气象资料，气象部门应配合提供当地的气象资料，以满足城轨工程设计工作的开展。供电系统应负责本专业相关气象资料的收集。

4.6 接口管理

设计管理中的设计质量管理本书主要指设计接口管理和设计质量审查，因此设计接口管理是设计管理的一个主要内容。为避免和本章标题重复，本节的接口管理即为设计接口的管理。

城市轨道交通工程设计中，各系统专业只有遵循一定的规则，才能有机的结合，正确、有序、高效地完成设计工作，而这些规则需要相关参与方去制定并严格遵守。明确各系统专业的责任、权利、义务并监督实施，就是设计接口管理的内容。

在设计过程中，按照设计任务书或设计内容确定的接口界面、接口内容，是设计接口管理的基础和依据，在设计接口管理中描述的设计接口其实是设计接口的具体实施活动，即设计过程中相关各专业间、或各相关方互提要求、相互协调、彼此确认，共同实现设计完整功能的活动。设计接口的管理就是针对这个活动过程的约束和要求，管理的内容涉及计划、组织、控制和协调，表现为一种流程管理。

一般城市轨道交通工程设计项目中，系统接口由供电系统设计单位负责接口管理工作；专业接口由总体院负责接口管理工作。本节只介绍系统接口、专业接口管理，而外部接口管理应为建设管理中的内容，不在本节介绍的内容中。

4.6.1 接口管理要求

设计接口管理的目标就是采用行之有效的管理措施，明确接口界面、解决接口问题，推动设计工作有序进行。一般工程中通过接口划分、接口协调、接口进度控制等环节对设计接口工作进行有效管理。

1）接口划分

根据设计任务书对供电系统与其他系统专业的接口界面进行划分，并形成相应的接口管理文件。

2）接口协调

在工程设计项目展开前期阶段，与其他系统专业召开专门的接口协调会，对相关接口进行澄清、协调，并完善接口管理文件。

3）接口进度控制

在工程设计中，针对接口划分、协调、执行，应制定相应的计划管控措施，及时有效地完成相应接口管理工作，避免接口管理工作滞后，影响设计工作进度。

4）接口内容修改

根据工程实际情况或应建设方要求而对接口内容、接口计划等进行调整或修改。接口修改只有在得到建设方批准之后才能进行，并应以正式文件通知相关系统专业。

4.6.2 互提资料管理

互提资料阶段是设计初期某专业提出相关专业所需设计条件或须满足的设计要求的过程。

互提资料阶段按照设计资料的提出和接收分为设计资料输出方和设计资料输入方，如线路专业向供电系统提出的线路平面图资料就属于供电系统需要的设计条件，是供电系统的设计输入资料，供电系统是设计资料的输入方；供电系统向建筑专业提出的用房需求资料就是供电系统的设计要求，是供电系统的设计输出资料，供电系统是设计资料输出方。

在互提资料阶段管理中，参与的设计人员有各相关专业设计人、专业负责人和项目负责人（系统负责人）。其中，设计人是设计接口的具体实施人，专业负责人是设计接口内容的审查人，项目负责人（系统负责人）是实施设计接口的决策、计划、组织和协调人。

供电系统子系统间的互提资料管理由供电系统负责人进行统筹、协调，按照设计总体组下发的进度计划，制订子系统间互提资料的节点计划。根据互提资料节点计划，各专业（子系统）负责人合理安排各自专业的设计工作，输出资料方的设计人（简称输出设计人）提出设计资料，经专业负责人审核无误后，设计人按时将设计资料提交给输入资料方的设计人（简称输入设计人）。当输入设计人（专业负责人）对接收到的设计资料有疑问时，应双方进行沟通，不能达成一致的情况下，由系统负责人进行协调和决策。

供电系统与相关接口专业间的互提资料由总体负责人进行统筹、协调。专业间互提资料的进度计划由总体负责人制定，由于某些专业输出的设计资料是其他专业的设计条件，因此各专业间的设计进度存在差异，供电系统与相关专业间互提资料的时间会有不同，如线路专业向供电系统输出设计资料，要早于动力照明系统向供电系统输出设计资料，但专业间互提资料的时间计划均应符合总体负责人要求的进度计划。输出设计人提出的设计资料，经专业负责人审核无误后，输出设计人按时将设计资料提交给输入设计人。当输入设计人（专业负责人）对接收到的设计资料有疑问时，应双方进行沟通，不能达成一致的情况下，由总体负责人进行协调和决策。

互提资料时应遵守以下要求：

（1）输出资料设计人应提出设计资料，并应对设计资料的正确性负责。

（2）输出资料专业负责人应对互提资料进行校核，并应对互提资料的内容和深度全面负责。当设计人和专业负责人为同一人，可由校核人进行校对。

（3）输出资料设计人应填写《互提资料单》，一式两份，输出资料和输入资料双方设计人和专业负责人均应在《互提资料单》上签字，分别保留。

（4）输出资料为图纸时，应采用白图，图中应有设计人和专业负责人签字。当输入资料方要求附电子文件时，电子文件的内容应与白图一致，如有差异应以白图为准。

（5）输入资料设计人和专业负责人在接收资料后，应对设计资料进行核查，当内容和深度等不满足要求时，应与输出资料设计人和专业负责人进行沟通。当双方不能达成一致时，由系统负责人（总体负责人）进行协调和决策。

（6）输出资料专业提出资料的时间应满足计划要求。

（7）《互提资料单》和资料图应妥善保存，并与下阶段互提资料进行核对并无异议后销毁。施工图设计《互提资料单》和资料图应归档，并在工程正式竣工后销毁。

（8）互提资料有更改时，应重新提出资料。新资料应明确更改部位、内容。当更改变化较大涉及主要方案的修改时，应经过专门审查后方可进行。

4.6.3 对图会签管理

对图会签阶段是在设计后期各相关专业间对互提资料阶段所提各种资料的修正和验证过程。设计对图会签可分对图与会签两个过程。首先是设计对图，设计对图就是为了保证相关接口专业提出的条件、内容的落实而设置的重要环节。在设计对图中，应确认各相关专业的设计与本专业设计无干扰；确认各相关专业的设计满足了本专业所提的要求；没有"错、漏、碰、缺"现象的发生，使各专业设计内容协调一致，确保工程设计的整体功能和质量。

当在设计对图过程中接口专业间的相关图纸内容出现了偏差时，应按照互提资料进行核查。一般在设计对图过程中出现接口内容不一致有三个原因：其一，互提资料出现变化，输出资料方没有及时向输入资料方反馈资料变化的内容；其二，输入资料方没有及时修正互提资料的变化；其三，输入资料方未将输出资料方的相关内容体现在图纸上。

在对互提资料内容进行核查后，接口专业双方设计人和专业负责人应进行沟通和协调，发现错误的专业应对图纸进行修正。互提资料有误时，应重新提出《互提资料单》及图纸资料，并按照互提资料管理要求，对《互提资料单》和图纸资料进行签字确认。设计对图中的问题应描述在《对图记录单》中。当接口专业双方对于存在问题有分歧时，由总体负责人（系统负责人）协调、决策。

当设计对图中接口专业双方图纸经核对没有问题，均已正确表达互提资料中的内容时，设计对图的过程就完成了。输出资料设计人应在输入资料方的相关图纸的会签栏进行签署，表示对图纸中相关内容的确认，就完成了会签过程。

因此，设计对图会签是在各接口专业设计图纸中对互提资料的内容进行验证、修正和最终确认的过程。在验证过程中，需对出现的不一致问题进行修改。对图会签是设计成果文件中避免接口专业相关设计内容出现不匹配、不对应问题的重要手段，应执行如下规定：

（1）各专业在正式出图前必须进行对图会签。

（2）对图会签应由总体负责人（系统负责人）制订计划，并负责组织实施。

（3）设计人、专业负责人应参加设计对图会签。

（4）设计人应按时将自己的图纸提请给相关专业进行对图会签。

（5）对提交给本专业进行对图会签的图纸，设计人应认真、仔细核对，在确认本专业图纸已满足对方要求的情况下，方可在对方图纸会签栏上签署。

（6）在对图会签中如发现遗漏或不一致的事项时应及时提出。经双方设计人、专业负责人核对、协商、修正后再进行图纸签署。

（7）对图会签中如发生专业间有争议的事项时，应及时提请总体负责人（系统负责人）协调裁决并执行其裁决。

（8）相互对图的专业之间要填写《对图记录单》，详细记录对图过程中发现的问题、确认问题的修改专业，接口各专业的设计人、专业负责人应共同签署《对图记录单》。

（9）当设计人因故不能进行图纸签署时，设计人应提出申请，由专业负责人代为签署。

5 设计质量审查

工程设计是工程建设的基础环节，也是重要环节，对于城轨建设也不例外。设计应为工程建设服务，以满足工程建设的技术需求。对于城轨工程来说，建设完成后的运营工作更是百年大计，因此城轨工程设计不仅为建设服务，也要为运营服务。

城轨设计不仅要贯彻执行国家有关法律法规，满足设计规范、标准的规定，还要结合运营提出的、符合当地运营特点的技术要求，在此前提下，设计方案应具备技术性和经济性良好的结合。由此，城轨工程设计工作是保障城轨工程建设质量、实现整体功能合理性的前提基础。

如何使城轨工程设计工作能够满足城轨工程建设质量要求和运营管理的需求，对于设计方案的品质（合理性）和设计图纸的数量（深度）即设计质量的审查就显得尤为重要。

5.1 概 述

基于设计工作的重要性，设计工作不能是个体行为，而是一种"团队"行为，设计质量也是由"团队"来保障的。设计质量审查就是"团队"保障设计质量的基本措施。

这里的"团队"是一个广义概念，不是指一个设计组或是一个设计单位，而是指在设计工作从开始到完成的过程中，进行的技术评审和审图所经历的单位内部、项目组、政府及其委托部门等的综合体。对于城轨工程来说，从前期研究到工程设计的各个阶段，都要经历设计单位内部评审、内部审核和设计单位外部的审查和评审，如设计总体组的审查、外部专家评审和施工图设计审查等等。

设计审查的基本目的就是使工程设计的内容符合"合规性"、功能达到适用性、经济满足合理性。设计内容"合规性"是指设计成果应符合国家相关法律文件要求，符合所执行的现行设计规范、设计标准的规定，符合不同阶段设计文件的深度要求。对于适用性的评价，本意是以满足顾客需要的程度作为衡量的依据，那么对于城轨工程设计的适用性就必须结合工程所在地的特点和建设、运营的需求。经济合理性并不是一味地降低工程投资，而是贯彻一种性价比高的理念，即在设计功能达到适用性的前提下，实现技术方案先进性、可靠性与工程投资的平衡。

审查的依据和内容都是基于审查的目的来确定。审查依据中最重要的是现行设计规范和标准。目前设计规范体系中有国家标准、行业标准、团体标准和地方标准，如国标《地铁设计规范》（GB 50217）、行标《地铁杂散电流腐蚀防护技术规程》（CJJ 49）和地标《城市轨道交通工程设计规范》（DB 11/995）等等。审查的内容包括执行的规范标准是否恰当、有效，是否符合设计规范、标准的要求，是否满足设计深度的规定，是否符合环保、节能、安全等原则，技术方案是否可靠并经济合理等等。

在城市轨道交通工程各设计单位内部的技术质量管理中，都有一整套设计质量管理流程，以实现对设计质量的全方位把控。设计质量管理流程一般可分为设计评审和设计验证环节，其中设计评审包括设计方案专业评审和综合评审，设计验证主要是设计校审环节，包括校核、审核和审定等。设计单位自身对设计质量的把控可分为方案把控和图纸校审等。方案把控多通过各种设计评审实现，图纸校审也有多人从不同方面对设计图纸进行全面检查。设计方案评审中的专业评审和综合评审应有不同的审查重点，专业评审是对供电系统等专业自身设计方案进行的专项技术评价，应结合建设所在城市的发展定位、环境条件、城轨线网特点和本线路自身特点的分析，得出供电系统技术、经济最为合理的方案；综合评审是从城轨工程整体角度、专业间技术方案协调角度进行综合评价，得出对于城轨整体工程来说最优的设计方案。

城轨工程设计图纸的校审管理采用多级校审的方式，按照城轨工程设计的专业或系统，分别进行各级校审。设置多级校审的目的，是为了避免设计者等个人水平主导设计产品质量，以体现设计单位设计整体水平，保证设计产品的质量。设计图纸校审管理是设计单位自身设计质量流程控制中的关键环节，对设计成果的优劣起着重要的质量把控作用。

城轨工程各设计阶段的校核、审核和审定三级校审为基本校审环节。设计图纸校审应按照一定的顺序逐级进行，在设计人将设计图纸完成后，经自查后顺序经过校核—审核—审定等环节。在每一个校审环节中，在对应的校审完成后，校审人员应与设计人、专业负责人沟通校审意见，设计人完成本环节校审意见的修改后，顺序进入下一校审阶段。每一校审环节分别被赋予不同的职责，以实现对设计图纸从国家法律、法规、设计规范的符合性，到设计方案的合理性以及设计深度、设计细节的准确性的全面把控。

各级校审需要校核的内容也应规范化、标准化，以加强设计校审工作，提高设计校审质量。为保证设计校审的质量，设计校审人员应进行任职资格的控制管理，不同校审环节人员的任职资格要求也不同。在设计过程中，校审人员对设计图纸的质量应进行过程控制，而不只是对设计最终成果文件的审核。

设计评审及设计校审流程图如图5.1.1所示。

由于城轨工程的复杂性，而且工程设计有多家设计单位参与，因此建设方在设计招标中设置设计总体总包标段，中标的设计单位配置工程设计总体组。设计总体技术管理是设计总体组核心工作内容，技术管理的重点是对工程技术控制点的技术把握。从工程整体角度综合考虑，对供电系统等专业设计文件的审查，工程设计总体组还设有分管专业的副总体来进行系统审定和总体审定，以便从工程的合理性、设计接口的完善性以及设计技术标准的合理性和统一性进行控制和管理。

城轨建设属于城市基础设施中较大的工程项目，也多属于政府投资项目。为了避免政府投资项目存在决策失误、投资效益不高、投资浪费等问题，在政府投资项

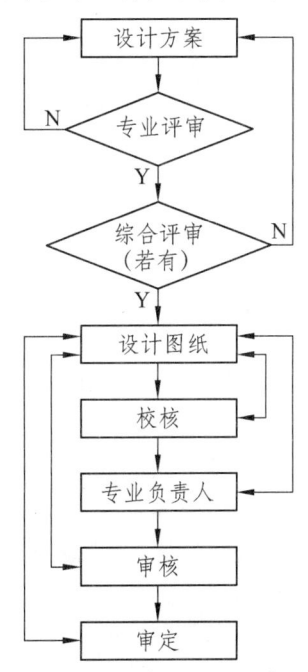

图 5.1.1 设计评审及设计校审流程图

目前期论证阶段，要求投资主管部门要对研究内容和投资估算加强管理，项目前期研究由发改委委托工程咨询机构或组织专家进行评审，在评审阶段，通过设立相关的评审程序，加强设计方案和设计估算审查，严格把关，在项目开工前切实控制工程建设规模和项目总投资，实现政府投资项目管理的外部控制和职能监督。

与项目前期研究一样，城轨初步设计也需要进行审查，并且所采用的方式也与前期研究基本相同，采用外部专家审查。初步设计审查是为了进一步把控建设项目规模、标准和方案，提高设计工作质量和投资效益。初步设计审查是建立在已批复的可行性研究的基础上，需审查初步设计的范围、内容、规模和标准是否符合批复要求；文件编制是否符合规定、内容是否完整、深度是否符合要求；各专业设计是否符合设计规范要求、设计方案是否经济合理；初步设计概算编制内容是否完整、编制依据是否合理、准确等。

根据2013年住房和城乡建设部发布的《房屋建筑和市政基础设施工程施工图设计文件审查管理办法》，政府建设主管部门应对工程施工图审查工作实施监督管理，并规定施工图设计未经审查合格的，不得使用。管理办法中要求按照有关法律、法规，对施工图涉及公共利益、公众安全和工程建设强制性标准的执行情况进行审查。

因此，城轨工程设计的监管通过对工程可行性研究、初步设计、施工图设计等阶段组织政府委托业内专家评审把关，对施工图设计阶段实行施工图审查来实现。

本章主要描述设计单位内部的设计质量管理，如设计评审、设计校审。设计评审、校审中具体审查内容和要点以供电系统设计进行示例说明，并对系统审定及总体审定和政府审查的相关内容等进行简单介绍。

5.2 专业评审

供电系统在设计投标、工程可行性研究、初步设计等阶段应进行设计方案专业评审，在各设计阶段专业评审完成后，后续设计阶段若发生设计条件的重大变化，并对主要设计方案产生了较大影响时，应增加设计方案专业评审。设计人、专业负责人及各级校审人应参加专业评审。前期研究的城轨线网规划和城轨近期建设规划阶段，对于供电系统是否进行专业评审一般不进行要求，在此不进行介绍。

5.2.1 投标方案专业评审

在城轨工程的设计招标中供电系统一般是单独标段，供电系统的投标完全是供电系统及其子专业自身的设计行为。投标方案专业评审应由标段负责人即系统投标负责人召集，专业总工主持并做出评审结论。由于投标方案必须与招标文件的要求相对应，因此投标方案专业评审所关注的内容有些会区别于其他设计阶段的专业评审。

对于设计投标，投标方案和组成内容的基础就是招标文件及其补充文件，如答疑文件等。设计投标的评审，首先是对投标文件大纲、格式和内容梳理的评价，其一，应避免违反招标文件中的废标条款，如设计招标为暗标时，投标文件应严格按照招标文件中的格式要求；其二，应关注招标文件的具体要求及评分细则，在投标文件完整性的前提下，投标文件必须与招标文件的要求进行一一对应,并在投标文件的格式及内容中有突出的、重点的描述和说明。

在设计投标评审中,还应考虑招标文件中对技术方案的要求,在通常情况下关注如下内容:其一,投标文件的技术方案应考虑到与工程所在城市发展定位的适应性以及与投标工程特点的对应性,如工程所在城市的发展定位是旅游观光型城市,接触网的型式选择及具体方案应注重与景观的协调;再如,市域快速轨道交通工程,列车运行的最高速度 120 km/h 以上时,接触网的选择应侧重于弓网关系等技术因素。其次,投标文件中新技术应用等内容,一方面投标文件描述应体现技术发展趋势,以表现投标单位对本专业工程技术前沿发展的了解,另一方面,应描述对于工程招标所在城市虽尚无应用,但在类似城市轨道交通工程已有成功应用的成熟技术。其三,应结合投标单位自身的设计经验和工程配合经验,提出城轨工程本专业中目前的常见问题以及对应的认识和建议措施。

投标的专业评审对投标文件大纲、格式和内容梳理的评价,是投标专业评审有别于工程设计中无论是可行性研究还是初步设计等其他设计阶段的内容。这是因为工程设计阶段的内容要求和深度都有具体的、统一的要求,如建质〔2013〕160号及其《城市轨道交通工程设计文件编制深度规定》,但各地城轨工程由于建设的时期不同、关注的内容不同,对城轨供电技术的认识也不同,因此设计招标文件没有统一的标准,投标单位只能对投标文件进行认真梳理。

投标方案供电系统专业评审单见表 5.2.1。

表 5.2.1 投标方案供电系统专业评审单

投标工程名称		会议时间		
会议地点			主持人	
评审内容	(1)投标文件构成及内容 (2)投标技术方案 (3)新技术应用分析 (4)需要解决的问题	内容简述:		
评审要点	(1)是否违反废标条款 (2)投标大纲、内容与招标文件是否具有完全对应性 (3)投标技术方案是否与城市定位、工程特点具有适应性 (4)投标技术方案的技术、经济是否具有合理性 (5)投标文件是否图文并茂、重点突出、便于查阅	要点简述:		
评审结论				
参会人				

5.2.2 可行性研究专业评审

工程可行性研究,是在工程投资决策之前,从法律、政策、技术、经济等多方面对工程投资、建设的可行性进行全面分析论证和评价,在工程可行性研究中应对建设可能性进行分析比较,对工程的技术适用性、经济合理性需进行多方案比选,以确定该工程是否值得投资,确定建设规模、建设标准及技术方案,并安排建设时序和投资计划。

城轨工程的可行性研究报告应在批准的《城市快速轨道交通建设规划》的基础上进行编

制，结合工程所在城市现状和发展规划，综合分析工程建设的必要性，通过对城轨工程有关的环境、经济等情况进行研究、分析，对线路方案、车站方案以及设备系统方案等进行比选、论证，并对城轨工程建成后的环境影响、设备国产化水平、企业财务收益、社会经济效益、社会影响进行预测及评价，以选择技术适用、建设方案合理可行、财务经济及社会效益可行，投资风险较低的工程建设方案，为项目审批提供可靠依据。

按照对城轨工程可行性研究要求的描述，在城轨工程可行性研究编制中，供电系统设计的内容侧重于技术方案的比选、论证，并配合完成工程投资估算、设备国产化分析等工作。供电系统的主要技术方案比选、论证包括外电源供电方式、接触网型式和牵引变电所分布等内容，这也就是在可行性研究中供电系统专业评审的重点内容。

外电源供电方式的选择是否结合了当地城网的现状条件和规划发展，关系到城轨工程中压电源电压等级选择的适宜性以及城轨工程建成后能否顺利发电、运行。目前很多城市都已完成或正在进行了城轨线网规划，同时配套了城轨电力资源的建设和共享规划。城轨单线工程可行性研究中供电系统的外电源供电方案应与城轨线网规划电力资源的建设和共享规划相吻合或进行合理、可行的优化。而接触网型式的选择应关注到城市的发展定位、气候环境条件和本项目线路的特点。牵引变电所是为列车提供运行动力，但评审牵引变电所分布的合理性时，在没有使用专用回流轨的情况下，对牵引变电所的分布不应该只关注到在各种允许运行方式下牵引网电压是否满足列车运行要求，还应关注牵引变电所分布对杂散电流的影响。

可行性研究阶段供电系统专业评审单见表 5.2.2。

表 5.2.2　可行性研究供电系统专业评审单

工程名称		会议时间	
会议地点		主持人	
评审内容	（1）外电源方式选择 （2）中压网络方案 （3）接触网型式选择 （4）牵引变电所分布方案 （5）杂散电流腐蚀防护方案 （6）需要解决的问题	内容简述：	
评审要点	（1）外电源方案是否符合城网现状及发展 （2）外电源方案是否与线网电力资源共享研究相吻合或优化是否合理 （3）中压网络分区划分与继电保护配置的协调性、合理性；中压网络分区是否考虑了运行交路或调车配线 （4）接触网型式是否与城市定位、气候环境和线路特点相适应 （5）地铁牵引变电所分布是否满足行车密度不低于 30 对/h 的要求，是否考虑了杂散电流防护等因素 （6）线路沿线是否有埋地油、气管线及杂散电流防护对应的加强措施 （7）供电系统节能措施及合理性	要点简述：	
评审结论			
参会人			

5.2.3 总体设计专业评审

城轨工程设计对是否包括总体设计阶段不做强制性要求。由于城轨工程比较复杂,且工程的设计工作也会分为若干标段,比如车站或区间将会由不同的设计单位中标开展设计工作,因此在设计招标完成后有必要进行设计工作的梳理,即进行总体设计。有时为了强化对工程设计的把控,也会进行总体设计,总之总体设计的目的是确定主要设计原则、工程设计标准和各专业设计接口,也可结合其他投标方案对本专业的设计方案进行优化。

总体设计阶段是在工程可行性研究报告批复,并按此进行设计招标后,一般由中标的各设计单位在设计总体组的组织下进行。供电系统在总体设计阶段需按照设计总体组的要求,确定本工程的主要设计原则、工程设计标准,结合招标文件确定设计内容和设计接口等,技术方案不宜有超出可行性研究估算的重大变化,但可以进行优化。

总体设计供电系统专业评审单如表 5.2.3 所示。

表 5.2.3 总体设计供电系统专业评审单

工程名称		会议时间		
会议地点			主持人	
评审内容	(1) 系统方案的优化 (2) 主要设计原则 (3) 工程设计标准 (4) 需要解决的问题	内容简述:		
评审要点	(1) 优化方案与原方案相比是否更适合于本工程,且不超过可行性研究阶段时的投资估算 (2) 主要设计原则是否针对本工程,内容是否恰当 (3) 工程设计标准是否适当,是否符合工程整体定位	要点简述:		
评审结论				
参会人				

5.2.4 初步设计专业评审

城轨工程初步设计是施工图设计的基础,是根据批准的可行性研究报告来进行编制,是在可行性研究报告(总体设计)的基础上,在确定的设计原则、工程设计标准指导下,进一步验证城轨工程项目技术、经济的合理性。在初步设计阶段,各个系统、专业应对本专业内容的设计方案进行细化和深化,对重大技术问题的解决方案进行进一步综合技术分析,论证专业技术上的可靠性、适用性和经济上的合理性。

在设计条件未发生重大变化的情况下,初设文件应符合已批准的可行性研究报告,在设计深度上应满足编制施工招标文件,并可据此进行施工图设计和施工准备。初步设计提供的工程设计概算,作为审批确定项目投资的依据。

在可行性研究阶段，外电源供电方式、中压网络、牵引供电制式等技术方案的比选、论证是供电系统设计的重点内容。在工程可行性研究报告的批复后，表示外电源供电方式如集中式、分散式或混合式已经确定，下一步的工作需要落实具体外电源的相关接口。如集中式供电，需进一步落实城市电网提供城轨交通工程外电源的位置；落实城轨工程主变电所的用地位置和周边条件；落实主变电所设计、施工与城轨交通工程设计、建设的边界条件。若为分散式供电，因不设置主变电所，因此没有主变电所的用地等相关接口问题，只需要进一步落实外电源位置、数量等相关接口问题。

中压网络的结构目前在国内城轨工程中基本定型，一般采用牵引、动力照明混合网络的环网形式，在初步设计阶段需要根据相关专业资料，结合继电保护配置、正常情况下的节能运行以及故障条件下保证不停运条件下的越区供电等要求，进行供电分区的划分，并据此进行详细计算核定，包括中压网络电压、电流、有功和无功的潮流计算、中压网络短路计算、电缆线路的热稳定校验等。

应进行牵引供电计算和动力照明负荷计算，合理选择变电所牵引机组容量和配电变压器容量。结合中压网络的相关计算和上级电源系统接地形式，合理确定变电所开关设备和材料的绝缘水平；明确主要开关设备及元件的主要参数。

在城轨工程中，牵引供电制式多采用直流制，需选择的是直流牵引电压等级和接触网型式，其中重点是接触网型式，这也是建设、运营中都很关心的问题。在可行性研究报告阶段，接触网型式就是比选、论证的重点，甚至可能会召开专门的专家论证会。其实，不论是架空接触网，还是接触轨，它们的应用都已百年，历史已经验证了它们的可应用性，因此接触网型式选择考虑的重点是如何与城市及工程特点相适应，即所在城市需要什么，环境条件是什么，什么型式与之相适应，如工程建设所在城市常有大风气候，接触网的型式选择为架空接触网是不适宜的；工程的特点需要接触网的什么特点相适应，如工程的特点是最高速度 160 km/h，那么接触网需要有良好的弓网关系特点来适应，选择架空接触网是合适的。初步设计阶段在选定的接触网类型的条件下进行深化设计，如考虑优化弓网关系的具体措施；确定应对特殊环境条件的处理方式；与运行交路结合的接触网联络开关的设置方案等。

直流杂散电流的腐蚀影响是初步设计需要重点关注的问题，由于限制直流杂散电流的腐蚀影响涉及多专业、多过程，因此一定要把握住"防"的原则，并应在后续工程建设中严格执行。如果线路沿线并行存在油、气既有管线，如果存在极大风险，可采用"专用回流轨"的方式。

初步设计是施工图设计的基础，因此在初步设计阶段应将供电系统各子专业的内容进一步的分析、研究，并确定具体设计方案，为后续施工设计的顺利开展创造条件，为满足编制供电设备招标文件等做好技术准备。

初步设计供电系统专业评审单如图 5.2.4 所示。

表 5.2.4　初步设计供电系统专业评审单

工程名称		会议时间	
会议地点		主持人	
评审内容	（1）技术方案与批复的可行性研究（总体设计）变化的具体内容、原因 （2）中压、直流继电保护配置 （3）牵引机组、配电变压器容量选择 （4）主接线及主要元器件、电缆规格 （5）架空接触网降低受电弓磨耗的措施；接触轨在岔区的布置；接触网联络开关的设置 （6）变电所综合自动化系统构成；复示系统的设置 （7）需解决的问题	内容简述：	
评审要点	（1）技术方案与可研（总体设计）相比变化的内容及合理性评价 （2）牵引机组容量、配电变压器容量、有源滤波容量的合理性 （3）断路器、电流互感器、电压互感器、避雷器规格的合理性 （4）架空接触网导线（汇流排）布置是否有利于磨耗均匀；接触轨岔区布置应避免列车断电；接触轨联络开关的设置是否考虑了与运行交路或备用交路的对应性 （5）杂散电流腐蚀防护应执行"绝缘防护"的原则，要求与回流相关的内容与其他装置、结构均不应相连并有对应采取的措施 （6）设计内容是否与强条有冲突	要点简述：	
评审结论			
参会人			

5.2.5 综合评审

综合评审工作是在专业评审后进行，当存在项目整体性的问题如工程项目的定位等重大问题或专业间存在冲突矛盾而专业间协调不能解决时可召开综合评审，因此综合评审并不是强制性的审查程序，而是根据工程的具体需要由项目负责人决定是否申请召开。根据项目规模和问题的重要性，综合评审可由院总工或院技术副总主持，院技术委员会成员作为评审专家。

综合评审单如表 5.2.5 所示。

表 5.2.5　综合评审单

工程名称				
会议时间		主持人		项目负责人	
会议地点		工程类型		设计阶段	
评审内容	（1）工程概述 （2）工程特点 （3）技术难点及问题 （4）解决方案	内容简述：		
评审结论	☐评审通过 ☐评审不通过 ☐有风险 ☐无风险	结论内容： 签发人：		
项目负责人回复		项目组各专业回复		
项目负责人		专业负责人		

5.3 设计校审

为保证工程设计质量，各个设计阶段的设计成果文件均需要经过校审。校审程序中包括专业负责人组织设计人对设计图纸的自校、自审。设计校审一般包括校核人、审核人和审定人。校核人对设计图纸、计算单进行全面校对、核算。审核人重点校核设计图纸执行设计规范、设计标准的适宜性、合规性和政策、法规、设计规范强制性条文的符合性等。审定人重点验证设计图纸与专业评审、综合评审意见的符合性，并审定设计方案的合理性。

校审工作除了对最终设计文件进行校对、审核、提出校审意见外，更为重要的是对设计工作的过程跟踪，如校审人员应参加设计过程中的专业评审，并提出自己的意见，在校审最终设计文件时，验证设计内容与设计评审结论的一致性；除参加专业评审外，在设计过程中应结合设计进度适时增加中间校审阶段。校核人跟踪的重点是把握与外部市政接口的落实情况，内部与土建等专业的接口内容的正确性，避免外部接口条件影响设计主要方案，而内部接口内容的错误将对其他接口专业的设计进度造成影响；审核人过程跟踪的重点是执行的规范是否适宜，是否有违反强制性条款的设计内容；审定人过程跟踪的重点是设计方案的整体合理性。

我国设计标准体系正在逐步完善，相关的设计规范比较丰富，但设计文件中切忌罗列大量的设计规范和设计标准，一定进行筛选和甄别，避免适用范围不包括城轨交通工程的设计规范列入；而且有重复内容的设计规范不应全部列入，避免相互之间有些条文不一致，应执行施行时间在后的同等级设计规范。按照《城市公共交通分类标准》（CJJ/T 114—2007），城轨交通工程分为了7类，执行城轨交通行业类标准也应进行判别，如有轨电车的工程不应执行《地铁设计规范》。

5.3.1 校审职责

设计校审一般为三级校审，即校核、审核和审定，专业负责人也应对所负责专业的设计图纸进行校核并签署。各级校审人都应具备相应的任职资格，也应对设计图纸的内容负有相应的设计质量管理责任。

1. 校核职责

校核人应由具备单位技术质量部门规定的任职资格要求的人员担任。为便于校核人全面、完整了解项目特点和工程要求，了解设计思路和设计方案，校核人一般与设计人在同一个项目组中。由于城轨交通工程供电系统设计工作量较大，如变电所专业、牵引网专业的设计工作，一个人是不可能完成本专业全部设计任务或校核工作，因此城轨交通工程项目同一个专业的设计工作中，设计人同时也是校核人，校核人同时也是设计人。

校核人应在专业负责人的领导、组织下，对设计图纸的深度、图面质量、设计内容和计算书的正确性、设计接口的符合性等进行全面、完整的核对和验算。当校核人发现设计文件不齐、深度不满足要求、问题太多时，通过专业负责人同意有权退回设计人，设计人重新自校修改后再开始进行校核工作。校核人应在设计计划规定的时间内完成校核工作，并应符合校核内容、深度的要求，对所提出的校核意见负责。校核人应填写校核单，当校核人提出的意见与设计人出现分歧时，由专业负责人进行裁定。

2．审核职责

审核人应由具备单位技术质量部门规定的任职资格要求的人员担任。审核人应该在各设计阶段参与技术方案、重要技术问题的讨论、审查与决策。在可行性研究和初步设计等阶段，政府部门将组织、邀请城轨交通工程业内相关专家对上述设计阶段的设计成果进行审查，审核人应指导完成工程专家评审会中本专业专家意见的回复。

审核人应对设计成果从合规性的角度上进行审核，设计文件应符合国家政策、设计规范、政府相关部门（如消防部门）的审查意见以及设计单位内部技术规定的要求，应特别关注涉及的强制性条文的执行情况，严禁出现违反规范强制性条文的现象出现。审核人应把控、审核设计文件中所列出的执行的设计规范，非设计类规范如施工验收规范等不应列入设计所执行规范中。

审核人应查验专业负责人、校核人的校核单，检查专业负责人、校核人的图纸审查工作是否到位。在审核过程中，如发现校审人工作不到位，有权退回要求重新校核。对经验少的校核人，应加以指导，协助做好校核工作。审核人应填写审核单，当审核意见与专业负责人的想法出现分歧时，对一般技术问题应考虑工程可能遇到的实际情况，尊重专业负责人意见，对于重大问题，由所总工程师召集项目审定人进行裁定。

3．审定职责

审定人应由具备单位技术质量部门规定的任职资格要求的人员担任。审定人应对设计方案的合理性进行审查，特别是对设计中采用的新技术、新设备等重要技术问题应进行重点审定，避免出现不成熟技术的使用。新设备的应用应符合国家政策如环保、节能等方面的要求。审定人应检查审核单，检查审核人的工作是否到位，在审定设计文件过程中，如发现审核人工作不到位，出现较多审核人职责范围内的问题，特别是涉及执行规范的适用性以及强制性条文问题时，有权退回要求重新审核。

审定人应该在各设计阶段参与技术方案、重要技术问题的讨论、审查与决策。设计文件是否执行了设计评审的结论，审定人应对此进行验证。

5.3.2 校审要点

城轨工程设计阶段有工程可行性研究、总体设计、初步设计和施工图设计。供电系统设计也分为若干子系统，如系统方案、变电所、牵引网、电力监控系统和杂散电流腐蚀防护系统等。在工程可行性研究和总体设计阶段，供电系统设计文件可与其他专业合成一册，在初步设计阶段和施工图设计阶段，各子系统设计文件均可单独成册，校审意见单应按照图册一一对应。

本校审要点基本按照《城市轨道交通设计文件深度规定》中的设计内容和设计图纸进行对应描述。

对于前期研究的城轨线网规划和城轨近期建设规划，《城市轨道交通设计文件深度规定》并没有相关要求，供电系统研究的内容重点在于外电源供电方式及资源共享、牵引网制式研究。校审环节一般只有审核人或审定人。

1. 城轨线网规划、近期建设规划校审要点

1）线网规划阶段供电系统文件的校审

城轨线网规划主要研究城市轨道交通的网络布局、功能定位和发展模式，供电系统的配套研究需结合城市电网现状及发展规划，合理选择外电源供电方式。结合城轨线网研究和城轨线路周边地区的发展定位，合理选择牵引网制式。为了准确地了解城市电网现状及发展情况，一般由城市供电相关部门作为外协单位。校审要点如下：

（1）线网资料是供电系统研究的基础，应确定线网已稳定。

（2）线网描述是否完整，城轨类型是否明确。城轨分为 7 种类型，如地铁是大运量城轨，有轨电车是低运量城轨。城轨类型的确定有助于对负荷容量进行估算。

（3）城市电网资料是否完整，发展规划的时序是否与线网规划的时序相匹配。

（4）外电源供电方式的选择是否合理。基于线网层面，外电源供电方式的选择可以不是唯一方式。

（5）集中供电时，主变电所分布是否合理，共享方案是否合理。

（6）牵引网制式选择是否符合城市定位、线路周边发展及工程特点。

（7）是否有存在的问题及其相关建议的内容。

2）城轨近期建设规划阶段供电系统文件的校审

城轨近期建设规划是依据已批复城轨线网规划，结合城市总体规划、综合交通规划和城市财政能力等分析研究城市轨道交通近期建设需求，确定城市交通财政可支持的建设目标。供电系统以城轨近期建设规划为基础，在线网规划外电源及资源共享研究的基础上，深化研究外电源与城市电网的匹配性及对近期规划城轨线路的适应性。校审要点如下：

（1）城轨线路周边城市电网的研究、分析是否全面，是否满足城轨外电源需求。

（2）外电源供电方式是否与线网规划的推荐相符；若不相符时，原因及内容分析是否全面、正确。

（3）集中式供电主变电所的分布是否合理，主变电所是否为共享设置。

（4）主变电所的用地条件分析是否全面。

（5）分散式供电、混合式供电的中压电压等级是否与城网一致。

（6）牵引网制式选择是否合理。

（7）是否对接触网在联络线的衔接、人防门、防淹门等处的实施提出建议。

（8）是否对减少接触网的磨耗提出建议。

（9）是否有存在的问题及其相关建议的内容。

2. 可行性研究校审要点

可行性研究校审要点详见附表 5.1。

对于项目可行性研究的审查，整体上关注项目建设的必要性是否符合国家有关政策和规定；项目建设内容、规模是否符合建设规划；项目建设的基础条件、环境因素条件是否具备，能否保证项目实施；投资估算编制内容是否完整，编制依据是否合理、准确；资金来源是否可靠，资金筹措方案是否可行；项目的经济效益、社会效益、生态环境影响分析是否合理等。

可行性研究供电系统专业的校审，关注项目的设计方案是否满足功能、内容、规模、标准的要求，技术方案是否安全、可行、经济适用。

3．总体设计校审要点

总体设计校审要点详见附表 5.2。

总体设计的编制基础是已批复的可行性研究报告，是对可行性研究报告的优化和深化，但不应超出可行性研究报告批复的范围、内容及投资估算。

总体设计供电系统的校审，关注设计方案与可行性研究报告的变化是否合理并符合已批复可行性研究报告。设计文件中采用的设计原则、标准是否恰当，设计规范是否适用。设计接口是否完整、可行。

4．初步设计校审要点

初步设计校审要点按照供电系统的子系统分别列出，包括系统方案、变电所、电力监控系统、牵引网和杂散电流腐蚀防护系统，详见附表 5.3~5.7。

初步设计是按照已批复的可行性研究报告或总体设计进行编制，并对设计方案进行进一步深化和细化，可行性研究报告和总体设计是以文字说明为主，图纸较少，初步设计文件在详细的文字说明基础上，图纸数量和深度都大大提高。

初步设计供电系统的校审，关注初步设计的范围、内容、规模和标准是否符合批复要求；初步设计文件是否按照有关规定编制，设计内容是否完整，设计深度是否满足相关要求；设计方案是否符合相关标准、规范的要求，是否经济、合理。

5．施工图设计校审要点

施工图设计校审要点按照供电系统的子系统分别列出，包括系统方案、变电所、电力监控系统、牵引网和杂散电流腐蚀防护系统，详见附表 5.8~5.12。

施工图设计是以批复的初步设计为基础，以满足施工要求为目的。施工图设计应符合作为设计依据的政府有关部门的批准文件要求；满足工程建设强制性标准的要求，并符合公众利益；施工图是否达到规定的设计深度要求等。

施工图设计供电系统的校审，关注采用的设计规范是否正确，是否为现行有效版本；设计方案、设备及材料选择是否符合强制性条文的规定，是否符合设计规范中消防相关要求；设备、元器件及材料规格是否与设计方案相匹配等。

5.4 系统审定和总体审定

国内城市轨道交通设计管理多采用设计总体总包管理，建设方要求设计总体总包组对工点设计进行技术统一和协调管理。设计总体组在建设方组织领导下开展工作，对全线工点、系统设计的设计质量、设计安全、投资控制负责，对设计成果的总体性、完整性、统一性及经济合理性负责。

设计技术管理是设计总体管理核心的工作内容，技术管理的重点是对工程设计控制点的技术把握。设计总体管理需进行设计标准统一、总体平衡、接口协调、重大技术把关、节点设计方案审查等。针对不同设计阶段的特点，有侧重地把握技术管理要点。

设计总体组由设计总体和若干专业副总体等组成，总体组成员的分工和职责明确，对工程设计全过程实施技术管理。

设计总体组需编制或组织编制工程各专业设计标准、通用设计图、各阶段设计文件编制指导文件，来指导各工点和系统设计的初步设计和施工图设计，并在设计的各阶段，组织进行对重大设计方案的讨论及审查，组织工点和系统设计之间的互提资料和对图会签，最后对设计文件进行系统审定和总体审定。

5.4.1 系统审定和总体审定职责

设计总体组的人员组成中，除设计总体外还有若干专业副总体，如土建副总体、设备副总体等，共同协助设计总体进行工程设计的技术管理。

设备专业副总体的技术管理工作包括设备系统技术标准、接口制定及管理和协调等，并负责分管专业的审定工作，系统审定重点审查各设备系统执行技术标准的正确性和统一性等，总体审定重点审查执行设计接口内容的正确性和一致性等。

设计总体组的技术管理也是过程管理。在工程设计过程中，需落实经设计咨询方审查、建设方批准的设计标准、设计要求、设计意见的执行情况，落实外部专家审查、建设方审查、政府有关部门审查等审查意见，审查各工点、系统设计提出的设计方案修改、设计方案完善、设计方案补充、设计变更等文件，审查工点、系统设计等设计文件的组成及内容是否符合设计总体组对文件编制的要求等。

5.4.2 系统审定图纸和要点

系统审定并签署的图纸及其审查要点见表5.4.1[10]。

表 5.4.1 系统审定图纸和要点

图纸名称	审查要点	备注
系统方案		
设计说明	设计标准是否符合本工程所在城市特点；执行的设计规范是否与本工程相对应	
供电系统图	系统设计是否合理	
继电保护配置图	继电保护配置是否合理	
变电所		
设计说明	设计标准是否符合本工程所在城市特点；执行的设计规范是否与本工程相对应	
变电所主接线图	变电所主接线是否合理，是否符合变电所类型特点	
变电所设备布置平面图	设备布置是否合理，是否满足各通道功能要求	
电力监控系统		
设计说明	设计标准是否符合本工程所在城市特点；执行的设计规范是否与本工程相对应	
电力监控系统构成图	电力监控系统构成是否全面、合理	
变电所综合自动化系统图	变电所综合自动化系统构成是否合理	
控制中心设备布置平面图	设备布置是否合理，是否满足各通道功能要求	

续表

图纸名称	审查要点	备注
牵引网系统		
设计说明	设计标准是否符合本工程所在城市特点；执行的设计规范是否与本工程相对应	
牵引网供电分段示意图	接触网供电分段是否全面、合理	
地下、地面和高架区间牵引网布置平面图	接触网布置平面图是否合理	
车辆综合基地牵引网布置平面图	接触网布置平面图是否合理	
杂散电流腐蚀防护系统		
设计说明	设计标准是否符合本工程所在城市特点；执行的设计规范是否与本工程相对应	
杂散电流腐蚀防护系统图	设计方案及对其他专业的要求是否合理，是否体现以防为主的原则	

5.4.3 总体审定图纸和要点

总体审定并签署的图纸及其审查要点见表 5.4.2[10]。

表 5.4.2 总体审定图纸和要点

图纸名称	审查要点	备注
系统方案		
设计说明	设计接口描述是否完整，各接口内容是否吻合	
变电所		
设计说明	设计接口描述是否完整，各接口内容是否吻合	
变电所设备布置平面图	设备布置平面和剖面是否与相关接口专业存在矛盾	
电力监控系统		
设计说明	设计接口描述是否完整，各接口内容是否吻合	
控制中心设备布置平面图	设备布置平面和剖面是否与相关接口专业存在矛盾	
牵引网系统		
设计说明	设计接口描述是否完整，各接口内容是否吻合	
杂散电流腐蚀防护系统		
设计说明	设计接口描述是否完整，各接口内容是否吻合	

5.5 政府审查

城轨交通工程投资巨大，而且城轨交通的运营关系到广大乘客的人身安全和设备运行安全，因此对城轨交通工程，政府具有审查责任。在工程设计方面，政府委托相关机构在可行性研究、初步设计阶段组织行业内专家审查。在施工图设计阶段，通过具备相关资质的审图公司对设计图纸进行审查，以保证工程设计满足城轨交通工程使用功能和安全性的要求。

5.5.1 外部专家评审

城轨交通工程的可行性研究是工程项目投资决策和立项的必备基础，也是国家为避免工程盲目建设、违规建设所特别关注的工程设计阶段。设计单位在进行工程可行性研究工作时，需要从法律、国家政策、技术和经济等各方面对工程项目投资、建设的必要性和可行性以及社会效益评价进行全面分析论证，并形成工程可行性研究报告及环保、文物保护等相关专题报告，并委托城市电力部门形成外部电源引入等相关支持性文件。

政府聘请的外部专家对城轨交通工程可行性研究的审查不仅限于可行性研究报告、专题报告和相关支持性文件，更需要深入工程所在地对线路走向沿线进行考察调研，把握第一手具体资料，并与设计单位详细沟通，认真听取设计单位的具体汇报，以达到审查意见符合国家政策及城市实际情况，提升设计质量、完善投资合理性的目的。

初步设计应符合已批准的可行性研究报告，并在此基础上对设计方案进行深化和细化。初步设计的设计深度应可以满足编制施工招标文件的要求。由于初步设计之后的设计阶段即是施工图设计，因此在这个阶段也需要聘请外部专家进行评审。

初步设计专家审查首先需要进行查看现场情况，了解工程条件与前期设计阶段是否发生变化，审阅初步设计文件并与设计单位充分沟通，分析城轨工程项目具体方案的技术合理性。由于初步设计提供的工程设计概算，将作为确定项目投资的依据，经济性审查也是初步设计外部专家审查中非常重要的内容。

5.5.2 施工图设计审查

施工图设计审查主要是合规性的审查。审查着眼点主要在于设计规范执行情况以及设计文件中与工程建设和运营安全密切相关，涉及公众利益、公共安全的设计内容。审查内容可包括设计说明、图纸及设计计算书等。

国家现行工程建设设计标准中的强制性条文，是进行施工图设计文件审查的基本依据，城轨交通工程施工图设计文件应符合所执行设计规范中的强制性条文；设计规范中的一般性条文中，当涉及公众利益和公共安全，且设计规范中的严格程度用词采用应、不得、必须及严禁时，也将作为审查依据对施工图设计文件相关内容进行审查。国务院颁布的《建设工程质量管理条例》及《建设工程勘察设计管理条例》中，与工程设计相关的规定也是施工图审查的依据。

为贯彻落实党的十九大关于"深化简政放权"的改革精神，现在全国多地陆续推行施工图"多审合一"改革。通过施工图多审合一改革，实现"一套标准、一家机构、一次审查、一个结果、多方监督"的改革目标，并逐步实施数字化审图和政府购买服务，减少审批部门，缩短审查周期，确保审查质量。

6 采购配合

基于城市轨道交通供电系统设备采购配合中的工程经验，结合对城轨供电系统主要设备和材料技术参数的研究，根据现行的国家、行业及地方标准、规范和相关规定等提出的订货技术要求，并参考国内多个城市的供电设备招标采购用户需求书以及设备招标采购流程而进行编写。

本章分两部分介绍了城轨供电系统设备采购配合中的要求，分别为主要设备订货技术要求和主要设备设计联络要点，并提供了工程应用中技术参数选择的示例。

6.1 概述

从城市轨道交通工程建设的阶段性来讲，初步设计阶段完成并经过专家审查及政府相关部门批复后，在开展供电系统施工图设计之前，应当完成供电设备的招标采购，并根据供电设备招标结果，再行完成施工图设计工作。设备采购在城轨工程的实施过程中起着承前启后的作用。

设备采购的方式包括公开招标、邀请招标以及其他方式。设备采购的公开招标是由招标单位通过互联网、报刊、广播等公开发表招标公告，在尽量大的范围内征集供应商。设备采购的邀请招标是由招标单位向具备设备制造或供应能力的单位直接发出投标邀请书，并且受邀参加投标的单位不得少于三家。此外，设备采购有时也可通过询价方式选定供应商，或非竞争性采购方式直接订购。招标采购是采购方选择较高性价比产品的一种很好方式，一方面可以降低采购成本，另一方面可以确保设备质量。采购方最终可以根据实际情况选择一种方式来采购设备。但应注意，无论选择哪种方式，均应满足《中华人民共和国招标投标法》，打造"阳光工程"。

城轨供电系统设备和材料按照类别来讲，主要包括开关类设备、牵引整流机组、配电变压器、列车再生制动能量吸收装置、架空接触网、接触轨、电力监控系统、杂散电流防护设备、电力电缆等。各类设备和材料在采购订货时，需要遵循一定的通用技术标准，还需遵循每类设备各自的特殊订货要求。设备采购完成后还需进行设计联络确定设备最终的技术参数，方可进行生产和设备验收等工作。

城轨工程的建设方作为设备采购的主责方和组织者，对整个设备采购的全过程进行组织和把控，主要包括组织或委托供电设备集成商组织设备招标文件的编写、招标公告、设备评标、合同谈判及后续的设计联络、设备验收等。

城轨供电系统设计方需配合建设方完成设备采购过程中的技术方案、技术要求和技术参数等方面的工作，包括招标文件中用户需求书的编写、讨论和修改，参加合同谈判对供电设备投标文件技术参数的审查，参加设计联络提出设备参数的细化或具体要求，并配合建设方完成供电设备的验收等工作。

6.2 主要设备订货技术要求

设备采购用户需求书和相关图纸是设备采购招标文件的重要组成部分，设计方根据初步设计文件中的计算分析结果和参数选择，结合城轨工程建设方的相关需求，选用合理的技术方案，并经过与建设方沟通讨论后确定各类供电设备的招标采购要求。

各类设备在订货时，技术参数需满足该工程需求以及现行国家标准、行业标准或地方标准，一般来讲分为设备订货通用技术要求和设备订货特殊技术要求。设备订货通用技术要求包括设备安装环境、供电系统参数、设备性能要求、结构要求、外壳防护等级、相关试验要求等。设备订货特殊技术要求主要是针对各类设备所提出的不同于其他同类设备的一些特殊要求，例如中压 35 kV 气体绝缘柜 SF_6 气室要求、直流开关柜绝缘安装要求，都属于设备订货特殊要求，在设备订货用户需求书中，均应予以明确。

在设备招标采购时，首先需明确相应的适用范围和环境条件等内容。

1）适用范围

设备招标采购时，在订货技术要求中首先需明确工程概况以及供电系统概况，并提出用户需求书所包括的设备种类及适用范围。

2）环境条件

设备招标采购时，需提出该设备所处的环境条件，主要包括但不限于：

（1）环境温度。
（2）相对湿度。
（3）海拔高度。
（4）地震烈度。
（5）雷暴日。
（6）安装地点。
（7）污秽等级。
（8）线路、变电所内环境条件。

6.2.1 开关类设备

在采购各类开关设备时，设备既要满足设计方提出的技术要求，同时也要满足现行国家、行业及地方的相关规范和标准，针对开关类设备订货时，用户需求书既有通用要求也有特殊要求。本节内容提出了开关类设备所应遵循的主要技术标准、技术要求和开关设备及主要元器件的相关技术参数示例[11][13][14]，并对其通用要求和特殊要求分别进行描述。

1. 开关类设备订货通用要求

设计方在配合建设方采购设备时，应在设备招标用户需求书中对技术标准和技术参数予以明确。

1）采用的技术标准

编写开关类设备招标用户需求书时，应根据开关柜的电压等级和具体类型选用适用的规范和标准，并结合具体工程需求，对所选用的非强制性规范和标准进行增补或删减。

（1）GB 50157　　　　《地铁设计规范》
（2）GB 50060　　　　《3~110 kV 高压配电装置设计规范》
（3）GB 3906　　　　《3.6~40.5 kV 交流金属封闭开关设备和控制设备》
（4）GB 1984　　　　《交流高压断路器》
（5）GB 1985　　　　《高压交流隔离开关和接地开关》
（6）GB 11032　　　　《交流无间隙金属氧化物避雷器》
（7）GB 7251.1　　　《低压成套开关设备和控制设备　第 1 部分：总则》
（8）GB 17625.1　　　《电磁兼容　限值　谐波电流发射限值（设备每相输入电流≤16 A）》
（9）GB 14048　　　　《低压开关设备和控制设备》
（10）GB 7947　　　　《人机界面标志标识的基本和安全规则　导体颜色或字母数字标识》
（11）GB/T 11022　　《高压开关设备和控制设备标准的共用技术要求》
（12）GB/T 50062　　《电力装置的继电保护和自动装置设计规范》
（13）GB/T 50063　　《电力装置电测量仪表装置设计规范》
（14）GB/T 15145　　《输电线路保护装置通用技术条件》
（15）GB/T 7261　　　《继电保护和安全自动装置基本试验方法》
（16）GB/T 16935.1　《低压系统内设备的绝缘配合　第 1 部分：原理、要求和试验》
（17）GB/T 12325　　《电能质量　供电电压偏差》
（18）GB/T 12326　　《电能质量　电压波动和闪变》
（19）GB/T 14549　　《电能质量　公用电网谐波》
（20）GB/T 15543　　《电能质量　三相电压不平衡》
（21）GB/T 15945　　《电能质量　电力系统频率偏差》
（22）GB/T 15576　　《低压成套无功功率补偿装置》
（23）GB/T 10411　　《城市轨道交通直流牵引供电系统》
（24）GB/T 25890　　《轨道交通　地面装置　直流开关设备》
（25）GB/T 4208　　　《外壳防护等级（IP 代码）》
（26）DL/T 478　　　《继电保护和安全自动装置通用技术条件》

2）主要技术参数

（1）系统参数。

在编写用户需求书时，需要结合开关类设备的电压等级和电流制式，明确以下系统参数。

a. 中压开关设备。

系统标称电压；

额定频率；

系统最高电压；

系统接地方式。

b. 低压开关设备。

系统标称电压；

额定频率;
系统最高电压;
系统接地方式。
c. 直流开关设备。
系统标称电压;
系统最高电压;
系统最低电压。
（2）开关设备参数要求。

开关设备参数要求以某城轨工程为例，列举了交流35 kV中压开关柜的一些技术参数，如表6.2.1所示。其他开关设备如直流开关柜和低压开关柜可根据其实际参数要求进行编写，并增减其对应项目。

表6.2.1　35 kV开关柜主要参数示例表

序号	项　目		单　位	参数要求	备　注
1	额定电压		kV	40.5	
2	额定电流		A	1250	
3	额定频率		Hz	50	
4	额定短时耐受电流（3 s）		kA	25	
5	额定峰值耐受电流（峰值）		kA	63	
6	额定雷电冲击耐受电压（峰值）	主绝缘对地、相间及普通断口工频耐压值	kV	185	
7		隔离断口间绝缘工频耐压值	kV	215	
8	额定1 min工频耐受电压（有效值）	主绝缘对地、相间及断路器断口绝缘	kV	95	
9		隔离断口间的绝缘	kV	115	
10	辅助回路及二次回路额定电压		V（DC）	220	
11	高压部分箱体防护等级		—	IP 65	
12	机械操作及低压箱体防护等级		—	IP 31	
13	爬电比距		—	结合环境条件等综合确定	

3）柜体分类
（1）中压开关设备。

中压开关设备分为环网进线柜、环网出线柜、母线分段开关柜、母线隔离开关柜、变压器馈线开关柜、电压互感器柜（PT）柜等。

（2）低压开关设备。

低压开关设备分为低压进线柜、母线分段开关柜、母线隔离开关柜（若有）、低压馈线柜和有源滤波柜等。

（3）直流开关设备。

直流开关设备分为直流进线柜、直流馈线柜（含牵引馈线柜和再生装置馈线柜）、负极柜、接口柜（若有）。

4）主要元器件及性能要求

以某城轨工程为例，给出了断路器、隔离开关、电流互感器、电压互感器、分流器、避雷器等元器件的主要性能参数的示例。

（1）断路器。

a. 中压断路器的主要性能要求如表6.2.2所示。

表6.2.2 中压35 kV断路器主要性能参数示例表

序号	名称		单位	技术参数	备注
1	额定电压		kV	40.5	
2	额定电流		A	1250	
3	额定频率		Hz	50	
4	额定短时耐受电流		kA	25	
5	额定峰值耐受电流		kA	63	
6	额定短路持续时间		s	3	
7	额定断路开断电流		kA	63	
8	额定短路关合电流		kA	63	
9	合、分闸装置和辅助、控制回路的额定电源电压		V（DC）	220	
10	合、分闸装置和辅助的额定电源频率		—	投标人提供，招标人确认	
11	操动机构	类型	—	弹簧操动机构	
		操作电压	V（DC）	220	
		辅助接点	—	10常开，10常闭	
12	额定操作循环		—	O-0.3 s-CO-180 s-CO	
13	机械寿命		—	投标人提供，招标人确认	
14	电寿命		—	投标人提供，招标人确认	
15	机械特性	合、分闸时间	—	投标人提供，招标人确认	
		合、分闸速度	—	投标人提供，招标人确认	
		触头开距	—	投标人提供，招标人确认	
		三极合、分闸不同期性	—	投标人提供，招标人确认	

b. 低压框架断路器的主要性能要求如表6.2.3所示。

表 6.2.3 低压框架断路器主要性能参数示例表

序号	名称		单位	技术参数	备注
1	额定电流		A	2000	
2	额定工作电压		V	400	
3	额定绝缘电压		V	690	
4	冲击耐压水平		V	≥8000	
5	极数		—	3 极	
6	额定极限短路分断能力		kA	80	
7	额定运行短路分断能力交流 50 Hz O-CO-CO		kA	80	
8	额定关合短路电流（峰值）		kA	176	
9	额定短时耐受电流（1 s）		kA	75	
10	分断时间		ms	≤30	
11	合闸时间		ms	≤80	
12	机械寿命（CO 循环）×1000	有维护	次	15	
		免维护	次	10	
13	免维护电气寿命（CO 循环）×1000		次	8	
14	安装形式		—	固定/抽出式	
15	控制保护单元		—	电子脱扣器	

c. 低压塑壳断路器的主要性能要求如表 6.2.4 所示。

表 6.2.4 低压塑壳断路器主要性能参数示例表

序号	名称		单位	技术参数	备注
1	额定电流		A	2000	
2	额定工作电压		V	400	
3	额定绝缘电压		V	690	
4	极数		—	3 极	
5	使用寿命		次	5000	
6	安装型式		—	抽屉式	
7	可配附件	分励脱扣器	—	投标人提供，招标人确认	
		辅助触点	—	投标人提供，招标人确认	
		报警触头	—	投标人提供，招标人确认	

d. 直流断路器的主要性能要求如表6.2.5所示。

表6.2.5 直流断路器主要性能参数示例表

序号	名称		单位	技术参数	备注
1	额定电压		V	1800	
2	额定工作电流		A	4000	
3	额定绝缘电压		V	3000	
4	过负荷能力	2小时	A	>4000	投标人提供,招标人确认
5		1分钟	A	>8000	投标人提供,招标人确认
6		10秒	A	—	投标人提供,招标人确认
7	大电流脱扣保护装置:限流特性、电流整定值范围		—	—	投标人提供,招标人确认
8	开断过电压		V	不超过最高工作电压的2倍	
9	最小开断电流		A	<50	在最高工作电压时
10	固有动作时间		—	—	投标人提供,招标人确认
11	机械寿命		—	—	投标人提供,招标人确认
12	电寿命		—	—	投标人提供,招标人确认
13	控制回路、辅助回路		—	操作机构上有表示开关合、分位置的指示器	
			V(DC)	220	
			—	具有手动、电动合分闸装置,并能实现远方遥控	
			—	辅助接点8常开、8常闭	

(2)隔离开关。

a. 中压隔离开关的主要性能要求如表6.2.6所示。

表6.2.6 中压隔离开关主要性能参数示例表

序号	名称	单位	技术参数	备注
1	额定电压	kV	40.5	
2	额定电流	A	1250	
3	额定短时耐受电流	kA	25	
4	额定峰值耐受电流	kA	63	
5	额定短路持续时间	s	3	
6	接地开关的额定短路关合电流	kA	63	
7	额定短时耐受电压	kV	95	
8	额定雷电冲击耐受电压	kV	185	
9	辅助接点	—	10常开,10常闭	
10	机械寿命	—	投标人提供,招标人确认	
11	接地开关的电寿命	—	投标人提供,招标人确认	

b. 直流隔离开关的主要性能要求如表 6.2.7 所示。

表 6.2.7　直流隔离开关主要性能参数示例表

序号	名　称		单　位	技术参数	备　注
1	额定电压		V（DC）	1800	
2	额定电流		A	4000	
3	额定绝缘电压		V	3000	
4	额定冲击耐受电压		kV	15	
5	过负荷能力	2 小时	—	投标人提供，招标人确认	
6		1 分钟	—	投标人提供，招标人确认	
7		10 秒	—	投标人提供，招标人确认	
8	操作机构		—	手动，有表示开关合、分位置的指示器	
9	机械寿命		—	投标人提供，招标人确认	
10	辅助接点		—	投标人提供，招标人确认	

（3）电流互感器（或分流器）。

对于交流系统，电流测量元件为电流互感器；对于直流系统，电流测量元件为分流器，其特性参数区别较大。

a. 电流互感器的主要性能要求如表 6.2.8 所示。

表 6.2.8　环氧树脂浇注式电流互感器主要性能参数示例表

序号	名　称		单　位	技术参数	备　注
1	设备最高电压		kV	40.5	
2	额定电流变比	线圈 1	A	400/1	具体设计联络时确定
3		线圈 2	A	400/1	具体设计联络时确定
4		线圈 3	A	400/1	具体设计联络时确定
5	准确等级	线圈 1	—	5P20、0.5 级	
6		线圈 2	—	5P20	
7		线圈 3	—	5P20	
8	额定短时热电流		kA	25	
9	额定动稳定电流		kA	63	
10	额定短路持续时间		s	3	
11	额定二次输出负荷容量	线圈 1	—	与测控保护装置配套	
12		线圈 2	—	与测控保护装置配套	
13		线圈 3	—	设计联络时确定	

对于中压电压等级的电流互感器，存在多组线圈，需分别提出每组线圈的电流变比、准确等级、二次输出负荷容量等参数；对于低压断路器，一般情况下仅有一组线圈，则提出该组线圈的相关参数即可。

b. 分流器的主要性能要求如表 6.2.9 所示。

表 6.2.9　分流器主要性能参数示例表

序号	名　称	单位	技术参数	备　注
1	额定电流	A	1000、4000、10 000	
2	过载能力	—	5 倍	
3	嵌入式电流表量程	—	准确等级 2.5 级，量程应与额定电流及过载能力相适应，并应有负值区	具体设计联络时确定
4	故障显示装置	套	1	

（4）电压互感器（或分压器）。

对于交流系统，电压测量元件为电压互感器；对于直流系统，电压测量元件为分压器，其特性参数区别较大。

a. 电压互感器的主要性能要求如表 6.2.10 所示。

表 6.2.10　电压互感器主要性能参数示例表

序号	名　称		单位	技术要求	备　注
1	型式		—	环氧树脂浇注	
2	接线方式		—	Y/Y0	
3	额定一次电压		kV	$35/\sqrt{3}$	
4	额定二次电压	绕组 1	V	$100/\sqrt{3}$	
5		绕组 2（若有）	—	—	
6	准确等级		—	0.5，3P	
7	额定输出负荷		—	与测控保护装置配套	
8	安装位置		—	接于主母线上	

当电压互感器接线方式的不同，其额定二次侧绕组为 1 组或 2 组，根据实际接线情况提出绕组的要求。

b. 分压器的主要性能要求如表 6.2.11 所示。

表 6.2.11　分压器主要性能参数示例表

序号	名　称	单　位	技术要求	备　注
1	一次电压	V（DC）	1500	
2	二次电压	V（DC）	与所选设备匹配	
3	嵌入式电压表量程	—	由投标人提供，招标人确认	

（5）避雷器。

a. 中压交流系统避雷器的主要性能要求如表 6.2.12 所示。

表 6.2.12 避雷器主要性能参数示例表

序号	名　称	单　位	技术参数	备　注
1	型式	—	无间隙氧化锌避雷器	
2	额定电压	kV	≥42	
3	持续运行电压	kV	≥34	
4	标称放电电流	kA	5	
5	标称放电电流下残压	kV	≤121	
6	安装位置	—	接于主母线上	

b. 直流系统避雷器的主要性能要求如表 6.2.13 所示。

表 6.2.13 直流系统避雷器主要性能参数示例表

序号	名　称	单　位	技术参数	备　注
1	型式	—	无间隙金属氧化物	
2	额定电压	V（DC）	2000	
3	标称放电电流	kA	10	
4	标称放电电流下的残压	V	≤4900	

5）结构要求

订货技术要求中需要明确开关设备的结构要求，主要包括以下几个方面。

（1）柜体结构一般要求。

开关柜的柜体应采用钢板，钢板厚度应不低于国家标准中的要求，并应具有一定的强度和良好的抗腐蚀、防锈能力。

在规定的防护等级下，柜体应保护内部设备不受外界的影响，防止人体和外物接近带电部分和触及运动部分。

柜体应有足够的机械强度，使得装在柜内的元器件具有它们原来的机械特性和电气特性，柜体的机械强度应满足《高压开关设备和控制设备标准的共用技术要求》(GB/T 11022)的规定。

各功能小室间需经隔板隔离，隔板具备足够的防火性能、机械强度和防护等级，保障运行和维护的安全。

高、低压室间应采取可靠的屏蔽措施，以控制高压设备对低压设备的电磁干扰。

柜体及内部元器件应牢固安装或连接，能承受设备运行中正常及故障状态下所产生的电动力并可靠运行。

高压室、低压室及操作机构等门体上应设置扣锁装置。

紧急分闸按钮等应设有防护装置，以防止意外触碰引起误动作。

（2）外壳要求。

外壳用钢板制成，结构、材料应具有足够的机械强度，使得装在外壳内的开关、操动机构及其他元件具有其原来的机械特性和电气性能。

外壳应考虑柜内的空气顺利流通,以防止冷空气在柜内的凝结,同时在故障时使其他有害气体正常逸出。

开关柜柜顶应考虑防止异物坠入和防水防护措施,且采取的防护措施不能影响泄压通道的功能要求。

(3) 盖板和门。

当盖板或门是外壳的一部分时,它们应由金属制成。当它们关闭后应具有与外壳一样的防护等级。盖板或门仅当隔室内可触及的主回路部分不带电时才能打开。

根据需要进入高压隔室的不同情况,对盖板或门分成两类:

对在正常操作和维护时不需要打开的盖板(固定盖板),若不用工具,盖板不能打开、拆下或移动。

对在正常操作和维护时需要打开的盖板(可移动的盖板),打开或移动盖板时,不需要使用工具。为了保证操作者的安全应装设必要的联锁。

所有设备的柜门都要求密封条,提高设备防尘水平,密封条可方便更换。

为了防止设备柜门意外打开,造成柜门侵限或危及人身安全,各设备门锁应选择安全可靠的门锁。

(4) 柜间连接要求。

开关柜间的连接应灵活、便捷,能满足现场组装的要求。

柜间连接应满足相应绝缘水平及动、热稳定试验的要求。

根据具体工程条件,可在订货技术要求中,要求制造厂详细说明开关柜间连接方案及现场施工工序。

(5) 低压室要求。

中压和直流开关柜的低压室内主要装设微机保护装置、辅助继电器、转换开关、端子排以及微型空气开关(MCB)等二次设备。

低压室内应设置照明灯及控制其分合的开关。

在订货技术要求中应提出对柜内的二次回路连接导线、端子排的要求,以及二次回路连接导线与端子排的连接方式、柜内各元器件安装位置要求。

(6) 操作机构。

中压气体柜内三工位开关应设有手动和电动操作机构,电源电压位于85%~110%时电机能正常工作,三工位开关应有开关位置、操作次数的指示器。

断路器应设有手动和电动操作机构,操作机构对储能弹簧进行储能。手动储能时的最大操作力不应超过250 N。电动储能时,电源电压位于85%~110%时电机能正常工作。

在辅助、控制回路的电源额定电压的85%~110%间的任一电压下,操动机构应使开关合闸和分闸。

断路器应设有分(合)位置、操作次数及弹簧储能状态的指示器。

(7) 通风散热要求。

在外壳上设有与外壳具有相同防护等级、机械强度的通风窗和排气口,其布置还应考虑到压力作用下排出的气体不致危及其他设备和运行人员的人身安全。

（8）温升要求。

在温升试验规定的条件下，当周围空气温度不超过 40 °C 时，开关设备和控制设备任何部分的温升应满足《高压开关设备和控制设备标准的共用技术要求》（GB/T 11022）中所规定的温升极限。

对于温升超过 40 K 的部位，应做出明显的高温标记，以防维修人员触及，并应保证不损害周围的绝缘材料和密封材料。

（9）微机保护装置的要求。

微机保护装置的主机部分应有金属机箱保护。

微机保护装置机箱应采取必要的防静电及电磁辐射干扰的防护措施。机箱的不带电金属部分应在电气上连成一体，并可靠接地。

微机保护机箱应满足发热元器件的通风散热要求。

微机保护机箱模件如为插拔式结构，应插拔灵活、接触可靠、互换性好。

（10）防锈要求。

开关柜应进行防锈蚀处理，或采用耐腐蚀材料（如敷铝锌板）。

柜体颜色在设计联络时由招标人确定。

所有连接、紧固件应满足机械强度要求，可选用不锈钢螺栓抗腐蚀产品。

（11）接地要求。

对于交流系统开关设备，柜体可靠接地，柜内应设置供各元器件集中接地的接地母排或其他装置，整个接地回路应满足动、热稳定性的要求。主接地体（接地母排）为铜材质。

接地回路流过电流产生发热和机械应力时，应保证接地系统的连续性。

组成柜体的框架、门、盖板及隔板等部件间通过螺栓、焊接或软导线可靠连接。

通过断路器与三工位开关的配合，实现环网电缆、所内用电设备、开关柜分段主母线的接地检修、维护。

制造厂负责开关柜内避雷器、互感器、微机综保等设备的工作接地、保护接地及安全接地设计及接线。

（12）开关柜的五防要求。

a. 防止带负荷分、合隔离开关；

b. 防止接地开关处于闭合位置时关合断路器（适用于空气柜）；

c. 防止带电误合接地开关；

d. 防止误入带电隔室；

e. 防止误分、误合断路器。

6）工艺要求

订货技术要求中，需要明确对开关设备的生产工艺要求，主要包括以下几方面。

（1）开关柜的主要生产工艺流程，应包括焊接工艺、总装工艺等流程。

（2）相同用途的开关设备的元器件和零部件的互换性。

（3）备品备件的材料要求。

（4）公差的要求。

（5）工艺加工和方式的要求。

（6）本项目所采用产品的测试调试方法的要求。
（7）柜门、喷漆、柜体颜色等要求。

7）铭牌及标识要求

每台设备应具有耐久而清晰的铭牌。铭牌用中文表示下述内容：
（1）制造厂名称或商标。
（2）型号（包括接线方案编号）、名称、出厂日期和出厂编号。
（3）主要的额定参数。
（4）防护等级。

8）相关的试验要求

开关设备应根据国家标准或其他相应标准的规定、方法，通过型式试验，并具备第三方检测机构出具的完整有效的型式试验报告。

开关设备应根据国家标准或其他相应标准的规定、方法，通过出厂试验，开关设备的生产商需提供出厂试验规格书（包括项目、标准、方法、允许误差等）。

开关设备运输至安装现场后，需进行现场试验。现场试验的试验内容按照国家标准执行，一般由施工方进行试验。对于新设备或新工艺、材料，国家标准未规定时，按照生产商提供试验标准及试验方法进行。

9）接口要求

在开关设备订货技术要求中，需明确开关设备与相关设备或专业之间的接口分界和接口要求。并且在设备生产、安装、调试阶段及系统联调阶段，开关设备生产商需要配合施工方及相关接口设备商进行安装、调试。

开关设备与相关设备或专业之间的接口包括以下内容。
（1）与电力监控设备之间的接口。

提出开关设备与电力监控系统的通信接口方式、组网方式，提出开关设备与电力监控系统之间的通信规约文本、电力监控网络的接口试验和调试关系等。

（2）与配电变压器的接口。

提出中压开关设备与配电变压器的接口分界位置，提出开关设备与配电变压器的联锁、故障信号、开关接点容量、现场配合调试要求等。

提出低压开关设备与配电变压器之间的接口分界，主要是两者之间的连接件，包括低压开关设备与配电变压器低压侧母线的连接，确定进线母排与配电变压器的连接方案。

（3）与牵引整流机组之间的接口。

提出中压开关设备与牵引变压器、整流器的接口分界位置，提出开关设备与牵引变压器及整流器的联锁、故障信号、开关接点容量、现场配合调试要求等。

（4）与再生能量吸收装置的接口。

提出开关设备与再生能量吸收装置的联锁联调、信号等接口。

（5）中压开关设备与直流开关设备的接口。

提出中压开关设备与直流开关设备之间的接口，主要为信号采集、联锁联跳等。

（6）与施工安装方的接口。

开关设备与施工安装方的接口主要是设备安装方式、接线、开关柜的二次电缆开孔、柜内二次电缆的走线路径及电缆固定装置、开孔堵件材料等。

明确开关柜柜体安装的固定螺栓、固定支架、现场消耗材料、封堵材料的供货及实施方等。

（7）与前期工程的衔接（对于延伸线）。

当本次订货技术要求的设备为延伸线设备时，需明确与前期工程相衔接的技术要求，提出前期工程所采用的开关设备、微机保护装置的规格型号、技术方案等。

2．开关设备订货特殊要求

1）中压 GIS 气体开关柜订货特殊要求

国内中压开关柜主要有两种类型：空气开关柜和 GIS 气体开关柜。针对气体开关柜，需提出气室的特殊要求，主要考虑以下几方面。

（1）高压室要求。

主母线、三工位隔离开关及断路器等元件安装于绝缘的密封气室内，运行不受外界气候的影响。

主母线、三工位开关及断路器等元件的安装应满足相应绝缘水平及动、热稳定试验的要求，电场应均匀，箱/筒壳体中的涡流损耗尽量小。制造厂应详细说明电场均匀方面所采取的措施。

每个气室均应设有压力泄放装置、压力监测装置和压力显示装置，压力显示装置（表计）应设置在柜面或高压室易观察的位置，保证系统的正常运行及运行人员的安全。在运行过程中，当气室内部发生燃弧类故障时，气体通过压力释放装置向外界安全释放；当压力上升或降低时，压力监测装置能发出报警信号或使断路器跳闸。制造方应详细说明气室压力监测系统的运行方案及内部燃弧的防护措施。

气室的结构设计上应采用模块化设计，具备安装、更换简单，事故影响范围小的特点。

气室及气室连接处应可靠密闭，每个封闭压力系统年漏气率不大于 0.5%。制造方应明确气室及气体运行维护、更换及压力释放或漏气后的紧急处理方案。

（2）操作机构。

气体柜内的断路器柜需装设三工位开关，三工位开关应设有接地、隔离及接通位置的指示器。

（3）电缆室。

对于气体柜，一次电缆的终端需采用专门的电缆插接件，该电缆插接件由开关柜厂家配套提供，电缆插件设置于电缆室内，电缆室还可设有避雷器、电流互感器等附件。在订货技术要求中，需明确连接的一次电缆的规格和截面。

电缆室空间应满足附件安装、维护的需要。

电缆室底部设有封堵隔板，满足相应防护等级的要求。电缆进出柜体处应设有固定及防护装置，满足电缆安装要求并防止机械损伤。

2）直流开关柜订货特殊要求

（1）直流开关柜绝缘安装要求。

根据《地铁设计规范》（GB 50157）相关条文要求，变电所内的直流设备应绝缘安装，因此在直流开关柜的订货技术要求中，明确提出直流开关设备的绝缘安装要求，包括其下方绝缘板的绝缘电阻、伸出柜体的尺寸等要求。

（2）直流断路器分断能力要求。

直流断路器需能分断系统最大短路电流和感性小电流，在订货技术要求中需明确。

（3）泄压通道的要求。

直流断路器分断短路电流时，产生较大的气体压力需要泄放，直流开关柜需设有专用的泄压通道，避免气体压力对直流开关柜产生损坏，在订货技术要求中应对泄压通道予以明确。

3）低压成套设备订货特殊要求

（1）柜体类型。

低压成套设备有固定式成套设备，也有插拔式成套设备和抽屉式成套设备，订货技术要求中需明确低压成套设备采用何种类型。一般低压进线柜、母线分段开关柜、有源滤波柜、大容量的断路器馈线柜采用固定式成套设备，容量较小的断路器馈线柜较多采用抽屉式成套设备。

（2）柜体结构的要求。

柜体内部分隔为三大区域，即水平母线区、功能单元区及电缆区，区域之间用钢板或高强度阻燃环保塑料功能板相互隔开。

功能单元有可靠的机械联锁，通过操作手柄控制；具有明显的运行、试验、抽出和隔离位置，并配有相应的符号标志。

低压开关柜内设有独立的 PE 接地母排，并且贯穿整个装置。

低压开关柜内母线相序布置要求。

6.2.2 牵引整流机组

在采购牵引整流机组时，牵引整流机组既需要满足设计方提供的方案要求，同时也需要满足现行国家、行业及地方相关规范和标准，针对牵引整流机组在订货时，既有通用要求也有特殊要求。本节内容主要提出了牵引整流机组所遵循的技术标准、技术要求和相关技术参数的示例[11]，并分别对其通用要求和特殊要求进行了描述。

1．牵引整流机组订货通用要求

设计方在配合建设方采购牵引整流机组时，应在设备招标用户需求书中对技术标准和技术参数予以明确。

1）采用的技术标准

编写牵引整流机组招标用户需求书时，应当根据牵引整流机组的电压等级和具体类型选用适用的规范和标准，并结合具体工程的具体需求对所选用的规范和标准进行增补或删减。

（1）GB 1094.1　　　　《电力变压器　第 1 部分　总则》

（2）GB 1094.10　　　《电力变压器　第 10 部分：声级测定》

（3）GB 1094.11　　　《电力变压器　第 11 部分：干式变压器》

（4）GB/T 10411　　　《城市轨道交通直流牵引供电系统》

（5）GB/T 10228　　　《干式电力变压器技术参数和要求》

（6）GB/T 3859　　　　《半导体变流器》

（7）GB/T 17211　　　《干式电力变压器负载导则》
（8）GB/T 4208　　　《外壳防护等级（IP 代码）》
（9）CJ/T 370　　　　《城市轨道交通直流牵引供电整流机组技术条件》
（10）JB/T 10693　　《城市轨道交通用干式牵引整流变压器》
（11）JB/T 9689　　 《牵引变电站用整流器》
（12）JB/T 10088　　《6 kV～1000 kV 级电力变压器声级》
（13）JB/T 7631　　 《变压器用电子温控器》
（14）IEC 60028　　 《铜电阻》

2）主要电气参数

编写用户需求书时，需要结合牵引整流机组的电压等级和电流制式，在招标用户需求书中需明确以下系统参数。

（1）系统电气参数

a. 系统额定电压。

b. 系统最高电压。

c. 次边额定电压。

d. 额定频率。

e. 系统接地方式。

f. 交流电源相数。

g. 调压方式。

（2）设备电气参数。

牵引整流机组的设备电气参数主要包括以下内容。

a. 交流供电电压。

b. 直流输出电压。

c. 辅助电源要求。

d. 整流方式。

e. 负载等级。

f. 额定负载条件下功率因数的要求。

g. 谐波含量的要求。

h. 电磁兼容抗扰度要求。

i. 固有电压调整率要求。

j. 效率的要求。

2．牵引变压器订货特殊要求

1）牵引变压器的技术要求

（1）类型。

（2）容量。

（3）变比。

（4）频率。

（5）相数。

（6）调压方式。

（7）高压分接抽头（一次主线圈及移相线圈均有）范围。

（8）联结组别。

（9）阻抗电压。

（10）同一变电所两台牵引变压器阻抗电压不平衡率。

（11）阀侧两绕组单组短路阻抗电压不平衡率。

（12）阀侧 y 与 d 两组别的空载电压差。

（13）绝缘水平。

（14）空载电流。

（15）局部放电。

（16）负载等级。

（17）绝缘等级。

（18）温升限值。

（19）损耗：需分别列出负载损耗和空载损耗。

（20）噪声水平（声压级）：需分别列出空载时、额定负载时的噪声水平。

（21）承受短路电流能力。

（22）励磁涌流曲线要求。

（23）寿命。

2）牵引变压器的结构要求

（1）高压绕组、低压绕组的要求，采用铜带还是铜丝等。

（2）铁芯的标号、硅钢片的要求。

（3）低压出线端子载流量要求。

（4）电缆进出线方式。

（5）铁芯和金属件的防腐蚀要求、接地（铁轭螺杆除外）要求。

（6）变压器本体、运输、固定安装的要求。

3）温控器要求

（1）温控器基本功能要求。

（2）温控器技术参数要求。

（3）温控器通信功能要求。

4）牵引变压器外壳要求

城轨工程中，牵引变压器可以设置外壳，也可不设外壳。国内城轨工程分为下面两种情况。

（1）中压电压等级为 35 kV 时，牵引变压器基本不设置外壳，牵引变压器安装于独立房间内，并设置隔离网栅。

（2）中压电压等级为 10 kV 时，牵引变压器均设置外壳，应提出外壳的相关要求。

变压器的金属外壳为拼装式，现场可方便组装/拆卸，材质为钢板，壳体内设置用于变压器接线的电缆支架。外壳防护等级一般为 IP21。

外壳应美观坚固，前后设柜门，以便于维护清扫，底部设置防止小动物进入的防护网。

柜内两侧设接地螺栓,柜门和外壳均应接地。

壳体的每一个门上装设一套电磁锁,以实现相关联锁。

5)牵引变压器外形尺寸及轨距要求

在订货技术要求中,应明确牵引变压器的外形尺寸要求和轨距要求。

3.整流器订货特殊要求

1)整流器的技术要求

(1)额定电流。

(2)交流输入电压。

(3)直流输出电压。

(4)空载电压。

(5)最高输出电压。

(6)整流方式。

(7)二极管型式。

(8)最大重复峰值反向电压。

(9)二极管配置数量及冗余度。

(10)直流侧输出电压要求。

(11)整流器连续额定功率时的损耗。

(12)短路承受能力。

(13)冷却方式。

(14)内部短路保护和外部短路保护要求。

(15)温度保护。

(16)控制与信号回路的要求。

(17)智能化数据采集装置的要求。

2)整流器的结构要求

(1)在订货技术要求中,需提出整流器的安装方式、柜体结构要求、整流器柜的正面和后面门的要求、主电路的绝缘安装方法、所有部件与柜体绝缘的要求。

(2)防护等级。

(3)二极管及其他元件的布置要求。

3)外形尺寸的要求

订货技术要求中,应明确对整流器外形尺寸的要求。

4)整流器柜的联锁要求

需提出整流器门体电磁锁与对应的中压断路器和直流断路器之间的闭锁要求。

6.2.3 配电变压器

在采购配电变压器时,配电变压器既需要满足设计方提供的方案要求,同时也需要满足现行国家、行业及地方相关规范和标准。在对配电变压器在订货时,既有通用要求也有特殊要求。本节内容提出了配电变压器所遵循的主要技术标准、技术要求相关技术参数的示例[1]，并对分别其通用要求和特殊要求进行了描述。

1. 配电变压器订货通用要求

设计方在配合建设方采购设备时，应在设备招标用户需求书中对技术标准和技术参数予以明确。

1）采用的技术标准

编写配电变压器的招标用户需求书时，应当根据配电变压器的电压等级和具体类型选用适用的规范和标准，并结合具体工程的具体需求对所选用的规范和标准进行增补或删减。

(1) GB 1094.1　　　《电力变压器　第 1 部分　总则》
(2) GB 1094.3　　　《电力变压器　第 3 部分 绝缘水平、绝缘试验和外绝缘空气间隙》
(3) GB 1094.4　　　《电力变压器　第 4 部分 电力变压器和电抗器的雷电冲击和操作冲击试验导则》
(4) GB 1094.5　　　《电力变压器 第 5 部分 承受短路的能力》
(5) GB 1094.11　　《电力变压器 第 11 部分：干式变压器》
(6) GB 20052　　　《三相配电变压器能效限定值及能效等级》
(7) GB/T 1094.12　《电力变压器 第 12 部分：干式电力变压器负载导则》
(8) GB/T 10228　　《干式电力变压器技术参数和要求》
(9) GB/T 22072　　《干式非晶合金铁芯配电变压器技术参数和要求》
(10) GB/T 4208　　《外壳防护等级（IP 代码）》
(11) JB/T 10088　　《6 kV～1000 kV 级电力变压器声级》
(12) IEC 60028　　《铜电阻》

2）主要电气参数

在编写用户需求书时，需要结合配电变压器的电压等级，在招标用户需求书中需明确以下的系统参数。

(1) 系统电气参数。

a. 系统额定电压。

b. 系统最高电压。

c. 次边额定电压。

d. 额定频率。

e. 低压侧接地方式。

f. 调压方式。

(2) 设备电气参数。

配电变压器的设备电气参数主要包括以下内容。

a. 变压器类型。

b. 额定电压。

c. 相数。

d. 连接组别。

e. 绝缘水平。

f. 绝缘耐热等级。

2．配电变压器订货特殊要求

1）配电变压器的技术要求

（1）基本要求。

订货技术要求中，需提出所需容量的配电变压器的损耗、阻抗电压、空载励磁电流等参数要求。表 6.2.14 为 1000 kVA 配电变压器主要性能参数示例。

表 6.2.14　1000 kVA 配电变压器主要性能参数示例表

序号	名　称		单　位	技术参数	备　注
1	变压器容量		kVA	1000	
2	额定电压		kV	35/0.4	
3	短路阻抗		%	6	
4	空载电流		%	0.75	
5	空载损耗		W	2430	
6	产品空载损耗		W	由投标人提供，招标人确认	
7	负载损耗（120 ℃）		W	10 400	
8	产品负载损耗		W	由投标人提供，招标人确认	
9	最大外壳尺寸	长	mm	3000	
10		宽	mm	2000	
11		高	mm	2800	

（2）配电变压器一次侧和二次侧能承受的最大短路电流稳态值及峰值的数据，配电变压器的承受短路能力需满足《电力变压器　第 5 部分　承受短路的能力》（GB 1094.5）的规定。

（3）提供配电变压器过负荷曲线或过载能力及持续时间。

（4）温升限值要求。

（5）变压器声级要求。

（6）绝缘介质要求。

（7）冷却方式要求。

（8）局部放电要求。

2）配电变压器的结构要求

配电变压器的结构要求主要包括以下内容。

（1）高压绕组和低压绕组的要求。

（2）配电变压器铁芯的要求。

（3）低压侧的出线方式。

（4）高压侧的进线方式。

（5）中性点引出线要求。

（6）变压器绝缘材料的要求。

3）外壳要求

城轨工程的配电变压器一般带有外壳，外壳要求主要包括以下内容。

（1）变压器外壳为拼装式，现场可方便组装/拆卸，材质为钢板，壳体内设置用于变压器接线的电缆支架，外壳防护等级一般为IP21。

（2）外壳应美观坚固，前后设柜门，以便于维护清扫，底部设置防止小动物进入的防护网。柜内两侧设接地螺栓，柜门和外壳均应接地。

（3）壳体的每一个门上装设一套电磁锁，以实现相关联锁。

4）轨距要求

订货技术要求中，应明确对配电变压器的轨距要求。

5）温控器要求

（1）温控器基本功能要求。

（2）温控器技术参数要求。

（3）温控器通信功能的要求。

6.2.4 列车再生制动能量吸收装置

列车再生制动能量吸收装置主要分为能馈型和存储型，在采购该装置时，首先需要明确装置类型，并针对具体装置类型选用合适的标准和技术参数。列车再生制动能量吸收装置既需要满足设计方提供的方案要求，同时也需要满足现行国家、行业及地方相关规范和标准，同时也借鉴了相关产品的一些要求。针对列车再生制动能量在订货时，既有通用要求也有特殊要求，本节以能馈型吸收装置为例提出了主要设备所遵循的技术标准、技术要求和相关技术参数的示例[13]，并对其通用要求和特殊要求分别进行了描述。

1．列车制动能量吸收装置订货通用要求

设计方在配合建设方采购设备时，应在设备招标用户需求书中对技术标准和技术参数予以明确。

1）采用的技术标准

编写列车制动能量吸收设备的招标用户需求书时，应当根据列车制动能量吸收设备的电压等级和具体类型选用适用的规范和标准，并结合具体工程的具体需求对所选用的规范和标准进行增补或删减。

（1）GB 14048　　　　《低压开关设备和控制设备》

（2）GB 1094.11　　　《电力变压器　第11部分：干式变压器》

（3）GB/T 36287　　　《城市轨道交通列车再生制动能量地面利用系统》

（4）GB/T 10411　　　《城市轨道交通直流牵引供电系统》

（5）GB/T 3859　　　　《半导体变流器》

（6）GB/T 10228　　　《干式电力变压器技术参数和要求》

（7）GB/T 10236　　　《半导体变流器与供电系统的兼容及干扰防护导则》

（8）GB/T 14549　　　《电能质量　公用电网谐波》

（9）GB/T 12325　　　《电能质量　供电电压偏差》

（10）GB/T 15543　　《电能质量　三相电压不平衡》
（11）GB/T 13422　　《半导体电力变流器电气试验方法》
（12）GB/T 17626　　《电磁兼容　试验和测量技术》
（13）GB/T 4208　　《外壳防护等级（IP代码）》
（14）JB/T 5348　　《牵引用直流斩波器基本技术条件》
（15）IEC 60322　　《电动车主电路中的欧姆电阻器规则》
（16）IEC 60255　　《电气保护继电器》
（17）IEC 60310　　《铁路应用-车载牵引变压器和电抗器》

2）主要电气参数

需要根据城轨工程的电压等级和制式要求，在招标用户需求书中列出列车制动能量吸收设备的主要电气参数。

（1）系统电气参数。

a. 直流侧额定电压。

b. 直流侧空载电压。

c. 直流牵引系统长期工作电压波动范围。

d. 直流侧主回路冲击耐受电压。

e. 直流侧主回路工频耐受电压。

f. 辅助回路工频耐受电压。

g. 交流侧额定电压。

h. 辅助电源电压。

（2）设备电气参数。

a. 额定功率。

b. 额定电压。

c. 启动电压值。

d. 频率。

e. 额定工况下输出功率因数。

f. 额定工况下整套设备效率。

g. 设备发热量。

2．列车再生制动能量吸收装置订货特殊要求

1）整体技术要求

列车制动能量吸收设备的组成，例如中压能馈型再生装置主要包括能馈变压器、双向变流器、交流低压断路器、直流隔离开关等设备。

2）整套装置的技术指标

3）二次回路的技术要求

4）各组成部分的技术要求

（1）能馈变压器的技术指标。

变压器类型：户内、自冷、环氧树脂浇注干式变压器。

额定电压：高压侧为 35 kV，低压侧额定电压由投标人根据自身技术方案确定。

额定频率：50 Hz。

绝缘水平：高压侧为 LI 170 AC 70，低压侧由投标人提供，但应满足国家相关标准要求。

调压方式：无励磁调压。

35 kV 能馈变压器的设备损耗、阻抗电压、空载电流及外壳尺寸要求示例如表 6.2.15 所示。

表 6.2.15　能馈变压器主要性能参数示例表

序号	名　称	单　位	技术参数	备　注
1	容量	kVA	1600	
2	连接组别	—	由投标人提供，招标人确认	
3	阻抗电压	%	由投标人提供，招标人确认	
4	空载电流	In%	由投标人提供，招标人确认	
5	空载损耗	kW	由投标人提供，招标人确认	
6	负载损耗	kW	由投标人提供，招标人确认	
7	外壳尺寸（长×宽×高）	mm×mm×mm	≤3300×2000×3000	

短路能力：承受短路能力满足《电力变压器 第 5 部分 承受短路的能力》（GB 1094.5）的要求，投标人在投标时提供标准值和建议值；允许偏差应满足《电力变压器 第 1 部分 总则》（GB 1094.1）的要求。

过载能力：变压器的过载能力由投标人在投标时提出标准值和建议值，并提供过负荷曲线或设备过载能力及持续时间，供招标人确认。

绝缘等级：F 级及以上。

温升限值：变压器 100% 额定容量负载条件下绕组温升不大于 70 K（用电阻法测量的温升）。在任何情况下，不会出现使铁芯本身、其他部件或其相邻的材料受到损害的温度。

变压器声级：变压器声级按《6 kV～1000 kV 级电力变压器声级》（JB/T 10088）的要求执行。

绝缘介质：环氧树脂，整体浇注。

冷却方式：自然空气冷却（AN），并预留风冷条件。

安装方式：变压器下部装有轮子、导轨，并能固定安装，顶部设起吊用吊环。

局部放电：不大于 10 PC。

寿命：不小于 30 年。

外壳：变压器带有外壳，外壳的防护等级 IP21。

燃烧性能等级：F1 级。

（2）变流柜的技术指标。

额定功率；

峰值功率；

绝缘水平；

主回路冲击耐受电压：12 kV（1.2/50 μs）；

主回路工频耐受电压：5.5 kV，50 Hz，1 min；

辅助回路工频耐受电压：2 kV，50 Hz，1 min；

功率器件：IGBT 智能功率模块；

装置选用合适的 IGBT 参数，合理设计母线路径，并考虑母排的电阻，使每组功率模块的电流不平衡度小于 8%；

冷却方式：强迫风冷（带温度控制）；

装置承受短路电流能力；

外壳防护等级；

设备的电磁兼容和电能质量满足相关国家标准的要求。

（3）隔离开关柜的主要性能参数如表 6.2.16 所示。

表 6.2.16 隔离开关柜主要性能参数示例表

序号	名　　称		单　位	参　　数	备　　注
1	安装方式		—	满足户内安装要求	
2	防护等级		—	户内 IP3X	
3	隔离开关极数		—	单极	
4	标称电压		V（DC）	1500	
5	最高工作电压		V（DC）	1800	
6	额定绝缘电压		V（DC）	3000	
8	额定电流		A	4000	
9	额定短时耐受电流（0.25 s）		kA	80	
10	额定峰值耐受电流		kA	100	
11	冲击耐压		kV	15（对地和极间） 18（隔离断口）	
12	工频耐压（50 Hz，1 min）		kV	6.9（对地和极间） 8.3（隔离断口）	
13	主回路电阻值		μΩ	≤40	
14	寿命	可靠分、合闸次数（其间不调整）	次	≥3000	
		机械寿命	次	≥20 000 次分合	
15	开关触头镀银在最高环境温度下的温升		K	≤65	
16	操动机构	类型	—	电动	有表示开关合、分位置的指示器
17	爬电距离		mm	≥250	
18	进出线方式		—	电缆	
19	加热器功率		W	投标人提供	
20	热保护功率		W	投标人提供	
21	热保护额定电流		A	投标人提供	

6.2.5 架空接触网

架空接触网设备种类很多,在采购架空接触网设备时,需要满足设计方提供的技术要求,同时也需要满足现行国家、行业及地方相关规范和标准,针对架空接触网设备在订货时,既有通用要求,也有特殊要求。本节内容提出了主要设备遵循的技术标准、技术要求和相关技术参数的示例[15],并对其通用要求和特殊要求分别进行了描述。

1. 架空接触网订货通用要求

1)采用的技术标准

(1) GB 311.1　　　　　《绝缘配合 第1部分:定义、原则和规则》
(2) GB 311.2　　　　　《绝缘配合 第2部分:使用导则》
(3) GB 311.3　　　　　《绝缘配合 第3部分:高压直流换流站绝缘配合程序》
(4) GB 1985　　　　　《高压交流隔离开关和接地开关》
(5) GB 11032　　　　 《交流无间隙金属氧化物避雷器》
(6) GB/T 772　　　　　《高压绝缘子瓷件技术条件》
(7) GB/T 8287.1　　　《标称电压高于1000 V系统用户内和户外支柱绝缘子 第1部分:瓷或玻璃绝缘子的试验》
(8) GB/T 8287.2　　　《标称电压高于1000 V系统用户内和户外支柱绝缘子 第2部分:尺寸与特性》
(9) GB/T 4585　　　　《交流系统用高压绝缘子的人工污秽试验》
(10) GB/T 2900.19　　《电工术语 高电压试验技术和绝缘配合》
(11) GB/T 13912　　　《金属覆盖层 钢铁制件热浸镀锌层技术要求及试验方法》
(12) TB/T 3252　　　　《电气化铁路接触网汇流排》
(13) TB/T 2073　　　　《电气化铁路接触网零部件技术条件》
(14) TB/T 2074　　　　《电气化铁路接触网零部件试验方法》
(15) TB/T 2809　　　　《电气化铁路用铜及铜合金接触线》
(16) TB/T 3111　　　　《电气化铁路用铜及铜合金绞线》

2)设备分类

(1)接触网汇流排及附件:

主要包括汇流排、汇流排中间接头、汇流排终端、切槽贯通式刚柔过渡结构本体、快速拆卸式汇流排、汇流排防护罩等。

(2)接触网导线类:

主要包括接触线、接触网绞线如硬铜绞线、软铜绞线、青铜绞线等。

(3)绝缘子:

主要包括刚性悬挂针式绝缘子、刚性悬挂中心锚结绝缘子、柔性悬挂支持绝缘子、柔性悬挂下锚绝缘子、附加导线支撑绝缘子等。

(4)接触网设备:

主要包括隔离开关、分段绝缘器、避雷器、放电间隙、电压均衡器、带电显示装置等。

(5)刚性悬挂零部件:

主要包括定位线夹、电连接线夹、中心锚结线夹、接地线夹等。

（6）柔性悬挂零部件：

主要包括腕臂、套管双耳、支撑线夹、定位管、定位器、定位环、定位线夹、支持器、锚支定位卡子、线岔、吊弦、棘轮补偿、弹簧补偿、终锚线夹、楔形线夹、坠砣、悬吊滑轮、地线线夹等。

（7）支柱及门型架：

主要包括单支柱、单跨门型架和连续门型架。

3）主要技术参数

（1）系统参数。

a. 系统额定电压。

b. 系统最高电压和系统最低电压。

c. 绝缘距离。

d. 接触网载流截面。

e. 接触网悬挂类型及线材规格张力。

f. 接触网主要线材、绝缘子、零件和设备的安全系数。

（2）设备参数要求。

下面为架空接触网设备主要性能参数的示例。

a. 接触网汇流排的相关参数及附件如表 6.2.17 ~ 6.2.19 所示。

表 6.2.17 汇流排规格尺寸示例表

标称截面积/mm²	尺寸及公差 mm					角度及偏差		单位制造长度/mm	参考单位质量/kg·m⁻¹
	A	B	C	D	E	G	H		
2213	$85_{-1.61}^{+0}$	83±0.8	4.8±0.6	110±0.6	6±0.3	27±10	51±10	12 000±10	6.0

表 6.2.18 汇流排主要电气性能及参数示例表

序号	项 目	单 位	参数要求
1	标称横截面	mm²	2213
2	铜当量截面	mm²	1222
3	计算参考重量	kg/m	6
4	20 °C 时电阻率	Ωmm²/m	≤0.0329
5	线性膨胀系数	1/°C	2.4×10^{-5}
6	型材断后伸长率	%	≥8
7	汇流排允许最大温度	°C	120
8	持续载流量	A	≥3500
9	滑动荷重	N/m	≥1000
10	汇流排及其中间接头夹持接触线，额定允许最高温度	°C	≤120
11	汇流排燕尾槽处单边张开 2.2 mm 最多次数	次	≥10
12	汇流排燕尾槽夹口处表面粗糙度	μm	R_a：≤6.3
13	汇流排型材水平方向人工弯曲半径	m	≥120
14	汇流排型材水平方向机械预弯半径	m	≥45
15	汇流排型材水平方向弯曲次数	次	≥10

表 6.2.19 汇流排防护罩主要电气性能及参数示例表

序号	项 目	单 位	参数要求
1	密度	g/cm³	1.80～1.96
2	抗拉强度	MPa	200
3	伸长率	%	70
4	弹性模量	N/mm²	3600
5	吸水性 23 ℃ 24 h	%	0.02
6	介电强度	kV/mm	≥10
7	体积电阻	Ω/cm	10^{12}
8	表面电阻	Ω	10^{12}
9	防火性能等级	—	V0
10	工频干闪络电压	kV	≥60
11	工频湿闪络电压	kV	≥30
12	人工污秽电压	kV	≥4

b. 接触线的相关参数如表 6.2.20、6.2.21 所示。

表 6.2.20 接触线规格尺寸示例表

规格 (标称截面积/mm²)	计算截面积/ mm²	尺寸及公差/mm							角度及偏差	
		A ±1%	B ±2%	C ±2%	D ±0.2	E	K	R	G ±1°	H ±1°
150	151	14.40	14.40	9.71	7.24	6.80	4.00	0.40	27°	51°

表 6.2.21 接触线主要电气和机械性能示例表

序号	项 目	单 位	参数要求
1	标称横截面积	mm²	150
2	计算横截面积	mm²	151
3	计算重量	kg/km	1350
4	20 ℃ 时电阻率	Ωmm²/m	≤0.017 77
5	抗拉强度	MPa	≥360
6	延伸率（试样长 250 mm）	%	≥3
7	弯曲（弯曲次数）	次数	≥5
8	特性（弯曲半径）	mm	30
9	沿本身轴线扭转至断裂的周数	周次	≥6
10	线膨胀系数	1/℃	$17×10^{-6}$
11	含氧量	%	≤0.003
12	杨氏模量	GPa	120
13	持续载流量（允许最高工作温度 95 ℃，室内）	A	425
14	长度误差	m	+30
15	振动	次	$2×10^{6}$
16	疲劳	次	$5×10^{5}$
17	未软化时拉断力	kN	≥43.56
18	软化后拉断力	kN	≥39.20
19	磨损率	mm²/万弓架次	≤0.015

c. 接触网绞线的相关参数如表 6.2.22、6.2.23 所示。

表 6.2.22　接触网绞线线材规格尺寸示例表

序号	项目	单位	参数要求
1	标称截面	mm²	120
2	计算截面	mm²	116.99
3	绞线计算外径	mm	14.0
4	结构	根数	1×19
5	每根单线直径	mm	2.8
6	单线线径的允许公差	mm	±0.03
7	绞线的节距比	—	内层：10~16；外层：10~14
8	绞线的单位重量	kg/km	1065

表 6.2.23　接触网绞线主要电气和机械性能示例表

序号	项目	单位	参数要求
1	抗拉强度（绞后）	MPa	≥410
2	绞线综合拉断力	kN	≥48.01
3	单线伸长率	%	≥0.7
4	20 ℃时电阻温度系数	1/℃	0.003 80
5	20 ℃时体积电阻率	Ωmm²/m	≤0.017 77
6	20 ℃时直流电阻	Ω/km	≤0.155
7	弹性系数	kN/mm²	120
8	线膨胀系数	1/℃	17×10^{-6}
9	抗弯曲性能	次数	≥10（开裂）；≥12（断开）
10	扭转性能	周次	20
11	持续载流量（允许最高工作温度 95 ℃，室外）	A	490

d. 绝缘子主要电气和机械性能示例如表 6.2.24 所示。

表 6.2.24　绝缘子主要电气和机械性能示例表

序号	项目	单位	参数要求
1	额定电压	V	1800
2	额定绝缘电压	V	3000
3	最小爬电距离	mm	250
4	1分钟工频耐压	kV	60（干）30（湿）
5	雷电全波冲击耐压	kV	125
6	最小拉伸破坏荷重	kN	50
7	最小弯曲破坏荷重	kN	9
8	污秽耐受电压	kV	5 kV（附盐密度 0.35 mg/cm²）

e. 分段绝缘器主要电气和机械性能示例如表 6.2.25 所示。

表 6.2.25 分段绝缘器主要电气和机械性能示例表

序号	名 称	单 位	参数要求
1	额定电压	V	1800
2	额定绝缘电压	V	3000
3	额定电流	A	3000
4	最大短路电流	A	6000
5	泄漏距离	mm	≥400
6	工频干耐受电压	kV	≥60
7	工频湿耐受电压	kV	≥30
8	冲击耐压	kV	≥100
9	污秽耐压（盐密为 0.35 mg/cm^2）	kV	≥10
10	拉伸破坏负荷（单接触线）	kN	≥70
11	拉伸破坏负荷（双接触线）	kN	≥120
12	绝缘电阻	MΩ	>50 000
13	吸水率（20 ℃ 水中浸泡 10 天）	%	0.2~0.3
14	空气绝缘间隙	mm	150
15	5 分钟耐压	kV	≥60
16	磨耗性能（弓架次）	次	100 000

f. 隔离开关主要电气和机械性能示例如表 6.2.26 所示。

表 6.2.26 隔离开关主要电气和机械性能示例表

序号	名 称	单 位	参数要求
1	安装条件	—	户外、户内
2	开关极数	—	单极
3	额定电压	V	1800
4	额定绝缘电压	V	3000
5	额定电流	A	3000
6	热稳定电流（2 s）	kA	40
7	动稳定电流	kA	100
8	主回路电阻值	μΩ	≤40
9	开关触头镀银在最高环境温度下的温升	K	≤65
10	冲击耐压	kV	125
11	1 min 工频耐压（有效值）对地、断口间	kV	60（干）30（湿）

续表

序号	名　称		单　位	参数要求
12	开关触头在最高环境温度下的温升		°C	≤65
13	爬电距离		mm	≥250
14	可靠分合闸次数 开关机械寿命		次 次分合	≥3000 ≥10 000
15	耐污性能（0.35 mg/cm² 盐密下耐受电压）		kV	≥30
16	辅助开关触头	常开触头（对）	对	8
		常闭触头	对	8
17	操作机构	电机电源	V（DC）	220
		操作电源	V（DC）	220
		额定电流	A	≤5
		控制回路电源	V（DC）	220
18	支柱绝缘子	抗弯破坏负荷	N	≥4000
		抗扭破坏负荷	N·m	≥1000
19	操作机构箱防护等级		—	IP54

g. 避雷器主要电气和机械性能示例如表 6.2.27 所示。

表 6.2.27　避雷器主要电气和机械性能示例表

序号	名　称	单　位	参数要求
1	系统标称电压	V	1500
2	避雷器额定电压	kV	2.0
3	避雷器持续运行电压	kV	2.0
4	标称放电电流（8/20 μs）	kA	10
5	冲击耐受电流（4/10 μs）	kA	100
6	冲击放电电流（2000 μs）	A	1200
7	直流 1 mA 参考电压	V	≥2600
8	标称放电电流下残压	kV	≤4.8
9	绝缘外套工频耐压	kV	30（湿）
10	绝缘外套直流耐压	kV	20（湿）
11	绝缘外套雷电冲击耐压	kV	100
12	避雷器顶端最小允许水平拉力	N	1248
13	爬电距离	mm	≥370

注：避雷器类型为无间隙氧化锌避雷器。

h. 电压均衡器主要电气和机械性能示例如表 6.2.28 所示。

表 6.2.28 电压均衡器主要电气和机械性能示例表

序号	内 容	单 位	参数要求
1	标称导通电压	V	350
2	标称放电电流（8/20 μs）	kA	80
3	最大放电电流	kA	≥100
4	电容	pF	<10
5	绝缘电阻	MΩ	>1000
6	使用次数	次	≥10 000

i. 接触网零部件主要机械性能示例如表 6.2.29 所示。

表 6.2.29 接触网零部件主要机械性能示例表

序号	项 目	单 位	参数要求
1	工作荷重	kN	2.5
2	耐拉伸荷重	kN	3.7
3	破坏荷重	kN	7.5
4	耐压缩荷重	kN	2.5

注：此表以柔性悬挂定位器为例。

j. 支柱及门型架主要机械性能示例如表 6.2.30 所示。

表 6.2.30 支柱及门型架主要机械性能示例表

序号	项 目	单 位	参数要求
1	高度	mm	7000
2	顶径	mm	280
3	底径	mm	350
4	锥度	—	1/100
5	壁厚	mm	12
6	锌层厚度	μm	86

注：此表以 C120/7 锥形钢管为例。

k. 锚栓主要机械性能示例如表 6.2.31 所示。

表 6.2.31 锚栓主要机械性能示例表

序号	项 目	单 位	参数要求
1	钻孔直径	mm	18
2	埋深要求	mm	125
3	抗拉设计荷载	kN	47.2
4	抗剪设计荷载	kN	23.6

注：此表以 M16 化学锚栓为例。

2．架空接触网设备订货特殊要求

1）接触网汇流排及附件

汇流排终端应有可靠的防止接触线滑脱的措施。

应明确预弯汇流排的弯曲半径和订货长度、汇流排防护罩的材质及防火要求等。

2）接触网导线类

导线类订货配盘长度应考虑放线车作业需求预留余量。

导线抗弯曲性能应区分产生裂纹和导线折断的弯曲次数。

3）绝缘子

绝缘子的外观颜色应便于运营检修人员查找发现绝缘子放电、闪络故障点位置。

4）接触网设备

根据线路运行车速要求选用合适的分段绝缘器，分段绝缘器应允许列车双向行驶，而不应产生击伤受电弓滑板或部件和打弓现象。

隔离开关的电动操作机构除配置操作电源和控制回路电源外，还应考虑温湿控制器的电源需求。

隔离开关应避免特殊气候条件下形成结冰、凝露现象，防止影响操作机构动作和使用寿命。

避雷器应设有内部压力释放装置，防止绝缘外套由于避雷器的故障电流或内部闪络时间延长而发生爆炸。

电压均衡器应能长期在各种恶劣的自然环境及频繁的振动环境中保持正常工作。

5）刚性悬挂零部件

刚性悬挂定位线夹安装后应保证汇流排能够在温度变化下自由伸缩滑动，特殊安装位置如有需要可采用弹性定位线夹。

应明确刚性悬挂电连接线夹的连接载流量、过载载流量和接触电阻。

6）柔性悬挂零部件

棘轮补偿装置应避免出现偏磨或脱槽情况。

弹簧补偿装置应明确使用环境温度情况和需要补偿的距离。

7）支柱及门型架

门型架订货时应明确支柱与横梁法兰及横梁之间连接采用插接套筒焊接还是法兰连接方式。

6.2.6 接触轨

接触轨设备种类很多，在采购接触轨设备时，需要满足设计方提供的技术要求，同时也需要满足现行国家、行业及地方相关规范和标准。针对接触轨设备在订货时，既有通用要求，也有特殊要求。本节内容提出了接触轨主要设备所遵循的技术标准、技术要求和相关技术参数的示例[11]，并对其通用要求和特殊要求分别进行了描述。

1．接触轨设备订货通用要求

1）采用的技术标准

（1）GB/T 4237　　　　《不锈钢热扎钢板和钢带》
（2）GB/T 3190　　　　《变形铝及铝合金的化学成分》
（3）GB/T 16474　　　《变形铝及铝合金牌号表示方法》
（4）GB/T 16475　　　《变形铝及铝合金状态代号》
（5）GB/T 14846　　　《铝及铝合金挤压型材尺寸偏差》
（6）GB/T 6892　　　　《一般工业用铝及铝合金挤压型材》
（7）GB/T 1449　　　　《纤维增强塑料弯曲性能试验方法》
（8）GB/T 1408.1　　　《绝缘材料电气试验方法　工频下的试验》
（9）GB/T 1462　　　　《纤维增强塑料吸水性试验方法》
（10）GB/T 2576　　　《纤维增强塑料树脂不可溶分含量试验方法》
（11）GB/T 2572　　　《玻璃钢平均线膨胀系数试验方法》
（12）GB/T 15928　　《不饱和聚酯树脂增强塑料残留苯乙烯单体含量的测定》
（13）GB/T 1463　　　《纤维增强塑料密度和相对密度试验方法》
（14）GB/T 8627　　　《建筑材料燃烧或分解的烟密度试验方法》
（15）CJ/T 414　　　　《城市轨道交通钢铝复合导电轨技术要求》
（16）QGD 001　　　　《轨道交通钢铝复合接触轨工程施工质量验收标准》
（17）EN 14582　　　　《废弃物特性描述-卤素和硫含量-密闭系统内氧气燃烧方法和测定方法》

2）主要设备分类

（1）钢铝复合接触轨及其零部件：

主要包括钢铝复合接触轨、普通接头、电缆连接板、端部弯头、膨胀接头、中心锚节等。

（2）接触轨支撑与防护设备：

主要包括绝缘子、绝缘支架、防护罩支架、防护罩等。

3）系统参数

（1）系统额定电压。

（2）系统最高电压和系统最低电压。

（3）接触轨额定载流量。

（4）车辆最高行驶速度。

4）设备订货主要参数要求

（1）接触轨。

a. 技术指标。

其主要电气性能及参数示例如表 6.2.32 所示。

表 6.2.32 接触轨主要电气性能及参数示例表

序号	项目		单位	参数要求 4000A 型	备注
1	持续载流量		A	≥4000	环境温度 40 ℃,4 h,轨温≤85 ℃
2	峰值电流（60 s）		A	≥10 000	
3	动稳态电流（3 s）		A	≥60 000	
4	轨长		mm	18 000 或 15 000	
5	轨高		mm	105	
6	轨腰		mm	≥12	
7	轨底宽		mm	80	
8	工作温度		℃	−45～+85	
9	标称截面	铝轨	mm^2	≥4500	
		钢带	mm^2	≥460	
		整体	mm^2	5050_{0}^{+100}	
10	截面允许公差范围		%	$_{0}^{+2.0}$	
11	单位重量		kg/m	由投标方提供	
12	单位重量误差		%	±3.0	
13	接触面表面硬度		HB	≥150	
14	接触表面粗糙度		μm	R_a：≤6.3	
15	钢带厚度		mm	≥4.8	
16	钢带有效接触面宽		mm	≥65	
17	20 ℃ 直流电阻	铝轨	μΩ/m	≤7.2	
		钢带	μΩ/m	≤1.31	
		整体	μΩ/m	≤7.1	
18	20 ℃ 钢铝接触电阻		μΩ/m	≤30	
19	电阻温度系数		μW/℃	≤0.004	
20	线性膨胀系数		1/K	≤20.6×10^{-6}	
21	温升-机械强度		℃	4 h，轨温≤85	
22	磨耗量		mm/70 万次	≤0.05	
23	允许弯曲半径（水平方向）		m	≥50	
24	人工弯曲半径（水平方向）		m	≥100	
25	钢铝结合性能		kN	沿线路方向抗拉力≥10 垂直轨面方向抗拔力≥15	长度 60 mm 钢铝接触轨所能抵抗的最大荷载
26	疲劳试验		次	载荷（1.5±0.45）kN，5×10^5，无破损、无分离	5×10^5 次疲劳后，无破损、塑性变形、钢铝剥离等现象

b. 单位产品生产制造误差要求。

如表 6.2.33 所示。

表 6.2.33 单位产品生产制造误差要求示例表

序号	项目	单位	允许误差	备注
1	高度	mm	±0.5	
2	孔径	mm	$^{+0.27}_{0}$	
3	孔距端头距离	mm	±0.2	
4	长度	mm	$^{+10}_{0}$	室温
5	平面度	mm	0.4	最高点与最低点之间距离
6	直线度	mm	4	曲线段的同弧线度,标准长度下的两端之间的最大差值
7	扭转	mm	4	标准长度下两端面之间对应角的最大差值
8	端面与轴线的垂直度	(°)	0.6	
9	平行度	mm	1	在任意断面,上顶面与下底面的平行度要求
10	结合缝隙（铝与钢带结合面）	mm	0.1	缝隙长度不大于 10 mm
11	钢带厚度	mm	±0.2	

（2）普通接头（鱼尾板）。

如表 6.2.34 所示。

表 6.2.34 普通接头（鱼尾板）技术指标与误差要求示例表

序号	项目	单位	尺寸	允许误差	备注
1	长度	mm	400	±0.5	或按设计要求
2	厚度	mm	≥30	±0.24	主要尺寸
3	孔直径	mm	设计值	0~0.27	主要尺寸
4	孔距	mm	100	±0.4	主要尺寸
5	孔距端部距离	mm	50	±0.2	

（3）电缆连接板。

如表 6.2.35 所示。

表 6.2.35 电缆连接板技术指标与误差要求示例表

序号	检验项目	单位	尺寸	允许误差	备注
1	长度	mm	按设计要求	±0.5	
2	厚度	mm	≥30	±0.24	主要尺寸
3	孔直径	mm	设计值	0~0.27	主要尺寸
4	孔距	mm	设计值	±0.4	主要尺寸
5	孔距端部距离	mm	设计值	±0.2	

（4）端部弯头。

如表 6.2.36 所示。

表 6.2.36　端部弯头主要电气性能及参数示例表

序号	项　目	单位	参数要求 4000 A 型	备　注
1	持续载流量	A	≥4000（非切割断面处）	环境温度 40 ℃，4 h，轨温≤85 ℃
2	抗弯性能	m	≥100	人工弯曲半径（水平方向）
3	钢铝结合性能	kN	沿线路方向抗拉力≥10 垂直轨面方向抗拔力≥15	长度 60 mm 所能抵抗的最大荷载
4	疲劳试验	次	载荷 (1.5±0.45) kN，5×10^5，无破损，无分离	5×10^5 次疲劳后，无破损、塑性变形等现象
5	耐冲击性能	N	在特定条件下进行模拟试验，整体应无变形，无损坏	
6	耐弧性能		在特定条件下进行模拟试验，整体应无变形，无损坏，不锈钢带表面灼伤面积不应大于 10%	
7	温升-机械强度	℃	4 h，轨温≤85	
8	钢铝间导电性能	μΩ/m	≤30	

（5）中心锚节。

其主要机械性能示例如表 6.2.37 所示。

表 6.2.37　中心锚节主要机械性能示例表

序号	项　目	单　位	参数要求	备　注
1	抗拉强度	MPa	≥215	
2	滑移荷重	kN	≥3	

（6）膨胀接头。

其主要电气性能及参数示例如表 6.2.38 所示。

表 6.2.38　膨胀接头主要电气性能及参数示例表

序号	项　目	单　位	参数要求 4000 A 型	备　注
1	持续载流量	A	≥4800	环境温度 40 ℃，4 h，轨温≤85 ℃
2	20 ℃时过渡电阻	μΩ/m	≤6.6	
3	抗拉强度	MPa	≥215	本体
4	起始滑动力	N	≤800	
5	温升-机械强度	℃	4 h，轨温≤85	

（7）防护罩支架。

其主要电气性能及参数示例如表 6.2.39 所示。

表 6.2.39 防护罩支架主要电气性能及参数示例表

序号	项 目	单 位	参数要求	备 注
1	弯曲强度	MPa	≥200	
2	冲击强度	J/m	≥700	
3	玻璃纤维体积含量	%	≥30	
5	电击穿强度	kV/mm	≥6	
6	耐泄痕性 PTI	V	PTI 600	
7	吸水率	%	≤0.2	
8	耐燃性能	—	V-0 级	
9	绝缘电阻	Ωm	≥10^{11}	
10	热变形温度	°C	≥150	

（8）防护罩。

其主要性能参数示例如表 6.2.40 所示。

表 6.2.40 防护罩主要电气性能及参数示例表

序号	项 目	单 位	参数要求	备 注
1	弯曲强度	MPa	≥350	
2	冲击强度	J/m	≥700	
3	玻璃纤维体积含量	%	≥35（1±3%）	
4	苯乙烯残余量	%	≤0.3	
5	电击穿强度	kV/mm	≥6	
6	耐泄痕性 PTI	V	PTI600	
7	吸水率	%	≤0.2	
8	耐燃性能	—	V-0 级	
9	密度	kg/m³	≥$1.8×10^3$	
10	室外制品表面抗紫外线涂料，耐 100 °C 时间	小时	≥20 不开裂，不起皱	隧道外

（9）绝缘支架。

其主要电气性能及参数示例如表 6.2.41 所示。

表 6.2.41 绝缘支架主要电气性能及参数示例表

序号	项目	单位	参数要求	备注
1	体积电阻率（IEC 93）	Ωm	$\geq 10^{11}$	
2	工频耐受电压（干）	kV	≥ 40	
3	工频耐受电压（湿）	kV	≥ 20	
5	污耐受电压	kV	≥ 5	
6	全雷波冲击闪络电压	kV	≥ 50	
7	弯曲强度（GB/T 1449）	MPa	≥ 200	
8	冲击强度（ASTM D256）	J/M	≥ 700	
9	玻璃纤维体积含量（ASTM D3171）	%	≥ 25	
10	电击穿强度（GB/T 1408）	kV/mm	≥ 6	
11	固化度（GB/T 2576）	%	≥ 95	
12	耐泄痕性（IEC 112）	V	PTI600	
13	吸水率（GB/T 1462）	%	$\leq 0.2\%$	
14	耐燃性能（JIS K6911）	—	V-0 级	
15	热变形温度（ASTM D648）	℃	≥ 150	
16	爬电距离	mm	≥ 180	

（10）防护罩支撑件。

其主要性能及参数示例如表 6.2.42 所示。

表 6.2.42 防护罩支撑件主要技术性能及参数示例表

序号	项目	单位	参数要求
1	电击穿强度（GB/T 1408）	kV/mm	≥ 18
2	漏电起痕指数（IEC 112）	V	PTI 500
3	维卡软化温度（ASTM D1525）	℃	≥ 85
4	耐燃性（JIS K6911）	—	HB 级

2．接触轨设备订货特殊要求

1）钢铝复合接触轨及其零部件

根据接触轨的载流量确定接触轨的规格。

适应当地环境特点，能够适应极端气候条件，如极寒、高温。

根据车辆最高速度，确定高速端部弯头的斜率、长度等参数。

2）接触轨支撑与防护设备

明确上部接触式还是下部接触式的支撑与防护系统。

高架与地面线使用的支撑与防护设备需要考虑防紫外线措施。

6.2.7 电力监控系统

国内在建和已运营的城轨线路中,既有单独设置电力监控系统的方案,也有将电力监控系统集成于综合监控系统的方案。根据不同的方案,以及不同建设方的招标需求,电力监控设备可纳入综合监控设备标段招标,也可独立进行招标。

在采购电力监控系统设备时,需要满足设计方提供的技术要求,同时也需要满足现行国家、行业及地方相关规范和标准,针对电力监控系统设备在订货时,既有通用要求也有特殊要求。本节按照电力监控系统集成于综合监控系统时的方案,提出了电力监控系统设备所遵循技术标准、技术要求和相关技术参数的示例[14],并对其通用要求和特殊要求分别进行了描述。

1. 电力监控系统设备订货通用要求

编写电力监控系统设备用户需求书时,需选用适用的规范和标准,并结合具体工程进行增补或删减。

(1) GB 50157 《地铁设计规范》
(2) GB 9254 《信息技术设备的无线电骚扰限值和测量方法》
(3) GB 9254—2008/XG 1—2003 《信息技术设备的无线电骚扰限值和测量方法》国家标准第 1 号修改单
(4) GB/T 13730 《地区电网调度自动化系统》
(5) GB/T 13729 《远动终端设备》
(6) GB/T 2887 《计算机场地通用规范》
(7) GB/T 17626.2 《电磁兼容 试验和测量技术 静电放电抗扰度试验》
(8) GB/T 17626.3 《电磁兼容 试验和测量技术 射频电磁场辐射抗扰度试验》
(9) GB/T 17626.4 《电磁兼容 试验和测量技术 电快速瞬变脉冲群抗扰度试验》
(10) GB/T 17626.5 《电磁兼容 试验和测量技术 浪涌(冲击)抗扰度试验》
(11) GB/T 16435.1 《远动设备及系统接口(电气特性)》
(12) GB/T 17463 《远动设备及系统 第 4 部分:性能要求》
(13) GB/T 18657 《远动设备及系统 传输规约》
(14) DL/T 5002 《地区电网调度自动化设计技术规程》
(15) DL/T 5003 《电力系统调度自动化设计规程》

2. 电力监控系统设备订货特殊要求

1) 主要指标要求
(1) 系统性能指标。
a. 测量误差。
b. 控制准确率。
c. 信号准确率。
d. 站内事件分辨率。
e. 装置平均无故障工作时间。
f. 远程通信速率。

g. 站内控制命令传送时间。

h. 站内信号变位传送时间。

i. 站内画面响应时间。

g. 系统可用率。

k. 系统平均修复时间 MTTR。

（2）产品指标。

a. 硬件设备应具有防尘、防腐蚀、防潮、防霉、防震、抗电磁干扰和静电干扰的能力。

b. 所有光缆、通信电缆、控制电缆和相关设备选型满足《地铁设计规范》（GB 50157）的要求。

c. 产品电磁兼容性能满足《电磁兼容 试验与测量技术》（GB/T 17626）等国家有关标准或等同的 IEC 标准，并提供相应的型式试验报告。

（3）系统绝缘性能要求。

a. 绝缘电阻。

b. 介质强度。

c. 冲击电压。

d. 机械性能。

（4）电磁兼容性能。

a. 静电放电抗扰度。

b. 射频电磁场辐射抗扰度。

c. 电快速瞬变脉冲群抗扰度。

d. 浪涌（冲击）抗扰度。

（5）可靠性、可维护性、可扩展性、电磁辐射及兼容要求。

2）系统构成要求

鉴于电力监控系统的车站级与中心级设备已集成于综合监控系统，本处仅描述变电所级的要求，即变电所自动化系统。变电所综合自动化系统采用集中管理、分散布置的模式和分层、分布式系统结构。系统由站级管理层、网络通信层、间隔设备层组成。

（1）站级管理层实现变电所控制室对变电所设备的监视、报警功能，并负责变电所综合自动化系统与综合监控系统之间的数据交换，包括通信控制器、监控工作站等设备。

（2）网络通信层实现变电所内站级管理层与间隔设备层之间的通信，包括工业以太网交换机、光电转换装置、光缆、通信电缆等。

（3）间隔设备层实现对基础设备数据的采集、测量等功能，包括变电所各类设备的智能单元。基础设备智能单元由各变电所设备供货商提供。

系统以供电设备为对象，通过所内网络将变电所内的各类间隔层设备连接起来，采用具有可靠性高、实时性强的通信控制器，构成稳定、可靠的变电所综合自动化系统。

变电所综合自动化系统通过冗余的通信通道实现与综合监控系统的通信，通过综合监控系统接受电力调度中心的控制命令，向电力调度中心传送变电所操作、事故、预告、测量等信息。全线所有变电所综合自动化系统通过综合监控系统实现信息汇总，并实现控制中心、变电所控制室对变电所的统一调度管理。综合监控系统出现故障时，变电所综合自动化系统可以独立运行，并实现变电所综合自动化系统的正常功能。当本变电所综合自动化系统出现故障时，应不影响综合监控系统及其他变电所综合自动化系统的正常运行。

系统相关设备在综控屏内集中组屏安装。变电所控制采用三级控制方式，即电力调度中心控制、所内综控屏上集中控制、设备就地控制。三种控制方式相互闭锁，以达到安全控制的目的。

招标用户需求书中，应要求投标人提供系统中主要产品的工业环境测试报告、电磁兼容性能试验报告、高低温试验报告及其他测试报告等。

3）主要硬件设备配置要求

（1）站级管理层。

站级管理层设备主要包括监控工作站、通信控制器等设备。

监控工作站的主要要求包括：工控机、外壳、显示器、处理器、内存、硬盘、光驱、网卡、电源等方面的要求。

通信控制器的主要要求包括：总体功能要求、主处理器模块、电源模块、远程通信模块、变电所内通信模块、时钟同步对时模块、人机接口等方面的要求。

（2）网络通信层。

实现变电所内站级管理层与间隔设备层之间的通信。

实现与综合监控系统之间的通信。

变电所内网络通信层包括通信光缆、电缆及以太网交换机、光电转换装置。

通信光缆、电缆一般由施工方进行采购，不包含在电力监控系统的招标范围内。

招标用户需求书中，应对以太网交换机的以下方面提出要求：网络端口数量、切换功能、网络安全性、电源等。

上网开关设备、杂散电流相关设备、跟随式降压变电所设备等一般需要设置串口光电转换装置，串口光电转换装置（含电源模块、光纤熔接盒、连接附件等）的要求主要包括：光/电（或电/光转换）的需要、接口模式、电源、波长、浪涌保护功能、光电隔离保护功能等。

变电所综合自动化系统与远程通信接口可配置以太网光电转换装置，当配置以太网光电转换装置时，其主要要求包括：10/100 MBaseT 与 10/100 MBaseF 的转换需要、多/单模光纤接口、浪涌保护功能、光电隔离保护功能、电源、故障报警输出等。

（3）间隔设备层。

间隔设备层实现对基础设备数据的采集、测量等功能，包括综合测控保护装置或者智能采集装置等设备。

各供电系统设备均采用综合测控保护装置或者智能采集装置，与供电系统设备的控制/检测回路、PT、CT等二次设备连接，负责执行主监控单元对供电系统设备的控制、监视、测量、保护等。

间隔层设备包含在变电所、杂散电流、牵引网各类设备中，主要为各类保护装置、测控装置、表计、监控单元。

变电所综合自动化系统与间隔层设备之间的接口示例如表 6.2.43 所示。

表 6.2.43　变电所综合自动化系统与间隔层设备之间接口示例表

序号	设备种类	接口类型	接口数量	接口协议
1	中压开关柜（综合测控保护装置、差动测控保护装置）	光口	2	modbus，IEC 60870-5-103，profibus 等
2	直流开关柜（综合测控保护装置、智能监控装置）	光口	2	modbus，IEC 60870-5-103，profibus 等
3	低压开关柜（智能监控装置、智能表计）	光口	2	Modbus，profibus 等
4	牵引变压器（温控器）	RS 422/485 或者其他类型串口	1	modbus，canbus，lonworks，IEC60870-5-103，profibus 等
5	配电变压器（温控器）	RS 422/485 或者其他类型串口	1	modbus，canbus，lonworks，IEC60870-5-103，profibus 等
6	整流器（监控单元）	RS 422/485 或者其他类型串口	1	modbus，canbus，lonworks，IEC60870-5-103，profibus 等
7	接触网电动隔离开关（测控装置）	RS 422/485 或者其他类型串口	1	modbus，canbus，lonworks，IEC60870-5-103，profibus 等
8	排流柜（智能采集装置）	RS 422/485 或者其他类型串口	1	modbus，profibus 等
9	杂散电流装置（智能采集装置）	RS 422/485 或者其他类型串口	1	modbus，profibus 等
10	交直流电源屏（智能采集装置）	RS 422/485 或者其他类型串口	1	modbus，profibus 等
11	再生能量吸收装置（智能监控装置）	RS 422/485 或者其他类型串口	1	modbus，profibus 等
12	钢轨电位限制装置（智能采集装置）	RS 422/485 或者其他类型串口	1	modbus，profibus 等
13	车辆段单向导通装置（智能监控装置）	RS 422/485 或者其他类型串口	1	modbus，profibus 等
14	典型车站通信系统对时	RS 422	1	Modbus 等

（4）综控屏。

综控屏用于集中放置站级管理层、网络通信层设备，同时为这些设备提供电源。

综控屏应配有电铃、电笛等报警设备，当发生所内预告报警和事故报警时，可以通过不同的方式引起管理人员的注意，并上传至综合监控系统。

招标用户需求书中应对综控屏的配置提出要求，主要包括：元器件、铜排、端子排、配线、音响设备等。

（5）变电所自动化系统维护设备。

变电所综合自动化系统需设便携式维修维护设备，用于对系统软件、硬件的维护。

需要配置输入、输出、测量等功能的便携式模拟器，主要包括：状态量、脉冲量、遥控量、模拟量、电压量、电流量等方面要求。

4）主要软件配置要求

招标用户需求书中需要提出软件正版的要求，并且各站软件都有合法授权。要求投标人提供系统应用开发程序，用于招标人进行相关功能和接口的开发。要求详细论述相关软件的功能和软件整体方案。

系统所需要的人机界面软件及运行软件等应至少包括开发软件、通信软件、运行软件、应用软件、模拟测试软件、数据库软件等，应由电力监控系统的软件平台统一实现，变电所综合自动化系统与电力监控系统应能够无缝连接、通信及数据交互。

软件配置主要包括以下要求：

（1）系统应用软件的要求。

（2）数据库软件要求。

（3）维护软件要求。

5）系统功能

变电所综合自动化实现变电所各种设备的控制、监视、联锁/闭锁、电流、电压、功率、电度的采集等功能。系统包括但不限于以下功能：

（1）控制及操作功能。

a. 遥控。

b. 保护投退。

c. 保护定值组管理。

d. 供电系统控制闭锁功能。

e. 遥控屏蔽功能。

f. 检修屏蔽。

g. 人工置数。

h. 设备禁止。

i. 授权分组。

（2）数据采集与处理功能。

a. 遥信。

b. 遥测。

c. 数据处理及打印功能。

d. SOE 事件记录。

e. 故障录波数据读取。

（3）显示及操作功能。

a. 人机界面显示及操作功能。

b. 接地状态显示。

c. 趋势显示。

d. 系统运行状况显示。

e. 中文显示功能。

（4）报警功能。

a. 人机界面报警显示。

b. 综控屏音响报警。

（5）系统自检。

（6）通道测试。
（7）时钟同步。
（8）与便携式维护计算机通信功能。
（9）权限管理功能。
（10）远程维护功能。

6）监控对象及测量内容

（1）主要控制范围。

如表 6.2.44 所示。

表 6.2.44　主要控制内容示例表

牵引降压混合变电所	中压断路器、直流断路器、接触网电动隔离开关、低压进线断路器、低压分段断路器、低压三级负荷开关、再生能量吸收装置、交直流屏进线开关、单向导通装置、备自投功能投/退、保护定值组切换、轨电位复归等
降压变电所	中压断路器、低压进线断路器、低压分段断路器、低压三级负荷开关、交直流屏进线开关合分闸、备自投功能投/退、保护定值组切换、轨电位复归等
跟随降压变电所	中压断路器、低压进线断路器、低压分段断路器、低压三级负荷开关、备自投功能投/退等

（2）主要监视内容。

如表 6.2.45 所示。

表 6.2.45　主要监视内容示例表

牵引降压混合变电所	中压、直流等设备运行状态、低压主要设备运行信息、开关位置（含接触网隔离开关位置）、手车位置信号、事故信号和预告信号、自动装置投入/撤除信号、开关当地/远方操作位置信号、交直流装置电源信号、再生能量吸收装置、排流柜、钢轨电位限制装置信号、单向导通装置信号、联跳信号、二次电源故障、保护装置故障等
降压变电所	中压设备运行状态、低压主要设备运行信息、开关位置、手车位置信号、事故信号和预告信号、自动装置投入撤除信号、开关当地/远方操作位置信号、交直流装置电源信号、钢轨电位限制装置信号、二次电源故障、保护装置故障等
跟随降压变电所	中压断路器、低压主要设备运行信息、开关位置、事故信号和预告信号、自动装置投入撤除信号、开关当地/远方操作位置信号、二次电源故障、保护装置故障等

（3）主要测量内容。

如表 6.2.46 所示。

表 6.2.46　主要测量内容示例表

牵引降压混合变电所	中压进出线电流、中压母线（相、线）电压、牵引机组中压侧电流、有功功率、无功功率、有功电度、谐波、配电变压器中压侧电流、有功功率、无功功率、有功电度；直流母线电压、直流馈线电压、直流进线电流、直流馈线电流、直流负极总电流；回流线电流；低压进线电流、功率因数、有功功率、无功功率、有功电度、无功电度、谐波；低压母线电压；直流屏直流母线电压；杂散电流监测量；排流柜排流电流；变压器温度、轨对地电位、低压重要馈线电度、照明电度等
降压变电所	中压进出线电流；中压母线（相、线）电压；配电变压器中压侧电流、有功功率、无功功率、有功电度；低压进线电流、功率因数、有功功率、无功功率、有功电度、无功电度、谐波；低压母线电压；杂散电流监测量；变压器温度、轨对地电位、低压重要馈线电度、照明电度等
跟随降压变电所	低压进线电流、功率因数、有功功率、无功功率、有功电度、无功电度、谐波；低压母线电压；变压器温度、低压重要馈线电度、照明电度等

（4）三遥对象内容及数量。

如表 6.2.47 所示。

表 6.2.47 三遥对象概数示例表

	序号	名称	下位监控单元数量	对象数量	合计
牵引降压混合变电所	1	中压进出线开关柜	4	31	124
	2	中压分段开关柜	1	40	40
	3	牵引变、配电变中压开关柜	6	30	180
	4	直流进线柜	2	20	40
	5	直流馈线柜	4	35	140
	6	负极柜	1	13	13
	7	低压进线、分段、三级负荷开关	11	45	495
	8	低压重要回路智能电表、有源滤波装置	16	15	240
	9	交直流电源屏	1	15	15
	10	其他开关量信号（接触网隔离开关、保护故障信号、钢轨电位限制装置等）	1	60	60
	11	杂散电流防护系统接入信号	1	40	40
		合计			1387
降压变电所	1	中压进出线开关柜	4	31	124
	2	中压分段开关柜	1	40	40
	3	配电变中压开关柜	2	30	60
	4	低压进线、分段、三级负荷开关	4	45	180
	5	低压重要回路智能电表、有源滤波装置	16	15	240
	6	交直流电源屏	1	15	15
	7	杂散电流防护系统接入信号	1	40	40
	8	其他开关量信号（保护故障信号、钢轨电位限制装置等）	1	30	30
		合计			729
跟随降压变电所	1	中压开关柜	2	15	30
	2	低压进线、分段、三级负荷开关	4	45	180
	3	低压重要回路智能电表、有源滤波装置	16	15	240
	4	交直流电源屏	1	15	15
	5	其他开关量信号（保护故障信号等）	1	20	20
		合计			485

7）综控屏的要求
(1) 基本要求。

综控屏设备应适应城轨交通的特点，采用抗电磁干扰性强的设备和电缆。

所有设备都经过检验，且具备有效的试验报告和合格证。

(2) 材料和工艺。

系统采用的材料、加工和零部件满足技术要求中关于性能和功能特性的要求，以及可靠性和可维护性的要求。

系统元件应特别注意下述过程的整洁和核查：锡焊、配线、零部件铭牌、电镀、喷涂、铆接、机械化装配、电焊、气焊，以及零部件的倒角和去毛刺。

设备及支架的金属构件表面除了加工装配面和电镀表面以外，都要进行防锈和喷涂处理。在装配前，对封闭结构的内表面也有必要喷涂或进行防锈处理。所有连接、紧固件应采用防腐蚀产品。

部件的可互换性和标准化：所有相同零件具有充分的可互换性；所有批量生产的设备、零部件和元器件均是标准产品。

(3) 外形结构。

采用厚度不小于 2.5 mm，刚性好，有一定耐热能力，耐腐蚀的板材，并进行严格的表面处理并采取合适的防腐蚀措施（如热镀锌冷轧钢板、敷铝锌板等），制成的面板及屏架有足够的机械强度，以保证元件安装后及操作时无摇晃，屏面板及屏架无变形等。

外壳防护等级：IP4X。

柜体应采用标准设备尺寸（宽×深×高）：800 mm × 600 mm × 2260 mm。

结构为前、后开门，垂直自立式的柜式结构，要求后开门采用双开门，正面采用玻璃保护屏，左、右侧采用可拆卸的挡板结构。采用由柜门自动开启且发热量低的柜内照明设备，便于对柜内的设备进行检查和接线。柜内应设横向及竖向导线槽，所有设备安装的位置都方便外部电缆从屏底进入。

屏内元器件安装及走线要求整齐可靠、布置合理，电器间绝缘应符合国家有关标准。

屏体结构要求通风良好。

开关、按钮、操作屏应便于操作，测量表计的安装应便于读数。

屏内底部装设不小于 $25 \times 4 \text{ mm}^2$ 的接地（铜）母排。

引入、引出屏内外的导线必须经过端子排，端子排应采用优质产品，投标人投标时需提供所采用的端子排品牌和型号。电流端子、一般端子、弱电端子之间应有所间隔。端子排的设计应使运行、检修、调试方便，适当考虑与设备位置对应，端子的绝缘部分应为阻燃材料，导电部分为铜质，大小应与所接电缆相配套，屏内应考虑预留端子。

(4) 元器件要求。

屏内安装的元器件均应采用质量可靠的优质产品，并应在投标文件中注明主要元器件的型号及厂家。

导线、导线颜色、指示灯、按钮、行线槽、涂漆，均应符合国家、行业及地方现行有关标准的规定。导线应选用低烟、无卤、阻燃型软铜线，按室温 40 °C 时长期连续工作制选用。

同类元器件的接插件应具有通用性和互换性，应接触可靠、插拔方便。接插件的接触电阻、插拔力、允许电流及寿命，均应符合有关国家及行业现行标准的要求。

元器件和材料采用低烟无卤阻燃或不燃产品。

（5）屏面布置。

屏面布置应整齐、简洁、美观。

屏的门内上部装设通信控制器、测控装置、工业一体机、上网隔离开关操作带灯按钮/转换开关、MCB等。屏的门内下部装设交换机、光纤熔接盒、继电器等，每个MCB开关下部应有回路名称。

8）铭牌及标识

柜内主要元器件如通信控制器、交换机、电源模块、控制开关、空气开关、声音/音响报警设备及其他独立安装的设备等均应有铭牌。

每台设备应具有耐久而清晰的铭牌。铭牌用中文表示，至少包含以下内容：

（1）制造厂名称或商标。

（2）型号（包括接线方案编号）、名称、制造日期和出厂编号。

（3）额定电压。

（4）额定电流。

（5）防护等级。

（6）出厂日期。

9）接口

由于供电各设备的遥控、遥信等信息量均需要上传至变电所综合自动化系统，从而变电所综合自动化系统与多种供电设备存在接口关系，并且与通信系统、综合监控系统等还存在外部接口，因此在招标用户需求书中，应给出变电所综合自动化系统设备与各系统和设备的接口划分，以便于后续阶段接口的界定。

（1）接口内容

a. 接口标准。

b. 通信规约（包括接口点表）。

c. 试验时间。

d. 试验大纲。

e. 试验设备。

f. 测试设备。

g. 试验报告。

（2）接口责任。

招标用户需求书中，应对变电所综合自动化系统与各设备之间的接口责任进行界定，主要包括变电所综合自动化系统供货商所负责的范围、技术要求、包装运输、测控单元、调试及联调、通信协议等。

（3）与各设备的接口。

a. 与中压开关柜的接口。

如表6.2.48所示。

表 6.2.48　与中压开关柜接口示例表

变电所综合自动化系统	中压开关柜
负责实现与开关柜厂家提供的以太网光口进行接口 提供控制信号屏内的光缆终端盒（含盒内附件）、光缆连接附件等，并提供具体接头的型号、规格要求	提供开关柜内部的组网设备及与变电所综合自动化系统之间的通信接口设备（含以太网交换机/串口服务器、光纤熔接盒及附件等）和相关接线、连接附件等 负责开关柜内组网设备与柜内测控保护装置之间的接线及提供工作电源和接线（采用单独MCB）
负责完成全所自动化监控网络接口设计、试验及调试	协助变电所自动化系统投标人完成全所监控网络接口设计、试验及调试
负责变电所综合自动化系统接口试验 接口试验结束后，负责将微机测控保护装置等归还给中压开关柜投标人，运输费用由本系统投标人承担	向自动化系统设备厂商提供一套微机保护测控单元、以太网交换机/串口服务器等用于接口试验，并负责运送到招标人指定地点，运输费用由开关柜厂家承担
按招标人要求参加相关接口设备的出厂试验 负责变电所综合自动化系统现场调试与试验	在出厂前，按照典型变电所中压保护单元网络形式组网，与变电所自动化系统进行通信功能实验
规约转换、完全相互开放通信协议，开发通信软件	完全相互开放通信协议，向招标人免费提供其微机测控保护设备的通信规约文本，协助综合自动化系统供货方开发相应通信软件

b. 与直流开关柜的接口。

如表 6.2.49 所示。

表 6.2.49　与直流开关柜接口示例表

变电所综合自动化系统	直流开关柜
负责实现与开关柜厂家提供的以太网光口进行接口 提供控制信号屏内的光缆终端盒（含盒内附件）、光缆连接附件等，并提供具体接头的型号、规格要求	提供开关柜内部的组网设备及与变电所综合自动化系统之间的通信接口设备（含以太网交换机/串口服务器、光纤熔接盒及附件等）和相关接线、连接附件等 负责开关柜内组网设备与柜内测控保护装置之间的接线及提供工作电源和接线（采用单独MCB）
负责完成全所自动化监控网络接口设计、试验及调试	协助变电所自动化系统投标人完成全所监控网络接口设计、试验及调试
负责变电所综合自动化系统接口试验 接口试验结束后，负责将微机测控保护装置等归还给直流开并柜投标人，运输费用由本系统投标人承担	向自动化系统设备厂商提供一套微机测控保护装置、PLC、以太网交换机/串口服务器等用于接口试验，并负责运送到招标人指定地点，运输费用由开关柜厂家承担
按招标人要求参加相关接口设备的出厂试验 负责变电所综合自动化系统现场调试与试验	在出厂前，按照典型变电所直流开关柜保护单元网络形式组网，与变电所自动化系统进行通信功能实验
规约转换、完全相互开放通信协议，开发通信软件	完全相互开放通信协议，向招标人免费提供其微机测控保护设备的通信规约文本，协助综合自动化系统供货方开发相应通信软件

c. 与低压开关柜的接口。

如表 6.2.50 所示。

表 6.2.50　与低压开关柜接口示例表

变电所综合自动化系统	低压开关柜
负责实现与开关柜厂家提供的以太网光口进行接口 提供控制信号屏内的光缆终端盒（含盒内附件）、光缆连接附件等，并提供具体接头的型号、规格要求	提供开关柜内部的组网设备及与变电所综合自动化系统之间的通信接口设备（含以太网交换机/串口服务器、光纤熔接盒及附件等）和相关接线、连接附件等 负责开关柜内部的组网设备与柜内 PLC、多功能智能仪表之间的接线及提供工作电源和接线（采用单独 MCB）
负责完成全所自动化监控网络接口设计、试验及调试	协助变电所自动化系统投标人完成全所监控网络接口设计、试验及调试
负责变电所综合自动化系统接口试验 接口试验结束后，负责将智能仪表、PLC 等归还给低压开关柜投标人，运输费用由本系统投标人承担	向自动化系统设备厂商提供一套智能仪表、PLC、以太网交换机/串口服务器等用于接口试验，并负责运送到招标人指定地点，运输费用由开关柜厂家承担
按招标人要求参加相关接口设备的出厂试验 负责变电所综合自动化系统现场调试与试验	在出厂前，按照典型变电所低压开关柜保护单元网络形式组网，与变电所自动化系统进行通信功能实验
规约转换、完全相互开放通信协议，开发通信软件	完全相互开放通信协议，向招标人免费提供其微机测控保护设备的通信规约文本，协助综合自动化系统供货方开发相应通信软件

d. 与变电所交直流电源屏的接口。

如表 6.2.51 所示。

表 6.2.51　与变电所交直流电源屏接口示例表

变电所综合自动化系统	变电所交直流电源屏
负责完成变电所自动化系统网络接口设计、接入、试验及调试	协助变电所自动化系统供货商完成变电所自动化系统网络接口设计、试验及调试
负责变电所综合自动化系统接口试验 接口试验结束后，负责将监控单元归还给交直流屏投标人，运输费用由本系统投标人承担	向变电所自动化系统供货商提供一套监控单元，用于接口试验，并负责运送到招标人指定地点
按招标人要求参加相关接口设备的出厂试验 负责变电所综合自动化系统现场调试与试验	在出厂前，按照典型变电所自动化网络形式组网，与变电所自动化系统进行通信功能实验
规约转换、完全相互开放通信协议，开发通信软件	完全相互开放通信协议，向招标人免费提供其微机测控保护设备的通信规约文本，协助综合自动化系统供货方开发相应通信软件
接受辅助电源	提供辅助电源

e. 与杂散电流腐蚀防护系统的接口。

如表 6.2.52 所示。

表 6.2.52　与杂散电流腐蚀防护系统接口示例表

变电所综合自动化系统	杂散电流综合系统
负责完成变电所自动化系统网络接口设计、接入、试验及调试	协助变电所自动化系统供货商完成变电所自动化系统网络接口设计、试验及调试
负责变电所综合自动化系统接口试验 接口试验结束后,负责将监控单元归还给杂散电流采集装置、排流柜投标人,运输费用由本系统投标人承担	向变电所自动化系统供货商提供一套监控单元用于接口试验,并负责运送到招标人指定地点
按招标人要求参加相关接口设备的出厂试验 负责变电所综合自动化系统现场调试与试验	在出厂前,按照典型变电所自动化网络形式组网,与变电所自动化系统进行通信功能实验
规约转换、完全相互开放通信协议,开发通信软件	完全相互开放通信协议,向招标人免费提供其微机测控保护设备的通信规约文本,协助综合自动化系统供货方开发相应通信软件

f. 与变压器温控器的接口。

如表 6.2.53 所示。

表 6.2.53　与变压器温控器接口示例表

变电所综合自动化系统	变压器温控器
负责完成变电所自动化系统网络接口设计、接入、试验及调试	协助变电所自动化系统供货商完成变电所自动化系统网络接口设计、试验及调试
负责变电所综合自动化系统接口试验 接口试验结束后,负责将监控单元归还给牵引/配电变压器投标人,运输费用由本系统投标人承担	向变电所自动化系统供货商提供一套监控单元,用于接口试验,并负责运送到招标人指定地点
按招标人要求参加相关接口设备的出厂试验 负责变电所综合自动化系统现场调试与试验	在出厂前,按照典型变电所自动化网络形式组网,与变电所自动化系统进行通信功能实验
规约转换、完全相互开放通信协议,开发通信软件	完全相互开放通信协议,向招标人免费提供其微机测控保护设备的通信规约文本,协助综合自动化系统供货方开发相应通信软件

g. 与整流器监控单元的接口。

如表 6.2.54 所示。

表 6.2.54　与整流器监控单元接口示例表

变电所综合自动化系统	整流器监控单元
负责完成变电所自动化系统网络接口设计、接入、试验及调试	协助变电所自动化系统供货商完成变电所自动化系统网络接口设计、试验及调试
负责变电所综合自动化系统接口试验 接口试验结束后，负责将监控单元归还给整流器投标人，运输费用由本系统投标人承担	向变电所自动化系统供货商提供一套监控单元用于接口试验，并负责运送到招标人指定地点
按招标人要求参加相关接口设备的出厂试验 负责变电所综合自动化系统现场调试与试验	在出厂前，按照典型变电所自动化网络形式组网，与变电所自动化系统进行通信功能实验
规约转换、完全相互开放通信协议，开发通信软件	完全相互开放通信协议，向招标人免费提供其微机监控单元通信规约文本，协助综合自动化系统供货方开发相应通信软件

h. 与再生能量吸收装置的接口。

如表 6.2.55 所示。

表 6.2.55　与再生能量吸收装置接口示例表

变电所综合自动化系统	再生能量吸收装置
负责完成变电所自动化系统网络接口设计、接入、试验及调试	协助变电所自动化系统供货商完成变电所自动化系统网络接口设计、试验及调试
负责变电所综合自动化系统接口试验； 接口试验结束后，负责将监控单元归还给再生能量吸收装置投标人，运输费用由本系统投标人承担	向变电所自动化系统供货商提供一套监控单元用于接口试验，并负责运送到招标人指定地点
按招标人要求参加相关接口设备的出厂试验 负责变电所综合自动化系统现场调试与试验	在出厂前，按照典型变电所自动化网络形式组网，与变电所自动化系统进行通信功能实验
规约转换、完全相互开放通信协议，开发通信软件	完全相互开放通信协议，向招标人免费提供其监控单元的通信规约文本，协助综合自动化系统供货方开发相应通信软件

i. 与钢轨电位限制装置的接口。

如表 6.2.56 所示。

表 6.2.56　与钢轨电位限制装置接口示例表

变电所综合自动化系统	钢轨电位限制装置
负责完成变电所自动化系统网络接口设计、接入、试验及调试	协助变电所自动化系统供货商完成变电所自动化系统网络接口设计、试验及调试
负责变电所综合自动化系统接口试验 接口试验结束后，负责将监控单元归还给钢轨电位限制装置投标人，运输费用由本系统投标人承担	向变电所自动化系统供货商提供一套监控单元，用于接口试验，并负责运送到招标人指定地点
按招标人要求参加相关接口设备的出厂试验 负责变电所综合自动化系统现场调试与试验	在出厂前，按照典型变电所自动化网络形式组网，与变电所自动化系统进行通信功能实验
规约转换、完全相互开放通信协议，开发通信软件	完全相互开放通信协议，向招标人免费提供其监控单元的通信规约文本，协助综合自动化系统供货方开发相应通信软件。

j. 与单向导通装置（若有）的接口。

如表 6.2.57 所示。

表 6.2.57 与单向导通装置（若有）接口示例表

变电所综合自动化系统	单向导通装置
负责完成变电所自动化系统网络接口设计、接入、试验及调试	协助变电所自动化系统供货商完成变电所自动化系统网络接口设计、试验及调试
提供两侧的光电转换设备、电源转换模块、光纤熔接盒及尾纤等附件、安装及接线图、光缆连接附件等	负责光电转换模块、电源转换模块、光纤熔接盒等在装置内的安装、接线，并提供电源
负责变电所综合自动化系统接口试验 接口试验结束后，负责将监控单元归还给钢轨电位限制装置及单向导通装置投标人，运输费用由本系统投标人承担	向变电所自动化系统供货商提供一套监控单元用于接口试验，并负责运送到招标人指定地点
按招标人要求参加相关接口设备的出厂试验 负责变电所综合自动化系统现场调试与试验	在出厂前，按照典型变电所自动化网络形式组网，与变电所自动化系统进行通信功能实验
规约转换、完全相互开放通信协议，开发通信软件	完全相互开放通信协议，向招标人免费提供其监控单元的通信规约文本，协助综合自动化系统供货方开发相应通信软件

k. 与上网电动隔离开关（若有）的接口。

如表 6.2.58 所示。

表 6.2.58 与上网电动隔离开关（若有）接口示例表

变电所综合自动化系统	上网电动隔离开关
负责提供招标人所需的 I/O、各种继电器，具体数量及形式在设计联络时确定	提供硬接点
负责完成全所自动化监控网络接口设计、试验及调试	协助变电所自动化系统投标人完成全所监控网络接口设计、试验及调试

l. 与综合监控系统的接口。

如表 6.2.59 所示。

表 6.2.59 与综合监控系统接口示例表

变电所综合自动化系统	综合监控
提供变电所至综合监控设备室的光缆技术要求及规格，提供控制信号屏内光纤熔接盒、尾纤等连接附件	提供主备通道热冗余 10/100 M 以太网单模光口
负责完成全所自动化监控网络接口设计、试验及调试	负责完成变电所与控制中心网络接口设计、试验及调试等

m. 与通信系统的接口。

如表 6.2.60 所示。

表 6.2.60　与通信系统接口示例表

变电所综合自动化系统	通信系统
提供变电所至通信设备室的屏蔽双绞线技术要求及规格	通信时钟系统在每个车站、车辆段提供对时接口各 1 个，对时接口暂按采用 RS 422，具体设计联络阶段确定
负责完成全所自动化监控网络对时接口设计、试验及调试	为变电所综合自动化系统提供时钟信号

n. 与变电所施工承包商的接口。

如表 6.2.61 所示。

表 6.2.61　与变电所施工承包商接口示例表

变电所综合自动化系统	变电所施工承包商
提供预埋螺栓、紧固件等安装用附件。提供控制信号屏与土建施工相关资料和图纸	安装
提供所有信号引至外接端子（含端子）	安装
负责屏内设备的安装、接线，以及与中压开关柜、直流开关柜、低压开关柜、整流器 PLC、变压器温控器、交直流屏、再生能量吸收装置、钢轨电位限制装置、单向导通装置、等设备间的所有光缆或双绞线等技术要求及规格	提供通信电缆/光缆、控制电缆、电源电缆等，并负责敷设连接
负责所供设备的安装督导、试验和调试督导	安装、试验和调试
解决相关设备安装、调试过程中的技术问题	协调、安装、接线、试验

6.2.8　电力电缆

城轨工程中电力电缆主要包括中压交流电力电缆、低压交流电力电缆、直流电力电缆等。不同电压等级对应的国家标准和规范不同，招标时技术参数要求也不相同。

在采购电力电缆时，需要满足设计方提供的环境条件和技术要求，同时也需要满足现行国家、行业及地方相关规范和标准，针对电力电缆，在订货时既有通用要求，也有特殊要求。本节提出了电力电缆所遵循的技术标准、技术要求和相关技术参数的示例，并对其通用要求和特殊要求分别进行了描述。

1．电力电缆订货通用要求

设计方在配合建设方采购电力电缆时，应在招标用户需求书中对技术标准和技术参数、环境条件予以明确。

1）采用的技术标准

本处列出了电力电缆的部分国家和行业相关规范、标准，在编写电力电缆的招标用户需求书时，应当根据电力电缆的电压等级和具体类型选用适用的规范和标准，并结合具体工程的具体需求，对所选用的规范和标准进行增补或删减，但必须执行国家相关强制性标准。

（1）GB 31247　　　《电缆及光缆燃烧性能分级》
（2）GB/T 12706　　《额定电压 1 kV（U_m=1.2 kV）到 35 kV（U_m=40.5 kV）挤包绝缘电力电缆及附件》

（3）GB/T 28429　　　《轨道交通 1500 V 及以下直流牵引电力电缆及附件》

（4）GB/T 3956　　　《电缆的导体》

（5）GB/T 2952　　　《电缆外护层》

（6）GB/T 2951　　　《电缆和光缆绝缘和护套材料通用试验方法》

（7）GB/T 3048　　　《电线电缆电性能试验方法》

（8）GB/T 18380　　　《电缆和光缆在火焰条件下的燃烧试验》

（9）GB/T 17650　　　《取自电缆或光缆的材料燃烧时释出气体的试验方法》

（10）GB/T 17651　　　《电缆或光缆在特定条件下燃烧的烟密度测定》

（11）GB/T 19666　　　《阻燃和耐火电线电缆通则》

（12）GB/T 6995　　　《电线电缆识别标志方法》

（13）JB/T 8137　　　《电线电缆交货盘》

2）环境条件

电力电缆招标采购时，需提出该设备所处的环境条件，主要包括但不限于：

（1）环境温度。

（2）相对湿度。

（3）海拔高度。

（4）地震烈度。

（5）雷暴日。

（6）污秽等级。

（7）日照强度。

（8）电缆敷设位置（地上、地下、电缆沟等）。

2．电力电缆订货特殊要求

1）系统电气参数

（1）交流电缆。

a. 系统标称电压。

b. 额定频率。

c. 系统最高电压。

d. 系统接地方式。

（2）直流电缆。

a. 系统标称电压。

b. 系统最高电压。

2）电缆电气参数

（1）交流电缆。

以交流 35 kV 电压等级电缆为例，交流 35 kV，单芯、交联聚乙烯绝缘聚烯烃护套，低烟、无卤、B1 级铜芯阻燃电力电缆，截面为 1×300 mm^2。地上敷设时应具有防紫外线、抗环境应力、防开裂等性能。交流电缆主要技术参数示例如表 6.2.62 所示。

表 6.2.62　交流电缆主要技术参数示例表

序号	名称		单位	参数要求	备注
1	结构参数	导体标称截面	mm²	300	
2		电缆芯数	芯	1	铜芯
3		导体直径	mm	投标人提供	
4		电缆近似外径	mm	投标人提供	
5		电缆最小弯曲半径	mm	≤15D	
6		电缆参考重量	kg/km	投标人提供	
7	电气参数	额定电压 U_0/U	kV	≥26/35	
8		最高运行电压 U_m	kV	≥40.5	
9		正常运行时导体最高温度	℃	≤90	
10		短路时导体最高温度	℃	≤250	
11		直流电阻	Ω/km	投标人提供	
12		电缆载流量	A	≥650	
13		导体短路电流（5 s）	kA	≥43.1	
14		工频耐受电压	kV	≥91	5 min（例行试验）
15		工频耐受电压	kV	≥104	4 h（抽样试验）
16		冲击耐受电压（峰值）	kV	≥250	
17		局部放电	PC	≤10	$1.73U_0$

（2）直流电缆。

以直流 1500 V 电压等级电缆为例，直流 1500 V、单芯、交联聚乙烯绝缘乙丙橡胶护套、低烟、无卤、B1 级铜芯阻燃电力电缆，截面为 $1×400$ mm²。地上敷设时应具有防紫外线、抗环境应力、防开裂等性能。直流电缆主要技术参数示例如表 6.2.63 所示。

表 6.2.63　直流电缆主要技术参数示例表

序号	名称		单位	型号	备注
1	结构参数	导体标称截面	mm²	400	
2		电缆芯数	芯	1	铜芯
3		导体直径	mm	投标人提供	
4		电缆近似外径	mm	投标人提供	
5		电缆最小弯曲半径	mm	投标人提供	
6		电缆参考重量	kg/km	投标人提供	
7	电气参数	额定电压	V	≥1500（直流）	
8		最高运行电压	V	≥1800（直流）	
9		正常运行时导体最高温度	℃	≤90	
10		短路时导体最高温度	℃	≤250	
11		直流电阻	Ω/km	≤0.0470	
12		电缆载流量	A	≥890	
13		导体短路电流（1 s）	kA	≥57.4	
14		直流试验电压	kV	≥6.5	
15		工频耐受电压	kV	≥6	4 h（电气型式试验）
16		冲击耐受电压（峰值）	kV	≥40	电气型式试验
17		直流耐压	kV	≥6	
18		绝缘电阻	MΩ·km	投标人提供	

6.2.9 其他设备

其他设备主要包括杂散电流腐蚀防护系统设备、供电维修车间设备。

1．设备订货通用要求

在采购设备时，既需要满足设计方提供的方案要求，同时也需要满足现行国家、行业及地方相关规范和标准，各类设备既有通用要求也有特殊要求。本节内容主要提出了该类设备所遵循的技术标准、技术要求和相关技术参数的示例[11][13]，并对其通用要求和特殊要求分别进行了描述。

设计方在配合建设方采购该类设备时，应在招标用户需求书中对技术标准和技术参数予以明确。

1）采用的技术标准

本处列出了杂散电流腐蚀防护系统设备、供电维修车间设备的部分国家相关规范、标准，在编写招标用户需求书时，应当根据具体设备类型选用适用的规范和标准，并结合具体工程的需求对所选用的规范和标准进行增补或删减。

（1）GB 50157　　　　《地铁设计规范》
（2）GB 14048　　　　《低压开关设备和控制设备》
（3）GB 6770　　　　《机车司机室特殊安全规则》
（4）GB 50172　　　　《电气装置安装工程 蓄电池施工及验收规范》
（5）GB/T 10411　　　《城市轨道交通直流牵引供电系统》
（6）GB/T 20908　　　《城市轨道交通接触网检测车通用技术条件》
（7）GB/T 28026.2　　《轨道交通 地面装置 第2部分 直流牵引系统杂散电流防护措施》
（8）GB/T 999　　　　《直流电力牵引额定电压》
（9）GB/T 3859　　　　《半导体变流器》
（10）GB/T 7928　　　《地铁车辆通用技术条件》
（11）GB/T 19638　　　《固定型阀控式铅酸蓄电池》
（12）GB/T 4208　　　《外壳防护等级（IP代码）》
（13）CJJ 49　　　　　《地铁杂散电流腐蚀防护技术规程》
（14）JB/T 8949.2　　　《普通整流管》
（15）TB/T 2180　　　《电气化铁道接触网综合检修作业车技术条件》
（16）DL/T 724　　　《电力系统用蓄电池直流电源装置运行与维护技术规程》
（17）DL/T 781　　　《电力用高频开关整流模块》
（18）DL/T 459　　　《电力用直流电源设备》
（19）DL/T 637　　　《阀控式密封铅酸蓄电池订货技术条件》
（20）《交流高压断路器检修规范》（国家电网公司）
（21）《110（66）kV～500 kV油浸式变压器（电抗器）管理规范》
（22）《直流电源系统设备检修规范》（国家电网公司）

2）主要电气参数
（1）额定电压。
（2）额定频率（交流系统）。

（3）最高电压。

（4）辅助电源。

（5）系统接地方式。

2．设备订货特殊要求

1）杂散电流腐蚀防护系统排流设备

排流柜安装于牵引变电所内，排流柜的一端接负极柜内的直流负母排，另一端接排流端子，使道床内钢筋中的杂散电流单方向流回牵引变电所内的负极柜，减少杂散电流对结构钢筋和沿线金属管线的腐蚀。

排流柜具有极性排流作用（智能排流），应配有保护和监测电路。排出电流的大小可由排流监测装置自动调节，在其大于排流支路最大排流电流值时，排流柜应切断排流回路，并应能将报警信号送达电力监控系统。排流监测装置可采集排流柜的工作电压和工作电流以及主回路的故障状态，在控制室可实时对排流柜的工作情况的观察，并能遥控排流柜的排流状态。监测装置安装于排流柜内，排流柜应考虑监测装置的安装空间。

（1）排流柜技术要求。

a. 排流柜排流回路。

排流柜有两路排流二极管支路。

招标用户需求书中，应提出主回路、辅助回路的工频耐受电压。

b. 排流柜电气设计内容。

主要包括：排流支路保护熔断器额定电流值、排流二极管的额定电流值和额定电压值、排流二极管保护熔断器的额定电流、排流二极管支路的负荷开关的额定电流、分流器的额定电流；电压表要求、电流表要求、电压传感器、时间继电器的调节范围、信号指示灯要求等。

c. 排流二极管支路。

应提出排流二极管的组成元器件及技术要求。

d. 传感器和测量仪表。

e. 熔断器。

f. 负荷开关。

g. 铜排。

h. 短时过电流能力。

i. 过电压保护。

j. 信号。

k. 智能监测装置。

l. 辅助电源。

m. 结构、工艺及材料。

n. 与其他设备接口。

o. 试验。

试验主要包括型式试验、出厂试验、现场试验的相关要求。

（2）杂散电流腐蚀防护监测系统。

a. 系统概况。

杂散电流腐蚀防护监测系统由参比电极、传感器、信号传输电缆、监测装置组成。在每个测试点，将参比电极和测量端子接至传感器，由传感器测量整体道床钢筋、隧道结构钢筋及高架桥结构钢筋对周围混凝土介质的极化电位。将每个车站及区间范围内的上、下行传感器用通信电缆连接，传感器测量的数据将通过通信电缆传给设置在每个车站内的杂散电流监测装置。杂散电流监测装置可实现对该分区结构混凝土和结构钢筋的极化电位数据采集，并进行数据统计和存储。杂散电流监测装置接入变电所综合自动化系统。

b. 参比电极参数要求。

c. 通信测量电缆要求。

d. 传感器参数要求。

e. 信号转接器参数要求（若有）。

f. 杂散电流监测装置。

此处应注意提出监测装置的安装位置及防护等级。

g. 杂散电流监测微机管理系统。

h. 结构材料要求。

i. 与相关设备的接口。

j. 试验。

试验主要包括型式试验、出厂试验、现场试验的相关要求。

（3）单向导通装置。

a. 基本功能。

单向导通装置通过电缆与绝缘分段两端回流轨相连，使回流轨中电流仅单方向流通，以利于杂散电流防护和减少杂散电流影响。装置除设置二极管支路外，还设有隔离开关和消弧装置，隔离开关用于特殊运营方式下，将绝缘结两端回流轨直接电气连接；当列车经过绝缘分段时或在绝缘分段附近再生制动时，由于绝缘分段两端存在电位差，可能出现电弧或电火花而烧损钢轨情况。为了防止这种情况，装置内设有消弧装置，用于防止电弧的产生，同时限制机车再生制动而导致单向导通装置附近钢轨电位升高，以保证钢轨附近工作人员的安全。

b. 主回路接线。

c. 保护设置：短路保护、断路保护、过电压保护。

d. 信号显示要求。

e. 隔离开关技术要求。

隔离开关为单向导通装置内的隔离开关，其技术参数主要包括额定电流值、短时耐受电流值、冲击耐受电流值、开关可靠分合闸次数、开关机械寿命和操作机构等。

f. 消弧装置。

（4）应提供消弧装置的组成、触发导通及关断条件，并需给出起弧电压、承受放电电流能力。消弧装置的工作原理及方案由投标方提供。

g. 智能控制装置。

单向导通装置内设智能控制装置，实现电流、电压数据采集、二极管、隔离开关、消弧装置状态信号采集、智能消弧装置控制、电动隔离开关控制。智能控制装置具有远程通信功能，具备将上述信号和电量向电力监控系统传送的条件。提出对控制装置的技术参数要求。

h. 光电传感器。

该传感器能够判断有无列车通过钢轨绝缘分段，并能有效过滤非列车物体（如人通过）。传感器通过光缆将信号传至单向导通装置，作为单向导通装置启动消弧装置工作判据。

i. 结构、工艺及材料。

j. 与相关设备的接口。

k. 试验。

试验主要包括型式试验、出厂试验、现场试验的相关要求。

2）变电所操作电源屏

变电所操作电源屏包括：交流电源装置和直流电源装置。

（1）设备技术参数。

（2）根据变电所类型，可对变电所操作电源屏进行分类，注明其使用范围。

变电所操作电源屏的总体技术要求，主要包括交流屏的容量、直流屏的充电模块要求、直流母线电压等级、蓄电池的容量（Ah）、整体功率因数、噪声水平等。

（3）交流电源装置。

a. 运行方式。

交流屏的进线电源的接线方式、运行方式以及是否设置双电源自动投切装置。

b. 交流进线开关。

进线开关的类型、极数、容量、辅助接点、短路分断能力等要求。

c. 自动装置。

d. 交流馈出回路。

交流馈出回路的配电方式、馈出开关容量、指示灯、馈出回路数量等要求。

e. 信号。

信号包括工作状态指示信号和故障信号。提出对信号显示、上传、复归、故障显示灯、试验按钮等要求。

f. 测量表计。

（4）直流电源装置

a. 系统运行方式。

提出直流母线的接线方式、电压等级、充电模块设置方式、蓄电池组方案。

b. 直流系统组成。

c. 充电模块性能及要求。

提出充电模块的配置、容量、直流输出功能要求、互换性、充电时间、充电特性等要求。

d. 蓄电池性能及要求。

e. 直流电源装置的功能要求。

（5）结构要求。

a. 基本要求。

b. 材料和工艺。

c. 外形结构。

d. 元器件的要求。

e. 平面布置要求。

（6）工艺要求。

（7）铭牌及标识要求。

（8）接口要求。

（9）试验要求。

试验主要包括型式试验、出厂试验、现场试验的相关要求。

3）供电维修车间设备

（1）技术要求。

a. 接触网检测作业车。

接触网检测作业车用于接触网维修、日常检查、保养和参数的检测。接触网检测装置安装在作业车上，用于检测、记录与处理接触线的拉出值、平行线间距、接触线高度、接触线高度变化率、支柱位置（坐标）、作业车运行速度等技术参数。检测结果应能正确反映接触网的运行状态，为接触网的维护、调整提供科学依据。

招标用户需求书中需提出对接触网检测车的基本构造、主要技术参数、平台主要技术参数、作业车主要结构及配置、接触网检测装置等方面提出技术要求。

b. 接触网作业车。

接触网作业车用于接触网维修、日常检查和保养，检修作业时接触网必须停电。

招标用户需求书中需提出对接触网作业车的基本构造、作业车主要技术参数、平台主要技术参数、作业车主要结构及配置等方面提出技术要求

c. 接触网放线车。

接触网放线车主要用于接触导线和承力索的架设，接触网放线车不带动力，由接触网作业车牵引，其作用是在进行放线作业时放置线盘，并使导线和承力索产生一定的放线张力。

接触网放线车由车架、转向架、工具间（材料间）、张力机构和线盘架等组成。

招标用户需求书中需对接触网放线车的轨道平车、放线装置、制动系统、工具间等主要技术参数提出要求。

d. 变电所一次试验车。

电气试验车用于对城轨牵引供电系统变电一次设备的各项电气设备性能检测和预防性试验。

招标用户需求书中，需提出试验车的基本构造及要求、主要技术规格、内部配置设备技术参数、随车配备的工具等的要求。

e. 变电所二次试验车。

变电二次试验车适用于城轨变电所内二次设备的巡视检查和小型故障处理等。

变电二次试验车以中型汽车为载体，内置测试仪器设备。所载仪器试验设备，能够进行变电所内高中压、直流牵引供电系统的控制、保护装置的检测，并配有信号源系统、记录系统以及电池维护装置。

招标用户需求书中，需提出试验车的基本构造及要求、主要技术规格、内部配置设备技术参数、随车配备的工具等的要求。

f. 电气巡检车。

g. 抢修车。

h. 供电抢修指挥车。
i. 工具车。
j. 接触网维修梯车。

用于接触网的紧急抢修和故障处理以及日常维修保养。

招标用户需求书中，需提出结构、技术参数、设备要求等的要求。

k. SF6气体检漏仪（若设置有气体柜）。
l. 局放超声自动定位仪。
m. 继电保护测试仪。
n. 直流增量保护测试装置。
o. 数字接地电阻测试仪。
p. 红外热像仪。
q. 高压成套试验装置。
r. 绝缘靴、绝缘手套耐压试验装置。
s. 变频谐振交流耐压成套装置。
t. 智能蓄电池测试仪。
u. 接触网激光测量仪。
v. 验电器。
w. 接地线。

（2）铭牌及标识。

（3）接口。

在作业车制造时，生产厂应充分考虑作业车与车载无线通信系统设备的接口关系，并提供与无线通信设备之间的接口操作要求。车载无线通信系统设备由通信系统供货商提供，由作业车生产厂安装完成，为无线通信系统设备预留电源，并与作业车的其他系统组成一个有机的整体。

招标用户需求书中需提出整体协调管理要求、接口试验和调试要求等。

6.3 主要设备设计联络要点

设计联络是在完成设备招标并且在设备生产前，由建设方或委托设备集成服务商组织设计方、监理方、运营单位和设备供货商通过讨论共同确认产品要求的过程，主要包括设备技术参数的讨论确定、与相关设备的接口关系的确定，以及各方职责的确定。

设计联络作为施工图设计前的一个阶段，是施工图准备工作的重要组成部分之一。针对不同类型的供电设备，设计联络的侧重点和要求均不相同。设计联络可以分为1~3次，即第一次设计联络会、第二次设计联络会、第三次设计联络会。第一次设计联络针对设备的基础资料、系统和设备功能、一次安装等方面进行初步讨论确认；第二次设计联络针对设备制造图纸、设备总装配图、相关接口、控制原理图等进行深入讨论确认；第三次设计联络针对设备的最终设计文件、工厂试验、现场试验、培训方案等进行讨论确认，以及对前两次遗留的问题进行补充讨论确认。

一般来说,技术要求较为复杂的设备可以开展三次设计联络会,例如中压开关柜、直流开关柜、低压开关柜设备。当设计联络次数不能满足需要时,也可以增加设计联络次数。技术要求较为简单的设备可以开展两次设计联络会,例如变压器。有一些设备技术参数更为简单时,也可以开展一次设计联络会,具体的设计联络次数根据工程的实际需求来确定。

在设计联络开展之前,设备供货商应向建设方和设计方提供设计联络时需要讨论和确定的内容和方案,用于提前准备,提高设计联络讨论效率。在设计联络的过程中,先针对供货商提供的资料进行讨论,确定相关内容,不能确定的内容应在会后充分修正和研究,在下次设计联络中进行讨论确定。

本节主要针对各类供电设备提出了设计联络阶段的划分,以及各次设计联络会议中讨论确定的重点内容的示例[11][15]。

6.3.1 开关类设备

1．设计联络阶段划分

开关类设备的设计联络可分为三个阶段。

在每次设计联络前,需明确本次设计联络的时间、地点、内容、参加单位和人员。

2．设计联络阶段要点

1）第一次设计联络要点

(1) 设计方、供货方互提基础资料,确认系统和设备功能及技术参数。

(2) 设计方介绍工程情况,供电系统的构成、运行方式、安装条件、运输条件。

(3) 讨论与土建关系密切的设备参数,包括设备外形尺寸、运输尺寸、安装尺寸、开孔尺寸、重量、安装要求、柜体下方开孔的需求。

(4) 讨论供货方在产品设计中需要明确的技术细节。

(5) 讨论与相关专业及其他供电设备之间的接口问题。

(6) 讨论设备间联锁、联动、闭锁条件及实现方式。

(7) 讨论开关柜排列及内部主要元器件规格。

(8) 初步讨论与变电所综合自动化系统、电能质量管理系统(若有)通信接口的电气标准、通信规约文件、通信速率及通信连接电缆技术规格,施工及防护要求,与变电所综合自动化系统连接过程中通信接口的注意事项及其他特别要求,包括对控制接点形式、接点容量及其负载类型的详细技术要求。

(9) 讨论变电所二次回路控制、保护、信号、测量要求、盘面布置要求。

2）第二次设计联络要点

(1) 讨论设备供货商提供的设备制造图纸,包括开关柜装配总图。

(2) 讨论本系统与其他相关系统的通信接口及接口试验。

(3) 当第一次设计联络讨论的接口文件存在异议或变化时,对接口文件进行再次澄清及进行其他技术讨论。

（4）讨论工厂验收程序及内容。

（5）供货方提供各种保护、控制原理图，端子图，外形尺寸及安装图，产品内部逻辑图，跳、合闸回路电流等详细资料。

（6）讨论开关柜主接线图及控制原理图。

（7）供货方提供设备二次图纸，包括二次原理接线图、端子排图、低压室布置图、程序流程图，各方对图纸进行讨论和审查。

（8）审查供货方的设备一次接线最终图纸。

（9）确认开关柜标识。

（10）确定与变电所综合自动化系统的物理连接及采用的通信规约。

（11）讨论遥控、遥信、遥测内容及接口。

（12）解决第一次设计联络遗留的问题。

3）第三次设计联络要点

（1）确定供货方设备的最终技术文件，包括设备包装方案、运输方案、到货时间等。

（2）审查并确认工厂试验内容和现场试验内容。

（3）确定与相关专业及设备的接口，形成接口文件。

（4）确认设备的二次原理图纸。

（5）讨论培训方案等相关事宜。

（6）确认供货单元（站）设备清单。

（7）确定工厂验收和技术培训等事宜。

（8）解决第二次设计联络遗留问题。

6.3.2 牵引机组

1．设计联络阶段划分

牵引整流机组的设计联络可分为两个阶段。

在每次设计联络前，需要明确本次设计联络的时间、地点、内容、参加单位和人员。

2．设计联络阶段要点

1）第一次设计联络要点

（1）设计方、供货方互提基础资料，确认系统和设备功能及技术参数。

（2）设计方介绍工程情况，供电系统的构成、运行方式、安装条件、运输条件。

（3）供货方提供中标各种容量的牵引机组的外形尺寸、运输尺寸、安装尺寸、轨距、开孔尺寸、单重、底部结构图。

（4）讨论供货方在产品设计中需要明确的技术细节。

（5）讨论牵引变压器、整流器内部的主要元器件规格的清单。

（6）讨论设计方在施工设计中需要明确的技术细节。

（7）讨论接口问题，初步沟通与变电所综合自动化系统通信接口的电气标准、通信规约文件、通信速率及通信连接电缆技术规格，施工及防护要求，与变电所综合自动化系统连接过程中通信接口的注意事项及其他特别要求，包括对控制接点形式、接点容量及其负载类型的详细技术要求。

（8）讨论并确认牵引机组设备布置、开孔等图纸及一次电缆规格。

2）第二次设计联络要点

（1）讨论并确定各种保护、控制原理图、联锁、闭锁条件、测量及保护配置图、端子图、外形尺寸及安装图等详细资料。

（2）讨论并最终确定与变电所综合自动化系统等相关系统的通信接口及采用的通信规约。

（3）确认牵引变压器、整流器的产品设计文件，包括牵引变压器、整流器装配总图。

（4）讨论并确认工厂验收的程序及验收内容。

（5）确认牵引变压器、整流器的柜体颜色、标识、眉头等。

（6）审查并确定二次原理接线图、端子排图等。

（7）接口澄清、技术讨论。

（8）解决第一次设计联络会议遗留的问题。

6.3.3 配电变压器

1．设计联络阶段划分

配电变压器的设计联络可分为两个阶段。

在每次设计联络前，需要明确本次设计联络的时间、地点、内容、参加单位和人员。

2．设计联络阶段要点

1）第一次设计联络要点

（1）设计方、供货方互提基础资料，确认系统和设备功能及技术参数。

（2）设计方介绍工程情况，供电系统的构成、运行方式、安装条件、运输条件。

（3）供货方提供中标各种容量的配电变压器的外形尺寸、运输尺寸、安装尺寸、轨距、开孔尺寸、单重、底部结构图。

（4）讨论供货方在产品设计中需要明确的技术细节。

（5）讨论配电变压器内部的主要元器件规格的清单。

（6）讨论设计方在施工设计中需要明确的技术细节。

（7）讨论接口问题，初步沟通与变电所综合自动化系统通信接口的电气标准、通信规约文件、通信速率及通信连接电缆技术规格，施工及防护要求，与变电所综合自动化系统连接过程中通信接口的注意事项及其他特别要求，包括对控制接点形式、接点容量及其负载类型的详细技术要求。

（8）讨论并确认配电变压器设备布置、开孔等图纸及一次电缆规格。

2）第二次设计联络要点

（1）讨论并确定各种保护、控制原理图、联锁、闭锁条件、测量及保护配置图、端子图、外形尺寸及安装图等详细资料。

（2）讨论并最终确定与变电所综合自动化系统等相关系统的通信接口及采用的通信规约。

（3）确认配电变压器的产品设计文件，包括装配总图。

（4）讨论并确认工厂验收的程序及验收内容。

（5）确认配电变压器的柜体颜色、标识、眉头等。

（6）审查并确定二次原理接线图、端子排图等。

（7）接口澄清、技术讨论。

（8）解决第一次设计联络会议遗留的问题。

6.3.4 列车再生制动能量吸收装置

1．设计联络阶段划分

列车再生制动能量吸收装置的设计联络可分为三个阶段，本处以中压能馈型再生装置为例进行说明。

在每次设计联络前，需要明确本次设计联络的时间、地点、内容、参加单位和人员。

2．设计联络阶段要点

1）第一次设计联络要点

（1）设计方介绍工程情况，供电系统的构成、运行方式、安装条件、运输条件。

（2）确定再生装置接入供电系统方案、内部一次接线方案、主要元器件的主要参数及型号。

（3）讨论再生装置各设备的外形尺寸、运输尺寸、安装尺寸、设备电缆开孔尺寸、单重、底部结构图等需要给土建设计提供的相关资料。

（4）讨论确定再生装置直流柜部分的柜体安装方案（含绝缘安装方案）。

（5）讨论确定柜体盘面布置、柜面模拟图、眉头、标牌、调度号、外壳颜色等相关内容。

（6）讨论确定柜内接地线、端子排等辅助元器件相关内容。

（7）讨论确定再生装置与外部设备之间的一次电缆规格。

（8）讨论确定各种表计设置。

（9）讨论确定与直流开关柜、中压开关柜的接口关系。

（10）讨论确定各种保护设置与实现方式。

（11）讨论再生装置内部故障联跳中压断路器和直流断路器的实现方式。

（12）讨论接口问题，初步沟通与变电所综合自动化系统通信接口的电气标准、通信规约文件、通信速率及通信连接电缆技术规格，施工及防护要求，与变电所综合自动化系统连接过程中通信接口的注意事项及其他特别要求，包括对控制接点形式、接点容量及其负载类型的详细技术要求。

2)第二次设计联络要点

(1)讨论再生装置的开机、关机操作顺序文件。

(2)确认产品设计文件。

(3)讨论确认再生装置各设备的监控点表。

(4)讨论确认变电所二次回路控制、保护、信号、测量要求、盘面布置要求。

(5)讨论确认提供控制、联锁、闭锁条件、测量及保护配置图,开关状态显示表及保护信号表。

(6)讨论并确定设备二次图纸,包括二次原理接线图、二次端子排图。

(7)讨论确定出厂试验大纲及工厂验收程序及内容。

(8)接口澄清,技术讨论。

(9)解决第一次设联会遗留的问题。

3)第三次设计联络要点

(1)讨论使用手册及培训文件。

(2)供货方提供设备运输方案,施工方确定到货时间、批次、地址等相关信息。

(3)提供出厂试验大纲。

(4)审查并确认一次最终图纸。

(5)确认变压器、逆变柜等开关柜标识。

(6)审查并确认二次图纸,包括二次原理接线图、端子排图、低压室布置图、程序流程图等。

(7)确定与变电所综合自动化系统的物理连接及采用的通信规约。

(8)遥控、遥信、遥测内容及接口。

(9)解决第二次设计联络会议遗留的问题。

6.3.5 架空接触网

1. 设计联络阶段划分

架空接触网设备的设计联络可分为两个阶段。

在每次设计联络前,需要明确本次设计联络的时间、地点、内容、参加单位和人员。

2. 设计联络阶段要点

1)第一次设计联络要点

(1)设计方、供货方互提基础资料,确认系统和设备功能及技术参数。

(2)供货方提供各种规格型号设备的外形尺寸、单重、安装要求等。

(3)讨论在产品设计中需要明确的技术细节。

(4)讨论接口问题及注意事项。

2)第二次设计联络要点

(1)确认产品设计文件。

(2)讨论并确认试验、工厂验收程序及内容。

（3）提供包装图。
（4）提供培训文件。
（5）提供设备运输方案。

6.3.6 接触轨

1．设计联络阶段划分

接触轨设备的设计联络可分为两个阶段。

在每次设计联络前，明确本次设计联络的时间、地点、内容、参加单位和人员。

2．设计联络阶段要点

1）第一次设计联络要点

（1）设计方、供货方互提基础资料，确认系统和设备功能及技术参数。
（2）供货方提供各种规格型号设备的外形尺寸、单重、安装要求等。
（3）讨论在产品设计中需要明确的技术细节。
（4）讨论接口问题及注意事项。

2）第二次设计联络要点

（1）确认产品设计文件。
（2）接触轨与支撑防护系统试组装。
（3）讨论并确认试验、工厂验收程序及内容。
（4）提供包装图。
（5）提供培训文件。
（6）提供设备运输方案。

6.3.7 电力监控系统

1．设计联络阶段划分

电力监控设备的设计联络可分为三个阶段。

在每次设计联络前，需要明确本次设计联络的时间、地点、内容、参加单位和人员。

2．设计联络阶段要点

1）第一次设计联络要点

（1）讨论并确定本工程各系统与各专业的接口，制定详细的接口协议，并编制与各个相关专业的接口文件。
（2）确认合同设备的制造标准，包括工艺、结构形式等。
（3）确认设备供货方相应的主要技术参数、安装设计图纸、安装要求。
（4）讨论并确认本工程中各系统的功能要求。
（5）讨论和确认第二次设计联络的内容和议程。

（6）确认供货方介绍设备的整机结构和主要部件（包括电气设计、电气部件、电线和电缆）的设计及选用是否符合标准和用户需求书的要求。

2）第二次设计联络要点
（1）确认在第一次设计联络上确定的双方互提资料。
（2）讨论并确定本工程各系统详细的功能规格书。
（3）确认承包商补充提供的技术资料、图纸和其他资料。
（4）讨论有关试验问题和技术培训。
（5）讨论安装、调试、检查和试运行的计划和程序。
（6）讨论、确认技术方案及接口方案，问题澄清、讨论设备试验、出厂验收及现场试验等事宜。

3）第三次设计联络要点
（1）解决施工图设计问题。
（2）系统实施过程的相关问题。
（3）讨论并确认本工程详细的各系统点表。
（4）讨论设备试验、出厂验收及现场试验等事宜。
（5）签订接口协议书。

6.3.8 电力电缆

1．设计联络阶段划分

电力电缆的设计联络可分为两个阶段。
在每次设计联络前，需要明确本次设计联络的时间、地点、内容、参加单位和人员。

2．设计联络阶段要点

1）第一次设计联络要点
（1）设计方、供货方互提基础资料，确认系统和电缆技术参数、环境条件。
（2）讨论设计方在施工图设计中需要明确的技术细节。
（3）讨论供货方在产品设计中需要明确的技术细节。

2）第二次设计联络要点
（1）确认供货电缆的技术参数及结构图纸，并由供货商提供电缆载流量计算书。
（2）确认供货电缆的主要材料清单。
（3）确认供货电缆的主要加工工艺的要求。
（4）检查产品生产过程中的质量检验和试验标准及程序。
（5）讨论工厂验收程序及内容。
（6）确定最终设备设计文件，工厂和现场试验内容。
（7）解决第一次设计联络会议遗留的问题。

6.3.9 其他设备

除了上述设备之外，城轨供电系统还包括杂散电流腐蚀防护设备、交直流操作电源屏、光缆和控制电缆等的设计联络。

1．设计联络阶段划分

相较于供电系统的其他设备，杂散电流腐蚀防护设备、交直流操作电源屏、供电维修车间等设备相对较为简单，一般该类设备可进行两次设计联络，而光缆和控制电缆一般进行一次设计联络即可。如果设计联络不能达到开展施工图设计的需求，可根据实际设计联络的情况进行增加补充。

在每次设计联络前，需要明确本次设计联络的时间、地点、内容、参加单位和人员。

2．其他设备类设计联络阶段要点

1）第一次设计联络要点

（1）讨论设计方在施工图设计中需要明确的技术细节。

（2）讨论供货方在产品设计中需要明确的技术细节。

（3）讨论接口问题。

（4）设计方、供货方互提基础资料，确认系统和设备功能及技术参数。

（5）供货方提出中标各类设备的外形尺寸、运输尺寸、安装尺寸、开孔尺寸、单重、底部结构图。

（6）提供内部主要元器件规格。

（7）柜门的开闭方式。

（8）提供各种保护、控制原理图，端子图，外形尺寸及安装图，产品内部逻辑图等详细资料。

（9）提供柜内的安全联锁与操作方式。

2）第二次设计联络要点

（1）确认产品设计文件。

（2）讨论本系统与其他相关系统的通信接口及接口试验。

（3）讨论工厂验收程序及内容。

（4）确认第一次设计联络图纸。

（5）确定最终设备设计文件，工厂和现场试验内容。

（6）讨论培训事宜。

（7）接口澄清，技术讨论。

（8）确定设备制造图纸，包括装配总图等。

（9）供货方提供元器件的明细表。

（10）供货方提供接线图及控制原理图。

（11）接口澄清技术讨论。

（12）供货方提供设备二次图纸，包括二次原理接线图、端子排图、屏内布置图、程序流程图。

（13）供货方提供出厂试验大纲。
（14）供货方提供包装图。
（15）供货方提供培训文件。
（16）审查一次最终图纸。
（17）确认盘柜的标识。
（18）审查二次图纸，包括二次原理接线图、端子排图、屏内布置图、程序流程图等。
（19）确定与变电所综合自动化系统的物理连接及采用的通信规约。
（20）遥控、遥信、遥测内容及接口。
（21）审查试验大纲及包装运输图。
（22）确认供货单元（站）设备清单。
（23）确定工厂验收和技术培训等事宜。
（24）解决第一次设计联络遗留的问题。

3．其他线缆类设计联络阶段要点

（1）设计方、供货方互提基础资料，确认系统和各类线缆技术参数、环境条件。
（2）讨论供货方在产品设计中需要明确的技术细节。
（3）确认供货电缆的主要材料清单。
（4）讨论工厂验收程序及内容。
（5）确定最终设备设计文件，工厂和现场试验内容。

7 安装调试配合

建设过程中的安装调试是设备系统施工所独有的特点，由施工方负责、设计方和供货方配合、监理方监督完成[16]。设备安装和调试是两个不同但相连的过程，设备安装的正确、合规是设备调试顺利进行的前提，设备调试的全面、完善是设备系统正常、可靠运行的必要保障。

本章介绍城市轨道交通建设过程中供电系统主要设备的安装、调试及车辆冷、热滑过程中的相关内容。

7.1 概述

供电设备安装就是施工方按照供电系统设计方的设备布置平面图、孔洞图、基础槽钢、接线、拼装和预埋件大样图等设计图纸，与供货方的设备尺寸、安装要求等进行对比无误后，做好结构找平工作，按照相关施工验收规范要求，使预埋件和基础槽钢的安装在规范允许的误差范围内。最终使固定在基础槽钢上的供电设备能牢固可靠，避免倾斜变形的完整过程。

供电系统设备调试就是已安装供电设备的调整和测试，供电系统设备调试是为了检验供电设备是否满足制造技术要求，设备系统是否按照供电系统设计方要求能够安全、可靠和正常的运行。

供电系统设备调试分为单机调试、所内调试、所间调试、系统调试、综合联调五个方面进行介绍。其中单机调试调试的目的是验证供电系统单体或单类设备是否满足国家、行业及地方现行规范、标准及用户需求书中的相关要求。所内联调应建立在所有单机设备调试完毕的基础上，目的是验证所内各供电设备的功能是否达到设计提出的功能要求。所间调试主要是交流侧差动保护装置功能测试及直流侧双边联调等功能的测试。系统联调是一项相对复杂的、涉及供电系统多子系统的调试项目，调试内容包括变电所与牵引网调试、牵引网系统调试、电力监控系统与控制中心调试等内容。综合联调的目的不仅考验供电系统的设计能力、设备能力，还验证供电系统与用电设备间的相互配合特性，包括与外单位、控制中心以及其他各相关专业之间的联调联试。涉及供电系统的综合联调是竣工前的必要程序，是检验供电系统是否满足设计要求和供电系统功能要求的必要手段。供电系统的调试不仅涉及供电系统本身，还涉及用电负荷的情况，不仅涉及相关的技术问题，还涉及实施组织方案等。

车辆冷滑主要是检验各专业安装的轨旁设备是否侵入设备限界，验证接触轨的几何尺寸安装是否满足设计要求，检查架空接触网导线拉出值、接触线是否有硬点，线夹安装位置是否正确，各部分对受电弓的绝缘距离是否满足设计标准等。车辆热滑主要验证弓网关系，并检验接触网在动荷载作用下结构的牢固性和可靠性，以及中压、直流牵引系统继电保护的可靠性。

7.2 安装交底要点

城轨工程供电系统设备安装的设计交底，分为系统方案、变电所、牵引网、杂散电流腐蚀防护系统、电力监控系统等不同分项工程类型分别进行。

7.2.1 系统方案及变电所

（1）介绍城轨外电源工程与内部工程的接口界面及配合内容；
（2）介绍系统的构成及运行方式；
（3）强调电缆敷设的跨轨、位置变化、标高变化等内容及要求；
（4）说明共用电缆支架的敷设内容及敷设位置要求；
（5）明确电缆穿预留孔洞的方式及孔洞封堵要求；
（6）说明电缆敷设的预留要求；
（7）说明对电缆中间接头的位置要求。
（8）强调变电所设备基础槽钢与建筑地面的关系要求；
（9）解释变电所设备布置的思路；
（10）强调变电所内其他设备管线与电气设备的距离要求；
（11）强调变电所设备预留孔洞的封堵要求；
（12）说明变电所设备保护设置及联锁、联跳要求；
（13）说明变电所各设备的接地要求。

7.2.2 牵引网

（1）对接触轨在不同道床形式下所采用的不同安装方式进行介绍；
（2）对接触轨的布置原则进行详细介绍；
（3）接触轨的电分段设置情况；
（4）接触轨在车辆段（停车场）内的电气回路设置情况，以及紧急情况下的操作；
（5）均、回流电缆与走行轨的连接方式要求；
（6）对工程中与其他线路的接口情况进行介绍；
（7）当接触轨和电气设备的安装为不同施工标段时，应针对不同单位相应进行两次交底，交底内容的侧重点不同；
（8）接触网的主要设计原则及系统说明；
（9）接触网设备限界的控制要点；
（10）接触网施工误差范围的把控；
（11）接触网特殊装配图施工的要点说明；
（12）与其他相关专业接口的详细划分；
（13）现场情况与设计图纸存在不符的处理方式。

7.2.3 电力监控系统

（1）说明与综合监控的接口；
（2）说明系统构成；
（3）说明各设备通信协议和通信线类型；
（4）说明电缆敷设需注意问题。

7.2.4 杂散电流腐蚀防护系统

（1）提出结构、桥梁、道床隐蔽工程施工的配合要求；
（2）说明传感器、参比电极安装需注意问题；
（3）说明传感器、监控装置的电源要求；
（4）说明杂散电流管线敷设需注意问题。

7.3 单机调试要点

单机设备调试的目的是验证供电系统单体或单类设备是否满足现行国家规范、标准及用户需求书中的相关要求。

7.3.1 变压器类设备测试

变压器类设备包括牵引变压器和配电变压器。

1．牵引变压器设备测试要点

1）试验项目
（1）外观检查；
（2）测量绕组的直流电阻；
（3）检查所有分接头变压比；
（4）检查变压器的接线组别；
（5）测量绕组的绝缘电阻及绝缘吸收比；
（6）绕组交流耐压试验；
（7）测量与铁芯绝缘的各紧固件及铁芯接地引出线对地的绝缘电阻；
（8）相位检查；
（9）额定电压下冲击合闸试验（外电源送电时进行）。

2）试验方法及要求
（1）外观检查。
检查铭牌数据与设计图纸一致。
各元件无损伤和移位。
接线无松动、脱落。

绝缘无破损，无异物。

（2）测量绕组的直流电阻。

试验仪器采用直流电阻测试仪。

测量的有效数字依据测量仪器决定。

测量应在分接头的所有位置上进行。

变压器的直流电阻，与同温度下产品出厂实测数值比较，相应变化不应大于2%[17]。

（3）检查所有分接头的变压比及接线组别。

试验仪器采用自动变比测试仪。

测量应在分接头的所有位置上进行。

测试值与制造厂铭牌数据相比应无明显差别，且应符合变压比的规律。

检查变压器的接线组别，必须与设计要求、铭牌标识及器身上的标号相符[16]。

（4）测量绕组的绝缘电阻及吸收比。

试验仪器采用兆欧表。

绝缘电阻试验应在良好的天气条件下，且被测绕组温度及周围环境温度一般不低于5 ℃条件下进行。

变压器绝缘电阻不应低于产品出厂试验值的70%[17]。

当测量温度与产品出厂试验时的温度不符合时，应换算到同一温度20 ℃时的数值再进行比较。

试验完毕或重复试验时，必须将被测绕组对地充分放电至少2 min。

（5）绕组的交流耐压试验。

试验仪器采用交流高压试验变压器。

工频耐压试验必须在被测绕组其他试验电压较低的项目全部完成以后，再进行该项试验。

变压器非被试绕组应短接接地。

电源开关应置于操作人员附近，发现异常情况及时切断电源。

按《电气装置安装工程电气设备交接试验标准》（GB 50150）中的相关规定进行交流耐压试验。

试验人员应站在绝缘垫上操作，戴绝缘手套、穿绝缘靴操作。

升压时，应速度均匀地将电压升至试验标准电压，时间（一般要求1 min）到后，迅速均匀地将试验电压降至零，断开电源。

（6）标称电压下的冲击合闸试验。

在供电系统标称电压下，对变压器的冲击合闸试验，应进行3次，每次间隔时间宜为5 min，无异常现象。

冲击合闸试验在变压器高压侧进行。

对中性点接地的电力系统，试验时变压器中性点必须接地。

（7）测量与铁芯绝缘的各紧固件及铁芯接地引出线对地的绝缘电阻。

试验仪器采用兆欧表。

当穿芯螺栓一端与铁芯连接时，应将连接片断开后进行试验。

铁芯必须为一点接地，对于变压器上有专用的铁芯接地线引出套管时，应测量其对外壳的绝缘电阻。

试验持续时间为 1 min，应无闪络现象[17]。

2．配电变压器设备测试要点

1）试验项目

（1）外观检查。

（2）测量绕组的直流电阻。

（3）检查所有分接头变压比。

（4）检查变压器的接线组别。

（5）测量绕组的绝缘电阻测试。

（6）绕组交流耐压试验。

（7）测量与铁芯绝缘的各紧固件及铁芯接地引出线对地的绝缘电阻。

（8）相位检查。

（9）额定电压下冲击合闸试验（外电源送电时进行）。

2）试验方法及规程

（1）外观检查。

检查铭牌数据与设计图纸一致。

各元件无损伤和移位。

接线无松动、脱落。

绝缘无破损，无异物。

（2）测量绕组连同套管的直流电阻。

试验仪器采用直流电阻测试仪。

测量的有效数字依据测量仪器决定。

测量应在分接头的所有位置上进行。

变压器的直流电阻与同温度下产品出厂实测数值比较，相应变化不应大于 2%。

（3）检查所有分接头的变压比及接线组别。

试验仪器采用自动变比测试仪。

测量应在分接头的所有位置上进行。

测试值与制造厂铭牌数据相比应无明显差别，且应符合变压比的规律。

检查变压器的接线组别，必须与设计要求及铭牌上的标记和外壳上的符号相符[16]。

（4）测量绕组的绝缘电阻。

试验仪器采用兆欧表。

变压器绝缘电阻不应低于产品出厂试验值的 70%[17]。

当测量温度与产品出厂试验时的温度不符合时，应换算到同一温度 20 ℃ 时的数值再进行比较。

试验完毕或重复试验时，必须将被测绕组对地充分放电。

（5）绕组的交流耐压试验。

试验仪器采用交流高压试验变压器。

工频耐压试验必须在被试品其他试验电压较低的项目全部完成以后，再进行该项试验。

变压器非被试绕组应短接接地。

电源开关应置于操作人员附近，发现异常情况及时切断电源。

按《电气装置安装工程电气设备交接试验标准》（GB 50150）中的相关规定进行交流耐压试验。

试验人员应站在绝缘垫上操作，戴绝缘手套、穿绝缘靴操作。

（6）额定电压下的冲击合闸试验。

在电网额定电压下，对变压器的冲击合闸试验，应进行 3 次，每次间隔时间宜为 5 min，无异常现象。

冲击合闸试验在变压器高压侧进行。

对中性点接地的电力系统，试验时变压器中性点必须接地。

（7）测量与铁芯绝缘的各紧固件及铁芯接地引出线对地的绝缘电阻。

试验仪器采用兆欧表。

穿芯螺栓一端与铁芯连接时，应将连接片断开后进行试验。

铁芯必须为一点接地，对于变压器上有专用的铁芯接地引出线时，应测量其对地的绝缘电阻。

试验持续时间为 1 min，应无闪络现象。

7.3.2 开关类设备调试

开关类设备包括中压开关柜、低压开关柜、直流开关柜、钢轨电位限制装置、排流柜、单向导通装置、综控屏、交直流电源屏、负荷开关柜及隔离开关柜等设备。

1．中压开关柜调试要点

1）试验项目

（1）外观及结构检查。

（2）测量主回路的导电电阻。

（3）测量断路器的分、合闸时间。

（4）测量断路器主、辅触头分、合闸的同期性及配合时间。

（5）测量断路器分、合闸线圈绝缘电阻、直流电阻以及低电压试验。

（6）测量绝缘电阻。

（7）交流耐压试验。

（8）断路器的操作试验。

2）试验方法及规程

（1）外观及结构检查。

各元器件符合图纸要求。

主回路相序标识正确。

铭牌齐全，参数与设计图纸一致。

开关柜体无破损、无异物。

（2）测量主回路的导电电阻。

试验仪器采用回路电阻测试仪。

测量前应先分、合断路器几次，以消除触头上的金属氧化膜。

主回路的导电电阻值应符合产品技术条件规定值。

（3）测量断路器的分、合闸时间。

试验仪器采用高压开关动作特性测试仪。

测量断路器的分、合闸时间，试验应在断路器额定操作电压下进行，实测数值应符合产品技术条件的规定。

（4）测量断路器的分、合闸速度。

试验仪器采用高压开关动作特性测试仪。

测量断路器的分、合闸速度，试验应在断路器额定操作电压下进行，实测值应符合产品技术条件的规定。

（5）测量断路器主、辅触头分、合闸的同期性及配合时间。

试验仪器采用高压开关动作特性测试仪。

断路器主、辅触头三相及同相各断口分、合闸的同期性及配合时间，应符合产品技术条件的规定。

（6）测量断路器分、合闸线圈绝缘电阻、直流电阻以及低电压试验。

试验仪器采用兆欧表和直流电阻测试仪以及直流电源发生器。

测量断路器分、合闸以及失压线圈的绝缘电阻值不应低于 10 MΩ，直流电阻值与产品出厂试验值相比应无明显差别[17]。

低电压试验应符合产品技术条件的规定。

（7）测量绝缘电阻。

试验仪器采用兆欧表。

测量包括主回路、断口间以及辅助回路与控制回路的绝缘电阻。

试验应符合《电气装置安装工程电气设备交接试验标准》（GB 50150）中的相关的规定。

（8）耐压试验。

试验仪器采用交流高压试验变压器及耐压测试仪。

测量包括主回路、断口间以及辅助回路与控制回路的耐压试验。

主回路的耐压试验程序和方法，应按产品技术条件的规定进行，试验电压值为出厂试验电压的 80%[17]。

（9）断路器的操作试验。

操作试验应符合产品技术条件的规定。

包括机械/电气合、分闸操作以及机械/电气联锁试验。

联锁与闭锁装置动作应准确可靠[16]。

按照产品技术条件规定的操作电压，对断路器进行分、合闸试验，断路器应可靠动作。

2．低压开关柜调试要点

1）试验项目

（1）外观及结构检查。

（2）机械实验。

（3）电气操作实验。

（4）测量绝缘电阻。

（5）电流表回路校验。

（6）备自投检查。

（7）功能单元互换性检查。

2）试验方法及规程。

（1）外观及结构检查。

元件及材料选用符合图纸要求。

零件、部件边缘无明显毛刺及裂纹。

门表面平整，上下门之间间隙应一致，开启角不小于90°，开闭灵活，能可靠地关合，在开闭过程中不应损坏油漆，门锁上后不应有明显晃动。

外表漆膜无皱纹、流痕、针孔、起泡、透底漆、斑点、沙粒、附着物、色泽不均匀等现象。

镀件的镀层无起皮脱落、发黑、发霉及生锈等现象。

接地应可靠，接地点应有明显的接地标记。

安装方式符合使用说明书要求，元件符号与图纸一致，仪表安装高度≤2000 mm，操作器件安装高度≤1800 mm。

铭牌粘贴正确，与开关柜、功能单元一一对应。表面整洁、字迹清晰，符合图纸要求。

无毛刺、划痕、凹坑，弯曲处无裂纹，排列正确、接触面平整无污秽、自然吻合。螺钉连接处应有拧紧标志。

所选电缆截面正确，布线符合图纸要求，标号清晰、接地牢固并符合工艺文件的规定。

（2）机械实验。

抽屉等合、分（推进）机构运行灵活，连锁可靠，无卡住或操作力过大现象。

模拟通电按装置的电气原理图的要求进行模拟动作试验，验证操作及联动是否符合设计要求。

对装置主电路及与主电路直接连接的辅助电路进行加压试验，验证有无击穿或放电现象。

（3）电流表回路校验。

对低压开关柜的所有电流互感器回路进行测试，防止电流回路开路状态。

（4）备自投检查。

对低压开关柜进行备自投检查，按照设计的要求，保证备自投功能的正常。

（5）功能单元互换检查。

将完全相同的功能单元在同一规格的两个功能单元隔室中抽插2次，验证功能单元运动应灵活、无卡滞现象或操作力过大现象[16]。

3．直流开关柜调试要点

1）试验项目

（1）外观及结构检查。

（2）测量绝缘电阻。

（3）交流耐压试验。

（4）开关保护定值整定校验。

（5）测量主回路的导电电阻。

（6）断路器分、合闸时间的测量。

（7）操作试验。

（8）综合保护控制单元以及整组联动试验。

2）试验方法及规程

（1）外观及结构检查。

各元器件符合图纸要求。

铭牌齐全，参数与设计图纸一致。

开关柜体无破损、无异物。

（2）测量绝缘电阻。

试验仪器采用兆欧表。

试验包括主回路、辅助和控制回路以及框架对地的绝缘试验。

试验应符合《电气装置安装工程电气设备交接试验标准》（GB 50150）中的相关规定。

绝缘电阻试验应在良好的天气条件下，且试品温度及周围环境温度一般不低于 5 ℃ 条件下进行。

当测量温度与产品出厂试验时的温度不符时，应换算到同一温度 20 ℃ 时的数值再进行比较。

试验完毕或重复试验时，必须将被试品对地充分放电。

（3）交流耐压试验。

试验仪器采用交流高压试验变压器及耐压测试仪。

试验包括主回路、辅助和控制回路的耐压试验。

耐压试验应符合《电气装置安装工程电气设备交接试验标准》（GB 50150）中的相关规定以及符合产品技术条件的规定。

工频耐压试验必须在被试品其他试验电压较低的项目全部完成以后，再进行该项试验。

电源开关应置于操作人员附近，发现异常情况及时切断电源。

试验人员应站在绝缘垫上操作，或戴绝缘手套、穿绝缘靴操作。

（4）断路器分、合闸时间的测定。

试验仪器采用开关动作特性测试仪。

测量断路器的分、合闸时间，试验应在断路器额定操作电压下进行，实测数值应符合产品技术条件的规定。

（5）测量主回路的导电电阻。

试验仪器采用回路电阻测试仪。

测量前应先分、合断路器几次，以消除触头上的金属氧化膜。

主回路的导电电阻值应符合产品技术条件规定值。

（6）开关保护定值整定校验。

试验仪器采用继电保护校验仪。

对直流开关过电流保护装置进行 3 次试验，每次误差不超过产品技术条件的规定。

（7）机械操作试验。

机械操作试验应符合产品技术条件的规定。

包括电气、机械操作和联锁试验。

联锁与闭锁装置动作应准确可靠。

按照产品技术条件规定的操作电压下对断路器进行分、合闸试验，断路器应可靠动作。

（8）综合保护控制单元以及整组联动试验。

包括控制、保护、测量、监视以及分流器、分压器、变送器及指示仪表等。

试验应符合《电气装置安装工程电气设备交接试验标准》（GB 50150）以及产品技术要求中的相关规定。

分流器、分压器、变送器进行精度测试。

试验方法及注意事项见各分类项目。

试验仪器采用兆欧表和直流电阻测试仪。

直流电阻应符合产品技术要求。

绝缘电阻试验应符合《电气装置安装工程电气设备交接试验标准》（GB 50150）中的相关规定。

4．钢轨电位限制装置调试要点

1）试验项目

（1）外观检查。

（2）测量绝缘电阻。

（3）交流耐压。

（4）功能试验。

2）试验方法及规程

（1）外观检查。

各元器件符合图纸要求。

铭牌齐全，参数与设计图纸一致。

柜体无破损、无异物。

（2）测量绝缘电阻。

试验仪器采用兆欧表。

对保护、控制、辅助回路及主回路分别进行绝缘电阻测试。

试验应符合《电气装置安装工程电气设备交接试验标准》（GB 50150）中的相关规定。

（3）交流耐压试验

试验仪器采用耐压测试仪。

对保护、控制、辅助回路及主回路分别进行耐压测试。

试验电压持续1 min，应无闪络发生。

试验电压应符合产品技术条件的规定。

（4）功能试验。

包括接线和电气操作检查试验以及保护和测量回路试验。

包括各单元件，如装在装置内的接触器、继电保护单元、电压及电流采样单元等。

对保护继电器进行调试及整定。

对接线、闭锁开关、信号回路、表计、模拟动作以及整体功能进行检查。

单元件试验应符合国家相关标准及产品制造厂的规定。

整体功能试验应符合设计及产品制造厂的规定。

5．排流柜调试要点

1）试验项目

（1）外观检查。

（2）测量绝缘电阻。

（3）交流耐压试验。

（4）辅助装置的检验。

（5）功能检查。

2）试验方法及规程

（1）外观检查。

各元器件符合图纸要求。

铭牌齐全，参数与设计图纸一致。

柜体无破损、无异物。

（2）测量绝缘电阻。

试验仪器采用兆欧表。

绝缘电阻值与出厂试验值比较应无明显差别。

（3）交流耐压试验。

试验仪器采用耐压测试仪。

试验电压持续 1 min，应无闪络发生。

试验电压应符合产品技术条件的规定。

（4）辅助装置的检验。

包括各单元件，如装在排流柜上的加热器、二极管、快速熔断器及保护、信号单元等。

单元件试验应符合《电气装置安装工程电气设备交接试验标准》（GB 50150）以及产品技术说明书中的相关规定。

（5）功能检查。

包括短路、过电压保护以及信号显示回路。

整体功能试验应符合制造厂的规定，满足产品技术说明书的要求。

根据设计图纸要求，对每一只元器件以及所要求实现的功能进行模拟试验。

6．单向导通装置试验

1）试验项目

（1）外观检查。

（2）测量绝缘电阻。

（3）交流耐压试验。

（4）辅助装置的检验。

（5）功能检查。

2）试验方法、注意事项及标准规程
（1）外观检查。
各元器件符合图纸要求。
铭牌齐全，参数与设计图纸一致。
柜体无破损、无异物。
（2）测量绝缘电阻。
试验仪器采用兆欧表。
绝缘电阻值与出厂试验值比较应无明显差别。
（3）交流耐压试验。
试验仪器采用高压试验变压器及耐压测试仪。
试验电压应符合产品技术条件的规定。
（4）辅助装置的检验。
包括各单元件，如装在装置内部的二极管、过电压限制装置等。
单元件试验应符合《电气装置安装工程电气设备交接试验标准》（GB 50150）以及产品技术说明书中的相关规定。
（5）功能检查。
整体功能试验应符合制造厂的规定，满足产品技术说明书的要求。
根据设计图纸要求，对设备所要求实现的功能进行模拟试验。

7．综控屏调试要点

1）试验项目
（1）外观检查。
（2）测量绝缘电阻。
（3）交流耐压试验。
（4）功能检查。
2）试验方法、注意事项及标准规程
（1）外观检查。
各元器件符合图纸要求。
铭牌齐全，参数与设计图纸一致。
柜体无破损、无异物。
（2）测量绝缘电阻。
试验仪器采用兆欧表。
对保护、控制、辅助回路及主回路分别进行绝缘电阻测试。
试验应符合《电气装置安装工程电气设备交接试验标准》（GB 50150）中的相关规定。
（3）交流耐压试验。
试验仪器采用耐压测试仪。
对保护、控制、辅助回路及主回路分别进行耐压测试。
试验电压持续 1 min，应无闪络发生。
试验电压应符合产品技术条件的规定。

（4）功能检查。

包括接线和电气操作检查试验以及保护和测量回路试验。

包括各单元件，如装在装置内的接触器、继电保护单元、电压及电流采样单元等。

对保护继电器进行调试及整定。

对接线、闭锁开关、信号回路、模拟动作以及整体功能进行检查。

单元件试验应符合国家相关标准及产品制造厂的规定。

整体功能试验应符合设计及产品制造厂的规定。

8．交流电源屏调试要点

1）试验项目

（1）外观检查。

（2）测量绝缘电阻。

（3）交流耐压试验。

（4）功能检查。

（5）相序检查。

2）试验方法、注意事项及标准规程

（1）外观检查。

各元器件符合图纸要求。

主回路相序标识正确。

铭牌齐全，参数与设计图纸一致。

柜体无破损、无异物。

（2）测量绝缘电阻。

试验仪器采用兆欧表。

试验应符合《电气装置安装工程电气设备交接试验标准》（GB 50150）中以及产品制造厂的相关规定。

（3）交流耐压试验。

试验仪器采用耐压测试仪。

对保护、控制、辅助回路及主回路分别进行耐压测试。

试验电压持续 1 min，应无闪络发生。

试验电压应符合产品技术条件的规定。

（4）功能检查。

包括接线和电气操作检查试验以及保护和测量回路试验。

包括各单元件，如装在装置内的接触器、继电保护单元、电压及电流采样单元等。

对保护装置进行调试及整定。

对接线、闭锁开关、信号回路、表计、模拟动作以及整体功能进行检查。

对自投功能及进线来电自复功能进行检查。

单元件试验应符合国家相关标准及产品制造厂的规定。

整体功能试验应符合设计及产品制造厂的规定。

（5）相序检查。

对电源相序进行检查，应符合设计及产品制造厂的规定。

9．直流电源屏（含蓄电池）调试要点

1）试验项目

（1）外观检查。

（2）测量绝缘电阻。

（3）交流耐压试验。

（4）功能检查。

（5）电池组充电和放电试验。

2）试验方法、注意事项及标准规程

（1）外观检查。

各元器件符合图纸要求。

主回路相序标识正确。

铭牌齐全，参数与设计图纸一致。

柜体无破损、无异物。

（2）测量绝缘电阻。

试验仪器采用兆欧表。

试验应符合《电气装置安装工程电气设备交接试验标准》（GB 50150）中以及产品制造厂的相关的规定。

（3）交流耐压试验。

试验仪器采用耐压测试仪。

对保护、控制、辅助回路及主回路分别进行耐压测试。

试验电压持续 1 min，应无闪络发生。

试验电压应符合产品技术条件的规定。

（4）功能检查。

包括浮充装置稳压精度、控制母线输出电压稳压精度、充电装置稳流精度以及保护装置调试与整定试验。

包括各单元件，如装在盘上的接触器、指示仪表、继电保护单元、电压及电流采样单元等。

进行充电装置功能检查、绝缘监察装置检查以及直流电源功能试验。

元件试验应符合国家相关标准及产品制造厂的规定。

整体功能试验应符合设计及产品制造厂的规定。

（5）蓄电池组充电和放电试验。

试验采用外接电阻箱放电、活化。

在蓄电池进行充、放电时，严禁明火靠近蓄电池。

在蓄电池进行充、放电前，先进行外观检查，检查器件是否损坏，连线是否松动。

充电和放电试验应符合产品技术说明书的规定。

放电电流值应按产品技术说明书的规定。

在采用外接电阻箱放电时,将一块直流电流表串联接入放电回路中,每隔 10 min 记录放电电流值以及单个电池的电压[17]。

放电至每个蓄电池(额定电压为 2 V)平均电压为 1.0 V 时,记录放电时间并停止放电。

蓄电池额定容量 Ah=放电电流×放电时间(小时),如果此值等于或大于蓄电池额定容量,即证明电池已活化。

经初充、放电,蓄电池活化后,即可进行正常充电。

10. 隔离开关及负荷开关试验

1)试验项目

(1)外观检查。

(2)测量绝缘电阻。

(3)测量负荷开关导电回路的电阻。

(4)交流耐压试验。

(5)检查操动机构线圈的最低动作电压。

(6)操动机构的试验。

2)试验方法、注意事项及标准规程

(1)外观检查。

铭牌齐全,参数与设计图纸一致。

表面无破损、无异物。

(2)测量绝缘电阻。

试验仪器采用兆欧表。

绝缘电阻值应符合《电气装置安装工程电气设备交接试验标准》(GB 50150)中的相关规定。

(3)测量负荷开关导电回路的电阻。

试验仪器采用回路电阻测试仪。

负荷开关导电回路的电阻值及测试方法,应符合产品技术条件的规定。

(4)交流耐压试验。

试验仪器采用高压试验变压器及耐压测试仪。

试验电压应符合《电气装置安装工程电气设备交接试验标准》(GB 50150)中的相关规定。

(5)检查操动机构线圈的最低动作电压。

试验仪器采用可调直流电源。

操动机构线圈的最低动作电压,应符合产品制造厂的技术规定。

(6)操动机构的试验。

隔离开关、负荷开关的机械或电气闭锁装置应准确可靠。

电动机操动机构:当电动机接线端子的电压在其额定电压的 80%~110% 范围内时,应保证开关的闸刀可靠地分闸和合闸。

试验应符合产品制造厂的技术规定。

7.3.3 主要元器件类设备调试

设备包括电流互感器、电压互感器、避雷器、继电保护装置等。

1. 电流互感器试验

1）试验项目

（1）外观检查。
（2）测量绕组的绝缘电阻。
（3）测量电流互感器的励磁特性曲线。
（4）检查电流互感器极性。
（5）检查电流互感器变比。

2）试验方法、注意事项及标准规程

（1）外观检查。

铭牌齐全，参数与设计图纸一致。

表面无破损、无异物。

（2）测量绕组的绝缘电阻。

试验仪器采用兆欧表。

测量一次绕组对二次绕组及外壳、各二次绕组间及其对外壳的绝缘电阻。

试验应符合《电气装置安装工程电气设备交接试验标准》（GB 50150）中的相关的规定。

（3）绕组连同套管对外壳的交流耐压试验。

试验仪器采用高压试验变压器及耐压测试仪。

电流互感器应进行一次绕组连同套管对外壳的工频交流耐压试验，以及二次绕组之间及其对外壳的工频交流耐压试验。

试验应符合《电气装置安装工程电气设备交接试验标准》（GB 50150）以及产品技术说明书中的相关规定。

（4）测量电流互感器一次绕组连同套管的介质损耗角正切值 $\tan\delta$。

试验仪器采用智能型介损测试仪。

测量电流互感器一次绕组连同套管的介质损耗角正切值 $\tan\delta$，应符合《电气装置安装工程电气设备交接试验标准》（GB 50150）中的相关规定。

（5）测量电流互感器的励磁特性曲线。

试验仪器采用单相调压器、交流电流表和交流电压表。

当继电保护对电流互感器的励磁特性有要求时，应进行励磁特性曲线试验。

同型式电流互感器特性相互比较，应无明显差别。

试验应符合《电气装置安装工程电气设备交接试验标准》（GB 50150）以及产品技术说明书中的相关规定。

（6）检查电流互感器变比及极性。

测量仪器采用数字式互感器校验仪、自耦调压器、升流器、标准互感器、负载箱。

选取互感器额定电流的 10%、20%、50% 和 100% 分别测量。

测量结果应与产品制造厂铭牌值相符。

试验应符合《电气装置安装工程电气设备交接试验标准》(GB 50150)以及产品技术说明书中的相关规定。

(7)局部放电试验。

测量仪器采用局部放电测试仪。

局部放电试验应在耐压试验后进行。

试验人员应站在绝缘垫上操作,戴绝缘手套、穿绝缘靴操作。

(8)测量铁芯夹紧螺栓的绝缘电阻。

试验仪器采用兆欧表。

在做器身检查时,应对外露的或可接触到的铁芯夹紧螺栓进行测量。

采用兆欧表测量,试验时间为1 min,应无闪络及击穿现象。

穿芯螺栓一端与铁芯连接者,测量时应将连接片断开,不能断开的可不进行测量。

试验应符合《电气装置安装工程电气设备交接试验标准》(GB 50150)以及产品技术说明书中的相关规定。

2. 电压互感器试验

1)试验项目

(1)外观检查。

(2)测量绕组的绝缘电阻。

(3)测量电压互感器一次绕组的直流电阻。

(4)测量电压互感器的励磁特性。

(5)检查单相互感器引出线的极性。

(6)检查互感器的变比。

2)试验方法、注意事项及标准规程

(1)外观检查。

铭牌齐全,参数与设计图纸一致。

表面无破损、无异物。

(2)测量绕组的绝缘电阻。

试验仪器采用兆欧表。

测量一次绕组对二次绕组及外壳、各二次绕组间及其对外壳的绝缘电阻。

试验应符合《电气装置安装工程电气设备交接试验标准》(GB 50150)中的相关规定。

(3)绕组连同套管对外壳的交流耐压试验。

试验仪器采用高压试验变压器及耐压测试仪。

电压互感器应进行一次绕组连同套管对外壳的工频交流耐压试验,以及二次绕组之间及其对外壳的工频交流耐压试验。

试验应符合《电气装置安装工程电气设备交接试验标准》(GB 50150)以及产品技术说明书中的相关规定。

(4)测量电压互感器一次绕组的直流电阻。

试验仪器采用直流电阻测试仪。

测量一次绕组的直流电阻值,其与产品出厂值或同批相同型号产品的测得值相比,应无明显差别。

试验应符合《电气装置安装工程电气设备交接试验标准》(GB 50150)以及产品技术说明书中的相关规定。

(5)测量电压互感器(1 kV以上)的空载电流和励磁特性。

试验仪器采用单相调压器、交流电流表和交流电压表。

在互感器铭牌额定电压下测量电流,空载电流与同批产品的测得值或出厂数值比较,应无明显差别。

试验应符合《电气装置安装工程电气设备交接试验标准》(GB 50150)以及产品技术说明书中的相关规定。

(6)检查单相互感器变比及极性。

测量仪器采用自动变比测试仪。

检查互感器变比,应与制造厂铭牌值相符,对多抽头的互感器,可只检查使用分接头的变比。

检查单相互感器极性,并与铭牌上的标记和外壳上的标号相符。

试验应符合《电气装置安装工程电气设备交接试验标准》(GB 50150)以及产品技术说明书中的相关规定。

(7)局部放电试验。

测量仪器采用局部放电测试仪。

局部放电试验应在耐压后进行。

低压绕组的首端悬空,不允许与末端相接。

试验人员应站在绝缘垫上操作,戴绝缘手套、穿绝缘靴操作。

测试时,按现行国家标准《电气装置安装工程电气设备交接试验标准》(GB 50150)的规定进行。

(8)测量铁芯夹紧螺栓的绝缘电阻。

试验仪器采用兆欧表。

在做器身检查时,应对外露的或可接触到的铁芯夹紧螺栓进行测量。

采用兆欧表测量,试验时间为1 min,应无闪络及击穿现象。

穿芯螺栓一端与铁芯连接者,测量时应将连接片断开,不能断开的可不进行测量。

试验应符合《电气装置安装工程电气设备交接试验标准》(GB 50150)以及产品技术说明书中的相关规定。

3. 避雷器试验

(1)试验项目。

(2)外观检查。

(3)测量绝缘电阻。

(4)直流参考电压。

(5)放电计数器动作情况检查及基座绝缘的检查。

(6)试验方法、注意事项及标准规程。

(7)外观检查。

铭牌齐全，参数与设计图纸一致。

表面无破损、无异物。

（8）测量绝缘电阻。

试验仪器采用兆欧表。

绝缘电阻值与出厂试验值比较，应无明显差别。

（9）直流参考电压。

试验仪器采用直流高压发生器。

避雷器对应于直流参考电流下的直流参考电压以及直流泄漏电流，整支或分节进行的测试值，应符合产品技术条件的规定。

（10）放电计数器动作情况检查及基座绝缘的检查。

试验仪器采用兆欧表和雷电记录检测仪。

检查放电计数器的动作应可靠，避雷器基座绝缘应良好。

4．继电保护装置调试

1）试验项目

（1）外观检查。

（2）插件检查。

（3）装置电源及接线检查。

（4）综合功能检查。

2）试验方法、注意事项及标准规程

（1）外观检查。

装置应完整无损坏，表面及内部清洁，内部无脱落的零部件或其他部件。

（2）插件检查。

装置插件应与产品技术说明书相符，无缺件。

（3）装置电源及接线检查。

依据设计图纸，校验装置接线与设计图纸一致。

（4）电源回路连接可靠，且无短路或断路。

（5）综合功能检查。

（6）装置保护定值核查。

（7）装置动作出口检查。

（8）装置信号检查。

7.4　所内调试要点

变电所内调试应建立在所有单机设备调试完毕的基础上，所内调试的目的是验证所内各供电设备的功能是否达到设计提出的功能要求。

7.4.1 所内设备之间的调试

变电所所内设备调试包括主变电所、牵引降压混合变电所和降压变电所的所内设备调试，主要调试所内各种设备之间的联锁、闭锁关系。

1．所内设备调试的前提条件及注意问题

（1）主变电所、牵引降压混合变电所、降压变电所、直流开闭所（若有）、接触网等设备和子系统已通过单体调试，单体设备功能试验完毕。

（2）控制中心电力监控主站所有设备、各被控站如 110 kV 主变电所、牵引降压混合变电所、降压变电所等所有设备的单体调试工作已经完成；监控主站、各被控站所需的工作电源可靠、稳定。

（3）电力监控系统数据传输通信通道（通信系统负责）已经调通，满足监控系统数据可靠传输的要求。

（4）控制中心与每个被控站有可靠的通讯联络手段。

（5）交流 110 kV、35 kV（10 kV）、直流 1500 V（750 V）电缆以及其他相关电缆已经施工完毕，电缆的耐压、绝缘、导通试验全部正常。

（6）在城市轨道交通建设中，供电系统调试时，其他设备各系统也正在进行紧张的调试。由于供电系统的调试不可避免地存在电源切换，而且送电到变电所外的供电设施如接触网时，会对其他设备系统的调试和人员安全带来影响，所以在供电系统的调试时间和步骤确定后，需对供电系统调试的时间、停电范围、可能的危险等发布公告。

2．主变电所所内调试

（1）110 kV 主变电所内组合电器的电气闭锁关系。

（2）主变压器的互投功能测试。包括正常状态下的两台主变压器投切和故障情况下的备投，应均能正常投切。

（3）主变压器有载调压开关的测试。

（4）所用交流电源屏自投测试。

（5）变电所综合自动化的测试。

在调试时一般采用短接保护出口接点、二次侧输入电压（电流）拆接二次端子等方法进行。

自动切换项目的调试在临时电调试时和正式送电时均应进行，以论证模拟状态和正式带电状态测试的一致性。

3．牵引降压混合变电所所内调试

（1）35 kV（10 kV）系统的自投、自复功能测试。

（2）牵引机组的对应交、直流两侧开关联跳测试；牵引机组的负载特性、牵引机组的效率、功率因数测试，牵引机组的谐波特性测试（谐波电压、谐波电流、波纹系数等）。

（3）直流框架保护（电压元件或电流元件）动作时的对应交流、直流开关的报警、联跳测试。

（4）直流 1500 V（750 V）系统的馈线开关自动重合闸功能测试。

（5）供电系统中的各项闭锁功能是通过硬件、软件实现的，调试中须逐一进行核实，例如：牵引变电所 35 kV（10 kV）牵引变压器外壳门、格栅门和对应交流中压开关间的电气闭锁和联跳。

（6）0.4 kV 低压系统的自投自复切换测试、0.4 kV 三级负荷开关自动切换测试。

（7）0.4 kV 系统中进线开关与馈线开关的选择性配合测试。

（8）所用交流电源屏自投测试。

4．降压变电所所内调试

（1）35 kV（10 kV）系统的自投功能测试。

（2）供电系统中的各项闭锁功能是通过硬件、软件实现的，调试中须逐一进行核实，例如：降压变电所 35 kV（10 kV）配电变压器外壳门和对应交流中压开关间的电气闭锁和联跳。

（3）0.4 kV 低压系统的自投自复切换测试、0.4 kV 三级负荷开关自动切换测试。

（4）0.4 kV 低压系统中进线开关与馈线开关的选择性配合测试。

（5）所用交流电源屏的自投测试。

7.4.2　所内设备与电力监控系统之间的调试

以每一个变电所为单位，完整地完成变电所的系统功能测试，例如 35 kV 开关柜的功能测试、35 kV 母联自投功能调试，1500 V 直流开关柜的功能测试，400 V 开关柜功能测试，400 V 母联自投功能调试，综控屏功能调试，综控屏遥控、遥信、遥测功能调试，声光报警和液晶显示屏功能调试，"故障确认""消音"按钮等功能调试。以上内容归类后，可分为三大类：遥信、遥控、遥测。

1）遥信项目测试

遥信项目的调试分为位置、预告、事故信号三部分调试。位置信号的调试为在变电所内对所有纳入遥信对象的开关量进行模拟位置变化，其位置变化的信号量逐级上送，最后在综控屏上能正确反映。预告、事故信号的调试在变电所内的信号源端模拟并发生其相应的保护，在综控屏上能正确反映，包括：预告、事故信号发生的种类、时间等伴随信号。

2）遥控项目调试

在综控屏上对变电所内的已在远动控制方式下的开关进行合/分控制。遥控命令通过通信骨干网的处理与传输，到达变电所内的被控开关。变电所内的被控开关应正确动作，其相应的位置变化信号再正确反映到控制信号盘上。

3）遥测项目调试

在变电所内对所要测量的项目，通过用电压、电流发生器模拟出运行值，并计算出理论值。通过在控制信号盘上所显示的数值与计算出的理论值相比较。其误差满足设计要求则认为正确。

在变电所的系统功能测试完毕之后，出具详细完整的试验报告。试验报告包括以下内容：被试设备、试验项目、试验方式、结论、日期及天气情况。

7.4.3 上网隔离开关与电力监控系统之间的调试

电力监控系统与牵引网电动隔离开关柜之间的系统联调，即电力监控对牵引网的电动隔离开关柜进行遥控功能测试，一般应按照如下几个测试项目进行：

（1）电动隔离开关柜的当地操作：将开关切换到当地控制状态，在现场利用操作手柄进行开关的分闸、合闸操作，在牵引降压混合变电所综控屏监视其状态显示是否正确。

（2）电动隔离开关柜的变电所操作：将开关切换到远方控制状态，在牵引变电所综控屏进行开关的分闸、合闸操作，在现场、牵引降压混合变电所综控屏监视其状态显示是否正确。

（3）电动隔离开关柜的远方操作：将开关切换到远方控制状态，在控制中心进行开关的分闸、合闸操作，在现场、牵引降压混合变电所综控屏及控制中心监控主站监视其状态显示是否正确。

7.5 所间调试要点

供电系统所间调试主要分为交流侧设备调试和直流侧设备调试两部分。

7.5.1 交流侧设备调试

交流侧调试主要为供电网络纵差保护的极性校验及稳定性试验。

（1）城网变电所 110 kV 出线间隔与 110 kV 主变电所进线纵差保护试验。

（2）110 kV 主变电所 35 kV（10 kV）馈线与直接电气连接的 35 kV（10 kV）变电所（牵引降压混合变电所或降压变电所）间纵差保护极性校验。

（3）相邻 35 kV（10 kV）变电所间的纵差保护极性校验。

（4）所间的 35 kV（10 kV）电力电缆光纤纵联差动保护测试。当电缆故障引起一侧断路器跳闸时，断路器上的差动保护装置应能发信号使故障另外一侧的断路器一起跳闸。

上述调试的关键是正确校验纵差保护电流互感器的二次极性，必要时采用线路一次升流的办法验证。特别需要指出的是，供电系统正式送电完成后，在车站大负荷用电设备（例如：隧道风机）带电调试时，需再次用"六角图法"验证保护极性及进行纵差保护的稳定性校验。

7.5.2 直流侧设备调试

直流侧调试主要是调试牵引降压混合所与牵引网间、相邻牵引降压混合所间参数、连锁、联跳功能。其中，牵引网短路试验的目的是：通过录制接触轨短路时的电流波形，精确统计和计算不同短路点的短路电流大小、上升速率（di/dt）等，为验证和修改直流保护整定值提供依据。

（1）所内直流快速断路器与牵引网电动隔离开关的联锁功能的调试。

（2）相邻牵引变电所间的联跳试验。

牵引降压混合变电所所间双边联跳保护测试。牵引网大多采用双边供电方式，即同一区间的牵引网同时由相邻两座牵引降压混合变电所的直流馈线供电。当该区段牵引网发生故障时，故障近端的牵引降压混合变电所先收到信号，相应的直流快速开关跳闸，同时通过联跳电缆传输脉冲给相邻的牵引降压混合变电所，使相邻变电所向该区段牵引网供电的直流快速开关也跳闸，从而断开接触轨故障区段的所有电源。

（3）双边供电、大双边供电（一个牵引降压混合变电所退出）的倒闸操作程序校验。

（4）直流框架保护和钢轨电位限制装置的保护配合试验。

为了保护直流供电系统和直流设备的安全，直流供电系统中的直流设备中设置框架保护装置。当任意一个直流设备内的正极对外壳漏电时，框架保护装置的电流检测元件应能动作，跳开所有直流开关及相关的中压断路器，同时联跳开相邻牵引变电所中向相同供电区段供电的直流断路器。

直流供电系统中同时还安装有钢轨电位限制装置。当乘客上下车且钢轨对地的电位高于整定值时，钢轨电位限制装置动作，将钢轨与地短时连接，从而保证车站旅客的人身安全。

供电系统调试中，必须注意框架保护装置和钢轨电位限制装置的配合。

直流框架保护和钢轨电位限制装置的保护配合试验必须在所间联调时进行，确保当钢轨电位因故升高时，直流框架保护和钢轨电位限制装置的保护实现梯级配合，减小事故的范围。

7.6 系统调试要点

供电系统调试是一项相对复杂的、涉及供电系统多子系统的调试项目。调试内容包括牵引变电所与牵引网调试、牵引网系统调试、电力监控系统与控制中心调试等内容。

7.6.1 牵引变电所与牵引网调试要点

牵引供电系统的送电开通前，需要对牵引网上网电动隔离开关进行调试，对每个站所控的上网电动隔离开关分别进行远动操作，检查隔离开关操作是否正确，操动机构是否准确到位，发生误动作或开关不到位时，及时进行调整。

牵引送电时一般是以牵引变电所所间牵引供电臂为单位而分别进行的。一般应按照如下步骤进行：

（1）拆除全部临时接地线：在牵引变电所受电以后，为保证接触网检测的安全，应设临时接地线，在接触网送电前应拆除全部的临时接地线。

（2）接触网绝缘测试：在送电开通的当天，应再次进行接触网的绝缘测试。

（3）合闸送电：牵引变电所内，操作上网电动隔离开关合闸、直流断路器合闸。

（4）验电：当牵引变电所操作完毕后，在牵引供电臂的末端进行验电。

7.6.2 牵引网系统调试

按照接触网的类型，牵引网系统调试包括架空接触网、接触轨调试。

1. 架空接触网调试

1）架空接触网限界车检查

架空接触网限界车检查是在架空接触网送电开通前进行的，通过架空接触网限界车在线路上运行，检查架空接触网设备及其他专业的限界。

（1）隧道及线路的建筑限界。

（2）隧道内及轨行区各类管线、电缆支、吊架的限界。

（3）架空接触网的支柱及车站吊柱的限界，重点检查对象是车辆段的架空接触网支柱限界、车站吊柱的限界。

（4）车站站台的限界：架空接触网限界车从车站缓慢经过，可检测车站站台的限界及站台的高度。

2）直流牵引系统的导通测试

测试直流牵引供电回路（架空接触网系统及走行轨回流系统）是否构成良好的导电回路。导通测试，按照下列步骤进行。

（1）牵引网分体导通测试：以牵引供电臂为单位进行，在牵引变电所内将供电电缆与正极柜断开，回流电缆与负极柜断开，将所测试的供电臂的上网隔离开关闭合，然后在此供电臂的末端用铜绞线将接触网与走行轨道连接，利用兆欧表，对每个供电臂分别进行导通测试。

（2）牵引网整体导通测试：在起点处的牵引变电所内将供电电缆与正极柜断开，回流电缆与负极柜断开，起点的牵引变电所的上网开关闭合，其他牵引变电所上网开关断开，将全部纵向联络开关闭合，然后在终点处用铜绞线将接触网与轨道连接，利用兆欧表对整个接触网系统进行导通测试。

3）架空接触网短路试验

为校验牵引供电系统的直流馈线开关保护定值的选择性、灵敏性、可靠性，校验直流馈线开关的跳闸特性以及跳闸回路的完整性，在架空接触网送电后，系统试运行前，对架空接触网与走行轨间进行短路试验。

按照预先选定的短路点，将架空接触网和走行轨短接，在牵引变电所的直流开关柜上读取和采集故障电流、电压及波形数据，将收集到的数据与设计的整定值进行校验。在条件许可的情况下，分别进行双边供电、大双边供电等方式的短路试验，并以牵引变电所近端、远端分别试验，将试验的数据进行分析，同时校验设计方的整定值，若整定值误差较大须进行修正。

接触网短路试验是一项破坏性试验，该类试验应慎重，并按照下列步骤进行。

（1）测试供电回路的直流电阻：选取具有代表性的供电臂作为试验对象，断开此供电臂的电源，将供电电缆与正极柜断开，回流电缆与负极柜断开，在此供电臂的近端、远端分别用铜绞线将接触网与走行轨连接，分别测试近端回路与远端回路的直流电阻。

（2）选择短路点：确定接触网短路点的位置，以及对该短路点的供电方式。短路点的选择对短路电流的大小有直接影响，同时短路点不同，直流馈线开关跳闸将由不同的保护出口来执行，对试验的波形数据、保护装置报文等起到决定性的作用。

（3）短路电流计算：根据所选短路点位置，以及前次测试得到的直流电阻数据，进行短路电流的理论值计算。

（4）数据分析：将对短路点供电的直流馈线断路器保护装置中的故障录波、报文等数据收集起来进行分析，校验理论值，并得出试验分析报告。

（5）当条件允许时，在正常双边供电方式、大双边供电方式、单边供电方式下，各进行一次近端短路试验和远端短路试验。

2．接触轨调试

1）接触轨限界车检查

接触轨限界车检查是接触轨送电开通前进行的，利用接触轨限界车在线路上运行，可以用来检查接触轨设备及其他专业的建筑限界。

2）接触轨系统的绝缘测试

接触轨的绝缘测试是在接触轨送电开通前进行的。一般按照下列步骤进行：

接触轨的绝缘距离检查：对全线的接触轨与结构体、接地设备的绝缘距离等距接触轨带电体的绝缘距离进行全面的检查。

接触轨分体绝缘测试：将直流上网开关及纵向联络开关全部打开，从供电臂的一端开始，利用兆欧表，对每个供电臂分别进行绝缘测试。

接触轨整体绝缘测试：将直流上网开关全部打开，纵向联络开关全部闭合，利用兆欧表对接触轨整体进行绝缘测试。

3）系统的导通测试

导通测试是接触轨送电开通前进行的。一般按照下列步骤进行：

接触轨分体导通测试：接触轨分体导通测试以供电臂为单位进行，在牵引变电所内将供电电缆与正极柜断开，回流电缆与负极柜断开，将所测试的供电臂的上网开关闭合，然后在此供电臂的末端用铜绞线将接触轨与走行轨连接，利用兆欧表对每个供电臂分别进行导通测试。

接触轨整体导通测试：在起点处的牵引变电所内将供电电缆与正极柜断开，回流电缆与负极柜断开，将全部纵向联络开关闭合，起点的牵引变电所的上网开关闭合，其他牵引变电所开关断开，然后在终点处用铜绞线将接触轨与轨道连接，利用兆欧表对整个接触轨系统进行导通测试。

4）接触轨短路试验

为校验牵引供电系统的直流馈线开关保护定值的选择性、灵敏性、可靠性，校验直流馈线开关的跳闸特性以及跳闸回路的完整性，在接触轨送电后、系统试运行前，对接触轨与走行轨间进行短路试验。

按照预先选定的短路点，将接触轨和走行轨短接，在牵引变电所的直流开关柜上读取和采集故障电流、电压及波形数据，将收集到的数据与设计的整定值进行校验。在条件许可的情况下，分别进行双边供电、大双边供电等方式的短路试验，并以牵引变电所近端、远端分别试验，将试验的数据进行分析，同时校验设计方的整定值，若整定值误差较大须进行修正。

接触轨短路试验是一项破坏性试验，该类试验应慎重，并按照下列步骤进行。

（1）测试供电回路的直流电阻：选取具有代表性的供电臂作为试验对象，断开此供电臂的电源，将供电电缆与正极柜断开，回流电缆与负极柜断开，在此供电臂的近端、远端分别用铜绞线将接触网与走行轨连接，分别测试近端回路与远点回路的直流电阻。

（2）选择短路点：确定接触网短路点的位置，以及对该短路点的供电方式。短路点的选择对短路电流的大小有直接影响，同时短路点不同，直流馈线开关跳闸将由不同的保护出口来执行，对试验的波形数据、保护装置报文等起到决定性的作用。

（3）短路电流计算：根据所选短路点位置，以及前次测试得到的直流电阻数据，进行短路电流的理论值计算。

（4）数据分析：将对短路点供电的直流馈线断路器保护装置中的故障录波、报文等数据收集起来进行分析，校验理论值，并得出试验分析报告。

（5）当条件允许时，在正常双边供电方式、大双边供电方式、单边供电方式下，各进行一次近端短路试验和远端短路试验。

7.7　综合联调要点

综合联调的目的不仅是考验供电系统的设计能力、设备能力，还是验证供电系统与用电设备间的相互配合特性，包括与外单位、控制中心以及其他各相关专业之间的联调联试。

7.7.1　与地方供变电部门的联调

系统联调时，110 kV 主变电所的保护时限应与上一级地方供变电部门的 110 kV 馈线断路器的保护时限相配合，变压器故障时，110 kV 主变所内相应开关能及时跳闸而不至引起上一级地方供变电部门的 110 kV 馈线断路器跳闸。

7.7.2　与其他各专业的联调

1）与通信系统联调

在供电系统联调之前，应掌握通信系统向电力监控系统提供数据传输通信通道等设施的施工进度和交付使用具体时间。在交付使用前，需在建设方的主持下，按照监控系统对通道的要求，对通道进行传输速率、信号衰减、主备通道的自动切换、相关接口标准的检查等项目的测试。经测试确认通道合格满足要求后，方可进行电力监控系统的控制中心与各变电所综合自动化的联调。期间通信系统应保证数据通道的实时性、可靠性、稳定性，以及控制中心与各变电所的通信电话设施的完好。

2）与火灾自动报警系统联调

现场模拟火灾工况，验证低压 0.4 kV 开关柜内非消防回路是否能够可靠切除。

3）与动力照明系统联调

通过实验各类风机、水泵等电动机的启停工况，校核低压 0.4 kV 柜内开关与上下级多级开关间的保护配合关系。

4）多列车负荷试验

通过多列车在接触网上的取流、惰行、再生制动，校验供电设备、电缆、保护、测量的正确程度。

7.7.3　与控制中心的联调

电力监控系统的控制中心与变电所之间的联调主要是"四遥"项目的调试和复式设备功能的调试，当各变电所控制方式切换到中心级时，检验控制中心的遥控功能的调试。

1）遥信、遥控、遥测、遥调等联调项目的调试

（1）遥信功能的测试分为位置、预告、事故信号等三部分遥信测试，这些信号经数据传输通道上送指挥中心，最后在指挥中心电力监控调度台的监控画面及相关报警设备上能实时反映出。开关位置信号在做遥控试验时可以得到校验；事件的预告、事故信号的调试，需要在变电所的设备端模拟发生事件相应的信号，在指挥中心电力监控调度台及相关的报警设备上能实时反映出，包括预告、事故信号发生的性质、时间、种类等伴随信号。

（2）遥控项目调试：在控制中心电力监控系统控制台上对变电所已在远动控制方式下的开关量进行遥控操作、进行合/分控制。被控开关量正确动作后，其相应的位置变化信号再正确地反映到控制中心电力监控系统控制台上。

（3）遥控功能测试。

a. 单控试验：在指挥中心电力监控调度台上，对变电所已处在远动控制方式下的开关、接触网电动隔离开关等进行单独遥控操作（合/分控制）。被控开关正确动作后，其相应的位置变化信号正确地反映到指挥中心电力监控调度台的监控画面上。

b. 程控操作试验：通过指挥中心电力监控调度台的程序操作功能（即把所控对象内容按预先设定的若干单控操作步骤组合而成一个控制程序），实现变电所数个断路器或接触网电动隔离开关快速倒闸作业的遥控功能，如接触网按序列停、送电的程控操作等。

（4）遥测项目调试：通过用电压、电流发生器模拟电量信号，在变电所级进行相关测量，能够在控制中心的电力监控系统控制台正确地显示上传的数值。

（5）遥调项目调试：在控制中心电力监控系统控制台上对 110 kV 主变压器分接开关进行遥调，分接开关位置在控制台上的显示和实际位置能够一一对应。

2）复式设备的功能调试

系统联调时，设备的实际运行状态应能在复视终端上正确地显示。

7.8　车辆冷、热滑配合要点

车辆冷、热滑是城轨工程开通前进行的运行试验。冷滑是指车辆不带电进行的运行试验，热滑是指车辆带电进行的运行试验。只有当这两个试验的指标数据都符合标准时，城轨工程才可以开通运行[18]。

车辆冷滑主要是检验各专业安装的轨旁设备是否侵入设备限界，验证牵引网安装是否满足设计要求。车辆热滑主要是验证弓网关系，并检验牵引网在动荷载作用下结构的牢固性和可靠性。

7.8.1 冷滑配合要点

冷滑配合要点包括冷滑试验目的,并针对架空接触网和接触轨分别介绍了冷滑试验的内容。

1. 冷滑试验目的

（1）架空接触网冷滑的目的及内容：检查导线拉出值、接触线是否有硬点，各种线夹安装位置是否正确，各部分对受电弓的绝缘距离是否满足设计标准，受电弓在接触线上滑行是否平稳顺畅；

（2）检查接触轨的几何尺寸安装是否满足设计要求，确保列车按规定的速度安全运行。

2. 架空接触网冷滑试验的内容

冷滑试验是接触网系统设备安装调整完毕之后，对接触网系统的安装尺寸、安装工艺进行检测，与车辆受电弓机械性能配合试验。

架空接触网系统有架空刚性悬挂接触网和柔性接触网。在柔性悬挂区段，接触网冷滑试验要对接触线的高度、拉出值、硬点、定位坡度等项目进行检测，检测结果要符合设计要求，各种线夹接头没有碰弓、脱弓和刮弓的危险，特别要注意分段绝缘器、锚段关节和线岔处的检测。

（1）分段绝缘器处检测：检测分段绝缘器调整是否水平，分段绝缘器是否处于线路中心，受电弓经过时是否有刮弓现象。

（2）锚段关节检测：检测锚段关节处两锚段的接触线的过渡是否平稳，两锚段的接触线的间距是否合适，受电弓经过时是否有刮弓现象，重点检测绝缘锚段关节处两锚段接触线的拉出值。

（3）线岔检测：检测线岔处正线与渡线的接触线的过渡是否平稳，正线与渡线的接触线的高度是否合适，受电弓经过时是否有刮弓现象。

冷滑试验应分两次进行，第一次车速宜为 5~20 km/h（低速），第二次车速宜为 40~80 km/h（高速）。冷滑试验发现的问题应及时进行处理，第一次冷滑试验发现的问题应于第二次冷滑试验前进行处理，第二次冷滑试验发现的问题应于送电试验前处理完毕。

3. 接触轨冷滑试验的内容

（1）接触轨的安装位置：以走行轨为参考点，对接触轨的安装位置进行全线检测。

（2）断轨距离：检查断轨距离是否满足车辆受流器的受流要求。

（3）温度膨胀缝：检查膨胀缝的距离与温度关系曲线是否吻合。

（4）电缆接线检查：检查接线是否正确，接线有无妨碍行车及受流器的取流。

（5）上网开关柜检查：检查开关操作是否顺利，开关是否到达正确位置。

（6）接触轨安装：检查接触轨安装的稳定性和平顺性，有无侧磨的情况发生。

（7）断轨检测：在接触轨断轨处是否能使受流器顺利平滑地过渡。

（8）道岔检测：检测道岔处受流器在正线与渡线的过渡是否平稳，受流器经过时是否有碰触、撞击现象。

（9）接触轨的平整度：检测接触轨在最高运行速度条件下的使用情况。

（10）道岔处检测：检测受流器高速经过道岔时是否平稳。

（11）冷滑后检查：检查高速冷滑后有无螺栓松动现象，并及时采取措施加以预防和处理。

7.8.2 热滑配合要点

热滑配合要点包括热滑试验目的和热滑试验的内容。

1. 热滑试验目的

（1）检查列车能否按照设计允许速度运行条件正常运行。

（2）检验牵引供电系统能否满足列车运行需求。

（3）检查受电弓与牵引网的接触和取流是否满足受流要求。

2. 牵引网热滑试验的内容

牵引网系统正常受电后，车辆在带电正常运行的情况下进行热滑试验，主要检查车辆受电弓、受流器与牵引网系统之间的动态的电气、机械性能配合，牵引供电系统的可靠性是否满足运营要求。

（1）确认牵引网、轨道上所有障碍清除，满足车辆安全运行要求后，按照热滑试验路径进行第一次热滑，以 5~10 km/h 的速度运行，并检查以下内容：试验车辆的取流状况；受电弓通过定位器、接触线、工作支、非工作支、吊弦、定位索之间时，有无闪络现象；受电弓通过线岔、关节、线夹、定位器时，有无拉弧现象；受电弓通过分段绝缘器时，有无拉弧现象；受电弓通过固定接地体时，有无闪络现象；接触轨端部弯头处有无拉弧现象。

（2）根据第一次热滑缺陷记录，严格按照停电作业程序进行，严格作业标志，严格验电接地程序，克服第一次热滑检查的全部缺陷。整改完毕后，以 10~20 km/h 的速度进行第二次热滑，复查第一次检查的缺陷是否得到有效解决，同时仔细检查有无其他新的缺陷出现。检测在正常速度情况下，受电弓、受流器和牵引网的运行状态，受电弓、受流器滑行应平稳顺畅，取流良好。

（3）以实际运营运行速度进行第三次热滑，确保牵引网达到开通运营标准。

（4）检测车辆受电弓、受流器的全线运行状态，对火花或者拉弧位置、受流状态、车辆稳定度等技术状态做好记录。

（5）检验牵引网系统和回流系统回路是否连通和顺畅。

（6）检查架空接触网接触线线面是否平滑，接触线高度、拉出值有无突变。

（7）检查架空接触网汇流排中间接头、道岔、锚段关节、中心锚节、电连接、接地等支撑部件的安装状态是否有碰弓、脱弓或者刮弓的现象，有无出现严重的硬点、火花或拉弧现象。

（8）检验供电系统设备是否满足列车运行及各系统带电设备运行的需求，各项保护与运行方式配置是否合理，稳定性、可靠性能否满足设计要求。

（9）检验通信、机电设备在使用中的各项功能是否满足设计要求，为进行各专业系统综合调试和空载试运行提供条件。

（10）检查记录供电系统牵引变压器、整流器和直流开关柜等设备的运行情况。

（11）检查牵引网的末端电压值。

8 验收配合

城市轨道交通工程验收是建设全过程的后期程序，是建设工程即将转入载客运营使用的标志，也是检验设计和施工质量的重要环节。设计单位作为工程验收的参加单位之一，应就工程施工是否满足设计文件及设计变更要求等问题进行配合，为工程项目的检验、认证、综合评价和鉴定提供服务。

8.1 概　述

城市轨道交通工程验收分为单位工程验收、项目工程验收、竣工验收三个阶段。只有当城市轨道交通工程所包含的单位工程验收合格后，才可进行项目工程验收；项目工程验收合格后，需进行不载客试运行；试运行3个月且通过所需的全部专项验收后，才可进行竣工验收；竣工验收合格后，城市轨道交通工程可进入试运营阶段[19]。

供电系统作为城市轨道交通工程中一个独立的单位工程，其验收又可分为分部工程、分项工程和检验批。分部工程可按供电系统中包含的相对独立的完整项目进行划分；分项工程按工种、工序、设备等划分；检验批可根据施工及质量控制和验收需要划分。在供电系统单位工程中，检验批由施工单位自检合格后报监理单位，然后由监理工程师组织施工单位专职质量检查员等进行验收；分项工程由监理工程师组织施工单位项目技术负责人、质量负责人等进行验收，这两项验收的设计单位可不参与。分部工程的验收作为供电系统单位工程的基础组成部分，需要设计单位参与。

综上所述，在城市轨道交通工程的验收中，按照时序先后，供电系统设计单位应进行参与的有供电系统分部工程验收、单位工程验收、项目工程验收和竣工验收。各验收阶段应对其前阶段验收过程进行复查，在对前阶段整改情况进行核查的基础上，对遗留问题做出处理决定。

试运行是城市轨道交通工程从建设阶段过渡到载客运营阶段必须经历的一个中间环节，也是城市轨道交通工程开展竣工验收工作的前提条件。试运行期间，需对城市轨道交通各设备系统和整体系统进行可用性、安全性和可靠性测试及考核。若发现问题，应及时进行整改直至满足要求。在由建设单位为实施试运行而成立的试运行组织依据相关规范、规程、标准和该试运行工程的有效技术文件制定试运行测试大纲后，设计单位应对试运行测试大纲提出合理建议，并且在试运行过程中提供配合。试运行阶段，对供电系统单位工程应重点验证系统各项参数是否满足设计要求及运营需求。

结合以上验收过程及试运行中供电系统设计单位需参与及配合的工作，本章将从设计角度出发，对城市轨道交通工程供电系统验收以及试运行配合中供电系统设计单位需进行把控的要点进行提炼与说明。

8.2 供电系统分部工程验收

供电系统单位工程的分部工程可分为：综合接地工程、系统电缆及光缆（包含中压系统电缆、继电保护通信光缆、直流双边联跳电缆等）敷设工程、牵引网（含架空接触网、接触轨）工程、变电所、电力监控系统、杂散电流腐蚀防护系统工程等。下面分别对以上分部工程验收配合的关键点进行介绍。

8.2.1 综合接地验收

城轨工程多采用综合接地，综合接地装置一般由人工接地极、自然接地极、接地线以及相应的接地母排组成。此外，也有一些工程仅实施变电所自身的接地装置。

1．一般规定

（1）土建施工方移交的接地装置的引出端子数量和接地电阻值应符合设计要求。

（2）综合接地装置大部分实施内容为隐蔽性工程，在隐蔽前应由施工方通知监理方进行验收，并应形成验收文件。综合接地装置示意图如图8.2.1。

（3）接地装置安装完成后，应办理隐蔽工程检查签证。

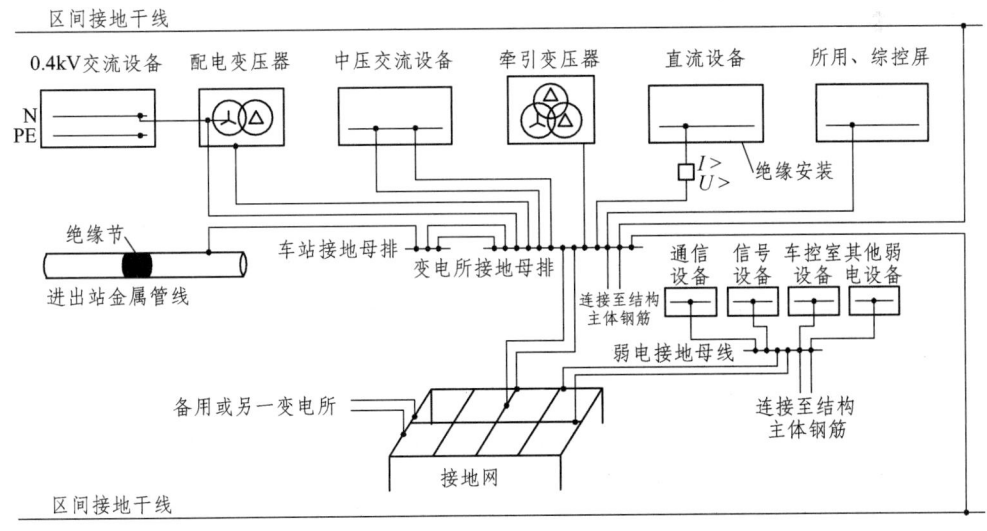

图 8.2.1 综合接地装置示意图

2．主控项目

（1）接地装置各组成部分材料的材质和规格应符合设计要求。

（2）接地装置的接地电阻值必须符合设计要求。

（3）接地体之间的连接直接影响着接地系统质量的好坏，接地体的所有搭接、焊接都应牢固、无虚焊。

（4）接地体的防腐措施应满足设计要求。

（5）对于地下车站接地装置的接地引上线，其穿越车站结构底板应用镀锌钢管进行保护，钢管与接地引上线之间采用绝缘固定环固定并用环氧树脂填充密实，用 0.3 MPa 的水压进行试验，不得渗水。绝缘固定环和止水环的安装位置应符合设计要求，止水环外表面必须涂防锈漆，与钢管焊接必须牢固，不得有气孔虚焊。

（6）变电所接地母排至少在不同的两点与车站接地网连接，自然接地体应至少在不同的两点与接地母排相连接。

3．一般项目

（1）接地装置的水平接地体、垂直接地体、水平均压带的设置位置及数量应符合设计要求。

（2）接地装置沟槽的回填土的土壤电阻率应满足设计要求。

（3）若工程需使用降阻剂，则降阻剂的施放，应满足设计要求。

（4）变电所内接地干线至少应在不同的两点与变电所接地母排相连接。

（5）变电所内接地干线穿墙敷设时，应加防护套管保护。

8.2.2　系统电缆、光缆敷设验收

本节主要对敷设于区间的系统性的电缆、光缆的验收配合进行介绍。这些电缆主要包含交流中压环网电缆、继电保护通信光缆以及直流双边联跳电缆等。

1．一般规定

（1）电缆敷设前应进行绝缘试验。

（2）电缆敷设前应按设计方案和现场实际路径计算每根电缆长度，合理安排每盘电缆，减少中间接头。

（3）电缆敷设时电缆应从盘的上端引出，避免电缆与支架或地面摩擦，敷设过程中电缆不得发生绞拧。机械敷设时，合理控制牵引速度，并保证牵引平稳，牵引张力不得超过电缆允许范围，确保电缆免受损伤。

（4）电缆支架、桥架等支持装置的位置应符合环网电缆平面布置图和限界要求。

（5）电缆终端头和中间接头制作时应严格遵守制作工艺规程，电缆终端头和中间接头施工地点应清洁、干燥，应防止尘埃、杂物落入绝缘内。不得在雾、雨中施工。

（6）电缆构筑物中电缆引至电气柜、盘或控制屏的开孔部位及电缆贯穿隔墙、楼板的孔洞处，均应实施防火封堵。

2．电缆支架及安装

1）主控项目

（1）电缆支架托臂的层数、间距以及长度应符合设计要求，各部分间的连接牢固。

（2）金属电缆支架的接地应可靠。

（3）金属电缆支架的接地材料和规格、型号、质量应符合设计要求。

2）一般项目

（1）电缆支架的安装固定方式及安装位置符合设计要求且固定牢靠。

（2）区间电缆支架应满足限界的要求，不应侵入限界。

3．中压环网电缆敷设

1）主控项目

（1）电缆及电缆附件的规格、型号与设计要求一致，主要性能应符合相应产品标准的规定。

（2）中压环网电缆敷设路径及电缆的安装固定位置符合设计要求。例如：35 kV 中压电缆的之间净距不小于 35 mm。

（3）电力电缆与通信信号电缆并行明敷时，两者间距应不小于 150 mm；两者垂直交叉时，其间距应不小于 50 mm。

（4）电缆的弯曲半径应满足设计要求。例如：35 kV 铠装单芯电缆转弯处的最小允许弯曲半径为 $15D$。

（5）电缆终端头的固定方式以及与相关设备的带电距离应满足设计要求。

2）一般项目

（1）电缆在电缆支架托臂上敷设的位置应符合设计要求。

（2）电缆头应安装固定牢固，电缆头的防震措施应符合设计要求，并列敷设的电缆，其接头的位置相互错开，电缆明敷的接头，应用托板托置固定，托板伸出电缆头的两侧不应小于 200 mm。

（3）电缆头处金属护层及铠装层应接地良好，所采用的接地铜绞线或镀锡铜编织线的截面应不小于 25 mm^2。

4．继电保护通信光缆敷设

1）主控项目

（1）继电保护通信光缆的规格、型号应与设计要求一致，主要性能应符合相应产品标准的规定。

（2）继电保护通信光缆的敷设路径及位置应符合设计要求，光缆中间不得有接头，芯线应无断线。

（3）光缆敷设、接续和固定安装时的弯曲半径不应小于 $20D$。

2）一般项目

（1）继电保护通信光缆在电缆支架上的敷设位置应符合设计要求。

（2）光缆接续时应按光缆排列顺序一一对应接续。光缆接续部位应进行热缩加强管保护，加强管收缩应均匀、无气泡。

5．直流双边联跳电缆敷设

1）主控项目

（1）直流双边联跳电缆及电缆附件的规格、型号应与设计要求一致，主要性能应符合相应产品标准的规定。

（2）控制电缆在下列情况下可有接头，但必须连接牢固，并不应受到机械拉力。

a. 当敷设的长度超过其制造长度时；

b. 必须延长连接已敷设竣工的控制电缆时。

2）一般项目

（1）直流双边联跳电缆在电缆支架上的敷设位置应符合设计要求。

（2）直流双边联跳电缆的弯曲半径应满足设计要求，且最小允许弯曲半径为10 D。

8.2.3 接触轨验收

接触轨专业主要涉及接触轨平面布置、接触轨电气设计、接触轨安装及其防护结构设计等。

1．一般规定

（1）接触轨验收应在轨道精调完成后进行。

（2）电缆与接触轨的连接应符合设计要求。

2．接触轨安装

1）主控项目

（1）接触轨、鱼尾板、膨胀接头、端部弯头、电缆连接板、中心锚结的材质、规格和强度须符合设计要求[20]。

（2）接触轨的授流方式、安装位置和布置方案，应符合设计要求。

（3）接触轨安装后应符合以下要求[20]：

a. 接触轨安装高度应符合设计要求；

b. 接触轨接触表面在水平方向要与走行轨平面平行，纵向要与最近处参照走行轨平行。

（4）接触轨安装允许偏差应符合表 8.2.1 的规定[20]。

表 8.2.1 接触轨安装允许偏差

项目	允许偏差/mm
接触轨中心至相邻走行轨内侧距离按设计要求	±5
接触轨顶面至走行轨顶面按设计要求	±5

（5）中心锚结安装在支架的两侧。中心锚结与支架间的安装间隙、紧固力矩符合设计要求[20]。

2）一般项目

（1）整体绝缘支架中心距及绝缘支架与接触轨接头的距离应符合设计要求，并保证在任何情况下不产生卡滞现象。

（2）端部弯头的安装，必须符合设计规定。

（3）鱼尾板的端面距最近的绝缘支撑的距离应符合设计要求。

（4）玻璃钢支架的相关机械性能及电气性能应符合设计要求。

（5）膨胀接头的安装应符合下列要求：

a. 膨胀接头的设置位置应符合设计要求；
b. 膨胀接头与相邻接触轨应通过鱼尾板连接；
c. 膨胀接头组件与相关走行轨之间的位置关系应满足设计要求。
（6）上网电缆与接触轨的连接、接触轨轨连线与接触轨之间的安装应符合设计要求。

3．防护罩安装

1）主控项目

（1）防护罩、防护罩支架的类型、规格和材料强度应符合设计要求。
（2）端部弯头防护罩支架与底座连接应牢固，并不得侵入接触轨接触面的限界[20]。

2）一般项目

（1）安装后的防护罩应连接无空隙，相邻防护罩间搭接长度应满足设计要求。
（2）端部弯头末端防护罩外露长度应满足设计要求。

4．直流隔离开关柜安装

1）主控项目

（1）直流隔离开关柜的型号、规格及安装位置应符合设计要求。
（2）直流隔离开关柜内安装的隔离开关、测控装置等元件的型号、规格应与设计方案一致。
（3）当直流隔离开关柜在变电所内时，应进行绝缘安装，并纳入直流框架保护。
（4）开关柜防止电气误操作的"五防"功能及装置齐全。

2）一般项目

（1）直流隔离开关柜的排列及柜编号、调度号标识等无误，符合设计要求。
（2）开关柜一次、二次回路接线固定牢靠，排列整齐；回路编号与设计方案一致。

8.2.4 架空接触网验收

架空接触网按悬挂形式的不同，可分为柔性架空接触网和刚性架空接触网，两种悬挂方式架空接触网的装配、零部件及技术参数有所不同。

1．刚性架空接触网

1）一般规定

（1）接触网施工时应按施工设计图对悬挂点进行定测，纵向测量应以正线钢轨为依据，从设计规定的起测点或道岔开始。悬挂点因隧道内其他构筑物、隧道伸缩缝等影响需调整避让时，调整后的跨距不得大于设计最大跨距值，并满足相邻跨距比 1∶1.25 的原则。
（2）隧道内悬挂装配应符合设计要求，各部件连接牢固可靠，紧固力矩应符合设计要求，可调部件应有调节余地。
（3）隧道内悬挂带电部分与隧道壁、构筑物的空气绝缘距离不应小于 150 mm。
（4）支持装置的跨距应符合设计图纸，一般情况允许误差 ± 500 mm；道岔、关节等特殊处，允许误差 ± 200 mm。

（5）接触网送电开通前，进行各供电臂的绝缘电阻测试，并作导通试验。

2）主控项目

（1）接触线型号、规格、材质、制造精度应符合设计要求。

（2）刚性悬挂支持装置型号应符合设计要求，槽钢底座、悬吊槽钢、绝缘横撑、悬垂吊柱、T型头螺栓等合格，紧固件齐全，安装稳固可靠。

（3）汇流排悬挂定位线夹材质、规格、尺寸应符合设计要求，表面无裂纹、无缺损。紧固件、内衬尼龙垫齐全、无松动，可旋转部位无阻滞现象，留有因温度变化使汇流排产生位移而需要的间隙。

（4）架空地线的规格、型号应符合设计要求。架空地线不得有两股以上的断股，一个锚段内接头数和断股补强处均不超过一个。

（5）架空地线的弛度应符合设计要求，且最大弛度时，必须保证架空地线及其相连金具距接触网带电体不小于 150 mm；对运行车辆受电弓的动态距离不小于 100 mm。架空地线锚段内张力偏差为 ≤ ±5%。

（6）中心锚结绝缘子（棒）及拉杆受力均衡适度，与汇流排的夹角不大于 45°；中心锚结与汇流排固定牢固，螺栓紧固力矩应符合设计要求；调整螺栓处于可调状态。

（7）非绝缘锚段关节两支悬挂点的拉出值应符合设计要求，一般分别为 ±75 mm，中心线之间距离为设计值，允许误差+20 mm。

（8）绝缘锚段关节设在进站侧，两支悬挂点的拉出值应符合设计要求，中心线之间距离为设计值。

（9）电连接线所用型号、材质、数量应符合设计要求，并预留因温度变化使接触悬挂产生伸缩而需要的长度，弯曲方向与汇流排移动方向一致。

（10）电连接线的安装位置应符合设计要求，允许偏差为 ±200 mm，在任何情况下均应满足带电距离要求。

（11）电连接线夹规格、型号应符合设计要求。

（12）电连接线与线夹接触应良好，并涂电力复合脂，申连接线夹应端正牢固，螺栓紧固力矩应符合设计要求。

（13）支持装置底座、设备底座等均应按设计要求接地；接地线材质和截面应满足设计要求，与隧道壁密贴并应固定牢固，固定卡间距一般为 600~800 mm；接地电缆敷设应符合电缆施工及验收规范要求，在电缆支架上敷设时应绑扎稳固，两端连接牢固可靠。

（14）隔离开关的安装位置、型号及各部尺寸、绝缘性能应符合设计要求，连接牢固可靠，各转动部分灵活，双极开关应同步。

（15）刚性悬挂分段绝缘器带电体距接地体或不同供电分区带电体、不同供电分区运行车辆受电弓的距离应符合设计要求。

3）一般项目

（1）接触线安装高度和拉出值应满足设计要求。悬挂点接触线设计高度，允许偏差为 ±5 mm，相邻的悬挂点相对高差一般不得超过所在跨距值的 0.5‰，设计变坡段不应超过 1‰，跨中弛度不得大于跨距值的 1‰，且不应出现负弛度。接触线拉出值严格按设计值调整，误差不应大于 ±20 mm。

（2）锚段长度应符合设计要求，汇流排终端到相邻悬挂点的距离为1800 mm，允许误差：0～+200 mm。

（3）架空地线线夹、安装在架空地线上的电连接线夹的螺栓紧固力矩应符合设计要求。架空地线下锚处调整螺栓长度应在许可范围内，并有不少于30 mm的调节余量。

（4）道岔处电连接线、接地线应完整无遗漏，安装牢固，符合设计要求。

（5）隔离开关底座和操作机构底座应呈水平状态，安装牢固，靠近线路端部距线路中心线不得小于1800 mm。手动操作机构底座安装高度距地面宜为1100 mm。电动操作机构箱应密封良好，门锁和钥匙完好齐全。

（6）分段绝缘器距相邻刚性悬挂定位点的距离应符合设计要求，允许误差±100 mm。

2．柔性架空接触网

1）一般规定

（1）接触网工程施工时应按设计文件对支柱杆位进行定测，并应符合下列规定：

a. 纵向测量应以正线钢轨为依据，从设计规定的起测点或道岔开始。杆位因地形、地物需调整跨距以避让时，跨距允许施工误差：正线及试车线±1 m；车辆段±0.5 m，调整后的跨距不得大于设计允许最大跨距。

b. 站场横向测量中，同组硬横梁支柱中心的连线应与正线中心线垂直。

c. 隧道口的起测点，为隧道口顶部水平线与线路中心线的交点；对隧道悬挂点、定位点测量定位时，遇有隧道伸缩缝、不同断面接缝、石缝或明显渗水、漏水的地方应避开；悬挂点跨距允许在±1 m施工误差范围内调整，但调整后的跨距不得大于设计允许值。

d. 施工单位按照设计图纸进行基坑开挖。基坑开挖后，地质情况与设计图纸不符时，应及时与设计方、监理方联系，共同确认变更并严格执行变更流程。

（2）分段绝缘器安装位置应符合设计要求，连接牢固可靠，与接触线接头处应平滑，分段绝缘器与受电弓接触部分与轨面边线平行，受电弓通过时应平滑无打弓现象。承力索的绝缘子应在绝缘器件的正上方，绝缘器的主绝缘应完好无破损、无裂纹现象。各部分的绝缘距离符合规定，分段绝缘器平行于轨面，误差不超过10 mm。

（3）接触网送电前，采用兆欧表进行各供电臂的绝缘电阻测试试验和导通试验。

2）主控项目

（1）接触线、承力索的型号、规格、材质、制造精度应符合设计要求。

（2）接触线悬挂点距轨面的高度应符合设计要求，施工允许偏差不应大于±30 mm。接触线工作高度变化时，其变化率满足《地铁设计规范》（GB 50157）中的规定。出入段线（设计时速60 km/h）导线坡度不超过10‰；洗车库前后（设计时速30 km/h）导线坡度不超过20‰。

（3）接触线拉出值的布置应符合设计要求，允许偏差±30 mm。在任何情况下其导线偏移值（相对于受电弓中心）不宜大于400 mm。

（4）锚段关节转换支柱处，两接触线间垂直、水平距离应符合设计要求，允许偏差±20 mm。

3）一般项目

（1）悬挂装配应符合设计要求，各部件连接牢固可靠，坚固力矩应符合要求，可调部件应有调节余地。

（2）简单悬挂分段绝缘器安装应符合设计图纸，分段绝缘器悬挂在吊索内，吊索上绝缘子安装在分段绝缘器的正、中上方，吊弦上串接的绝缘件及吊索保证分段绝缘器的绝缘功能，调节螺丝应有一定的调整量。

8.2.5 变电所验收

变电所是城轨供电系统中最为重要的单位工程，变电所分为多种类型，不同类型的变电所中的供电设备不同。最为常见的有牵引降压混合变电所、降压变电所、电源开闭所、跟随式降压变电所。在一些工程中，也会有独立的牵引变电所。

1．一般规定

（1）变电所内的设备孔洞及所内电缆孔洞的数量、位置、尺寸应符合设计要求。

（2）设备基础施工应与变电所地面装修层施工配合进行。在基础拼装、调整、固定等工序完成后，进行地面装修层混凝土浇筑，整个工序完成后应保证地面装修层与设备基础顶面高度的关系符合设计要求。设备基础制作及安装经检查验收合格后，才能安装电气设备。

（3）设备、材料安装前应进行外观检查，安装方式应符合设计规定或产品的技术要求。

2．设备基础制作与预埋件安装

1）主控项目

（1）设备基础的材质、规格、尺寸、制作及安装位置应符合设计要求。

（2）设备基础顶面与建筑装修层表面的高差应符合设计要求。

（3）设备基础的接地应符合设计要求：对于需要接地的设备基础，应有可靠的接地；对于不应接地的设备基础，不应有接地线连接。

2）一般项目

（1）设备基础的平行度及平直度应满足要求，单位允许偏差为 1 mm/m，全长允许偏差为 5 mm。

（2）设备基础及预埋件之间的连接牢固，符合设计要求。

（3）设备基础、预埋件应经过防腐处理。

（4）设备基础间焊接牢固，焊缝饱满，无假焊或漏焊现象，不应有裂缝、气泡。

3．中压开关柜安装

1）主控项目

（1）中压开关柜设备的型号、规格及安装位置应符合设计要求。

（2）中压开关柜内安装的断路器、隔离开关、继电保护装置等元件的型号、规格应与设计图纸一致。

（3）中压开关柜的金属框架应按设计要求可靠接地，可开启的门体与开关柜金属框架之间应有可靠的电气连接。

（4）开关柜防止电气误操作的"五防"功能及装置齐全。

2）一般项目

（1）中压开关柜的排列及柜编号、调度号标识等无误，符合设计要求。

（2）中压开关柜与其设备基础间的连接安装方式应符合设计要求，柜体与设备基础间的连接固定牢固。

（3）开关柜内 PT、CT 的精确度符合设计要求，各仪表精确度等级符合设计要求，并能正确显示设备的运行参数。

（4）一次、二次回路接线固定牢靠，排列整齐；回路编号与设计图纸一致。

4．直流开关柜安装

1）主控项目

（1）直流开关柜设备的型号、规格及安装位置应符合设计要求。

（2）直流开关柜内安装的断路器、隔离开关、继电保护装置等元件的型号、规格应与设计方案一致。

（3）直流开关柜及负极柜的柜体与基础间应垫绝缘垫隔离，固定采取绝缘措施，保证设备与基础绝缘。

（4）绝缘安装的各直流开关柜及负极柜的外壳间，须有可靠的电气连接。

（5）绝缘安装的各直流开关柜及负极柜的外壳，要统一通过框架保护装置与变电所接地母排可靠连接。

（6）直流开关柜可开启的门体与开关柜金属框架之间应有可靠的电气连接。

（7）开关柜防止电气误操作的"五防"功能及装置齐全。

2）一般项目

（1）直流开关柜的排列及柜编号、调度号标识等无误，符合设计要求。

（2）开关柜内直流分流器的量程和精确度符合设计要求；各仪表精确度等级符合设计要求，并能正确地显示设备的运行参数。

（3）开关柜一次、二次回路接线固定牢靠，排列整齐；回路编号与设计方案一致。

5．低压开关柜安装

1）主控项目

（1）低压开关柜设备的型号、规格及安装位置应符合设计要求。

（2）低压开关柜内安装的断路器、脱扣器、电动操作机构、综合测控装置等元件的型号、规格与设计方案一致。

（3）低压开关柜的金属框架应按设计要求可靠接地，可开启的门体与开关柜金属框架之间应有可靠的电气连接。

（4）低压开关柜保护导体的截面，不应小于表 8.2.2 的要求。

表 8.2.2　低压开关柜保护导体截面验收要求

开关柜相线截面 S/mm^2	保护导体最小截面 S_{PE}/mm^2
$S \leqslant 16$	S
$16 < S \leqslant 35$	16
$35 < S \leqslant 400$	$S/2$
$400 < S \leqslant 800$	200
$800 < S$	$S/4$

2）一般项目

（1）低压开关柜的排列及柜编号、调度号标识等无误，符合设计要求。

（2）各低压馈线回路及预留回路情况符合设计方案。

（3）各低压馈线回路的整定值符合设计方案。

（4）与 FAS 专业的接口符合设计方案。

（5）低压开关柜与其设备基础间的连接安装方式应符合设计要求，柜体与设备基础间的连接固定牢固。

（6）开关柜内 CT 的精确度符合设计要求，各仪表精确度等级符合设计要求，并能正确地显示设备的运行参数。

（7）低压开关柜一次、二次回路接线固定牢靠，排列整齐。

6．变压器安装

1）主控项目

（1）变压器的型号、规格及安装位置应符合设计要求。

（2）变压器接线组别应与铭牌标示相符，且与设计相符。

（3）配电变压器中性点接地时，其中性点对变电所接地母排有可靠的电气连接。

（4）变压器带外壳时，其外壳应有可靠的电气接地。

2）一般项目

（1）变压器的安装固定方式，应符合设计要求。

（2）变压器温控器的规格、型号应符合产品技术规格书要求。

（3）变压器温控器的安装位置及安装方式应符合设计要求，温控器装置的壳体应有可靠的电气接地。

（4）变压器温控器能正确地显示变压器的温度参数，正确地发出变压器过温、超温等信号，与相关设备的接口符合设计要求。

（5）变压器一次、二次回路接线固定牢靠，排列整齐。

7．整流器安装

1）主控项目

（1）整流器的型号、规格及安装位置应符合设计要求。

（2）整流器内二极管等元件的型号、规格与产品技术规格书一致。

（3）整流器与基础间应垫绝缘垫隔离、固定，采取绝缘措施保证设备与基础绝缘。

（4）整流器的外壳与对应的框架保护装置之间，应有可靠的电气连接。

（5）整流器可开启的金属门体与本体金属框架之间应有可靠的电气连接。

2）一般项目

（1）整流器内各整流桥臂并联的二极管数量应满足产品技术规格书要求。

（2）整流器内二极管接线端的极性应正确无误。

（3）整流器的综合测控装置能正确发出整流器过温、超温、整流桥臂单二极管故障、整流桥臂双二极管故障跳闸等信号，与相关设备的接口应符合设计要求。

（4）整流器一次、二次回路接线固定牢靠，排列整齐。

8. 钢轨电位限制装置安装

1) 主控项目

（1）钢轨电位限制装置的型号、规格及安装位置应符合设计要求。

（2）钢轨电位限制装置的一次接地端，应与变电所保护接地有可靠的电气连接。

（3）钢轨电位限制装置的柜体应可靠接地，可开启的门体与柜体之间应有可靠的电气连接。

（4）钢轨电位限制装置内电压继电器的定值及三段电位动作符合设计要求。

（5）钢轨电位限制装置的闭锁功能应符合设计要求。

2) 一般项目

（1）钢轨电位限制装置与其设备基础间的连接安装方式应符合设计要求，柜体与设备基础间的连接固定牢固。

（2）钢轨电位限制装置的表计、记录仪、指示灯等应能准确反映装置的状态。

（3）钢轨电位限制装置一次、二次回路接线固定牢靠，排列整齐。

9. 交、直流操作电源屏安装

1) 主控项目

（1）交、直流电源屏的型号、规格及安装位置应符合设计要求。

（2）蓄电池的规格容量和电池数量应符合产品技术规格书要求。

（3）交、直流电源屏的金属框架应按设计要求可靠接地，可开启的门体与开关柜金属框架之间应有可靠的电气连接。

（4）交、直流电源屏内安装的断路器、高频整流模块等主要元件的数量、技术参数满足产品技术规格书要求。

2) 一般项目

（1）交、直流电源屏各馈出回路的编号、标识等无误，符合设计要求。

（2）交、直流电源屏馈线预留回路情况应符合设计图纸。

（3）交、直流电源屏与其设备基础间的连接安装方式应符合设计要求，柜体与设备基础间的连接固定牢固。

（4）交、直流电源屏的仪表能正确地显示设备运行的电流、电压等参数。

（5）交、直流电源屏一次、二次回路接线固定牢靠，排列整齐。

10. 再生制动能量吸收装置安装

1) 主控项目

（1）再生制动能量吸收装置的型式、型号、规格及安装位置应符合设计要求。

（2）再生制动能量吸收装置中的直流设备与基础间应垫绝缘垫隔离、固定，保证设备与基础绝缘。

（3）再生制动能量吸收装置中绝缘安装设备的外壳与对应的框架保护装置之间，应有可靠的电气连接。

2) 一般项目

（1）再生制动能量吸收装置的各设备安装方式符合设计要求。

（2）再生制动能量吸收装置一次、二次回路接线固定牢靠，排列整齐。

11．牵引变压器防护网栅安装

1）主控项目

（1）牵引变压器防护网栅安装的位置、高度符合设计要求。

（2）牵引变压器防护网栅应可靠接地。

（3）牵引变压器防护网栅网状遮拦的网孔尺寸不大于 40 mm × 40 mm。

2）一般项目

（1）防护网栅应平整，网栅与边框、网栅的整体结构焊接牢固，防腐层完好，并对焊接处进行防腐处理。

（2）牵引变压器防护网栅的门开闭灵活，并装有电磁门锁。

8.2.6 电力监控系统验收

电力监控系统主要验收对象为控制中心电力调度系统、各变电所综合自动化系统以及供电复示系统。当采用电力监控系统集成于综合监控系统的方案时，控制中心电力调度系统、供电复示系统的硬件设备及安装由综合监控专业设计及实施，供电专业有必要同综合监控专业对控制中心电力调度系统及供电复示系统的功能进行验收。

1．一般规定

（1）电力监控系统设备的系统容量、监控对象和功能配置等应满足设计的要求。

（2）电力监控系统的系统指标应满足设计要求。

2．变电所综控屏安装

1）主控项目

（1）综控屏及屏内设备、元件的型号、规格、数量以及屏体安装位置应符合设计要求。

（2）综控屏与间隔层设备的通信接口形式、数量应符合设计要求。

（3）综控屏的金属框架应可靠接地，可开启的金属门体与屏体金属框架之间应有可靠的电气连接。

（4）全线统一配置的维护计算机，其规格型号及数量应满足设计要求。

2）一般项目

（1）综控屏与其设备基础间的连接安装方式应符合设计要求，屏体与设备基础间的连接固定牢固。

（2）综控屏屏面的布置应便于运营人员操作及监视。

（3）综控屏一次、二次回路接线固定牢靠，排列整齐。

3．通信光缆、通信电缆敷设及接线

1）主控项目

（1）电力监控系统通信光缆、通信电缆及其附件的规格、型号与设计要求一致，主要性能应符合相应产品标准的规定。

（2）电力监控系统通信光缆、通信电缆的敷设方式、敷设路径及安装位置应符合设计要求。通信线缆中间不得有接头，所有芯线应无断线。

（3）通信光缆敷设、接续和固定安装时的弯曲半径不应小于$20D$。

2）一般项目

（1）电力监控系统通信光缆、通信电缆在电缆支架上的敷设位置应符合设计要求。

（2）通信电缆的屏蔽措施应符合相应的有关规定，屏蔽层应接地可靠。

4．控制中心电力调度中心设备安装

1）主控项目

（1）控制中心电力调度中心各设备及元件的型号、规格、数量以及安装位置应符合设计要求。

（2）控制中心电力调度中心服务器、工作站等设备的组网方案应符合设计要求，网络连接通畅。

（3）控制中心电力调度中心设备与其他系统的接口应符合设计要求。

（4）设备机柜的金属框架应可靠接地，可开启的金属门体与柜体金属框架之间应有可靠的电气连接。

2）一般项目

（1）控制中心电力调度中心设备的配电回路及通信回路应分开布置。

（2）服务器机柜的柜面布置应便于运营人员操作，并应有良好的散热条件。

5．软件安装

1）主控项目

（1）电力监控系统软件所含功能应满足设计要求。

（2）电力监控系统软件的系统响应时间、传输速率应达到设计要求的标准。

2）一般项目

（1）电力监控系统软件的种类与数量应满足设计要求。

（2）电力监控系统软件要易于操作。

8.2.7 杂散电流腐蚀防护系统验收

对杂散电流腐蚀防护系统的验收主要在监测系统与排流系统。

1．一般规定

1）杂散电流腐蚀防护系统施工前应核查土建施工方连接端子、测量端子、排流端子等的设置是否符合设计要求。

2）杂散电流排流系统验收应满足下列规定：

（1）排流柜设备本体各项功能应达到设计要求。

（2）排流网测防端子连接可靠，排流回路畅通，回路电阻满足设计标准。

2．参比电极安装

1）主控项目

（1）参比电极规格、型号应符合设计要求。

（2）参比电极安装地点应符合设计要求，安装位置与对应的测试端子之间距离不应超过设计要求范围。

2）一般项目

参比电极端子和测试端子与连接引线，传感器与转接器连接的通信电缆型号、规格应与设计方案一致，接线正确，连接可靠。

3．传感器安装

1）主控项目

（1）传感器规格、型号应符合产品技术规格书要求。

（2）传感器的安装地点、安装高度应符合设计要求。

2）一般项目

（1）传感器等装置安装牢固可靠，不得侵入限界。

（2）传感器等装置支架应安装水平、牢固可靠，支架防腐措施良好。

4．排流柜安装

1）主控项目

（1）排流柜的型号、规格及安装位置应符合设计要求。

（2）排流柜内二极管等元件的型号、规格与产品技术规格书一致。

2）一般项目

（1）排流柜与其设备基础间的连接安装方式应符合设计要求，柜体与设备基础间的连接固定牢固。

（2）排流柜内二极管接线端的极性应正确无误。

（3）排流柜内一次、二次回路接线固定牢靠，排列整齐。

8.3 供电系统单位工程验收

供电系统单位工程验收是以其各分部工程验收为基础的，是对各分部验收的复查及深化。分部工程验收的各主控项目及一般项目也适用于单位工程验收时的抽样检查参考。对于各分部验收中需进行整改的问题，在单位工程预验收中应核查其落实情况。

8.3.1 单位工程验收的前提条件

单位工程验收作为城市轨道交通工程的第一个重要验收阶段，其开展是需要一定前提条件的。

城市轨道交通工程单位工程验收应具备以下条件[19]：

（1）完成工程设计和合同约定各项内容，对不影响运营安全及使用功能的缓建项目已经征得相关部门同意。

（2）质量控制资料应完整。

（3）单位工程所含分部工程的质量均应验收合格。

（4）有关安全和功能的检测、测试和必要的认证资料应完整；主要功能项目的检验检测结果应符合相关专业质量验收规范的规定；设备、系统安装工程通过专业要求的检测、测试或认证。

（5）有勘察、设计、施工、工程监理等单位签署的质量合格文件或质量评价意见。

（6）观感质量应符合验收要求。

（7）住房城乡建设部门及其委托的工程质量监督机构等有关部门责令整改的问题已经整改完毕。

8.3.2 单位工程验收查验及审阅内容

单位工程验收由建设单位组织，勘察、设计、施工、监理等各参建单位的项目负责人参加，组成验收小组。下面对城市轨道交通工程单位工程验收需查验及审阅的内容进行介绍。

验收小组实地查验工程质量，审阅建设、勘察、设计、监理、施工单位的工程档案资料，查验及审阅至少包括以下内容：

（1）检查合同和设计相关内容的执行情况。

（2）检查单位工程实体质量，检查工程档案资料。

（3）检查施工单位自检报告及施工技术资料。

（4）检查监理单位独立抽检资料、监理工作总结报告及质量评价资料。

单位工程验收时，对重要分部工程应核查质量验收记录，进行质量抽样检查，经验收记录核查和质量抽样检查合格后，方可判定所含的分部工程质量合格。

对于单位工程验收阶段后的项目工程验收及竣工验收，都是以其上阶段的验收为基础开展的，除了具体程序有所不同外，对验收的基本控制项是基本一致的，在此不再赘述。

8.4 试运行配合

试运行过程中，应对供电系统的功能、设备性能、可靠性和系统能力进行测试，检查能否满足设计要求及运营需求。对于供电系统各种运行方式及相互切换的调度管理，也应在试运营阶段进行演练。

8.4.1 试运行测试内容

本节从城市轨道交通供电系统的设计功能、系统指标以及对设备的相关性能要求角度出发，介绍在试运行中应进行测试的相关内容。

1. 一般规定

（1）在供电系统单位工程验收完毕且整改问题已经落实，设备具备带负载运行条件后，方可进入试运行。

（2）试运行期间，供电系统在带列车负载和动力、照明负载条件下，系统设计的各种运行方式应稳定运行。

2. 主控项目

1）供电系统应测试下列工况及工况下的电压、电流数据

（1）中压供电系统按照设计的各种非正常运行方式运行：

a. 主变电所或开闭所一回路电源退出运行，中压环网一回路电缆退出运行；

b. 一座主变电所或开闭所退出运行。

（2）直流牵引供电系统按照设计的各种非正常运行方式运行：

a. 大双边供电；

b. 单边供电；

c. 线路始、末端牵引变电所解列退出。

（3）低压 0.4 kV 系统按照设计允许的非正常运行方式运行：变电所两台配电变压器退出一台运行。

2）继电保护测试

（1）直流大双边供电继电保护的可靠性评估：应根据继电保护动作统计分析结果，提出保护评估报告。

（2）末端站解列单边供电继电保护的可靠性评估：应根据继电保护动作统计分析结果，提出保护评估报告。

（3）进行模拟加负载达到设计最大运行能力，检验保护定值合理性。

（4）对于 0.4 kV 配电系统，继电保护可靠性、合理性进行测试和评估。

（5）变电所交直流操作电源容量测试应符合设计文件的要求。

3. 一般项目

（1）测试继电保护的可靠性、选择性、灵敏性、速动性。

（2）中、低压母线分段开关自投配合：中低压母线分段开关不应出现同时自投或低压分段开关先于中压分段开关自投。

8.4.2 试运行测试指标

城市轨道交通供电系统的以上试运行测试，应满足以下指标及相关国家标准的要求。

（1）在行车的设计能力范围内可实现的列车最大编组数、最小运行间隔及具备条件的动力、照明负载投入的情况下，测试供电系统的能力，中压母线电压、低压 400 V 母线电压满足《电能质量技术监督规程》(DL/T 1053) 标准的要求。

（2）系统在各种运行方式下，中压母线电压损失不宜大于系统标称电压的 5%。

（3）在规定的运行方式下，牵引网电压允许的波动范围需满足表 8.4.1 中的要求。

表 8.4.1 牵引电压波动允许范围

序号	标称电压/V	最高电压/V	最低电压/V
1	直流 750	900	500
2	直流 1500	1800	1000

（4）中、低压母线分段开关不宜出现同时自投或低压母线分段开关先于中压母线分段开关自投。

9 设计咨询

设计咨询是工程建设管理的重要内容，它根据建设方需求，依据设计标准规范，对设计过程进行控制，对设计成果进行审核，目的在于确保工程设计质量、提高工程建设水准、实现工程建设目标。

9.1 概述

城市轨道交通建设是规模庞大、系统复杂的综合性工程，有建设方、设计方（多家设计单位）、咨询方（设计咨询单位）和施工方（多家施工单位）及监理方（施工监理单位）等共同参与。

设计作为工程建设的基础，设计的质量、投资和进度决定了工程建设的整体走向。城轨供电系统设计是专业性强、复杂性高的工作，因此，不仅需供电系统的设计方发挥自身设计水平、设计能力，也要供电系统的咨询方体现自己在供电系统方面的设计经验，做好建设方的技术参谋。设计咨询要对供电系统设计文件进行审查，并提出咨询意见，使供电系统的设计方案更加符合工程特点，满足工程需要。

根据城市轨道交通工程建设要求，咨询方按照"四控制（质量、投资、进度、安全）、二管理（信息、合同）、 协调"的要求对设计工作进行全过程的审查及管理，并出具咨询报告。

本章描述了设计咨询的服务目标及要求，提出了设计咨询的工作思路，重点介绍了供电系统设计咨询审查内容和审查要点，详细描述了设计咨询的管理工作。

9.2 设计咨询工作思路

设计咨询是受建设方的委托，由具有设计咨询能力的机构，对城轨工程的设计提出咨询意见和建议，以及围绕设计工作提供相关服务的活动。

9.2.1 工作意义

供电设计咨询单位以独立技术机构的角度，从技术层面对工程的设计总体总包、供电系统单位的工作及其设计文件进行技术咨询，并对设计管理工作提供监督指导，根据合同规定履行管理、协调义务。设计咨询单位与相关各方有着共同的工作目标：通过建设单位、设计咨询、设计总体总包、系统设计单位各方构筑的工作平台，共同提升工程的设计水平和质量，控制工程投资，确保工程设计的可靠性、适用性和经济性。

从轨道交通项目建设层面，有以下几个方面的具体意义。

1. 提高工程设计质量

通过设计咨询环节，利用设计咨询单位的工程技术资源，对项目建设决策过程、设计成果文件进行管理与咨询的全过程服务支持，这是在勘察设计单位校审的质量管控基础之上，对设计文件和技术方案的又一道把关。有效减少乃至避免设计方案的疏漏和错误，减少因设计原因引起的工程项目全局性的致命影响。

提出设计要求文件质量的总体目标，明确设计文件的质量标准；进行设计过程跟踪，及时发现质量问题，并及时与设计单位协调解决，审查阶段性设计成果，根据需要提出修改意见，做好设计文件验收工作等。实施设计阶段的全方位监控，为工程质量打下坚实的基础。实现设计监理的质量控制，从而降低工程实施层面的风险。

2. 保证工程建设进度

设计阶段是工程建设的发起点，是工程进度的重要组成部分，设计方案的合理性和可实施性，对于工程建设的总体进度有着重要影响。

高质量的设计文件能够为施工的顺利进行打下基础。设计咨询对项目进度进行论证研究，并根据工程总工期计划，配合建设单位、设计单位制订方案设计、初步设计和施工图设计总进度计划和本阶段实施性计划，为本阶段和后续阶段进度计划提供依据，并通过一系列的进度控制措施，协助建设方管理设计进度。

3. 控制工程建设投资

轨道交通建设成本高，设计方案对建设投资有直接影响，是最为关键的阶段，一份经济、技术、工程实施三方面俱佳的设计方案将会极大降低工程的直接投资，并且缩短施工周期，提高整个工程运转效率。设计咨询通过对技术方案的过程跟踪，对成果文件的审查，协助建设单位在设计中优选技术可行，并且工程造价更为合理的方案，同时协助设计单位开展技术方案的经济技术比选、限额设计等多项工作，最终达到工程投资控制的目的。

9.2.2 工作目标

1. 总体目标

咨询方通过对设计方提交的设计文件及图纸、建设方提出的技术问题的全面咨询和审查，优化并完善工程设计，确保设计满足规范的要求，保证城轨工程发挥正常运营功能；在项目的策划和设计管理方面提出咨询意见，实现质量、工期、投资的优化组合。

2. 控制目标

设计咨询应该当好城轨工程建设方的顾问，承担合同中明确要求的设计四控（质量、进度、投资、安全）、二管（合同、信息管理）、一协调（与各接口方的协调）及其他设计咨询任务，并监督控制工程建设目标的实现。

3. 过程目标

设计咨询工作需针对不同设计阶段的特点，在设计过程中同步进行设计方案、设计质量、设计进度、设计接口、限额设计、设计工作内外协调、设计管理等方面的咨询审查，达到对设计进度、质量、投资、安全四方面的有效控制，最大限度地维护建设方利益。

设计咨询工作的重点在于过程控制，包含技术标准、工程规模、功能平衡、接口协调、工期与工程投资等各方面。

4．重点目标

设计咨询方应承担过城轨设计总体工作，具有丰富的设计咨询经验和管理经验，能在设计全过程中对设计方进行监督和管理，为建设方提供高水平的设计咨询服务，并实现以下主要目标：

1）重大方案决策研究

对工程重大设计方案和建设方要求的专项技术要求进行深入研究，提出合理的建议和解决方案供建设方决策；对项目所在地的城轨交通进行综合分析，合理确定工程各项主要技术标准，为今后该地区的城轨建设开创良好的局面。

2）过程管理机制

工程建设全周期内为建设方提供工程项目决策和强化设计管理进行全面服务，使工程建设最终实现质量、工期、投资的最优组合，降低工程实施风险。

审查并优化完善各设计阶段的设计文件，使设计文件符合相关规范、标准和建设要求，完成咨询报告；督促、检查设计总体单位和各分项设计单位对政府部门、各阶段专家评审意见和建设要求的落实及执行情况，对重大技术方案的变动需编写咨询报告呈报建设方审定；协助建设方建立健全完整的设计、咨询监督体系和质量保障体系，使建设方对设计全过程能实行行之有效的监督。

9.2.3　工作要求

咨询方在对项目所在地的城轨交通线网规划及城轨工程技术特点深刻理解和认识的基础之上，结合以往的工程经验，协助建设方做好设计方案的整体管控，设计咨询的服务要求包含以下基本内容。

1．明确目标

设计咨询的服务目标是做好设计咨询服务的"抓手"，明确的服务目标为设计咨询服务确定了努力的方向。设计咨询服务的过程是贯彻、执行服务目标的过程，设计咨询服务的优劣以及在工程建设中是否真正起到了设计咨询的作用，也可以通过服务目标进行考量。

2．科学的方法和严谨的制度

制定设计咨询的相关管理制度，在咨询工作的各个阶段确定有效的工作方法，在整个咨询过程中做到方法科学、制度明确、操作规范，保证设计咨询工作的质量和效果，实现工程设计和设计管理最优化。

3．事先把关、全方位咨询、突出重点

在设计及方案制定过程的前期尽早介入，以更好发挥咨询团队的智慧和丰富的工程经验，提高设计咨询的有效性。

按照建设方的要求，全方位地开展设计咨询工作，从建设方的实际需要和当地城轨建设的全局出发，全面提供专业性建议，保证设计咨询工作的整体水平。

在全方位咨询的同时，也要根据不同设计阶段和项目工作计划，抓住重点，分清主次，对于重点难点问题着重解决，以保证设计风险的有效控制。在咨询工作中，切实将安全风险管理放在重要位置，确保工程建设安全。

4．良好的沟通、合作

设计咨询是受建设方的委托，对工程设计进行审查、监督和管理，与设计方及工程建设相关方建立良好的沟通与合作机制是做好设计咨询的必要条件，有助于设计咨询工作的顺利进行，以保证工程整体目标的实现。

9.2.4 设计咨询工作原则

1．总体思路

设计咨询工作思路框图如图 9.2.1 所示。

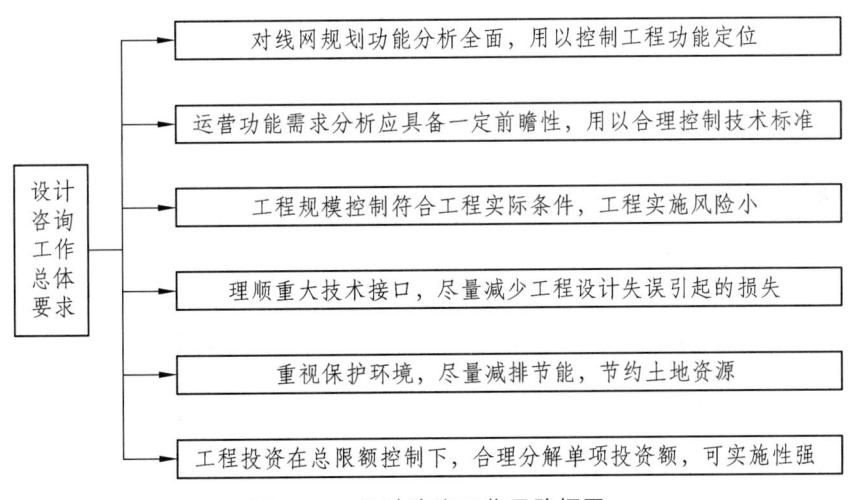

图 9.2.1 设计咨询工作思路框图

在设计咨询的工作过程中，要秉承科学的态度，严谨的作风，坚持动态咨询过程管控的原则，与设计方精诚合作，实现工程设计进度可控、质量上乘、投资优化、安全可靠的目的。

设计咨询工作要以工程全生命周期为入手点，不仅要控制城轨建设土建、设备的投资，而且更要着重于城轨投入使用后的运营、管理、维修等费用控制，符合节约型社会的要求。

设计咨询需对城轨线网规划进行分析研究，根据咨询项目在线网中的定位，如骨干线还是加密线，并根据设计咨询自身工程经验或本地既有线运营需求，核实项目的功能定位，合理确定工程规模和技术标准，并在设计咨询过程中，关注接口设计、重视节能设计、控制设计风险。

基于设计咨询的目标，坚持以建设"安全可靠、功能完善、经济实用、低耗高效、节约能源、保护环境"的"安全、节约、环保"城轨交通为导向，作为设计咨询工作的总体思路。

2. 工作原则

设计咨询作为工程建设审查监督的一个重要环节,应恪守职业道德,工作中应遵循以下工作原则。

1)实事求是、尊重科学的原则

设计咨询方行使的是技术、管理职责,在工作中要尊重科学、尊重事实,不受外界的干扰或干预,并提出科学、公正的咨询意见和建议。咨询意见要维护全局和工程整体利益,具有大局意识,在调查研究、分析问题、做出判断和提出建议时要宏观、公平和公正,坚持设计咨询工作的独立性和科学态度。

2)严格严谨、共同协作的原则

设计咨询按规定的要求、规范和制度严格把关,认真履行职责,建立良好的工作作风。

与设计方及其他相关方建立良好的沟通与协作关系,不回避矛盾,不推卸责任。设计咨询过程中,不仅要提出问题,更要提出解决问题的建议,与设计方密切协作,共同为实现项目目标而努力。

3)过程监控、注重实效的原则

设计咨询工作应具有前瞻性,充分发挥设计咨询自身的经验和技术能力,注重预控和过程监控,避免矛盾的堆积和因设计返工而影响工程进度和工程质量,通过事先策划,提出各阶段设计咨询的工作要点,强化过程咨询,以达到事半功倍的效果。

4)动态咨询、现场服务的原则

为及时掌握项目和设计动态,在现场设立项目部,加强与建设方、设计方的沟通,做好过程咨询和动态咨询。

9.3 供电系统设计咨询内容

供电系统设计咨询需要对供电系统设计各阶段的深度和成果文件进行全面审查。设计阶段包括总体设计、初步设计、设备和施工招标、施工图设计等。

设计咨询对设计成果文件的审查,应包括对计算内容的核算,使提出的优化意见和建议有根有据。设计咨询根据本单位在行业上的丰富经验,对城轨供电系统的热点问题和难点问题,如地上线电力电缆的开裂、刚性架空接触网的磨耗、杂散电流腐蚀等问题,在不同的阶段给予重点建议。

在初步设计阶段,除了技术方案的审查外,要为后续的设备、施工招标工作打下基础,认真核查设备材料和工程量清单,应做到不漏项;在招标阶段,招标图纸中材料和工程量的准确率(与结算工程量相比)要达到90%以上。

9.3.1 服务范围

供电系统设计咨询的审查范围是城轨工程涉及供电系统设计的全部内容,包括外电源、主变电站(电源开闭所)、系统方案、变电所、牵引网、电力监控系统和杂散电流腐蚀防护等由总体设计至施工图设计的技术方案及成果文件。在工程实施过程中技术方案的变化、工程量的调整及设计更改均需设计咨询方审查。

设计咨询的监督、管理范围包括设计进度监控、设计质量监控、投资监控、风险控制和设计接口协调工作。

9.3.2 服务内容

供电系统设计咨询的主要咨询内容如下：

（1）对设计的合理性、完整性、经济性、适用性、功能性进行全方位的咨询，并及时提出咨询意见或报告；必要时，提出优化方案和意见。

（2）咨询审查重大技术方案、关键节点、进度计划、技术接口和设计基础资料等。在执行过程中根据实际情况及时提出修改方案和建议报告。

（3）组织审查设计方提出的各项技术成果文件，并形成咨询审查意见或报告。

（4）组织审查阶段性设计文件和专题报告，并形成审查报告。

（5）参加设计例会、各项技术问题讨论会及重大技术方案的论证会。

（6）审查设计方提出的各项成果文件，包括文件组成与内容、设计文件及图纸、概算书、互提资料文件、设计协调文件、技术规格书、系统安全保障文件等，并形成咨询审查意见或报告。

9.3.3 总体设计咨询工作

总体设计阶段咨询工作流程如图 9.3.1 所示。

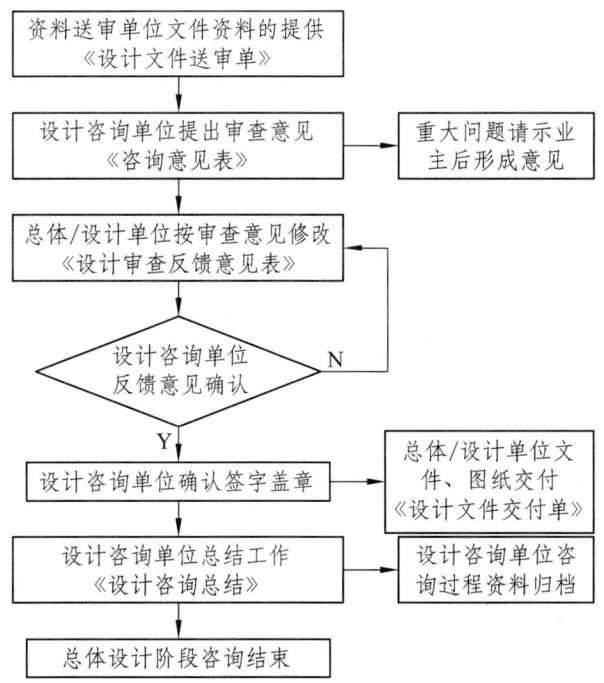

图 9.3.1 总体设计阶段咨询工作流程图

设计咨询方需对城轨工程总体设计进行审查。供电系统总体设计是工程建设重大方案论证、比选、落实的补充阶段，是根据可行性研究报告及其评审意见，在落实专家评审意见的基础上编制完成。主要内容包括：

（1）外部电源（主变电站）设置、牵引变电所布点等重大方案的优化和落实。

（2）进一步稳定供电系统的设计原则、设计方案，确定设计接口，解决各类技术问题。

（3）提出工程数量、主要设备材料数量、施工组织设计和相应修改投资估算。

除总体设计文件审查外，还应审查《初步设计技术要求》。总体设计文件经评审后将作为开展初步设计的依据，是城市轨道交通工程建设前期工作的重要环节。

设计咨询应针对总体设计阶段的上述特点，针对性地开展工作。

1．对设计总体组技术管理文件的审查

在总体设计阶段，工程设计总体组要组织相关设计方按照进度计划的要求，在已批复的工程可行性研究报告的基础上，完成总体设计文件的编制，还要编写相关技术管理文件，规范、统一总体设计文件。设计咨询方将全程参与主要技术标准、主要设计原则的制定，并提供技术服务，协助设计总体组、各设计方共同确定合理可行的设计标准、原则和设计接口。

审查设计总体组的技术管理文件如《总体设计文件组成与内容》《总体设计文件编制办法》《总体设计技术要求》《设计接口文件》等指导性文件，提出优化及改进意见，并形成咨询报告。

2．对供电系统设计文件的审查

在总体设计阶段，供电系统设计方须在工程可行性研究报告以及专家评审意见的基础上细化设计方案，落实工程边界条件，稳定电气一次方案，稳定系统的外部电源选址以及外电源接入方案，明确具体的设计标准和原则，进一步细化投资概算。供电系统设计咨询方将在上述的关键节点予以技术支持服务，协助建设方、供电系统设计方完成总体设计阶段的重点任务。

对于供电系统设计成果文件，供电系统设计咨询主要审查以下内容：

1）通用部分

（1）《工程可行性研究》专家审查意见执行和落实情况。核查总体设计文件的依据和基础资料是否齐全，提出可行的优化方案建议。

（2）总体文件内容是否齐全，设计文件格式是否符合统一规定。

（3）系统的设计范围、设计依据、主要设计原则是否合理，采用的主要技术规范与标准是否恰当，设计参数是否准确。

（4）供电系统主要设备的选择原则及设备国产化分析是否准确合理。

（5）是否执行了设计总体组下发的《设计接口文件》。

（6）投资估算编制依据、费率、工程项目设置的合理性，工程数量的准确性，投资估算规模是否控制在工程可研批复的范围内。

（7）供电系统的节能设计。

2）系统方案

（1）系统方案比选与推荐方案，以及外部电源供电方案是否经济合理、安全可靠。

（2）供电系统的构成及功能是否完整。对中压网络、主变电站、牵引供电系统等设计进行重点审查。

（3）系统方案设计计算结果的准确性。主变电所的设置及容量、中压网络及电缆规格、牵引变电所布点方案及牵引负荷容量、降压变电所的分布及容量、系统运行方式、系统保护配置方案、谐波评价及抑制措施、无功功率及补偿措施、防雷接地及过电压保护等设计是否经济合理、安全可靠、技术先进。

（4）全线变电所分布图、供电一次系统图、直流牵引供电系统图是否正确。

（5）主变电所共享设置的合理性。

（6）接触网型式比选是否全面，选择是否合理。

3）主变电站（电源开闭所）

（1）主变电站（电源开闭所）站址选择是否合理，是否在满足工程用电需求的基础上，兼顾资源共享原则。

（2）审查外部电源供电方案是否技术经济合理、运营安全可靠。

（3）主变电站（电源开闭所）主接线是否简单可靠、便于运行维护；各项计算结果是否准确。

（4）主变电站（电源开闭所）继电保护与自动装置设置是否合理可靠。

（5）主变电站（电源开闭所）谐波分析是否正确。

（6）主变电站（电源开闭所）无功功率补偿是否设置合理。

（7）主变电站（电源开闭所）交、直流电源系统是否合理可靠。

（8）主变电站（电源开闭所）过电压保护、防雷接地设计是否合理。

（9）主变电站（电源开闭所）系统节能方案和相应措施是否完善。

4）牵引降压混合变电所（简称混合变电所）、降压变电所

（1）混合变电所、降压变电所电气主接线及其运行方式是否简单可靠、便于运行维护。

（2）混合变电所、降压变电所的继电保护与自动装置、测量及计量设置是否完整可靠，满足技术经济要求。

（3）混合变电所、降压变电所交、直流电源系统是否合理可靠。

（4）混合变电所谐波分析结果与采取措施是否合理。

（5）混合变电所、降压变电所房屋及设备平面布置是否合理并满足设计规范要求。

（6）过电压保护、防雷及接地设计方案是否合理。

（7）混合变电所、降压变电所系统节能方案和相应措施是否完善。

（8）混合变电所、降压变电所设备选择主要原则，设备技术参数选用是否合理，能否适应当地气候和运行环境条件要求。

5）牵引网

（1）气象条件和污秽区划分是否合理。

（2）牵引网主要技术数据是否正确。

（3）牵引网电分段原则是否满足技术要求。

（4）牵引网在隧道、车站与其他相关管线的配合关系。

（5）牵引网方案是否结构合理、安全可靠、维护方便，是否符合相关设计标准。

（6）牵引网设备防雷接地要求是否合理。

（7）供电分段示意图等图纸。

6）电力监控系统

（1）系统内容和技术参数是否满足调度实时性、可靠性、准确性要求。

（2）系统构成、功能和采用的监控技术及监控方式能否满足运行要求。

（3）变电所综合自动化系统与其他系统的接口关系和连接方式，是否合理并且便于调度管理。

（4）审查系统容量和计算机软件编制的各项要求。系统接口、使用环境条件以及主要技术指标和要求是否正确。

（5）系统网络构成方案应满足调度安全性、可靠性的要求。

7）杂散电流腐蚀防护系统及接地

（1）审查杂散电流腐蚀防护方案。

（2）综合接地系统概念图是否正确、合理。

（3）排流网截面选择是否合理。

（4）对敏感区段的杂散电流腐蚀防护是否采取了措施。

9.3.4 初步设计咨询工作

初步设计阶段咨询工作流程图如图 9.3.2 所示。

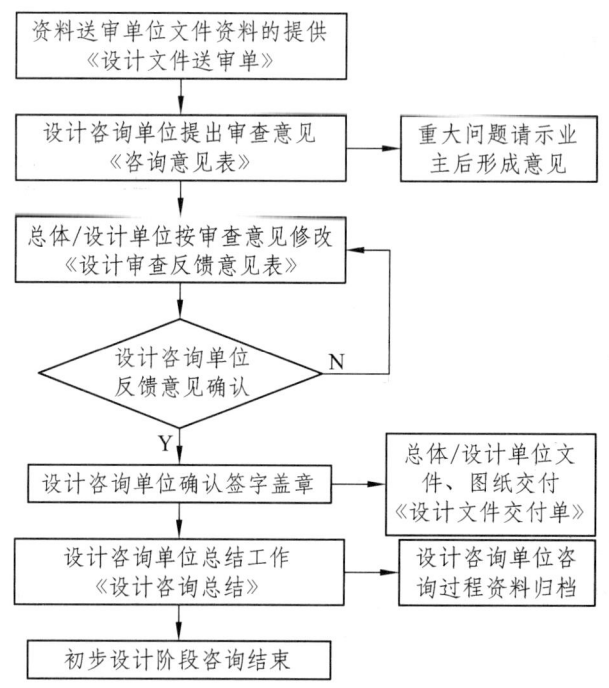

图 9.3.2 初步设计阶段咨询工作流程图

设计咨询方需对城轨工程初步设计进行审查。初步设计文件是根据总体设计文件及其评审意见进行编制的。供电系统初步设计内容和深度主要包括：稳定各种边界条件，对确定的设计方案进行细化和深化；完成系统计算、设备选型、变电所设施分布等具体内容；提出全部工程数量，主要设备、材料数量，并完成工程总概算。初步设计文件经审查、批准后，作为控制建设规模和投资的依据，初步设计应满足工程招标、设备采购以及进行施工准备的需要。

1．对设计总体组技术管理文件的审查

初步设计阶段设计总体组还应梳理、细化、完善专业之间接口，稳定边界条件；明确各方设计范围、专业接口界面、接口位置、投资估算编制范围和原则等；设计咨询方应协同设计总体组，共同确定初步设计阶段的设计边界条件和专业接口划分等工作。

主要的审查工作：初步设计阶段设计总体组技术管理文件，如《初步设计文件组成与内容》《初步设计文件编制办法》《初步设计技术要求》《专业接口设计细则》等指导性文件，提出可能的优化及改进意见，并形成咨询报告。

2．对供电系统设计的主要咨询工作

初步设计阶段，供电系统专业须在总体设计文件以及专家评审意见的基础上细化具体设计，进一步落实工程边界条件，完成系统的外部电源选址以及外电源接入的具体设计，计算验证系统方案和明确设备选型，提出全部工程量，并出具投资概算，作为项目投资批复的依据。

供电系统初步设计阶段重点设计内容如主变电所（电源开闭所）的设置方案、中压网络构成方案及运行方式、牵引变电所（直流开闭所）的设置方案及运行方式（正线、车辆基地、停车场）、再生制动吸收装置设置方案、无功功率补偿方案、系统计算（中压网络潮流分布计算；牵引负荷计算；牵引供电电压质量计算；回流轨对地电压计算；列车再生能量计算；谐波电压、电流畸变率计算；交流中压网络短路电流计算；直流牵引供电系统短路电流计算；系统电缆热稳定计算）等，设计咨询方应围绕这些重点内容进行过程咨询，协助建设方、设计总体组共同制定技术标准、设计原则、边界条件控制原则、共同梳理接口管理原则等，为初步设计工作的有序开展提供依据；同时对供电系统设计单位提交的设计文件进行文件审查工作。

针对初步设计成果文件，供电系统主要的咨询审查工作包括以下内容：

1）通用部分

（1）总体设计审查意见执行和落实情况，核查初步设计文件的依据和基础资料是否齐全，工程概况描述是否准确，审查系统设计方提出的优化方案。

（2）供电系统的初步设计原则，采用的设计规范、技术标准、技术条件及设计参数是否合理。

（3）供电系统初步设计主要设备的选择原则及设备国产化是否准确、合理。

（4）系统设计相关图纸及基础资料是否齐全有效，采用的标准、规范是否合理，图纸的编制是否完整，深度是否达到要求，各设计接口与接口文件的符合性，设计文件格式是否符合统一规定。

（5）对初步设计文件提出咨询意见报告，提出建议方案。

2）系统方案

（1）设计范围以及与各设计专业接口的协调性、合理性。

（2）牵引供电方案、牵引降压混合变电所及降压变电所布点方案、牵引整流机组接线方式、牵引供电运行方式是否技术经济合理、运营安全可靠。

（3）中压供电供电网络构成的合理性。

（4）供电系统运行方式、中压网络潮流分布是否合理。

（5）初步设计技术参数选用是否合理，各项计算成果是否准确。

（6）牵引变压器和配电变压器的容量选择是否合理。

（7）全年的电能需要量、线路损耗及供电系统的节能和环保措施。

（8）对供电关键技术的安全性、可靠性及经济性。

（9）初步设计阶段容量报装相关技术资料。

3）主变电所（电源开闭所）

（1）设计范围以及与各设计接口的协调性、合理性。

（2）主变电所所址是否落实。

（3）外部电源供电方案是否落实及其合理性。

（4）主变电所（电源开闭所）运行方式。主接线是否简单可靠、便于运行维护；各项计算成果是否合理准确。

（5）主变电所（电源开闭所）继电保护与自动装置是否可靠并满足要求。

（6）主变电所（电源开闭所）交、直流电源系统是否合理可靠。

（7）主变电所（电源开闭所）过电压保护、防雷接地设计是否合理。

（8）相关图纸及其基础资料是否齐全有效，各设计接口与接口文件要求的符合性。

4）牵引降压混合变电所（含牵引变电所、降压变电所）

（1）设计范围及设计接口是否合理正确。混合变电所专业与土建及其他机电设备专业间技术接口的协调性及合理性。

（2）混合变电所、降压变电所电气主接线构成及其运行方式是否简单可靠、便于运行维护。

（3）混合变电所、降压变电所房屋及设备平面布置是否紧凑、合理，满足设计规范要求，便于安装、运行、维护。

（4）供电设备技术参数是否合理。

（5）对采用的新设备、新技术、新工艺、新材料进行重点审查。

（6）混合变电所、降压变电所继电保护与自动装置设置是否可靠并满足要求。

（7）混合变电所、降压变电所交、直流电源系统是否合理。

（8）混合变电所、降压变电所过电压保护、防雷接地设计是否合理。

5）牵引网

（1）气象条件和污秽区划分是否合理。

（2）牵引网主要技术数据。对导线组成、选型、安装位置、安装方式等设计进行重点审查。

（3）牵引网特殊设计的技术原则，并对牵引网关键技术的安全性、可靠性及经济性进行重点审查。

（4）牵引网电分段原则应满足技术要求。
（5）牵引网防护措施是否安全可靠、技术合理。
（6）牵引网专业与相关专业间技术接口的协调性及合理性。
（7）牵引网安装方案是否结构合理、安全可靠、维护方便，符合相关设计标准。
（8）牵引网工区的设置及定员是否合理。
（9）牵引网工程数量是否合理、准确。

6）电力监控系统
（1）电力监控系统构成应满足使用要求。
（2）变电所（含主变电所、牵引降压混合变电所、降压变电所）综合自动化系统构成是否功能全面、满足运行要求。
（3）综控屏的主控单元、下位监控单元及变电所维护计算机功能是否设置齐全、技术性能可靠。
（4）三遥对象点表是否项目齐全、数量准确。
（5）调度值班方式及定员能否满足运行要求。
（6）对系统设计的各项接口、使用环境条件以及主要技术指标和要求进行重点审查。
（7）电力调度中心与各变电所之间的联系方式是否合理、可靠。
（8）变电所综合自动化系统对于其他系统的接口是否合理。

7）杂散电流腐蚀防护系统及接地
（1）杂散电流腐蚀防护方案是否合理可行。
（2）杂散电流初步设计技术参数选用是否合理，并对防护改进技术或措施的可靠性、经济性及可实施性进行重点审查。
（3）杂散电流专业与相关专业间技术接口的协调性及合理性。
（4）杂散电流排流系统、监测系统的合理性及监测点的设置。
（5）接地系统的设置及合理性。

8）供电车间
（1）供电系统检测、维护、检修方案，维修机构、管理模式、房屋、定员和设备配置是否合理。
（2）若有资源共享需求，是否按照共享原则配置房屋及定员。

9.3.5 招标设计咨询工作

一般情况下，供电系统的招标设计包括设备招标以及施工招标，该阶段的主要工作是配合建设方、设计总体组完成上述招标工作，供电系统设计主要负责相关技术文件的编制。

供电系统设计应在不突破初步设计概算的前提下，完成深度满足招标要求的技术文件编制和工程量统计；设计咨询应对技术文件以及重点问题进行全面的审查和过程管理工作。

1．设备招标咨询工作

系统设计单位编制甲供设备招标文件技术部分-技术规格书，提供设备招标图，并全程配合设备招标的其他工作。

设备招标阶段,设计咨询的主要工作内容为技术规格书及招标图的审查工作,以及技术规格书的技术讨论审查会议等,须全过程参与设备招标的技术工作。

成果文件的审查应包含以下要点:

(1) 审查设计文件、图纸是否按初步设计审查意见和政府有关部门意见进行了修改。

(2) 审查设计深度是否达到建设方设备招标要求。

(3) 审查设计文件、图纸是否满足政府项目的招标原则和要求。

(4) 设计文件的工程量、概算指标与初步设计的差异性核对。

(5) 审查工程量清单不漏项、工程数量准确率在 95% 以上。

(6) 审查设备与其他专业接口有无漏项、表达是否清晰。

(7) 技术规格书阶段:对技术规格书审查和把关,根据近期与远期发展需求,提出合理可行的装备设备选择方案。

(8) 所有选型的装备、设备,设计、制造、安装、运营等均应符合国家标准及行业标准中的规定,适应国际标准化组织及相关委员会的标准,这些标准应是最新版本。

(9) 所有选型的设备在技术上应是比较先进、可靠的,自动化控制程度达到国内外先进水平。所有选型的设备的运营安全性应是可靠的。

(10) 所有选型的设备维护是方便的,备品备件是容易采购的。

(11) 所有选型的设备,要充分考虑到发展、扩容是容易的。

(12) 所有选型的设备在同等技术条件下,要充分考虑性价比,原则上优先国内设备。

(13) 参与技术规格书讨论、合同谈判、设计联络、设备验收。

2. 施工招标咨询工作

(1) 根据工程建设的模式不同,该项工作不是每个项目所必需的阶段。施工招标设计方工作内容为提供施工招标技术文件及招标图纸、工程量清单等。

(2) 设计咨询主要的工作重点是审查系统设计方出具的成果文件,并对其与初步设计的变化、编制依据、工程量、工程开项重点关注。

(3) 施工招标技术文件的技术、工程合理性。

(4) 施工工程数量清单。

(5) 已购材料清单及技术要求的技术、工程合理性。

(6) 上述材料工程量、概算指标与初步设计的差异性核对。

9.3.6 施工图设计咨询工作

在施工图设计阶段,供电系统专业须在招标设计文件的基础上,根据中标设备的参数,进一步完善实施方案的详细设计,施工图设计文件将直接指导于工程施工。

供电系统设计需具体落实工程边界条件,完成外部电源以及主变电所的全部具体设计,依据中标设备选型、参数以及设计联络会议纪要等技术文件,完成供电系统各子专业施工图纸;与其他相关专业的接口全部落实并体现在施工图纸中;需要提出能够指导施工作业的工程量统计并体现在施工图纸中。

施工图咨询审查工作流程图如图9.3.3所示。

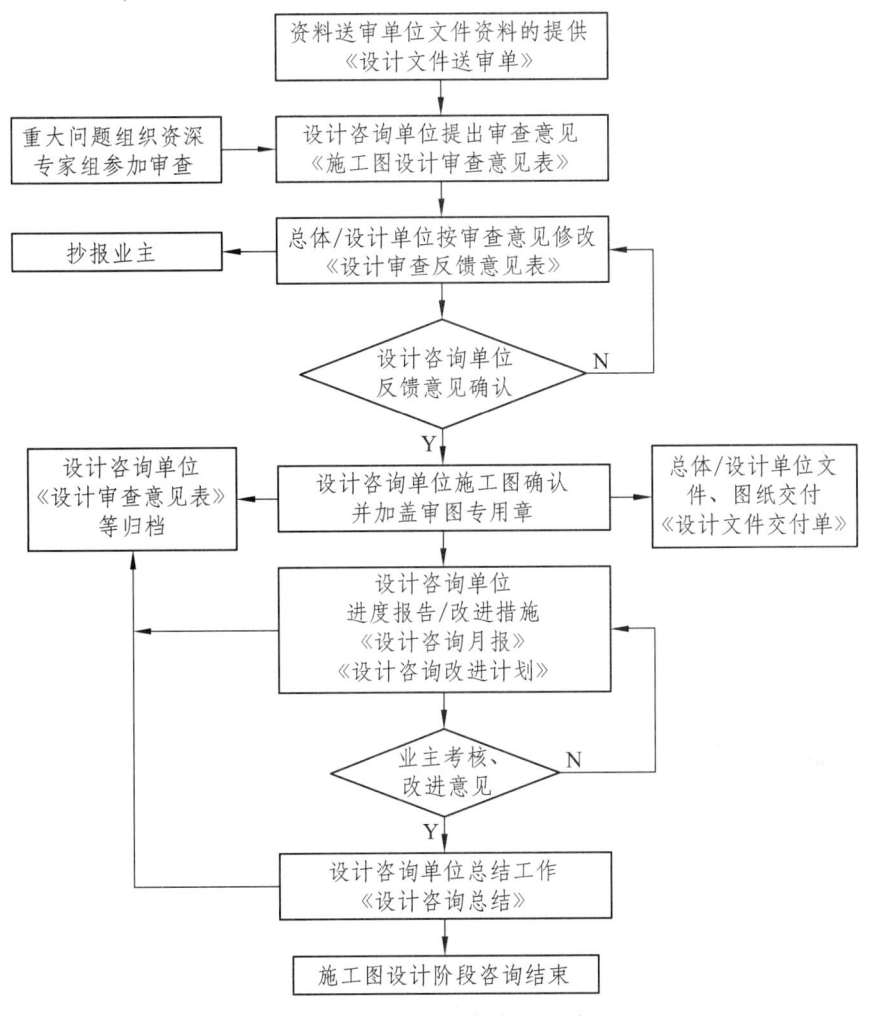

图9.3.3 施工图咨询审查工作流程图

施工图的设计咨询工作应主要围绕设计文件一致性、合理性、可实施性三方面来开展工作。

一致性包括设计文件工程量与初步设计概算的匹配性；设计文件系统方案与初步设计的一致性；图纸技术文件标准、设备规格与中标设备以及设计联络成果的一致性。合理性即技术方案是否合理可行，是否与相关规范要求、设计标准及原则匹配。可实施性指施工图设计文件应可指导施工作业且为优选方案，在满足技术经济指标的同时，应施工便利。

1．对设计总体组技术管理文件的审查

在施工图设计阶段，设计咨询方应协助设计总体组进一步落实专业接口，协同设计总体组制定对各专业施工图主要技术标准、文件编制规定、专业间互提资料等进行梳理完善，为施工图设计的开展提供基础条件。

主要的审查工作：施工设计阶段设计总体组技术管理文件，如《施工图设计文件组成与内容》《施工图设计文件编制办法》《施工图设计技术要求》等指导性文件,并提出可能的优化及改进意见。

2. 对供电系统设计的主要咨询工作

1) 系统方案

施工图阶段系统方案工作内容为细化落实前阶段设计方案,并根据当前设计阶段的边界条件,核实系统计算内容以及设备选型;根据中标产品资料,完善详细设计方案、完善保护配置、整定计算单、运行方式说明等。

根据系统方案中施工图的设计内容,设计咨询主要的工作内容有:

(1) 审核与初步设计方案的一致性。

审核主变电所设置位置、外部电源引入正线的位置、中压网络分区、牵引变电所、降压变电所布点方案与初步设计的一致性。

(2) 审核施工图。

系统施工图主要包括供电设施分布示意图、交直流供电系统图、双边联跳及纵差保护电缆联系图、中压网络保护配置图等。设计咨询应对全部的施工图纸进行审核,提出咨询意见。

(3) 审核基于施工图设计阶段边界条件的技术指标验算。

在设备已完成招标的情况下,对供电系统的负荷等级、供电电源要求、中压及直流系统电压降、中压网络潮流计算、系统短路计算、谐波以及无功功率补偿计算、牵引机组容量及配电变压器容量选择、电缆产品选择等重点内容,以上内容要在施工图阶段予以重新校验。设计咨询基于设计方提供的校验计算结果进行相关审查工作。

(4) 审核非图纸类文件。

系统专业除施工图纸内容外,还有大量非图纸类文件需要完成,如整定计算结果以及保护定值、供电系统的运行方式说明、短路试验分析报告等等内容,针对这些内容,设计咨询应进行全面、细致的审查工作。

2) 变电所

变电所是供电系统接口最多的子专业,系统设计方须在完成专业内部设计的基础上,落实与建筑、结构、通风、通信信号等专业的接口。设计咨询应利用自身的技术能力和从业经验,协助系统设计方做好变电所施工图设计的接口工作。

根据变电所专业施工图的工作内容,设计咨询主要的工作内容有:

(1) 各牵引、降压变电所主接线、变电所房屋及设备平面布置是否正确、完整、合理。

(2) 设备技术参数是否正确,是否执行了设计联络相关会议要求。

(3) 与相关专业的接口界面是否清晰。

(4) 变电所设备孔洞、基础图是否能满足设备接线、运营维护的需求。

(5) 变电所所内电缆敷设、接地干线设计是否合理。

3) 牵引网

牵引网专业施工图阶段,主要图纸内容有牵引网平面布置图、装配图、特殊安装图等,施工设计中有大量预留预埋以及现场配合工作。在施工图阶段,设计咨询主要关注施工图设计技术标准、牵引网施工图互提资料情况、特殊区段的处理措施等;图纸审查主要内容如下:

(1) 全线(含车辆基地)牵引网供电分段示意图、均回流系统图、平面布置图等是否正确、合理。

（2）全线（含车辆基地）牵引网装配图等是否正确、合理。

（3）全线（含车辆基地）牵引网设备安装图等是否正确、合理。

（4）设备技术参数是否正确、合理，与设计联络相关会议要求的一致性。

4）电力监控系统

电力监控专业在施工图阶段，将依据中标产品，对供电系统主变电所（适用于集中式供电系统）、混合变电所、降压变电所等不同类别变电所内的 220/110 kV 设备、35/10 kV 设备、1500/750 V 设备、400 V 设备、牵引变压器、配电变压器、整流器、交直流电源屏、排流柜、钢轨电位限制装置等对象进行监控，实现对各种设备的控制、信息采集、数据分析处理、远方维护、统计报表、事故报警、画面调阅、历史数据查询等功能；在接口处理（间隔层、网络层、站控层）、功能实现、程序控制、设备监控点表等方面是重点控制点，设计咨询应全面审查、跟踪的同时，抓住重点。

审查内容有电力监控系统构成图、变电所综合自动化系统图、设备平面布置、各变电所三遥对象表等是否合理、完整等。

5）杂散电流腐蚀防护系统

主要审查内容包括：

（1）杂散电流腐蚀防护方案。

（2）杂散电流监测系统方案。

（3）土建和各系统的技术要求是否正确、完整、合理。

（4）重点区段的杂散电流腐蚀防护措施。

设计咨询须重点关注系统设计方对全线受控范围内敏感金属管线的梳理，并根据系统设计方的研究结果，提出咨询意见，协助设计方明确杂散电流腐蚀敏感区段的防护措施。

9.4 供电系统设计咨询要点

供电系统是实现城轨交通快捷、方便运送旅客的重要条件之一。供电系统的设计应紧密结合工程的实际情况，体现出安全可靠、运行灵活、经济合理和技术先进的特点。从供电系统的功能需求出发，根据工程特点、线路敷设方式、车站及停车场布局以及沿线环境条件，供电系统设计咨询重点主要包括如下几个方面：

供电系统安全性和可靠性是城市轨道交通供电系统工程的首要目标和基本要求，是供电系统设计必须重视的基本原则。

科学、准确的计算是保证供电系统可靠运行的前提，因此供电系统设计咨询应保证计算手段的科学性和准确性。

供电系统设计内外部接口较多，设计咨询过程中需要重视内外部接口关系，提高设计工作效率，保证工程顺利实施以及工程的整体性。

"绿色""节能""环保"一直受到国家和各级政府的重视，是工程建设项目必须重点考虑的问题。在保证安全性和可靠性要求的基础上，将绿色、节能、环保作为重点融入设计方案以及设备选型当中。

城轨交通工程本着"以人为本"的原则，为运营提供良好的技术环境。

供电系统设计咨询需关注资源共享和网络化运营的要求，提高城市轨道交通电力资源的综合使用效率。

9.4.1 总体设计阶段咨询要点

总体设计阶段是设计总体单位制定全线统一的工程设计主要标准、设计原则和设计深度，并在可行性研究的基础上组织各设计方深化设计方案的过程。供电系统设计在总体设计阶段应在可行性研究整体方案的框架内细化、深化方案，明确专业提资的标准和要求，进行详细计算校验方案。

对设计咨询而言，对设计方案的审查应重点关注方案与前阶段设计的延续性、当前阶段的设计标准和设计原则、系统计算内容等。

1. 一般要求

1）可行性研究报告专家审查意见的执行情况

可行性研究报告是工程设计的根基，可行性研究报告是项目核准类报告，批复后的可研报告代表政府对项目的可行必要性、规模、定位、投资的明确意见，因此对于可行性报告的专家审查意见，各参建单位均需重视。

总体设计在可行性研究报告的基础上进行深化研究，可行性研究报告的专家审查意见是深化研究的依据之一，设计咨询方应重点关注专家意见的研究、执行情况，并审查设计方是否在总体设计文件中予以反映。

2）技术标准、设计原则及设计边界条件

设计咨询应重点审查总体设计阶段的供电系统设计技术标准和设计原则的合理性、正确性、完整性，是否能满足本阶段设计深度的要求，与可行性报告的差异性等。

对主变电所（电源开闭所）用地、外电源引入路径条件、电源接入系统方案、当地电源系统接地形式等重要外部边界条件是否在上阶段设计方案的基础上继续深化、稳定。

对全线建筑、结构、限界、区间、桥梁、通风、人防、通信信号、综合监控、通风、动照、给排水等专业是否有标准化、统一明确的专业提资以及要求。对系统间技术接口的协调性和适应性，提出可能的优化及改进意见。

2. 技术方案审查要点

1）主变电所及外部电源审查要点

（1）主变电所（电源开闭所）选址。

进一步稳定主变电所（电源开闭所）选址方案，主所用地与规划部门的对接、选址方案的环境影响等。

主变电所选址与正线的位置关系、接入正线的方式是否合理。

（2）电力资源共享。

主变电所（电源开闭所）在城市建设规划、轨道交通线网规划中的资源共享方案，包括共享原则和共享关系。

（3）外部电源引入。

外部电源接入系统方案，包括外部电源引入点位置、引入路径等要素，是否初步得到供电部门的认可，是否有初步成果文件。

（4）无功功率补偿方案。

结合外电源引入方案以及供电系统方案，同时兼顾共享线路的主变无功补偿方案。

（5）图纸审查。

主变电所主接线图、继电保护自动装置及测量计量方案、房屋及设备平面布置图、设计说明、相关计算书等。

2）系统方案审查要点

（1）主变容量选择。

审查供电系统设计方应对主变压器近期、远期负荷进行计算，并结合城市轨道交通主变资源共享，容量选择是否具备经济合理性。

（2）牵引变电所分布。

审查供电系统设计方的牵引仿真计算，各类指标是否满足规范要求；牵引布点方案是否具备技术经济合理性，牵引变电所分布与可行性研究的变化情况等。

（3）中压网络分区及环网电缆选择。

审查供电系统设计方的中压潮流计算，各类指标是否满足规范要求；供电分区的划分以及环网电缆的选择是否具备技术经济合理性。

（4）图纸审查。

交流供电系统图、牵引直流供电系统图、设计说明、相关计算书。

3）变电所审查要点

变电所设备布置、变电所设备选型（设备选型标准、选型规格）、与相关专业的接口以及系统内部接口等。设计说明与变电所平面图纸布置图、变电所主接线图、设备排列图、接地系统图等。

4）牵引网审查要点

牵引网悬挂方式选择、导线及配件选型、电化范围、均回流系统设计、特殊区段牵引网处理方式等是重点内容，图纸审查包括全线电分段示意图、均回流系统图、牵引网悬挂方式安装示意图等。

5）电力监控系统审查要点

电力监控设计原则、监控范围、主要功能及技术指标；图纸以电力监控系统构成示意图为主。

6）杂散电流腐蚀防护系统审查要点

杂散电流腐蚀防护原则、不同区间的防护方案、排流方案、监测方案等是重点内容，图纸审查以杂散电流腐蚀防护示意图为主。

9.4.2 初步设计阶段咨询要点

初步设计阶段是总体设计单位在总体设计基础上，全面深化研究设计方案，通过大量细致、严谨的工作,将设计方案整体上初步稳定的过程,也是提出初步设计阶段的主要标准、设计原则和设计深度,并在总体设计的基础上继续深化设计方案的过程。供电系统初步设计阶段将通过仿真计算、专业配合、互提资料、图纸确认及会签等工作,进一步验证方案的合理性,在落实设计方案的过程中,初步得到可控可信的工程投资概算,作为工程建设规模批复的重要依据。

对设计咨询工作而言,对设计方案的审查应重点关注方案与总体设计的一致性、主要技术方案的稳定、供电设备选型、工程量的统计、专业接口界面等。

1. 一般要求

1)总体设计阶段专家审查意见的执行情况

初步设计在总体设计的基础上进行深化研究,设计咨询方应重点关注专家意见的回复、执行情况,并审查设计方是否在初步设计文件中予以反映。

2)技术标准、设计原则及设计边界条件

在总体设计的研究基础上进一步深化和梳理;对方案影响较大的边界条件如外部电源方案等应稳定,并明确专业接口和设计范围,以便初设投资概算的稳定。

2. 技术方案审查要点

1)主变电所及外部电源审查要点

(1)主变电所选址。

明确主变电所选址方案,主所用地与规划部门的对接初步完成,选址方案的环境影响初步评估完成。

明确主变电所引入正线的电缆廊道位置及敷设方式、敷设距离。

(2)电力资源共享。

明确本工程的主所资源共享方案,以及共享主变的运行方式、馈线间隔预留设计等。

(3)外部电源引入。

外部电源接入系统方案是否有初步成果。

(4)无功功率补偿方案。

有适应本工程主所运行方式的无功补偿方案。

(5)具体审查。

审查主变电所主接线及运行方式、短路电流计算;继电保护及自动装置配置方案、测量及计量方案;交、直流所用电系统方案;过电压保护、防雷及接地方案;审查房屋及设备平面布置方案;主要设备选型、设备国产化分析;主要工程数量及概算。

2)系统方案审查要点

系统方案在初步设计阶段,应在总体设计的基础上进一步深化、稳定,并形成初步设计概算。审查要点如下:

(1)审查是否贯彻执行了工可和总体设计方案评审的有关意见。

(2)审查设计原则和主要技术标准。

(3)审查供电系统设计接口及界面。

(4)审查牵引变电所布点方案、牵引变电所负荷及容量、审查牵引网电压水平计算。

（5）审查降压变电所容量选择。
（6）审查系统运行方式、中压网络构成方案、中压供电网络的电压水平、电缆选型。
（7）审查直流系统截面的选择。
（8）审查牵引供电和动力照明供电的需用功率及能耗计算。
（9）审查供电系统保护配置方案。
（10）审查无功功率计算及补偿方案。
（11）审查谐波电流估算、对电力系统影响评估算及治理方案。
（12）审查供电系统的节能和环保措施。
（13）审查主要设备选型原则、设备国产化分析。
（14）审查主要工程数量。

3）变电所审查要点

变电所在初步设计阶段，应在总体设计的基础上进一步深化、稳定，并形成初步设计概算。审查要点如下：

（1）审查是否贯彻执行了工可和总体设计方案评审的有关意见。
（2）审查设计原则和主要技术标准。
（3）审查变电所设计接口及界面。
（4）审查变电所主接线及运行方式。
（5）审查继电保护及自动装置配置方案、测量及计量方案。
（6）审查无功补偿及电压调整方案。
（7）审查谐波抑制措施。
（8）审查交、直流所用电系统方案。
（9）审查过电压保护、防雷及接地方案。
（10）审查房屋及设备平面布置方案。
（11）审查主要设备选型、设备国产化分析。
（12）审查主要工程数量。

4）牵引网审查要点

牵引网在初步设计阶段，应在总体设计的基础上进一步深化、稳定，并形成初步设计概算。审查要点如下：

（1）审查是否贯彻执行了工程可行性研究和总体设计方案评审的有关意见。
（2）审查设计原则和主要技术标准。
（3）审查牵引网设计接口及界面。
（4）审核气象条件和污秽区划分是否合理。
（5）审查牵引网架设范围及悬挂方案是否合理。
（6）审查牵引网主要技术数据是否合理，关键技术是否安全、可靠及经济。
（7）审查牵引网供电分段原则。
（8）审查牵引网防雷接地方案。
（9）审查牵引网与相关土建专业的接口配合。
（10）审查主要设备（材料）选型、设备国产化分析。

（11）审查主要工程数量。

5）电力监控系统审查要点

电力监控系统在初步设计阶段，应在总体设计的基础上进一步深化、稳定，并形成初步设计概算。审查要点如下：

（1）审查是否贯彻执行了工程可行性研究和总体设计方案评审的有关意见。

（2）审查设计原则和主要技术标准。

（3）审查电力监控系统设计接口及界面。

（4）审查电力监控系统构成是否合理。

（5）审查数据传输通道的配置是否满足要求。

（6）审查变电所（含主变电所、牵引降压混合变电所、降压变电所）综合自动化系统构成是否功能全面、满足运行要求。

（7）审查控制信号屏的主控单元、下位监控单元及变电所维护计算机功能设置是否项目齐全、技术性能可靠。

（8）审核三遥对象概数表是否项目齐全、数量准确。

（9）审查电力调度值班方式及定员能否满足运行要求。

（10）审查各变电所之间的联系方式是否合理、可靠。

（11）审查综合监控系统与各变电所综合自动化系统接口。

（12）审查主要设备选型、设备国产化分析。

（13）审查主要工程数量。

6）杂散电流腐蚀防护系统审查要点

杂散电流腐蚀防护系统在初步设计阶段，应在总体设计基础上进一步深化、稳定，并形成初步设计概算；审查要点如下：

（1）审查是否贯彻执行了工可和总体设计方案评审的有关意见。

（2）审查设计原则和主要技术标准。

（3）审查杂散电流腐蚀防护及接地设计接口及界面。

（4）审查杂散电流腐蚀防护方案。

（5）审查杂散电流排流主收集网截面选择的合理性。

（6）审查杂散电流监测系统配置方案的合理性及监测点的设置。

（7）审查正线、车场全线接地系统方案是否合理、可靠。

（8）审查杂散电流腐蚀防护和接地系统对相关专业的要求是否正确、全面。

（9）审查主要设备选型、设备国产化分析。

（10）审查主要工程数量。

9.4.3 招标设计阶段咨询要点

招标设计阶段是总体设计单位在初步设计评审完成后，依据初步设计成果文件，设计单位提出设备招标、施工招标的技术要求和用户需求，建设方完成招标的工程阶段。咨询审查的要点应在工程造价符合初步设计概算的前提下，审查设计单位提交的技术文件是否满足招标工作的要求，核查文件内容的合理性、合规性。

设计咨询应在招标阶段，严格把控工程开项、招标范围、概算是否在初步设计范畴内，做到成果文件把控和过程参与，协助建设方顺利完成招标工作。

9.4.4 施工图设计阶段咨询要点

施工图设计是城市轨道交通工程设计的最后阶段，这一阶段将通过施工图落实设计方案，实现设计构想，是整个设计过程中周期最长、设计细节最多、最为关键的设计阶段。施工图阶段的咨询审查是咨询工作的重要环节。

施工图的设计咨询工作应基于设计文件一致性、合理性和可实施性，在开展工作的同时，关注施工设计文件的设计深度，根据供电系统各子专业的特点审查设计文件的重难点。

施工图图纸量大、图纸内容多，涉及较多细节问题，设计咨询应在前阶段审查的基础之上，按照细分专业的要求，梳理重点审查内容。

1．一般要求

（1）初步设计、强审查意见的执行情况。
（2）建设方意见的落实情况。
（3）施工图设计与初步设计的不同点。
（4）施工图设计是否体现初步设计有关环保的批文要求。
（5）是否进一步完善了初步设计中有关节能措施。
（6）供电系统专业设备产品与型号全线是否统一。
（7）正线供电系统设计与其他各专业接口的执行情况。
（8）车辆基地供电系统设计与各专业接口的执行情况。
（9）供电系统设计与各专业接口的执行情况。
（10）有关使用功能、安全性和质量是否满足，是否符合批准的初步设计。

2．主变电所及外部电源审查要点

主变电所及外部电源在施工图设计阶段，审查要点如下：

1）外部电源引入实施方案

外部电源敷设路由、敷设方式得到供电部门、规划部门的正式批复，方案实施有无制约因素；主变电所与城市规划、供电部门的接口资料是否完整、准确，外部电源的建设时序是否衔接。

2）电力资源共享

落实初步设计阶段的资源共享设计方案。

3）无功功率补偿方案

配置适宜的无功补偿措施。

4）具体审查

审查主变电所主接线及运行方式、短路电流计算；继电保护及自动装置配置方案、设备平面布置方案、测量及计量方案；交、直流所用电系统方案；过电压保护、防雷及接地方案；审查房屋及设备平面布置方案；主要设备选型、设备国产化分析；主要工程数量。

3．系统方案审查要点

系统方案在施工图设计阶段，应在初步设计以及供电系统设备招标的中标设备的基础上进一步深化、稳定，形成深度足够指导施工安装的图纸及相关文件；审查要点在初步设计审查的基础上还应包含：

（1）审查供电系统方案与初步设计方案的一致性。

（2）审查主变压器、牵引整流机组、配电变压器容量选择是否合理，无功补偿和谐波抑制措施是否正确。

（3）审查中压网络电缆敷设路径和敷设方式是否合理、可行。

（4）审查供电系统保护配置方案。

（5）审查环网电缆选型是否满足工程需要以及国家相关标准规范要求。

（6）审查供电系统设计方提交的继电保护整定计算书以及定值单。

（7）审查供电系统设计方提交的供电系统运行方式说明。

4．变电所审查要点

变电所在施工图设计阶段，应在初步设计的基础上进一步深化、稳定，形成深度足够指导施工安装的图纸及相关文件；审查要点在初步设计审查的基础上还应包含：

（1）审查各变电所主接线、变电所房屋及设备平面布置是否正确、完整、合理。

（2）审查设备技术参数是否正确。

（3）审查变电所主接线及运行方式。

（4）审查继电保护及自动装置配置方案、测量及计量方案。

（5）审查交、直流所用电系统方案。

（6）审查过电压保护、防雷及接地方案。

（7）审查变电所电缆敷设设计方案。

（8）审查变电所一次、二次设备施工图。

（9）审查供电系统设备基础孔洞、设备安装图。

5．牵引网审查要点

牵引网在施工图设计阶段，应在初步设计的基础上进一步深化、稳定，形成深度足够指导施工安装的图纸及相关文件；审查要点在初步设计审查的基础上还应包含：

（1）审查全线（含车辆基地）牵引网供电分段示意图、平面布置图等是否正确、合理。

（2）审查全线（含车辆基地）牵引网装配图等是否正确、合理。

（3）审查全线（含车辆基地）牵引网设备安装图等是否正确、合理。

（4）审查牵引网防雷接地方案。

（5）审查牵引网特殊安装图。
（6）审查主要工程数量。

6．电力监控系统审查要点

电力监控系统在施工设计阶段，应在初步设计的基础上进一步深化、稳定，形成深度足够指导施工安装的图纸及相关文件；审查要点在初步设计审查的基础上还应包含：

（1）审查电力监控系统功能以及构成、变电所综合自动化系统的组网方案、通信协议接口。

（2）审查变电所（含主变电所、牵引降压混合变电所、降压变电所）综合自动化系统功能设计。

（3）审查供电系统设计方提交的全线变电所综合化设备信息点表。

（4）审查供电系统设计方提交的全线供电设备程序控制卡片。

（5）审查主要设备工程量。

7．杂散电流腐蚀防护系统审查要点

杂散电流腐蚀防护系统在施工图设计阶段，应在初步设计的基础上进一步深化、稳定，形成深度足够指导施工安装的图纸及相关文件；审查要点在初步设计审查的基础上还应包含：

（1）审查正线杂散电流腐蚀防护方案。
（2）审查车辆段杂散电流腐蚀防护方案。
（3）审查杂散电流监测系统的具体配置方案。
（4）审查车辆段单向导通设置方案以及库内、库外回流方案设计。
（5）审查主要工程数量。

9.5 设计咨询管理

设计咨询管理在项目实施中起到先行、主导的重要作用，是针对具体工程设计目标和有限资源进行合理计划、组织实施、协调和控制的管理过程。工程建设的设计咨询管理包括管理组织以及管理制度的确立，设计进度以及节点目标制定，风险控制、设计质量管理、限额设计等；工程质量的源头是设计，设计咨询工作又是提高设计文件质量的重要环节。对咨询工作的管理办法、程序、要求和重点必须有全面、深刻的理解。

设计咨询管理是设计咨询方对设计过程进行监督管理，以达到安全可靠、质量优良、成本可控、充分协调并满足各方面要求的设计目标。

9.5.1 设计咨询过程管理

除目标管理外，还应针对城轨交通供电系统设计的特点，进行过程的追踪和控制，以保证各个阶段的设计进度、设计质量、投资和接口控制。

1. 设计质量过程管理

建立质量管理流程制度，工程质量的源头是设计，设计咨询工作又是提高设计文件质量的重要环节。为做好设计咨询工作，设计咨询结合工程的实际情况，各设计阶段的审查按照以下"六字方针"：

总体设计阶段——审原则，定标准；

初步设计阶段——审方案，定规模；

招标设计阶段——审参数，定性能；

施工设计阶段——审细节，定功能。

在各设计阶段，设计咨询应按照各阶段的六字方针，使设计咨询控制目标处于受控状态，确保各项目标的实现。在设计阶段进行严格的质量控制，以确保工程设计文件质量达到目标要求，符合技术标准、规范要求，同时在咨询工作中不断改进和完善。

设计质量控制内容包括各阶段设计方案是否齐全，比选是否充分，技术上是否可行，工艺是否先进，经济是否合理，设备是否配套，结构是否安全可靠，各项技术措施是否匹配协调等。设计质量控制宏观上讲就是对设计质量形成的依据和环节进行控制，以工作质量保证产品质量。

设计文件质量控制按基础资料、方案设计、文件编制汇总三个子阶段，以可靠性、完整性、正确性、先进性四个因子各自不同的内涵为重点，实施评价和规范，达到设计文件综合质量优良的目标。设计质量控制着重于过程控制，并贯穿于整个设计咨询执行过程的始终。

设计咨询工作的重要任务就是要使工程的设计质量在设计阶段得到有效的控制。为此，设计咨询应对设计过程进行跟踪咨询，对设计成果进行最终审核，使各个环节的质量处于受控状态，以保证质量目标的实现。

2. 设计进度过程管理

（1）实行工程进度计划管理，采用"五级进度计划"来反映整个工程建设过程中不同阶段、不同层次的工作内容。即：

政府批准的建设方总体策划作为一级计划；

建设方与设计咨询方编制的里程碑进度计划作为二级计划；

建设方批准的设计咨询方编制的阶段进度计划、单项设计进度计划作为三级计划；

设计方根据建设方年度计划编制的月计划作为四级计划；

设计方根据月进度计划编制的周计划作为五级计划。

（2）安排专门的计划管理人员，并且每个项目设计咨询及审图的负责人以及相关技术人员对各专业计划和总体计划都清楚，才能尽到考核各设计方是否按计划执行的责任。

（3）设计咨询协助和配合建设方要求进行进度监控和动态管理。对工程进度计划的合理性和可行性进行分析；对工程进度计划的完成情况实行跟踪控制，对工程进度进行动态分析，及时采取措施进行调整，确保工程进度始终处于受控状态。

（4）设计咨询协助和配合有关单位按照进度计划监控流程图，程序化监控工程进度。设计进度监控流程图如图9.5.1所示。

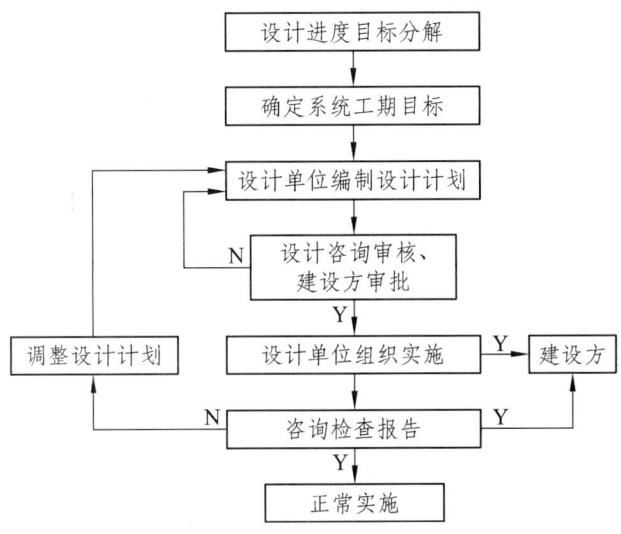

图 9.5.1　设计进度监控流程图

（5）协助有关单位每月对工程进度进行风险分析，找出网络图关键线路上的关键工序、控制点和分项分部工程，并根据现场情况分析最易引起工程滞后的因素，制定出有效防范措施。

（6）对制定的相应进度监控管理表格和标准化、规范化进度程序提出设计咨询意见。

（7）参加进度分析会，及时了解工程进度中存在的设计问题，提出设计咨询意见和建议。

（8）设计咨询例会。

设计咨询方按需召集各设计方举行设计咨询工作例会，建设方代表和其他相关单位列席会议，主要会议任务包括：

① 信息通报（如政府相关部门和建设单位最新指示、设计工作总体进展情况等）。

② 检查上期例会布置任务的完成情况。

③ 检查设计工作计划的执行情况。

④ 分析汇总所存在问题，安排近期设计工作。

⑤ 汇总设计方提请解决事项并按期给予答复。

⑥ 其他必要的会议讨论事项。

设计咨询例会结果将形成设计咨询月报，包括工作计划、完成情况、存在问题、需建设方解决事项等内容，于例会举行后一周内发放给各参会单位，并报送建设方，作为下期例会检查工作的重要依据文件。

（9）设计巡检。

设计咨询方会同建设方及设计总体组进行设计巡检，采用会议或现场方式进行，主要任务为：

① 各设计方的人员配备情况和设计保障措施。

② 设计进度执行和完成情况（如各设计方的工作进度是否与设计总体组要求协调，互提技术资料是否及时，出图计划和图纸内容是否满足工程需要，关键点的设计是否能按计划完成）。

③ 设计巡检将形成书面记录，由设计咨询方咨询工程师追踪检查所需落实事项的完成情

况,并将设计巡检记录及检查落实情况及时报送建设方。

(10)追踪检查。

为加强设计过程监控,所有设计咨询例会、设计巡检等议定事项,都将由设计咨询工程师纳入表9.5.1进行动态管理,全过程追踪检查直至落实,从每一工作细节确实保证计划目标的顺利实现。

表9.5.1 议定事项追踪检查表

编号	追踪状态	工作内容	依据	责任单位	要求完成日期	检查记录	检查人
001	√	xxx	如xxx期设计咨询例会	xxx单位	xxx年xxx月xxx日		
...							
010	×	xxx	如xxx期设计巡检	xxx单位	xxx年xxx月xxx日	已落实	xxx
...							

3. 投资控制过程管理

设计咨询应对工程的投资进行过程控制,在设计原则及标准制定、设计方案制定、设计变更管理等多方面,应持续关注和跟踪。

(1)督促设计方正确理解和执行国家、地方相关的设计规范和有关标准、法规。

(2)推行标准化设计,督促设计方在一定范围内按照标准图实施设计工作。

(3)执行"限额设计"要求,即设计方要严格按照已确定的设计方案、规模、标准和设计图进行设计。限额设计控制工作主要包括如下内容:

① 重点审查初步设计的方案。

② 严格控制施工图预算。

③ 加强设计变更管理。

④ 督促设计方进行优化设计,尤其要对投资影响大的方案和部位重点优化,尽可能降低造价。

⑤ 尽量稳定设计方案,重点审查设计原则、设计参数,以及工程使用材料,减少设计变更,避免设计浪费。

⑥ 详细审查设备系统的国产化方案,尽可能降低工程总投资。

4. 接口控制过程管理

接口管理是城轨设计的重要环节,供电系统与建筑、结构、限界、轨道、车辆、通风、给排水、低压配电、通信信号、综合监控等多个专业在不同设计阶段均存在设计接口。设计咨询应协助供电系统设计方把握好专业接口,梳理专业互提资料,为设计成果文件的最终完成提供稳定的边界条件。

接口过程管理以不同阶段梳理供电系统与各个相关专业的接口内容为准,接口表包含接口位置、接口形式、接口责任;互提资料的详细要求等,并由设计总体组汇总形成接口文件,作为各个阶段设计的输入依据之一。

同时接口控制辅以设计例会制度,在各个阶段利用定期召开的设计例会,会上可以与其他设计方共同对设计和施工过程中出现的问题进行探讨,也是一个协调解决接口问题的平台。

9.5.2 质量控制管理

1. 质量控制管理方法

质量控制管理，属于设计咨询方"四控、二管、一协调"工作职责中最重要的中心内容，为了有效发挥设计咨询对设计工作的监督作用，有效进行工程设计阶段的质量控制，设计咨询将按照以下方法实施管理：

设计咨询质量及服务保证的根本依据就是国家及地方相关法规和规范，以及 ISO 9001：2008 质量管理体系文件。设计咨询根据工程的特点建立质量管理体系、质量控制程序及措施，包括组织机构及职责体系及各阶段质量控制流程，通过有效的制度体系、合格的人员保障、快速反应的工作作风、先进的管理手段，对设计方进行接口协调、重大技术把关。建立对于设计方设计成果的评估体系，严格按照质量管理体系执行。质量控制贯彻整个设计的全过程。

咨询工作依据国家、行业和地方的法规、规程、规范、规定和标准、政府批文以及设计总体组的技术要求、文件组成与内容、文件编制统一规定、各设计阶段的专家咨询意见等。

在设计咨询工作中，通过明确和规范设计咨询工作界面、文件审查范围定义，保证咨询工作全面完整、重点突出；通过严格的文件审查、会审、签发措施确保技术咨询质量和对设计文件的质量控制；通过科学、严密的技术和行为的管理，确保设计咨询工作高效有序。通过对咨询意见执行情况的反馈管理（制定严格的咨询意见反馈制度和完善的执行程序）来保证对设计质量进行有效控制。

制定完善的会议管理的工作规定与要求，以满足本工程设计咨询的需求。

重点审查工程技术标准和技术接口设计，特别是接口设计输入的正确性审查和预留孔洞、预埋件检查是实现接口管理的重要措施；加强对综合性文件技术接口会签审查。

保持与建设方、设计总体组、供电系统设计方的沟通，明确工作的指导思想，保证清晰的工作思路。

协助建设方对设计工作进行全面的质量考核和监控。

2. 质量管理文件

设计咨询通过咨询质量手册以及管理过程程序等文件来规范设计文件的质量。

1）质量手册

规定了质量管理体系的组织机构、管理职责、设计咨询过程控制和资源管理。

质量手册是开展质量管理、提高质量要求、增强顾客满意度工作的纲领性文件，既是顾客和第三方评价设计咨询满足顾客要求能力的重要依据，也是设计咨询质量管理必须遵循的法规，所有项目必须严格贯彻执行。

质量管理体系如图 9.5.2 所示。

2）程序文件

根据 ISO 9001：2008 标准要求，结合设计咨询单位的管理过程编制程序文件，如：文件控制程序、记录控制程序、内部审核程序、设计过程控制程序、不合格品控制程序、纠正和预防措施控制程序等。

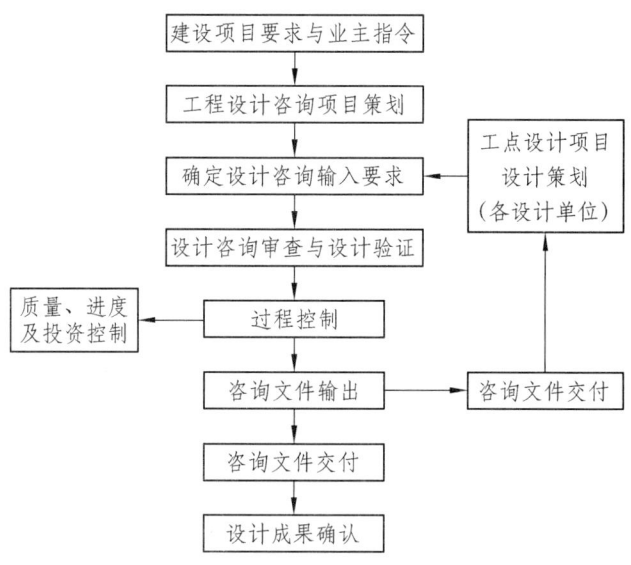

图 9.5.2　质量管理体系图

3．设计管理规定

设计管理规定是设计过程中的所有控制措施和详细规定以及配套的质量记录。

作为技术质量管理体系的支持性文件，设计管理规定对工程咨询和工程设计的全过程进行控制，确保设计产品在符合法律、法规的基础上满足顾客的要求，增强顾客的满意度，是技术质量管理的基础，是设计业务开展过程中的基本规则。

设计咨询在质量管理文件的指导下，按照流程开展质量管理的具体工作，如图 9.5.3 所示。

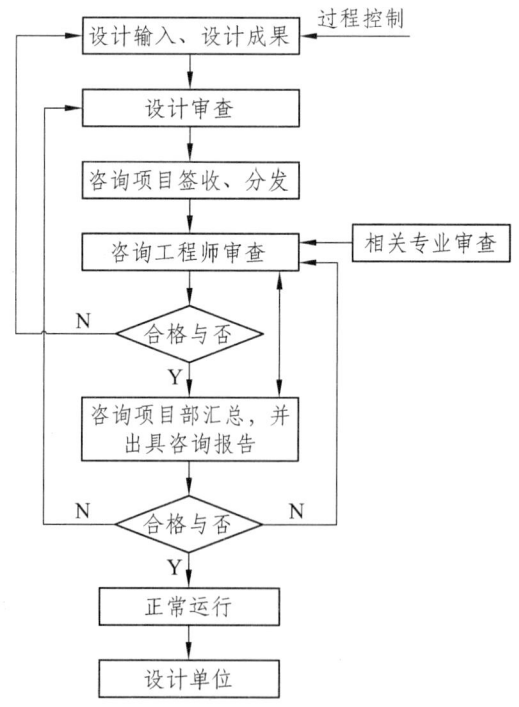

图 9.5.3　质量管理工作流程图

4. 设计咨询质量保证措施

在对设计方送交的所有需要审查的文件完成审查后，填写"设计咨询意见单"，签署后盖章，将咨询意见发送至供电系统设计单位。在时间允许的情况下，设计咨询将在出具咨询意见前，听取送审供电系统设计单位的反馈意见。并通过以下措施保证设计咨询的质量：

按计划向设计方出具设计咨询意见。

同时参与文件和图纸的中间成果审查，提出中间审查意见。正式文件图纸审查后，才可完成最终审查意见。

跟踪落实设计方对各类咨询意见的执行情况，以便于咨询意见的实施。

考核设计方是否按时按规定程序完成了设计文件的送审，是否落实了咨询意见的修改和对咨询意见执行的反馈，杜绝出现虚报落实咨询意见的现象。

与设计方经常保持沟通，在设计工程中深入了解设计意图，为咨询工作的顺利进行创造条件。

1）设计咨询人员保证制度

严格按照建设方要求配置足够数量且符合资质要求的设计咨询人员。按确定的驻地人员名单到岗，确保设计咨询人员的到位率。

确保设计咨询人员的相对稳定，供电系统各主要专业咨询工程师长驻项目现场。不随意更换设计咨询人员，若需要更换时，必须事先提出资质同等或更高的人员报建设方批准。

接受建设方提出的人员更换，并在接到通知后的半月内选派资格和经验为建设方接受的人员到岗。

2）设计咨询成果的校审制度

对设计咨询的主要成果、专题报告应进行逐级校审和批准。

校审的程序一般为专业咨询工程师的自校、专业组长的审核及项目负责人的批准。

主要咨询成果、专题报告等发出前必须经自校、审核及批准；联系单、会议纪要等发出前需经自校、审核签字。

3）设计咨询内部质量评定办法

对初步设计和施工图设计、专题研究等各项设计咨询工作均实行质量评定。

质量评定在一阶段结束后进行，质量评定等级分为优、良、合格、不合格四级，以打分方式进行，按总评分确定质量等级。

质量评定备有专用表格，评定人员应做好相应记录。

4）设计咨询内部考核办法与奖惩规定

设计咨询考核每季度进行一次。

设计咨询的考核由项目考核小组负责，从工作质量、工作量、业务水平、管理水平、工作效率、工作态度、相互协调等方面进行评定。

发生建设方投诉重大质量问题时，追究相应责任人的责任。

5）设计咨询工作的持续改进

设计咨询工作的持续改进的目的是为了提高咨询工作的有效性和效率，更好地实现咨询工作的质量目标。

为了高效、顺利地完成设计咨询工作，设计咨询将在咨询工作中以"整体优化、全员参与"为方针，按以下措施来不断完善设计咨询的咨询服务体系，使设计咨询的咨询工作水平得到稳步提高。

（1）分析和评价现有咨询服务状况，以识别需要改进的区域。

（2）确定咨询工作的改进目标。

（3）针对目标或需要改进的方向，通过实践、修改、论证、确定，制定纠正措施或预防措施。

（4）对咨询工作的改进成果进行评审。

（5）对设计咨询过程中改进所导致的程序的任何变更形成文件。

9.5.3 进度控制管理

设计阶段是城轨工程建设程序中的一个重要阶段，同时也是影响工程项目建设工期的关键阶段之一。设计咨询将采取有效措施对工程设计进度进行有效监控，以确保工程总进度目标的实现。总结以往城轨工程的设计咨询工作经验，城轨设计须严防出现前松后紧的现象。据此，应制订合理的设计工期总进度计划、阶段进度计划等，根据建设方批准下达的设计进度计划及时对设计方进行检查，当发现设计进度滞后于进度计划时，及时提出加快设计进度的建议和要求，必要时通报建设方，以保证关键工期和里程碑工期的完成。

1）进度目标

为了实现建设方对工期的要求，编制科学、有效的工作进度计划并及时提交建设方，确保关键点的设计咨询及审图等任务按计划完成，并积极配合建设方按供电系统设计进度目标进行控制。由于各设计阶段设计咨询及审图的进度计划都不尽相同，需要根据进度计划的目标，严格要求各设计方按时送审各阶段图纸等相关文件。

2）进度监控管理办法

（1）制订设计咨询进度计划内容及考核办法。

为了保证工程能够按期完工，设计咨询方应在第一时间提交设计咨询工作计划报告。该报告既有供电系统工程里程碑节点工作计划，也有进度计划制订规则和进度管理考核办法等。设计进度计划分阶段、分步骤制订，保证工程按期完工，其中包括供电系统单项设计进度计划、月度设计工作计划、详细出图计划、互提资料计划等。

（2）设计咨询进度计划制订流程。

设计咨询方须要求供电系统设计单位以节点工期计划为基础，提交工程设计阶段进度计划，审查设计方编制的进度计划的合理性和可行性，检查其是否满足建设方提出的进度要求，并对这些计划审查后报送建设方审批。待建设方对上述计划批准后，再根据批准后的计划编制设计咨询及审图的总计划表及进度节点计划，包括设计咨询及审图进度计划，各阶段设计（总体设计、初步设计和施工图设计）的设计咨询及审图进度节点计划，确定各阶段设计关联部分供建设方审查及确认的进度计划等。

（3）设计咨询及审图工期计划安排。

按照建设方要求的工期计划制订详细的设计咨询及审图计划，并按计划完成设计咨询及审图工作。不同的设计文件和图纸的审查时间都不同，例如：设计文件送达后，设计咨询方应在 3~7 个工作日内提出审查意见,各设计方按修改意见和建议意见对设计文件进行修改,并在一周内(紧急文件应在 2 个工作日内)反馈处理意见。如果设计咨询方审查意见与设计方不统一时,由建设方协调解决。对于急等施工的图纸(非批量),设计咨询必须在 2 天内完成咨询审查,非紧急图纸根据工程需要完成咨询审查,但最长时间不能超过 10 天。对提交设计资料的时间和咨询审查完成时间要有详细书面记录,并于每月定期前报建设方。

安排会议前,提前通知建设方,以便有需要时建设方派员参与会议,在会后按期提交会议纪要。在制订进度计划时,会根据上述设计咨询及审图时间制订合理的工期进度计划。

(4)对设计进度实施动态监控。

在设计阶段,设计咨询工作的重点是审查设计方实施计划的能力以及设计时间安排的合理性。但是,工期进度计划并不是一成不变的,建设方根据工程的进展情况会对部分进度计划进行调整,要求设计咨询方实施动态监控,及时根据建设方正式提交的修改的工期计划,修订设计咨询的审查工作计划,并要求各设计方按照修改后的计划进行设计工作调整。

在进度计划的实施过程中,咨询工程师定期检查设计工作的实际完成情况,及时跟踪检查,并与计划进度进行比较分析。若发现偏差,就在分析原因的基础上提出纠偏措施,以加快设计工作的进度。必要时应对原设计计划进行调整或修订。

通过对设计方的设计进度和过程进行监控,设计咨询会以月度(季度和年度)报告形式汇报设计方的设计进度,并对截止到前一个月底(季末和年末)为止的工作实际完成情况进行总结,其中包括:设计文件及图纸是否按设计计划节点完成;存在的问题及改进措施;与各专业系统间的接口协调设计完成情况;设计变更情况;设计单位人员到位情况等。

在设计进度监控中,咨询工程师要对设计方填写的设计图纸进度表进行核查分析,并提出自己的意见,从而将各设计阶段图纸(包括其相应的设计文件)的设计进度都纳入监控之中。

(5)协助建设方进行设计进度监控,包括对设计的进度进行检查和监控,如有必要,向设计方提出改进措施的建议。

(6)根据建设方批准下达的设计进度计划及时对设计方进行检查,当发现设计进度滞后于进度计划时,应及时提出加快设计进度的建议和要求,必要时通报建设方。

(7)设计进度计划的调整。

对于不是设计方的过失而发生的工期延误,在延期情况发生的一个星期内,设计方提交工期延期意向报告,经设计咨询签认,并报建设方批准。

对于由于设计方的过失而造成工程进度拖延,经督促仍无显著成效时,设计咨询将拖延的情况和存在的问题报建设方,配合建设方进行处理。

(8)落实设计服务保证。

在施工过程中发现的设计问题能否得到及时解决,设计变更或设计修改能否及时完成,也是影响施工进度的一个重要因素。落实了设计服务保证,就是协助建设方考核在设计合同中所规定的设计服务的承诺,若保证措施不能及时兑现,建设方将采取必要的经济措施。设计咨询应在实施过程中检查并督促设计方履行设计合同,这将为施工单位的施工进度要求提供设计保证。

(9)设计进度的监控管理是对设计考核的一项重要指标,对于设计方存在重大问题或经多次提醒没有明确的效果时,将及时通报建设方。

9.5.4 协调管理

在工程设计进度控制管理的基础上，设计咨询还应采取相应的协调管理措施，保障工程设计进度目标的顺利实现。

1）设计咨询协调的目标

项目设计全过程中存在众多的设计咨询协调（内外部接口和管理）过程，因此必须开展有效的设计协调，保证各项管理控制活动的有效实施。设计咨询根据建设单位委托，对设计总体单位的接口工作计划的编制及实施情况进行监督，并受建设单位委托在项目设计全过程中对出现的有关设计争议和协调事项进行协调，切实保证本项目建设目标的顺利实现。

2）设计咨询协调的内容

设计咨询协调工作包括对设计外部与设计内部的协调两个方面。

（1）外部协调。

协助建设单位并督促设计单位落实各项政府有关主管部门的审查报批工作，包括：在符合项目实际情况下，争取初步设计供电系统概算投资批复控制在合规合理范围内；完成市供电局的审查和审批的配合工作，配合落实主变电所及外部电源方案；落实相关管线杂散电流保护方案和措施。

协助建设单位并督促系统设计单位完成验收工作，包括：对工程竣工验收的各项资料准备和实施工作，具体有竣工文件和图纸、完成工程质量验收及政府验收和国家验收工作。

主要协助建设单位督促供电系统设计单位及时落实边界条件，包括：项目设计工作开展所需的外部条件，理顺外部接口关系，保证项目设计工作的正常有效地开展；依据设计进度计划安排，有关设计外部接口的工作执行情况将纳入设计咨询月报内容；指导设计单位外部协调工作的开展。对制约设计工作开展的前提性协调工作，应在设计进度计划中予以明确并重点追踪其协调情况落实。

（2）内部协调。

内部协调主要是理顺项目设计全过程中内部存在的设计有关各类问题，协助建设单位与设计方面的协调、总包总体单位与供电系统设计单位的协调，以及各设计单位间的技术接口协调等，包括以下几个方面：

参加设计总体总包单位组织召开的设计例会和设计协调会，及时掌握设计工作接口管理及项目进展情况。

依据设计进度计划安排，对设计总体单位提出的项目内部接口协调计划及实施情况定期进行检查，发现问题及时提出责令改正。

协助建设单位组织设计合同有关争议协调，对建设单位与设计方面可能存在的合同理解、设计界面、责任范围等方面的差异做好协调解释工作。

协助建设单位组织设计总体单位与供电系统设计单位间的争议协调，包括合同争议和技术争议。设计咨询应依据合同约定以及国家有关法规、规范和技术标准等规定，结合本项目具体工程特点积极发挥相关协调作用，力争通过友好协商的方式解决争议问题。重大技术争议应提出咨询建议报建设单位审批。

3）设计咨询协调的要点

（1）设计咨询协调的重点工作。

a. 采取有效措施，切实加强各项工程接口管理工作。

制定接口管理工作程序，明确各方责任、提高管理效率、工序衔接，确保工程质量、进度的顺利进行。

b. 建立高效的组织协调机制。

良好的组织协调机制将大大提高协调的效果和效率，该机制将涉及建设单位与设计咨询单位、设计咨询单位与设计总体总包单位和供电系统设计单位、设计总体总包与供电系统设计单位等多个层次。

c. 定期组织召开的工作协调例会。

与其他单位共同对项目接口中存在的问题进行协调，以解决在设计过程中遇到的问题，加强轨道交通工程中相关项目之间的协调，及时解决有关问题，以便对轨道交通工程的设计进行合理、有效的控制。

（2）报告。

设计咨询单位应以书面形式向建设单位提交设计咨询及审图报告和专题研究报告。应完成的报告包括（但不限于）以下内容：

a. 工作计划报告。

含设计咨询及审图进度计划、质量保证计划，合同签订后 10 天内提交。

b. 中间成果报告。

按照项目工作进展，对设计单位提交的总体设计文件、初步设计文件、招标文件及图纸、施工图设计文件进行咨询及审图，提交咨询及审图意见报告。并根据建设单位提出的咨询及审图要求，适时提交专题咨询及审图报告。具体如下：

总体设计咨询及审图报告（含设计单位签字盖章的审查意见回复）；

初步设计咨询及审图报告（含设计单位签字盖章的审查意见回复、初步设计评审记录）；

施工图设计审查报告（含设计单位签字盖章的审查意见回复）；

专题研究报告；

招标设计咨询及审图报告：设计咨询单位需出具招标图确认函，确保满足施工招标要求。

c. 设计咨询单位月度报告。

d. 最终报告。

全面总结设计咨询及审图及施工图强审工作和有关项目专题研究工作。施工图设计完成后 1 个季度内提交。

e. 其他有需要的报告。

4）设计咨询协调的实施方案

设计咨询协调的具体管理办法是建立完备的例会制度。设计咨询将按照工程咨询服务合同的要求，在结合其他轨道交通工程成功经验的基础上，为确保工程目标的实现，建立以下例会制度：

（1）建设单位与咨询工作协调例会制度。

参加建设单位定期组织召开的工作协调例会，与其他相关单位共同对工程过程中存在的问题进行研讨，加强地铁工程中相关项目之间的协调，及时解决有关问题，以便对工程项目进行合理、有效的控制。

（2）设计咨询单位主持的会议。

会议主要可分为咨询工作例会和专题咨询会议两类。

a. 咨询工作例会。

咨询例会是由设计咨询单位主持，以设计与咨询工作为议题，定期、定点召开的日常性工作会议；设计咨询例会主要解决日常性的工作问题，由设计咨询方组织，根据工作情况，每2周定期召开一次。主要会议任务包括：信息通报（如领导的最新指示、设计当前重点工作总体进展情况等）；检查上期例会布置任务的完成情况；检查设计工作计划的执行情况；分析汇总所存在问题，安排近期设计工作；汇总设计单位提请解决事项并按期给予答复；其他必要的会议讨论事项。

设计咨询例会结果将由设计咨询单位完成会议纪要，包括工作计划、完成情况、存在问题、需建设单位解决事项等内容，于例会举行后五日内送交建设单位及各与会单位，作为下期例会检查工作的重要依据文件。

b. 专题咨询会议。

专题咨询会议是设计咨询方根据工作中出现的各类情况而临时召开的会议，包括设计技术咨询设计文件意见的座谈交流。

不定期组织召开专题会议，与建设单位、设计单位共同就重点工程技术、接口设计等质量控制、工程进度、造价控制和其他合同事宜等进行讨论，以形成共识或解决问题。

（3）设计咨询参加的会议。

a. 将参加政府、建设单位、设计及工地召开的多种会议，并完成相应的工作。

政府组织的各项设计咨询会议，包括阶段性的设计咨询和政府相关部门组织的有关审查会议，提出设计咨询意见。对于阶段性的设计咨询会议、大型设计咨询专题会议，将向大会做"设计咨询报告"。

参加由建设单位主持召开的关于初步设计、招标设计和施工图设计阶段的技术研讨与审查会议，并编制综合性会议纪要素材及单项工程或系统设计的会议纪要素材。

参加由设计单位主持，并邀请设计咨询单位参加的会议。

参加设计总体总包单位邀请的总体设计工作例会，通过设计例会了解设计情况和设计中存在的日常性问题，也达到设计与咨询的交流。

b. 施工阶段，参加必要的现场会议。

参加施工交底与图纸会审会议、施工现场涉及设计变更和重要标准变化的各类研讨会议，并提出设计咨询意见。

（4）建立咨询内部协调工作制度。

a. 内部工作会议制度。

定期组织本项目人员召开内部会议，以解决在咨询过程中遇到的问题，加强内部协调，布置阶段性工作，分析和纠正设计咨询工作中的不足之处，开展咨询人员的业务学习和交流。

b. 内部的岗位责任制度。

做好设计咨询人员的明确分工，做到职责与能力相统一，权利和责任相统一。

c. 交接班及考勤制度。

对于咨询服务期间咨询人员的更换，必须做好交接工作，并办理交接手续，及时向建设单位说明。

d. 咨询回访制度。

设计咨询的项目竣工移交后，制订项目回访计划，上报建设单位和总院有关部门备案，由总院有关部门组织工程回访。

9.5.5 投资控制管理

项目投资控制是实现"经营地铁"理念的前提，只有在设计阶段通过经济比较、方案优化确定合理的工程造价，才能为项目建成后的运营奠定良好的基础。

投资控制的目标并不是单纯地降低建设投资，而是在确保实现工程运营功能及技术标准先进性的前提下，加强设计方案的技术经济分析比较，挖掘投资节约潜力，争取实现最优的功能价格比，并最终使项目取得良好的经济效益。

控制工程投资过程是一个系统工程，设计阶段的投资控制是控制总体工程造价的第一关，而且是影响工程总投资最大的阶段。只有在设计工作没有完成之前，把好工程投资控制的第一关，才能为总体工程控制打好基础。在咨询工作中，通过合理制定投资控制目标和任务，同时辅以相关方法与措施，并将二者紧密结合，以创造适宜的条件，就一定能搞好设计阶段的投资控制，取得可观的经济效益和社会效益。

1）投资控制目标

在投资和质量二者之间，质量是核心，但在一定投资额的条件下，使工程项目达到建设方所预期的建设目标，是设计咨询要进行投资控制的一项重要工作。因此设计咨询工作的重点是根据限额设计要求和初步设计审查意见稳定施工设计方案，控制工程规模和标准，使概算不突破估算，决算不突破概算。咨询方配合建设方和设计总体组制定工程投资分解目标，实行限额设计。在保证设计质量的前提下，严格控制初步设计和施工图设计、控制配合施工过程中的变更设计，确保工程概、预算不突破限额目标，提高投资的社会效益和经济效益。具体目标为：

（1）在确保设计的安全性的前提下，根据各不同设计阶段（总体设计、初步设计及施工图设计），咨询方须对设计方的设计文件及图纸的经济性和合理性进行咨询及审查。

（2）根据价值工程理论，按限额设计控制投资，在限额设计范围内对初步设计全面进行价值工程评估。

2）投资控制工作方法

投资控制是设计咨询"四控、二管、一协调"工作任务中的一项重要内容。为了发挥对设计工作的监督指导，积极参与工程投资的合理控制，设计咨询将按照以下办法实施管理：

（1）工作内容主要包括对招标设计工程量和开项审查、施工图预算审查和对设计变更的控制等三大类。

（2）审核总体设计，优化估算，提出审核报告和建议；审核设计概算，提出审核报告和意见；在审核设计概算的基础上，确定项目总投资目标值；对施工图设计从设计、施工和设备等多方面进行必要的市场调查分析和技术经济比较,并提出咨询报告,供建设方参考;审核施工图预算,调整总投资计划,在充分考虑满足项目功能的条件下提出进一步挖掘节约投资的可能性;在施工图设计过程中,逐一进行投资计划值和实际值的跟踪比较,并提交投资控制报告和建议。

(3)建立有效的限额设计管理制度,由设计咨询方在设计阶段对工程投资加以控制,尽可能做到"技术先进条件下的经济合理,经济合理基础上的技术先进"。

(4)按照限额设计和设计变更管理办法,审查各设计方限额设计和设计变更的执行情况,并进行控制。设计变更要经过技术经济比较,并检查是否满足建设方的要求。

(5)对于非设计方原因引起的工程规模、设备功能等重大设计变更,设计咨询将提出应设计的咨询报告,协助建设方进行限额调整。

(6)既要负责投资控制,又需要负责总体上对投资控制的监控把握,发现问题及时报告建设方。

(7)通过运用价值工程分析法协助设计方优化设计方案,以减少工程投资。

(8)在保证安全和不降低功能的前提下,设计咨询将建议和协助设计方通过采用新技术、工艺、设备、节约工程投资,通过合理的设计和成熟的工艺,减少设计方案审定后在施工阶段、设计方案阶段又有较大修改而增加的投资。

3)投资控制工作内容

(1)督促设计方正确理解和执行国家、地方相关的设计规范和有关标准、法规。

(2)推行标准化设计,督促设计方在一定范围内按照标准图实施设计工作。

(3)执行"限额设计"要求,即设计方要严格按照已确定的设计方案、规模、标准和设计图进行设计。限额设计控制工作主要包括如下内容:

a. 重点审查初步设计的方案选择;

b. 严格控制施工图预算;

c. 加强设计变更管理。

(4)督促设计方进行优化设计,尤其要对投资影响大的方案和部位重点优化,尽可能降低造价。

(5)尽量稳定设计方案,重点审查设计原则、设计参数,以及工程使用材料,减少设计变更,避免设计浪费。

(6)详细审查设备系统的国产化方案,尽可能降低系统工程总投资。

4)各设计阶段的投资控制的重点把握要素

(1)总体设计阶段。

总体设计阶段以批复的工程可行性研究阶段的投资为依据,主要通过审查工程规模和工程标准进行投资控制,重点把握以下要素:

a. 项目投资估算编制范围的完整性;

b. 采用定额与取费标准的合理性;

c. 项目设计规模与技术标准的技术经济合理性;

d. 工程技术经济指标的合理性;

e. 投资估算与项目技术方案的一致性;

f. 工程建设其他费用列项与计费标准的合理性；

g. 项目技术经济指标的合理性分析。

（2）初步设计阶段。

初步设计阶段以投资估算作为投资控制的依据，主要通过审查初步设计概算、主要设备选型、规格及数量等进行投资控制，并审查概算是否漏项、技术经济指标是否合理，重点把握以下要求：

a. 重大技术方案比选的技术经济合理性；

b. 总体设计咨询意见的执行情况；

c. 初步设计概算文件的深度是否符合标准；

d. 采用定额与取费标准的合理性和准确性；

e. 采用基础参数、经济指标的合理性；

f. 综合概算编制章节设置的合理性；

g. 概算编制的完整性；

h. 项目同类工程技术经济指标的平衡；

i. 概算技术经济指标的合理性；

j. 主要工程数量指标的合理性。

k. 工程建设其他费用列项与计费标准与可行性研究批复的一致性，如有调整是否具备依据；

l. 设计概算与可行性研究报告批复投资差异的合理性分析。

（3）招标图设计阶段。

招标图设计阶段以批准的初步设计概算及单元概算进行限额设计咨询，重点把握以下方面：

a. 初步设计咨询意见的执行情况；

b. 审查招标图设计变化、调整情况；

c. 限额设计执行情况检查；

d. 采用定额与取费标准的合理性；

e. 工程量清单的完整性；

f. 根据建设单位招标投资控制需求提供设计咨询建议。

（4）施工图及施工配合阶段。

a. 初步设计审查意见的执行情况；

b. 限额设计执行情况检查；

c. 设计变更投资控制；

d. 为建设方投资控制提供咨询建议。

设计咨询方将作为建设方顾问，全过程与设计总体单位密切沟通和良性合作，协助总体单位合理地确定项目概算编制基本原则，严格限额设计管理，保证项目全过程投资有效受控，及时为建设单位提供投资控制的合理建议。

设计咨询在设计的各阶段都将充分利用自身的经验和技术优势，对设计方案、工艺、设备等进行全面评价，在满足功能要求、确保安全的前提下，通过提出优化设计建议或方案，控制工程造价。

协助建设方对设计总体组、系统设计方投资控制和限额设计情况进行定期考核。

5）投资控制工作流程

如图 9.5.4 所示。

6）工程投资控制措施

（1）督促设计总体组按单位工程和概算章节构成进行分析分解，将其作为控制考核的依据。

（2）实施预控和过程控制的手段，抓住每个专业、各个环节子阶段不放，积极倡导"先算后花"的思想方法，不放过所有节约投资的项目和环节。

（3）设计总体组要求各单项设计负责人对投资情况进行简报，认真填写投资控制分析表，设计总体签署意见汇总报设计咨询。

（4）设计咨询利用方案会审、咨询工程师询访、抽检等方法掌握工作动态，捕捉并反馈信息到管理咨询组。咨询管理组根据收集到的情况进行综合分析，不定期写出通报报建设方。

（5）咨询工程师负有对投资控制的责任，特别是对分管范围的投资控制情况做到时刻心中有数。

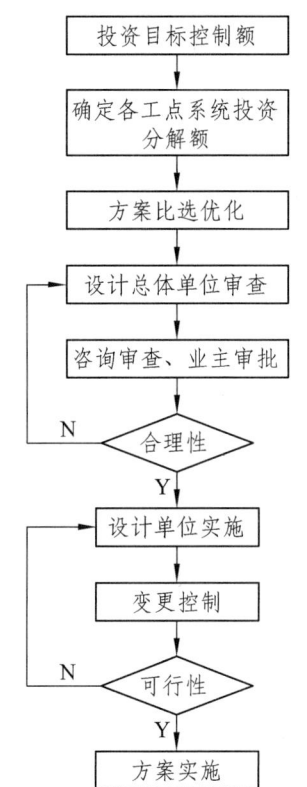

图 9.5.4 投资控制工作流程图

（6）建立报表登记制度，对执行制度认真的予以表扬，对马虎应付、拒不执行的情况进行督促检查直到通报批评，运用经济手段管理。

（7）限额设计管理制度。

（8）认真落实限额设计，并注意坚持做好如下工作：

a. 结合建设方管理意图和工程实际情况，制订限额设计管理细则，报建设方批准后作为工程设计管理的基本原则。

b. 根据限额设计管理要求，配合建设方将必要的内容纳入合同文本中，切实保证限额设计管理约束的法律效力。

c. 根据各阶段设计成果，细化分解投资控制指标，报建设方批准后作为工程限额设计控制依据。

d. 定期根据设计工作进展情况，检查限额设计目标执行情况，及时对影响投资控制的因素进行分析，采取有效措施，保证工程投资控制在预定目标范围内。

e. 最终对限额设计目标的执行情况进行审核确认，按照确定的原则进行审核，提出奖罚建议意见，报建设方审批。

7）设计变更的控制

为了保证建设工程的质量，咨询工程师应对设计变更进行严格控制，并注意以下几点：

（1）应随时掌握国家政策法规的变化，特别是有关设计、施工的规范、规程的变化，有关材料、产品的淘汰或禁用，并将信息尽快通知设计方和建设方，避免产生设计变更的潜在因素。

（2）加强对设计阶段的质量控制，特别是施工图设计文件的审核，要根据自己的经验对施工图节点做法的可施工性给予评判，对各专业图纸的交叉要严格控制会签工作，力争将矛盾和差错解决在出图之前。

（3）对建设方和施工方提出的设计变更要求要进行统筹考虑，确定其必要性，同时将设计变更对设计工期和费用的影响分析清楚并通报给建设方，非改不可的要调整施工计划，以尽可能减少对工程的不利影响。

（4）要严格按照建设单位下发的《变更管理办法》控制设计变更的签批手续，以明确责任，减少索赔。

9.5.6 接口控制管理

1．内外接口管理的目的

城轨道工程涉及的技术专业、系统繁多，这些技术专业和系统间又不是完全孤立的，它们之间是互相联系的，在设计的全过程中就存在着众多的内外部接口，只有做好专业、系统间的接口管理工作，才能保证各项设计活动的有效实施。可以看出，内外接口管理的目的就是确保参与建设的各设计方与相关单位之间的密切配合，顺利完成工程的预定目标。

根据建设方的委托，设计咨询需对各设计方接口工作计划的编制及实施情况进行过程监督，并在设计全过程中对出现的相关争议进行协调，保证项目建设目标的实现。

内外接口管理工作可以分为外部接口协调和内部接口协调审查两个方面。

1）外部接口协调和审查

外部协调工作主要指根据建设方的要求，协助建方位监督设计总体组对项目设计工作开展所需外部条件的落实情况，帮助理顺外部接口关系，保证设计工作的正常推进，主要包括：

发挥设计咨询在设计、管理方面的丰富经验，对总体设计组的设计过程中的外部接口计划和实施情况进行检查，并形成外部接口管理设计咨询报表。

结合自身经验，指导设计方外部协调工作的开展，对制约设计开展工作的前提性协调工作，应在设计进度计划中予以明确并重点追踪落实情况。

协助建设方完成市规划局的审查和审批，取得建设工程用地许可证、建设工程规划许可证及建设项目选址意见书。

协助建设方完成市消防局的审查和审批，取得消防审查意见书，并对消防局的审查意见进行研究和回复，以达到和消防局的意见统一。

协助建设方完成市人防办的审查和审批，落实人防工程。

2）内部接口协调和审查

内部接口协调主要指项目内部各设计方接口出现问题时，协助建设方与供电系统设计方的协调，以及各设计方间的技术接口协调。

参加设计总体组组织的设计例会，及时掌握设计的进展情况，针对所处的设计阶段提出需要注意的接口问题。

召开设计咨询例会，对某阶段设计工作进行总结，并协调解决各设计单位间设计接口出现的问题。

针对设计总体组制定的进度计划，对总体单位提出的内部接口协调计划和实施情况进行定期检查，保证需要协调的问题能够得到及时的解决。

协助建方和设计总体组组织设计巡检工作，并及时解决需要协调解决的问题。

2．内外接口管理

1）接口管理要点

内外接口管理无论是对内接口还是对外接口的协调管理，都应该做到公平、公正、中立、遵守事实的原则，要把握协调的尺度，尊重他人，营造和谐氛围。

制定接口管理工作制度、工作程序，明确自身在协调过程中的角色，提高管理效率，确保工程质量和进度。

建立高效的组织协调机制，以达到提高协调效果和效率的目的。

建立畅通的沟通机制，能够有效地聆听各方的意见和需要解决的问题，并且对各种问题进行分类，优先解决急需处理的问题。

参加建设方组织召开的各项会议，与其他单位共同对项目接口存在的问题进行协调，解决在设计或施工过程中遇到的各种问题。

2）接口管理措施

接口管理的实施需要建立完整的例会制度和巡检制度，这两个定期的制度可以有效及时地发现并解决问题，并且还可以通过其他途径来获知问题和解决问题。结合其他地区城设计咨询项目经验的基础上，建立以下例会制度：

（1）建设方组织的工作例会制度。

这是由所有设计方参加的例会，会上可以与其他设计方共同对设计和施工过程中出现的问题进行探讨，也是一个协调解决接口问题的平台。

（2）建设方组织的设计巡检。

建设方组织设计咨询和设计总体检查各设计单位的人员到位情况，听取设计方的设计进度汇报和的需要解决的问题，通过这种面对面的沟通机制，可以更好地暴露问题，有一个解决问题的氛围。

（3）设计咨询组织的会议。

设计咨询组织的会议可以分为两种：一种是设计咨询例会，另一种是设计咨询专题会议。

设计咨询例会由咨询主管工程师主持，建设方、各设计方参加，以设计与设计咨询工作为议题，定期召开的会议。

主要分析汇总各咨询工程师在平时设计咨询工作中发现的设计文件中存在的问题，检查计划工作的执行情况，安排近期的设计工作，以及汇总设计方提请解决的问题并及时给予答复。

设计咨询专题会议是根据设计咨询工作中出现的各类共性问题，临时召开的会议。此类会议就是解决重点工程技术难点、技术接口等问题，与建设方、各设计方讨论，以达成共识。

设计咨询参加的会议是指参加政府、建设方、设计总体及施工方召开的各种会议，并完成相应的工作。

（4）建立设计咨询内部协调机制。

做好设计咨询人员的工作分工，做到职责与能力的统一。对一些设计咨询工作的重要文件和重大技术方案的设计咨询意见要发挥设计咨询单位整体力量。

9.5.7 合同与信息管理

1．合同管理目标

根据工程的设计咨询任务和要求以及设计合同管理的多系统、多专业等特点，提出以下工程合同管理目标：

（1）优化合同结构，选择最佳发包策略。
（2）优选合同模式，拟定适宜的合同条款。
（3）确保合同得到有效落实。
（4）严格按照合同办事，尽量减少工程的设计变更、索赔事件和合同纠纷的发生。
（5）防范风险，合理分担。
（6）确保不出现重大合同纠纷。

2．合同管理内容

（1）合同签订后掌握合同内容，弄清合同各方的责、权、利。认真履行设计咨询合同中规定的各项义务，处理好各方关系。

（2）运用高智能的优势，经过设计过程的反复协调，使建设方的需求变得科学合理、功能齐全、使用价值高。

（3）协助建设方进行合同管理，确定承发包模式，参与设计合同谈判，协助建设单位签订材料和设备采购合同，处理合同争议，采取预防索赔措施，处理索赔事宜等。

（4）咨询工程师应协助建设方确定承发包模式和合同结构，参加合同谈判，处理合同执行中的问题。

（5）严格质检和验收，对设计方偏离合同出现的问题，不符合合同要求的拒绝付设计费；达到质量优良者，支付质量补偿或奖金。

（6）严格按合同规定的工期控制设计进度，当由非设计方责任而发生设计延期时，应严格按有关规定的程序确定延期天数。

（7）在设计咨询工作中，严格按设计咨询程序工作，防止人为因素造成的索赔事件，对自然因素或其他因素而发生索赔事故，咨询工程师要严格按有关条款公正地处理。

（8）认真审核设计变更事项，严格控制增加造价的变更数量，发生变更时要征得建设方代表同意，方能签署设计咨询意见。

（9）认真做好设计资料的收集、整理工作，建立完善的档案资料，为工程的索赔和反索赔提供有理、有力依据，并严格审查索赔金额。

3．合同管理方法

建立合同结构体系，管理规范化。根据合同关系，对不同的合同进行分类，建立合同管理台账，在合同的执行过程中要及时将实际情况输入，以便进行分析对比，对合同进行有效的管理。根据建设方的管理模式、管理特点，协助建设方以规范化、科学化的管理方法保证机电系统的全部合同的有效管理、有序执行。合同管理程序图如图9.5.5所示。

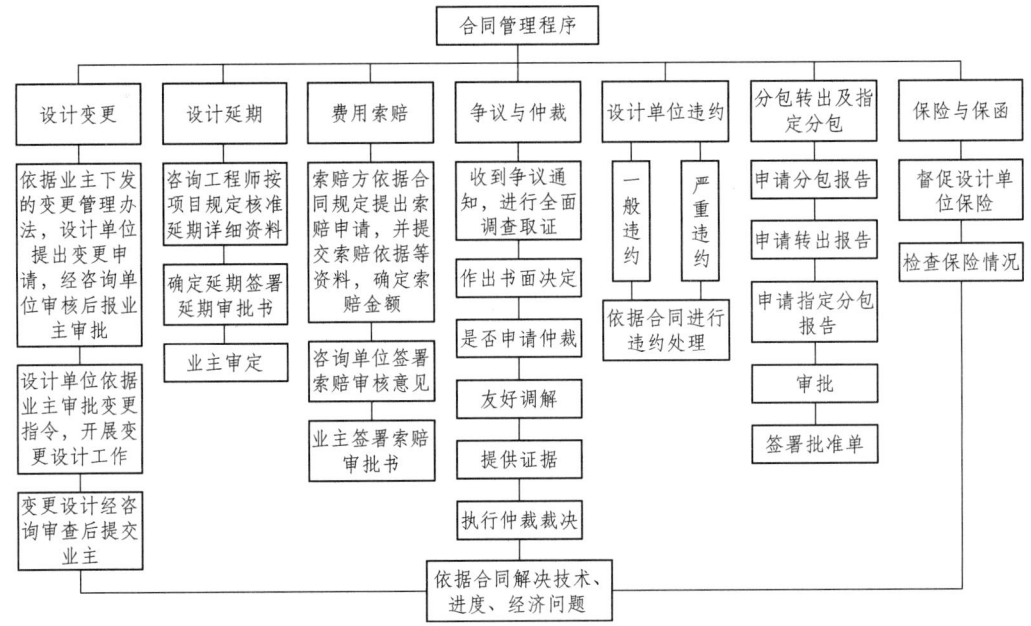

图 9.5.5 合同管理程序图

4. 设计变更程序管理要点

凡设计变更应事先告知建设方，说清楚变更原因、范围和措施。

设计变更应符合国家现行规范、规程和技术标准，且要求内容表示准确、图示规范。

设计变更的内容应及时反映在合同工程施工图纸上。设计变更通知的主要内容应包括变更的工程项目、部位或涉及图纸编号；变更的原因、依据及有关的文件、图纸和资料。

严禁设计方擅自变更工程。凡擅自变更工程的，咨询工程师应及时发出书面通知，并抄报建设方。当设计变更涉及总体施工进度计划和施工方案的调整时，咨询工程师应及时督促设计方做出相应调整，一并报建设方。

设计方按规定的要求及时对变更费用进行测算。设计变更费用申请报告的主要内容应包括：设计变更费用报审表、编制依据、变更工程数量表、变更费用计算表和变更单价测算表等。

费用审核应根据设计变更通知、变更图纸、原设计图纸、工程量清单，说明和施工监理工程师现场计量数据评估变更工程涉及的工程数量；根据合同规定的单价确定方法和优先顺序，评估变更工程项目单价。

5. 设计延期程序管理要点

由于设计方自身原因所造成或合同文件约定不允许提出延期的项目，咨询工程师不予受理。

在延期事件发生后，设计方须按照咨询工程师要求的内容和方式，将可能发生的损失控制在最小范围内。否则，咨询工程师有权根据合理情况评估延期。

设计方向咨询工程师提交的所有证据和资料必须真实，否则咨询工程师有权根据自己掌握的证据进行评估。

延期事件发生后，设计方应在合同规定的期限内向咨询工程师提交书面工程延期意向。否则，咨询工程师有权不予受理。

要确认延期，必须延期事件属实，合同条款运用准确，延期事件发生在被咨询工程师和建设方批准的网络计划关键路线上。

对于连续事件，设计方应按照合同规定向咨询工程师提交后续有关详细证明资料。

设计延期申请报告内容包括延期的合同依据、延期事件描述、申请延期时间、申请延期时间的计算资料及其他记录和资料等。

咨询工程师评估的要点是延期申请的格式是否满足咨询工程师要求，延期申请的依据是否充分，延期天数的测算是否合理，证明资料是否齐全。

6．费用索赔程序管理要点

由于设计方自身原因所造成或合同文件约定不允许索赔的项目，咨询工程师不予受理。

在索赔事件发生后，设计方须按照咨询工程师要求的内容和方式，将可能发生的损失控制在最小范围内。否则，咨询工程师有权根据合理情况评估索赔。

设计方向咨询工程师提交的所有证据和资料必须真实，否则咨询工程师有权根据自己掌握的证据进行评估。

索赔事件发生后，设计方应在合同规定的期限内向咨询工程师提交索赔意向。否则，咨询工程师有权不予受理。

费用索赔涉及的费用按有关合同规定支付办理。

如果索赔事件具有持续性，设计方应按咨询工程师要求的合理间隔时间，不断提交说明累计索赔数量进一步发生的细目与资料。同时，设计咨询相关专业工程师应立即搜集与本索赔有关的各种设计文件、指令、纪要和记录，及时、全面、准确地掌握有关证据，并进行整理分析。

索赔申请报告的主要内容包括索赔所依据的合同条款、索赔费用金额、各项费用清单、费用测算说明及其他有关文件和证明资料等。

收到设计方提交的费用索赔申请报告后，在合同规定的期限内，应对费用索赔申请报告的以下五个方面的内容进行有效性、全面性、真实性、合理性的初评估：

（1）费用索赔申请的程序、时限符合合同要求。

（2）费用索赔申请报告的格式和内容符合规定。

（3）费用索赔申请资料真实、齐全、手续完备。

（4）费用索赔申请的合同依据、理由正当、充分。

（5）索赔金额的计算原则与方法必须合理、合法。

7．合同争议的调解

及时了解合同争议的全部情况，进行调查和取证。

及时与合同双方进行磋商。

根据调查情况提出调解方案，由咨询工程师审核调解方案。

方案调解未能达成一致时，设计咨询在合同规定的期限内提出处理该合同争议的意见。

在争议调解过程中，除已达到了合同规定的暂停履行合同的条件之外，应要求合同双方继续履行合同。

当合同争议申请仲裁裁决后，合同双方按仲裁结果执行。

8．违约处理

在合同执行过程中发现违约事件可能发生时，咨询工程师应遵照合同条款及时提醒有关各方，防止或减少违约事件发生。

对已发生的违约事件，要以事实为根据，以合同约定为准绳，公正处理。

处理违约事件应在认真听取合同双方的意见并与双方充分协商的基础上，确定解决方案；承担违约责任方式有赔偿损失、支付违约金、解除合同等。

9．信息管理措施

设计咨询信息管理是设计咨询在对设计实施"四控二管一协调"过程中，所发生的各种过程信息，范围涵盖设计咨询管理全过程，包括合同、质量、进度、投资等各方面。为了规范城轨建设管理中设计咨询与各有关方之间信息传递的流程、要求等内容，圆满地完成建设方委托的设计咨询任务，高质量地实现进度、质量、投资、安全四大控制目标，设计咨询将不断地加强信息管理的现代化建设，把设计咨询工作建立在充分掌握工程信息、依靠数据说话的基础之上，以此促进设计咨询工作的规范化、科学化、现代化。

1）信息管理的目标

规范工程设计管理过程中的信息传递，保证信息传递的有效性和可追溯性，对设计文件及质量记录等文档进行明确编码分类，使文件编码与文件唯一对应，便于识别、检索和管理。

2）信息管理的文件分类及管理流程

文件主要分为设计咨询管理信息和正式设计成果两大类，其中：

设计咨询管理信息是指建设方、设计咨询方、和相关设计方在承担工程设计任务过程中所传递的信息，不包括正式设计成果。正式设计成果是设计活动的最终成果，仅反映了设计管理信息中最新的有效信息，主要包括：设计说明、设计图纸和技术总结等。

设计咨询管理信息是设计咨询管理过程中发生的过程信息，范围涵盖设计咨询管理全过程，包括合同、质量、进度、投资等各个方面，其内容最终将反映在正式设计成果中。

文件管理流程见图 9.5.6。

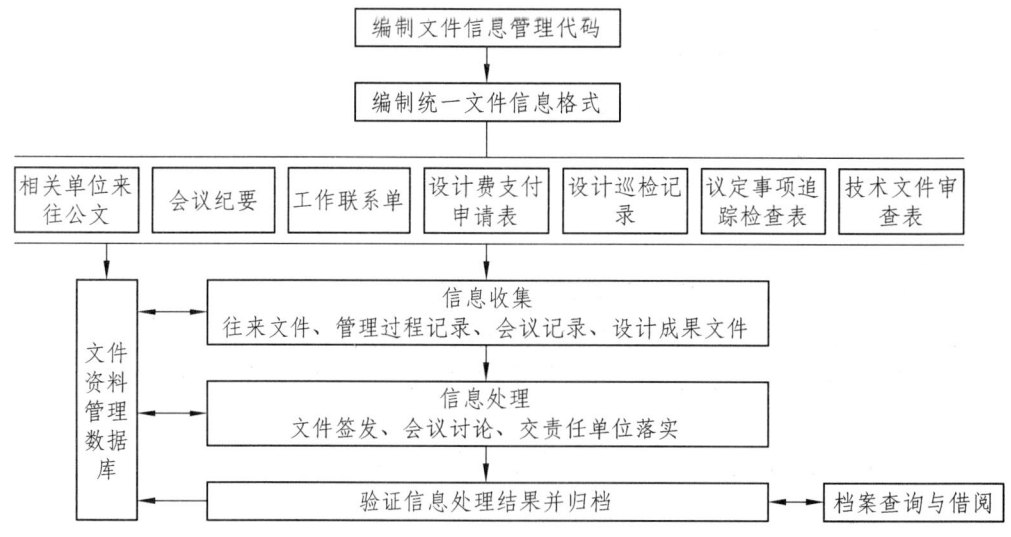

图 9.5.6 信息管理工作流程图

3）文件管理

（1）统一文件信息管理代码。

设计文件和管理信息是指建设方、设计咨询方、各相关设计方在设计、管理工作开展过程中传递的信息，为信息传递的有效性和可追溯性，工程设计文件和管理信息应采用书面形式，并按照统一的编码原则进行标识，以利于电子化检索和追溯，提高设计咨询管理效率。

（2）编制统一文件信息格式。

为提高信息传递的效率，设计咨询将以工程统一的设计咨询信息文件格式，包括技术工作联系单、技术文件咨询意见书、技术文件会签表、技术研究会议纪要等。同时，为了便于电子化管理，所有传递的信息文件除书面纪录外，还必须同时备份其电子文件，交设计咨询信息管理咨询员归档录入管理系统，以便于文件检索和追溯。

（3）规范信息联络渠道和授权名单。

为保证信息传递的有效性，便于设计咨询管理信息的系统管理，必须明确文件签发授权和信息联络渠道。

（4）文件签发授权管理。

各相关方文件签发授权人名单及通信联络方式必须通告给所有参与方，并在工程设计咨询项目管理部即时更新，并有文件接受人验证所接受发送文件签署的有效性。

（5）信息联络渠道。

外部信息收发都应通过设计咨询综合部文书档案管理岗位统一管理，特殊情况可通过其他渠道传递信息，但必须于3日内将相关文档和记录移交管理员归档，以便于管理信息的追溯检索。

（6）文件接收处理。

收到外部文件资料，应及时验收签认，由资料管理人员确认后统一编号登录归档。同时报送设计咨询综合部，对文件进行分类处理。

（7）文件发放。

需发送文件经有效授权人签发后，由设计咨询综合部文书档案员统一编码后发放，并归档管理。需追踪验证的由设计咨询相关专业工程师进行检查确认。

4）管理信息系统

为落实信息管理网络化方针，充分应用现代化的管理手段，快速、高效地实现管理，根据工程实际情况专门开发工程设计咨询项目管理信息系统，利用现代信息科技实现网络、远程通信、数据库的集成化设计系统，建立以数据库为核心，工作流为主线，群件和 WEB 技术为基础的项目协同工作平台，满足合同管理、分包管理、计划管理、技术管理、互提资料等管理需求，实现设计咨询方与建设方和设计相关方的协同工作平台，有效提升工程设计咨询管理效率和管理水平。

9.5.8 设计咨询工作成果管理

1．设计咨询工作主要成果

设计咨询方将以书面形式向建设方提交设计咨询及审查报告和专题研究报告。完成的报告包括：

（1）工作计划报告。

含设计咨询进度计划、质量保证计划，合同签订后限期内提交。

（2）中间成果报告。

按照项目工作进展，对设计方提交的总体设计文件、初步设计文件、施工图设计文件进行咨询及审查，提交咨询及审查意见报告。并根据发包人提出的咨询要求，适时提交专题咨询报告。具体如下：

① 总体设计咨询报告；
② 初步设计咨询报告；
③ 招标图设计咨询报告；
④ 设备招标技术规格书咨询报告；
⑤ 施工图设计审查报告；
⑥ 专题研究报告。

（3）设计咨询月度报告。

（4）设计咨询季度报告。

（5）设计咨询巡检报告。

（6）最终报告：

全面总结设计咨询及施工图审查工作和有关项目专题研究工作。施工图设计完成后1个季度内提交。

（7）其他有需要的报告。

2. 设计咨询工作成果资料单

设计咨询工作成果资料清单如图9.5.2所示。

表9.5.2 设计咨询工作成果资料清单

技术咨询阶段	成果名称	提交成果计划时间
成果文件汇总	（1）各阶段的《咨询规划》《咨询细则》 （2）工程设计方案审查制度 （3）设计质量控制制度 （4）设计进度控制制度 （5）工程投资控制制度 （6）设计概算审查制度 （7）设计基础资料、设计中间成果、设计最终成果资料督查和审查管理制度 （8）设计方案、技术接口、系统功能及配合的审查、确认管理制度 （9）设计单位行为管理制度及巡检制度 （10）设计咨询会议制度 （11）设计咨询日志、月报制度 （12）文件管理制度 （13）技术资料管理制度 （14）咨询总结	

续表

技术咨询阶段	成果名称	提交成果计划时间
总体设计阶段	总体设计咨询成果报告 《初步设计技术要求》咨询意见 《初步设计文件组成与内容》咨询意见 《初步设计文件编制方法》咨询意见 《初步设计专业技术接口》咨询意见 专项研究报告咨询意见 设计协调会，供电系统审查会会议记录 设计咨询月度报表	收到文件后7个工作日提交初稿，根据建设单位和总体总包单位反馈意见，适时完成正式报告 收到文件后7个工作日 收到文件后7个工作日 收到文件后7个工作日 收到文件后7个工作日 收到文件后7个工作日 会后3个工作日内 每月 xx 日
初步设计	初步设计方案设计咨询意见 初步设计中间检查设计咨询报告 初步设计预审设计咨询报告 专项研究报告咨询意见 设计协调会，审查会会议记录 专项研究报告咨询意见 初步设计咨询成果报告 设计咨询月度报表	收到最后一批文件后7~10个工作日 收到最后一批文件后7~10个工作日 收到最后一批文件后7~10个工作日 收到最后一批文件后7~10个工作日 收到最后一批文件后7~10个工作日 收到最后一批文件后7~10个工作日 收到最终文件7个工作日提交初稿，根据建设单位和总体总包单位反馈适时完成正式报告 每月 xx 日
招标设计	设备招标设计咨询意见 设备招标技术规格书咨询意见 招标期间参与技术方案的讨论和咨询 招标设计咨询成果报告	收到文件3~7个工作日 收到文件3~7个工作日 视具体情况而定 每月 xx 日
施工图设计	《施工图设计技术要求》咨询意见 《施工图设计文件组成与内容审查》意见 《施工图设计文件编制办法》咨询意见 《施工图设计专业技术接口》咨询意见 各册图纸设计咨询意见 计算书（必要时）咨询意见 预算咨询意见 施工图审查成果报告 设计技术咨询最终报告	收到文件后7个工作日 收到文件后7个工作日 收到文件后7个工作日 收到文件后7个工作日 各分批收到后3~7个工作日；可根据建设单位要求商定提前 收到计算书后3~7个工作日 收到预算书后3~7个工作日 收到最终文件10个工作日提交初稿，根据建设单位和总体总包单位反馈适时完成正式报告 施工设计完成后一个季度内
施工图阶段配合	《变更施工图设计管理办法》咨询意见 施工图变更设计咨询意见 《保护计算整定单》咨询意见 设计咨询月度报表	文件收到后7个工作日 文件收到后7个工作日 文件收到后7个工作日 每月 xx 日
总结阶段	设计咨询总结	

3．设计咨询管理用表

详见本书附表 9.1 ~ 9.13。

10 设备集成服务

设备集成服务是工程建设过程中建设方授权单独的企业，对设备系统的甲供设备、材料从招标采购直至设备运行的过程进行管理。设备集成服务涵盖进度管理、质量管理、投资管理及合同管理等。对于城轨工程，设备系统包含供电系统、弱电系统、机电系统等多种类具体设备，建设方可委托一家或多家不同的设备集成服务商进行对应管理服务。从事城轨工程建设的设计单位、监理单位及施工总承包单位，只要具备建设要求的资质都有可能成为设备集成服务商。本章对城轨供电系统设备集成服务进行介绍。

10.1 概 述

设备集成服务源自工程建设中的信息系统集成服务管理和 EPC 项目管理，依托设备集成服务商的技术和管理，建设方能够减少人力投入和物力投入，避免因经验不足、人力不足引起的各项缺陷，提高建设过程的整体工作效率，从而获得工程进度、质量、投资的全面收益。

城轨供电系统包括外部电源、主变电所/开闭所、中压系统、牵引变电所、降压变电所、牵引网系统、电力监控系统和杂散电流腐蚀防护系统等分部及子系统。供电系统设备集成服务管理范围涵盖供电系统全部甲供设备和材料。

供电系统设备集成服务的内容包括：供电系统技术支持、招标文件审查、设备招标配合、合同谈判组织、设计联络组织、设备监造及工厂试验管理（含样机试验、内/外部接口试验、测试、验收）、供货管理（包装、运输、开箱检查、仓储管理）、安装调试管理（单机调试、系统调试、144 小时系统连续运行测试）、综合联调管理、试运行管理、设备验收管理、试运营管理、质保管理、图纸和文件管理及设备合同管理等。根据建设方的不同需求，设备集成服务商完成全部或部分服务内容。

车辆段供电车间相关设备的设备集成管理一般纳入单独车辆段集成服务标段。

设备集成服务商在建设方的授权下，在城轨工程供电系统的实施过程中，运用技术和管理方法，协助并代表建设方对供电系统实施全过程管理，以供电系统设备为主线，控制系统的完备性和风险、控制设备质量和进度，使各子系统设备能有效地组成一个运行安全、性能可靠、功能完备、经济适用的供电系统，实现"高可靠性、高安全性、高度自动化、低损耗、低维护（修）"的整体目标。

本章将从设备集成服务职责、服务组织构成、设备招标文件审查、设备招标配合、设备合同管理、设计联络管理、设备监造管理、设备出厂检验及验收、设备供货管理、设备安装及调试管理、设备验收管理、设备图纸和文件管理等各方面分别进行具体介绍。

10.2 设备集成服务职责

供电系统设备集成服务商的主要服务职责包括：配合招标文件审查、组织设备设计联络、组织供货管理、配合合同管理等。

不同的服务阶段，项目涉及的相关单位不同，服务关系及服务工作侧重点存在差异。

10.2.1 项目相关方

建设方：承担工程建设管理任务的单位。全面负责工程全过程的建设、管理、监督、检查、关键点控制及合同支付等。

设计单位（简称设计方）：承担供电系统设计的单位，按照设计合同要求，负责供电系统合同项下全过程的设计任务。

设计咨询单位（简称咨询方）：承担供电系统设计咨询的单位。

施工承包商（简称施工方）：承担系统设备安装等施工的单位。

施工监理（简称监理方）：提供施工监理服务的单位。

设备供应商（简称供应商）：承担设备供应的单位。

设备集成服务商（简称集成商）：承担供电系统甲供设备集成服务的单位。

在工程实施过程中，建设方与设计方签订设计服务合同；建设方与咨询方签订设计咨询服务合同；建设方与集成商签订设备集成服务合同；建设方与各供应商签订设备采购合同（根据建设方的需求和集成服务合同要求，该合同可为建设方、集成商及供应商三方合同）；建设方与监理方签订施工监理合同；建设方与施工方签订施工承包合同。

10.2.2 设备到场前的服务

该阶段集成商的相关方包括：建设方、设计方、咨询方、供应商。

主要工作包括：招标文件审查（含设备招标和施工招标）、设备招标配合、合同谈判、组织设计联络和工厂试验（样机试验、内/外部接口试验、测试、验收）、设备监造等。

服务关系如图10.2.1所示。

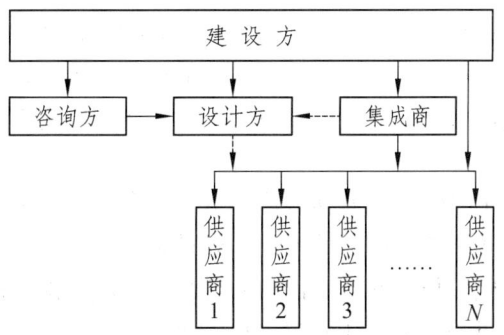

图10.2.1 相关各方管理关系图（设备招标、生产制造阶段）

注：实线为直接关系，虚线为间接关系。

10.2.3 设备到场后的服务

设备到场后集成商的相关方包括：建设方、设计方、施工方、监理方和供应商。

主要工作包括：供货管理（出厂检验、包装、运输、存储、到货验收）、安装管理（安装指导、试验配合）、调试管理（单机调试至系统调试、144 小时系统连续运行测试）、验收管理等。

根据建设方的要求，可邀请监理方自出厂检验开始，参与甲供设备相关工作的检查。

服务关系如图 10.2.2 所示。

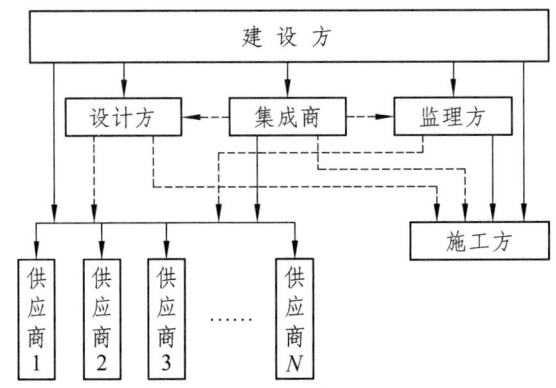

图 10.2.2　相关各方管理关系图（设备安装、调试、验收等阶段）

注：实线为直接关系，虚线为间接关系。

10.2.4 服务责任

在设备集成服务的不同阶段，责任主体不同，集成商服务的侧重点应动态调整以满足工程需要。

1．名词解释

协助：包括所有在项目执行过程中，对已定义的任务提供支持活动。

建议：包括所有在项目执行过程中，起草一个对已定义的任务相关的文件草案或其他概念性原则的各项活动。

制定：包括所有为项目执行而提出文件或其他与被定义任务有关的解决方案的活动。

审评：包括所有为项目执行而展开的与被定义的任务相关原则的审查评议的活动。

检查：包括所有为项目执行而展开的与被定义的任务相关的文件或原则进行详细核对的活动。

审批：包括对与项目相关的文件或其他原则的审查和批准的活动，目的是为项目的执行实施。这是在项目执行中某一指定任务的最终步骤的标志。

管理：包括对与项目执行相关的指定任务的计划、组织和操作的活动。

负责：指项目执行中的某一指定任务的组织、决定、操作并承担全部合同责任。

实施：指项目执行中为完成某一指定任务而进行的相关组织、操作等活动，并对最终结果负责。

协调：指在项目执行过程中某一指定任务出现问题时进行协助解决的活动。
参与：指在项目执行过程中参加某一指定任务的活动。
监理：指在项目执行过程中对指定任务进行监督和管理工作。
验收：指按照相关标准和规范要求对某一产品或任务进行检验和接受的活动。
监督：指在项目执行过程中按照相关标准和规范要求进行检查和核对的活动。
配合：指在项目执行过程中协助他人完成某一任务的活动。
组织：指在项目执行过程中组织安排完成某一任务的活动。
主持：指在项目执行过程中主持完成某一任务的活动。
审核：指在项目执行过程中按照相关标准和规范要求进行审查和核对的活动。
督导：指在项目执行过程中为了相关指定任务的顺利开展而提供的控制和指示的所有活动。
建设运营"三权"移交：指工程项目的建设部门向运营部门移交管理权、使用权、指挥权的所有活动。

2．管理职责

集成商管理职责主要包括以下内容。

1）项目计划的制订和管理

根据总工期策划要求，制订项目各阶段的具体实施计划，并报建设方审批。

根据最终审批的项目计划，对项目执行过程中的各项任务进行动态管理。

2）进度控制的制定和管理

制定项目各阶段进度控制措施，并报建设方审批。

根据最终审批的项目进度计划，对项目执行过程中的各项任务进行动态管理。

3）质量控制的制定和管理

制定产品设计、生产制造、测试等阶段的质量保证监督措施。

在项目执行过程中对各供应商的质量控制执行情况进行管理。分阶段提交质量监督报告，以便进行产品质量的追溯。

4）投资控制的制定和管理

制订各阶段详细的投资控制计划；协助建设方进行工程投资控制与管理；对控制工程成本给出合理化建议。

制定有关实施措施交由建设方确认；协助建设方执行投资管理措施；协调各相关方保证有关措施的贯彻。

对工程结算书进行审核，并向建设方提交审核意见。

5）安全控制的制定和管理

制订工程实施过程中各个阶段的安全计划、有关实施措施，提交建设方审批。

负责对工程安全进行控制与管理，并督促各相关方严格执行。

6）图纸文件的管理和审评

制定产品图纸文件的管理流程和办法，以保证图纸文件的规范性和统一性，并在项目实施过程中督促各相关方严格执行。

对各供应商的图纸、文件进行审核提交审评意见。

负责图纸文件整理、汇总和归档。

7）合同支付管理和审核

对项目执行过程中的所有合同进行管理，建立合同台账。

对供应商提交的支付报告进行审核，然后提交建设方审批。

协助建设方审核监理、施工方的支付报告。

8）审核合同变更

对供应商提交的变更报告进行审核后提交建设方。

对项目执行过程中发生的任何变更，以书面形式给建设方提交变更报告。

9）协助合同索赔

协助建设方对供应商造成的损失进行索赔，但不能排除其合同项下的责任。

在项目执行过程中，对由于自身的原因造成的损失负责。

10）合同结算的管理和审核

对系统工程结算管理。对供应商提交的结算报告进行审核，然后提交建设方审批。

协助建设方对监理方、施工方提交的结算报告进行审核。

在项目执行完成后，以书面形式向建设方提交合同结算报告。

11）设备招标的管理和协助

协助审查设备招标文件，配合建设方进行设备招标。

组织设备合同谈判会议，协助建设方完成合同谈判工作。

12）设计联络的制订和管理

制订合理、完整的设计联络计划报建设方审批。

组织供应商、设计方等单位参加设计联络会议。

13）负责设备监造

负责编制设备生产制造计划和设备监造计划报建设方确认，并负责通知供应商。负责生产制造进度控制。

派遣有经验的人员对主要设备生产进行监造，按生产进度制订监造计划交建设方，并随时将监造中发现的问题以书面形式通知建设方。

监造结束后编制监造报告提交建设方。

14）负责设备抽查

负责编制设备生产制造计划和设备抽查计划报建设方确认，并负责通知供应商。负责生产制造进度控制。

派遣有经验的人员对主要设备生产进行抽查，按生产进度制订抽查计划交建设方，并随时将抽查中发现的问题以书面形式通知建设方。

15）负责样机试验

制订样机试验实施计划交建设方确认。

根据批准的实施计划组织有关人员进行样机试验。

16）负责内部接口试验

根据本系统设备的特点，制定设备之间的接口细则、解决方案等。

负责本系统内部设备间的接口管理，协调供应商之间的关系，确保接口的正确性和接口设计方案的贯彻与实施。

17）协调外部接口试验

组织和协调各项外部接口试验。

制定本系统与其他相关系统的接口细则，并提出解决建议方案，以保证接口功能的实现。

18）负责出厂检验

组织相关各方参加各供应商的设备出厂检验工作，并做好检查活动的各项安排、准备工作。

19）设备供货的组织和管理

制订设备供货计划。

负责发货通知，在设备运输到指定地点后组织有关方进行到货验收、货物移交，并做好货物交接清单。

负责仓储场地的检查。

20）协助安装管理

根据工期安排制订相应供应商安装指导配合计划，跟踪了解施工进度，及时修订配合计划。

组织、监督供应商按期进行现场安装配合，协调安装配合过程中的问题或报建设方解决。

协助建设方审核施工验收规程和施工安装计划。

21）设备调试的协调、制定和组织

安排和监督供应商按期配合单机调试，协调调试过程中出现的矛盾，必要时报建设方解决。

制订供电系统调试方案、计划报建设方审批，并负责实施该方案。

组织施工方、供应商和监理方参加设备调试，设计方配合解决系统调试过程中出现技术问题，提出调试中可能出现问题的解决建议方案。

22）144小时系统连续运行测试的制定和组织

制定144小时系统连续运行测试方案。

组织相关各方进行供电系统144小时系统连续运行测试。

23）协助综合联调

提交供电系统参与综合联调的建议方案，参与综合联调，对供电系统出现的问题提出解决方案。

24）组织单体验收

组织供应商、施工方、监理方、设计方等参加验收活动；对于验收中提出的问题，按要求督促供应商和施工方进行整改。

3. 责任划分

根据建设方的要求，设备集成服务可以是从项目开始到结束的全过程管理，建设方、设计方、集成商、供应商、施工方和监理方的职责划分参照表10.2.1。

表10.2.1 责任划分表

序号	任务	建设方	设计方	集成商	供应商	施工方	监理方
1	项目计划	审批、检查	建议	制订、管理	建议	制订	审核、管理
2	进度控制	审批、检查	建议	制定、管理	实施	实施	制定、管理
3	质量控制	审批、检查	配合	制定、管理	负责	负责	制定、管理
4	投资控制	负责	配合	制定、管理	实施	实施	制定、管理
5	安全控制	审批、检查	配合	制定、管理	实施	实施	制定、管理
6	图纸文件管理	审批	审核	管理、审评	实施	实施	实施
7	合同管理						
7.1	合同支付	负责		管理、审核	配合	配合	管理、审核
7.2	合同变更	负责	协助	审核	配合	配合	审核
7.3	合同索赔	负责	协助	协助	配合	配合	协助
7.4	合同结算	负责		管理、审核	配合	配合	审核、管理
8	设备招标	负责（甲方）	配合	配合	负责（乙方）		
9	设计联络	审批	参与	制定、管理	实施		
10	设备监造	审批、检查	配合	负责	配合		
11	设备抽查	审批、检查	配合	负责	配合		
12	工厂试验						
12.1	样机试验	审批	参与	负责	实施		
12.2	内部接口试验	检查	配合	负责	实施		
12.3	外部接口试验	检查	配合	协调	负责		
13	出厂检验	检查	参与	负责	实施		
14	设备供货	审批、检查	参与	组织、管理	负责	负责	监督
15	安装管理	审批、检查		协助	督导	负责、实施	审核、管理
16	设备调试						
16.1	现场单机调试	检查	参与	协助	督导	负责、实施	组织、监理
16.2	系统调试	审批、检查	参与	制定、组织	参加	负责、实施	监督
16.3	144小时系统连续运行测试	负责	参与	制定、组织	配合	配合	监督
17	综合联调	负责	参与	协助	配合	配合	监督
18	单体验收	负责	配合	组织	配合	配合	监督

10.3 服务组织构成

集成商应在项目所在地设置服务机构。

集成商应根据项目管理的情况成立项目部,指定专职项目负责人接受建设方各项指令和要求。

10.3.1 人员配置

集成商可根据工程进度分阶段编制项目人员需求计划,项目机构主要人员配置如表10.3.1所示。

表 10.3.1 项目机构主要人员配置表

序号	岗 位	职称、执业资格	人员	备 注
1	项目负责人	电气或电力类高级工程师	1人	
2	现场负责人(总工)	电气或电力类工程师及以上	1人	
3	变配电专业负责人	电气或电力类工程师及以上	1人	
4	接触网专业负责人	电气或电力类工程师及以上	1人	
5	自动化专业负责人	自动化类工程师及以上	1人	

注:(1)根据国家对建设工程项目管理要求,结合本地情况及招标要求确定对"执业资格"的响应。
(2)专业技术工程师(变配电、接触网、自动化)、安全质量工程师、合同计划管理工程师、文档管理人员等可根据项目工作内容、工程进度及阶段工作需要自行确定项目人员。

10.3.2 岗位职责

根据集成服务项目的服务内容和服务范围不同,建设方对集成服务人员的要求不同,应配置主要的项目人员且各司其职不能兼岗。

1. 项目负责人职责

接受建设方的各项指令和要求,负责协调和处理各种问题。按照集成服务合同、设备供货合同的相关规定和要求,协调和处理工程实施过程中的集成服务全面管理、技术工作,并对供电系统整体功能的实现负责。

作为法人授权全权代表,项目负责人既对公司负责,也直接向建设方负责。其主要职责如下:

(1)合同履约的负责人。
(2)项目计划指定和执行的监督人。
(3)项目协调工作的纽带。
(4)项目控制的中心。
(5)项目组织的指挥者。

项目负责人对集成服务项目管理中的一般问题进行决策;负责所有与项目有关的商务问题的协商解决;协调与建设方、供应商、施工方以及其他系统供应商之间的合作关系;在项目管理中,通过对项目部各部门及所有成员的统一领导、指挥、协调,实施本项目的全面管理。

2.现场负责人职责

根据集成项目组织机构设置,项目部设项目总工的可兼任现场负责人。

按照项目负责人的要求,现场负责人协调和处理现场各种问题;现场负责人总体负责各专业技术工作。

3.专业负责人职责

制定本专业技术标准,讨论技术方案,监督、指导各种设备的软硬件设计等,负责设备主要原材料采购和设备生产制造的监督检查;编制设备试验、检验标准,负责审核设备试验和检验的方案,负责设备安装、系统调试的现场服务等。

专业负责人应对项目的专业技术全面负责,指导各专业工程师的工作。其主要职责如下:

(1)指导和安排各专业工程师的具体工作,参与到各专业的设备招标、设计联络、设备监造、系统调试等具体工作当中。

(2)对项目实施过程中各专业遇到的各种技术问题进行把控和处理。

(3)负责建立项目质量保证体系,负责在项目执行过程中正确贯彻质量体系的运作。

(4)编制项目质量计划,建立项目质量管理组织,明确各级和各专业的质量职责,检查项目质量计划的实施情况。

(5)编制项目控制程序和控制计划。

(6)组织编制各种计划,并监督、检查实施状况。

(7)进行项目执行效果综合分析,提出项目进展情况报告。

(8)负责审查变更对项目费用/进度的影响,提出处理意见。

4.技术工程师职责

协助现场负责人及专业负责人制定本专业技术标准,讨论技术方案,监督、指导各种设备的软硬件设计等,负责设备主要原材料采购和设备生产制造的监督检查;编制设备试验、检验标准,制定设备试验和检验的技术方案,负责设备安装、系统调试的现场服务等。

根据项目负责人和专业负责人的指示,严格按照项目工期的要求对项目的各项工作进行组织和监督,主要职责如下:

(1)协助建设方审核各种招标文件,协助评审各投标单位的投标文件。

(2)参加建设方与各中标供应商的合同谈判。

(3)编制详细的质量计划和进度计划。

(4)把控各阶段设备生产按计划,根据实际情况及时调整、完善并记录相应的时间和完成进度,对各阶段工作及时总结。

(5)对供应商设备的生产制造进行中间检查(监造)。

(6)对供应商各阶段试验工作进行全过程管理:详细审查各供应商试验建议并提交审评意见,对试验结果进行评估;组织、参加对各供应商设备出厂检验工作的检查,做好检查活动的各项安排、准备工作;按验收计划组织供应商参加各项验收活动,对于验收中提出的设备问题，按要求督促供应商及时整改。

（7）协调各个供应商及时到现场配合指导安装、调试工作。

（8）协助建设方解决试运行期间可能出现的与设备有关的问题。

（9）负责安排、督促供应商及时处理质保期内出现的设备质量问题。

（10）负责组织设备运输到港（岸）、建设方仓库或工地后的各项检查工作，并根据设备仓储要求，对储存场地或库房进行检查。

（11）组织供应商参加开箱检查，签认记录及交接单。

（12）监督供应商的设备在现场安装、调试、试运行、质保期等阶段的工作。

（13）根据工期安排制订相应的设备安装、现场调试配合计划，跟踪了解施工进度，及时修订调整计划。

（14）负责组织监督供应商进行现场安装、调试配合，协调安装、调试配合过程中出现的矛盾或报建设方解决。

（15）负责制订供电系统调试方案和计划报建设方审批。

（16）负责组织安排有关供应商参与供电系统调试，提出联调中出现问题的解决方案，并负责解决在此过程中出现的技术问题。

（17）提交供电系统参与综合联调的建议方案，参与综合联调，对供电系统出现的问题提出解决方案。

（18）制订培训总计划，负责组织、落实与培训相关的各项工作。

（19）负责安排安装/调试阶段与建设方举行的联络例会及临时联络会议，澄清有关问题。

（20）按照要求，接受建设方指令，及时提交月度工作报告。

5．质量计划工程师职责

制定和落实供电系统和设备质量监督措施、编制系统和设备质量报告等；制订项目各类计划，包括执行计划、联络计划、生产制造计划、监造计划、调试、联调计划等。

监督供应商和施工方按照国家及相关行业技术标准和有关技术要求以及建设方的具体要求，按计划进行供货和施工安装，全面配合相关各部门解决在项目执行过程中出现的各种计划问题：

（1）负责编制项目详细的全方位计划，并与整个工程计划协调，在经得集成服务负责人的同意后报给建设方进行审批。

（2）监督和督促供应商按照确认的计划进行相应的工作，并不定期地对计划完成情况进行检查。

（3）对于计划执行过程中出现的任何问题，需要及时进行上报，并组织相关会议，解决计划执行过程中出现的问题。

6．合同管理工程师职责

根据建设方的管理流程，对供电系统设备合同进行全过程管理，并对建设方负责。合同全过程包括招投标管理、合同签订、支付、变更、索赔、结算等合同管理。项目负责人建立相关台账、配备必要设施以完成上述工作。

合同管理工程师主要负责合同的执行、管理及变更等相关工作：

（1）负责集成服务合同的管理。
（2）协助督促集成服务合同各阶段的执行。
（3）在项目实施过程中，负责与合同有关的变更等相关工作。

7．文档管理人员职责

制定图纸文件标准化的各项规定，汇总整理各种图纸和文件资料，向建设方提供各种图纸和文件的查询工作。

文档管理技术员负责相关文件收发、归档管理工作：

（1）确立图纸文件的管理程序与方法，保证图纸文件的规范性和完整性，并在项目实施过程中监督各供应商严格执行。

（2）负责为现场服务提供必要的文件收发、文档管理等工作。

（3）制定归档管理的各项规定，要求供应商提供的图纸文件需符合相关各项规定，对其进行接收、确认、登记造册后递交建设方审核批准。

10.4　设备招标文件审查

建设方组织或委托集成商组织设计方、咨询方进行招标文件审查，集成商协助建设方完成设备招标工作。审查招标文件中的用户需求书、招标图纸等，保证招标文件文本严谨、周密。

协助建设方完成对供应商、监理方、施工方的招标文件编制工作。

10.4.1　设备招标文件组成

设备采购招标文件是具有法律效力的文件，是设备采购者对所需采购设备的具体要求，也是投标和评标的主要依据，内容应当做到完整、准确，所提供条件应当公平、合理，符合有关规定。

招标文件主要由下列部分组成：
（1）招标书。
（2）投标须知。
（3）招标设备清单和技术要求（用户需求书）及招标图纸。
（4）主要合同条款。
（5）投标书格式、投标设备数量及价目表格式。
（6）其他需要说明的事项。

10.4.2　审查工作流程

设备招标审查流程如下：
（1）设计方提交招标文件（用户需求书和图纸）给建设方。
（2）建设方将招标文件下发给集成商、咨询方审查，建设方专业工程师同时开展审查工作。

（3）集成商、咨询方反馈审查意见。
（4）建设方组织集成商、咨询方和设计方讨论审查意见。
（5）设计方根据讨论后汇总的审查意见修改招标文件。
（6）设计方提交修改后的招标文件。

建设方和集成商开展二次审查工作，若无意见则确定招标文件；若有意见则重复上述（3）~（6）环节。

10.4.3　文件接收与审查

1．文件接收

设计方将招标文件提交给建设方，由建设方下发给集成商。下发给集成商的招标文件应包括纸质版和电子版，以便于审查。

2．文件审查

1）审查的重点内容

（1）法律法规符合性审查，主要是有无违反法律法规规定的内容，重点是招标方式、时间规定、报价方法、评标方法和合同主要条款等。

（2）审查实际的可操作性，审查招标文件的制定是否与招标项目实际相吻合，是否易于操作。

（3）招标文件用语是否明确，是否存有歧义。

2）审查周期

正常情况下，集成商应在接收文件一周内完成对招标文件的审查工作。

3）审查意见

集成商以联系单的形式出具审查意见书。

10.4.4　审查会议组织

由建设方组织，或委托集成商组织招标文件审查会议；建设方（专业工程师）、集成商、设计方（专业负责人、编制人）、咨询方参加审查会议。

集成商应做好会议记录，并将会议纪要及时反馈给建设方和设计方。

10.4.5　确定设备招标文件

设计方按照招标文件审查会的会议纪要或在审查会议中直接修改招标文件，修改完成后再次提交建设方，并由建设方和集成商进行二次（后续）审查。

审查确认后，由设计方提交确定的招标文件。

10.5　设备招标配合

集成商应配合建设方的设备招标工作，根据建设方不同的授权及集成服务工作范围，在配合设备招标过程中集成商的服务存在差异。

10.5.1 设备招标工作流程

1）招标阶段划分

（1）发布招标公告；
（2）出售招标文件；
（3）接受投标文件；
（4）开标；
（5）评标；
（6）定标；
（7）标后谈判；
（8）签订合同。

2）招标阶段的工作重点

（1）协助制定招标的工作程序、工作方法、评审原则；
（2）协助编制招标文件；
（3）协助对投标文件进行技术评审；
（4）协助对投标文件进行商务评审；
（5）与供应商签订合同。

3）资格预审

根据建设方的要求，确定是否采用资格预审。资格预审阶段的工作重点是考核主要供应商的资质、生产规模和生产能力等情况，具体要点如下：

（1）供应商提供近三年产品的供货业绩、使用业绩及客户对售后服务的评价；
（2）供应商的管理体系、注册资金、生产能力、技术水平；
（3）供应商经营状况、财务状况及相关资质等；
（4）对通过资格预审的主要和重点设备供应商生产地和设备运行现场进行考察。

资格预审阶段的主要目标是：

（1）筛选出具备相关资质和有供货能力的若干供应商参加下阶段的投标工作；
（2）细化和完善供电系统设备指标，为下一步招标文件的编制做好准备；
（3）降低招标人和投标人的风险和不必要的工作。

10.5.2 配合招标答疑

设计方对招标答疑问题进行回复。

根据建设方的需求和招标答疑问题，由建设方确定采取组织集成商、设计方以会议形式对招标答疑进行讨论并最终确定回复内容，或由建设方将招标答疑及设计的回复发集成商并由集成商以书面形式提出意见。

建设方根据集成商反馈的意见、结合设计修改的答疑回复，确认招标答疑回复内容。

10.5.3 组织合同谈判

集成商受建设方委托，组织设备供货合同谈判会议、协助建设方完成合同谈判工作。审查合同文本，保证设备供货合同文本严谨、周密。参加合同谈判的技术和商务人员应为具有扎实技术、丰富项目管理经验的专业人员。

集成商应协助建设方完成对施工监理、施工承包商的招标，同时负责完成对系统内甲控乙供设备（材料）、乙供普通设备（材料）的设备咨询、技术管理工作。

合同谈判目标：

（1）确定能够满足招标书要求的供应商；

（2）使设备技术性能和质量最优，实现高可靠性、高安全性、较高自动化程度、低损耗、低维护（修）；

（3）为项目的顺利执行提供可靠的基础。

10.5.4 审查合同文本

集成商对合同文本的审查，主要是对技术规格书的审查和确认。

（1）由设计方协助建设方根据中标厂商的投标文件和相应设备用户需求书，编制技术规格书；

（2）建设方将技术规格书下发集成商审查，同时建设方开展自查工作；

（3）集成商将技术规格书下发供应商，同时开展审查工作；

（4）集成商结合供应商的反馈意见，提交审查意见给建设方；

（5）由建设方组织设计方、集成商、供应商，以会议形式讨论各方意见，并由集成商形成会议纪要；

（6）设计方根据会议纪要修改、完善技术规格书，建设方确认并组成合同文件。

10.6 设备合同管理

集成商的集成服务重点之一是设备合同管理，严格执行合同并进行动态管理是项目实施的进度、质量和投资管理保障。

10.6.1 设备合同管理内容

加强合同管理对于提高合同水平、减少合同纠纷、加强和改善相关各方的经营管理、提高经济效益，都具有十分重要的意义。合同管理主要包括合同签订管理、合同履行管理、合同变更管理以及合同档案管理。作为一个重要的管理过程，合同管理有自己的依据、工具和技术以及交付物。

1）合同签订管理

（1）签订合同的前期调查；

（2）合同谈判和合同签署。

2）合同履行管理

（1）合同执行；

（2）合同纠纷处理。

3）合同变更管理

在工程实践中，由于合同双方现实工程环境和相关条件的变化，往往会出现合同变更，而这些变更应根据合同的相关条款适当地加以处理。如果某一方不理解合同条款，或不严格执行合同条款，那么该方会付出额外的代价来完成额外的工作任务。

合同变更的处理由合同变更控制系统来完成。合同变更控制系统包括文书记录工作、跟踪系统、争端解决程序和授权变更所需的批准级别。合同变更控制系统是项目整体管理控制变更的一部分。任何合同的变更都是以一定的法律事实为依据来改变合同内容的法律行为。

有多种因素会导致合同变更，例如范围变更、成本变更、进度变更、质量要求的变更甚至人员变更都可能会引起合同的变更，乃至重新修订。对于任何变更的评估都应该有变更影响分析。例如，变更将如何影响所采购产品及服务的范围、进度、质量等，这些影响是否会传递到项目的其他部分等。变更申请、变更评估和变更执行等应以书面形式出现。

合同变更在某种意义上，还应该包括合同的转让和解除，这要视合同实际执行情况而定。这两种变更需要合同双方当事人协商一致，才可以协议执行。如有重大争议，可以通过法律或仲裁手段解决。

4）合同档案管理

合同档案的管理，亦即合同文件管理，是整个合同管理的基础。合同文本是合同内容的载体。

对合同文本进行管理是档案法的要求，也是企业自身的需要。合同文本管理还包括正本和副本管理、合同文件格式等内容。

10.6.2 设备合同支付

在项目执行过程中，集成商负责对有关合同进行管理，建立合同台账。

审核供应商提交的阶段支付报告，签认后提交建设方审批。

审核供应商提交的结算报告，签认后提交建设方审批。

10.6.3 设备合同变更

项目执行过程中发生的任何设备变更均应符合建设方制定的变更管理办法。变更报告应由供应商、集成商、设计方、建设方多方签字确认，方可作为变更的依据。

1. 变更分类

变更的分类有多种方式，可按照变更的提出方或涉及变更的金额划分。对于设备集成服务，可采用变更金额划分；具体的金额及类别界定，结合建设方的需求确定，可参照如下划分。

1）Ⅰ类变更

变更引起的费用变化在 300 万元（含）以上的设备变更。

2）Ⅱ类变更

变更引起的费用变化在 150 万元（含）至 300 万元（不含）的设备变更。

3）Ⅲ类变更

变更引起的费用变化在 50 万元（含）至 150 万元（不含）的设备变更。

4）Ⅳ类变更

变更引起的费用变化在 50 万元（不含）以下，以及无费用变化的设备变更。

2．变更的申请及审批

设备变更一般由设计方、建设方或施工方提出。提出单位按照要求填写《设备变更申请表》，设备变更申请资料应包括以下主要内容：

（1）变更原因或依据；

（2）变更范围或内容；

（3）变更引起的设备调整及合同价款的估算；

（4）变更清单；

（5）必要的技术文件等。

建设方的专业工程师审查设备变更申请资料，初步确认变更的范围、项目，变更的必要性和合理性，评估变更对项目的影响，并签署初步确认意见。

设计联络阶段形成的会议纪要、建设方或集成商组织的专题会议纪要可作为变更的依据或变更申请的依据。

设备变更合同价款的确定，一般按如下原则：

合同中已有适用于项目变更的价格，按合同已有的价格变更合同价款；

合同中只有类似于项目变更的价格，可以参照类似价格变更合同价款；

合同中没有适用于或类似于变更设备的价格，由变更申请人填写《设备变更价格估算表》，建设方组织集成商、供应商、设计方进行价格谈判，并视情况委托第三方对谈判价格进行评审。

变更报批的时限，可参照：

Ⅰ类变更，一般不超过 30 天完成全部审查及审批；

Ⅱ类变更，一般不超过 25 天完成全部审查及审批；

Ⅲ类变更，一般不超过 20 天完成全部审查及审批；

Ⅳ类变更，一般在 14 天内完成全部审查及审批。

所有设备变更由供应商、集成商、设计方、建设方四方签字确认方可作为合同支付及结算的依据，否则建设方有权拒绝。

10.6.4 设备合同索赔

在项目执行过程中，集成商应协助建设方对由供应商造成的损失进行索赔，但也不能解除集成商合同项下的责任。

1. 索赔前提

合同一方或双方存在违约行为和事实,并且由此造成了损失,责任应由对方承担。

2. 免责条款

(1)合同双方约定免责条款,如果免责条款中规定的事件发生导致一方无法履行合同的,可以依规定部分或全部免除责任。

(2)不可抗力。

如严重气象灾害或法律法规变化引起的变更等,不可抗力作为免责条款具有强制性,当事人不得约定将不可抗力排除在免责事由之外。

3. 索赔处理

1)索赔事件处理原则

(1)以合同为依据;

(2)注重资料的积累;

(3)及时、合理地处理索赔;

(4)加强索赔的前瞻性。

2)索赔程序

(1)提出索赔要求;

(2)报送索赔资料;

(3)索赔答复及逾期答复后果;

(4)持续索赔;

(5)仲裁与诉讼。

3)集成商的工作

协助建设方进行索赔过程中各项事务性工作,制订索赔计划、进行索赔的相关各项操作;集成商项目负责人组织、实施索赔工作,计划工程师负责制订索赔计划,设备工程师负责根据合同条款搜集索赔证据,并准备索赔资料;设备合同相关条款及相关法律法规为指导文件。

(1)在设备出厂检验过程中,如果系统功能不满足合同规定的技术要求,由此引起的一切费用由供应商负责承担。

(2)在设备安装、系统调试期间,由于供应商的问题造成设备、材料的损坏,由此引起的一切费用由供应商负责赔偿。由于施工方的问题造成设备安装质量问题,由此引起的一切费用由施工方负责赔偿。

(3)在144小时系统连续运行测试和试运行期间,由于系统设备的原因造成不能开通,由此引起的一切费用由供应商承担,建设方有权向供应商提出索赔;由于安装质量的原因造成不能开通,由此引起的一切费用由施工方承担,建设方有权向施工方提出索赔。

(4)在系统设备质保期内,由于供应商设备、材料的缺陷不符合合同技术规格书的要求时,则建设方有权向供应商提出索赔。

10.6.5 设备合同结算

集成商负责对设备工程结算进行管理,对供应商提交的结算报告进行审核,然后提交建设方审批。

集成商应协助建设方对监理方、施工方提交的结算报告进行审核。

10.7 设计联络

设计联络的目的是为各方交流设计思想,澄清技术问题。在此阶段,集成商应及时组织供应商、设计方举行设计联络会议,确认供应商技术建议方案。设计联络会由集成商组织,建设方主持,并由集成商编写会议纪要。

在项目执行过程中,集成商应根据供电系统供电设备特点及本工程的工期计划,提出设计联络内容、时间的建议书。

建设方派出人员除行使商务条件中规定的权利外,还有权决定产品设计、检验相关事项,有权签署试验报告。

建设方派出人员有权向集成商提出质疑,并召开会议讨论有关事项。集成商应澄清建设方提出的问题。建设方参加联络会议并不减轻集成商应负的合同责任。

10.7.1 制订设计联络计划

集成商负责制订合理、完整的设计联络计划报建设方审批,根据项目执行情况,组织供应商、设计方等进行设计联络。

按照项目总工期计划,集成商根据设备的生产周期,合理编排设计联络会议的先后次序,使各专业的设计联络会议相互衔接。同时充分考虑设计联络执行过程中的各种因素,考虑由于各种原因产生的时间延迟,及时修正设计联络计划,并报建设方审批。

对于设备的不同复杂程度,安排设计联络的次数也不相同。

(1)对于生产工艺复杂、联锁关系复杂、接口较多、技术含量较高的设备(如开关类设备、电力监控设备等),一般安排不少于三次。

(2)对于生产工艺简单、联锁关系简单、接口较少、定型产品比较完善的设备(如变压器、整流器、交直流电源装置、杂散电流腐蚀防护设备等),设计联络次数可初定为二次,并根据实际情况进行调整。

(3)对于光缆、控制电缆等,一般只进行一次设计联络会。

10.7.2 组织设计联络会

根据建设方批准的设计联络计划,集成商组织召开设计联络会。

1.集成商的工作

设计联络阶段集成商的主要任务包括如下几个方面:

（1）结合具体设备，根据总体进度计划安排，适时召开设计联络会。

（2）根据工程进展、不同设备特点和合同文件要求，提出每次设计联络会议主要议题及会议讨论的重点和关键议题。

（3）根据工程实施进度，协调工程设计方提交设计基础资料，检查所提文件、图纸资料的正确性和完整性，经与建设方共同校核确认后交供应商核实与产品设计的偏差和矛盾。

（4）督促供应商提交产品设计资料，检查供应商的所提文件、图纸资料的正确性和完整性，经审核确认后交建设方和工程设计方审查，协调设计方确认产品设计与工程基础条件的偏差。

（5）督促各方提出对互提资料的建议或意见，制订设计联络详细工作计划，与建设方讨论确定设计联络会议主要议题及工作内容。

（6）分阶段组织设计联络会议，协调各方根据合同文件条款澄清工程实施条件、设备接口条件和产品设计条件。

（7）根据设计联络会议讨论内容形成会议纪要，督促各方确认相关基础资料，并将会议纪要及相关技术文件进行归档，作为合同执行和合同变更的依据。

（8）协调各方落实合同文件相关要求以及设计联络会议确定的技术条件，督促供应商按照会议纪要精神落实产品设计方案。

（9）组织供电系统各供应商以及设计方召开设备接口协调会，确定供电系统各供应商之间的软件和硬件接口类型、通信规约、接口形式等，明确各供应商的接口责任。

（10）协调其他系统集成服务商，召开供电系统各供应商与其他系统供应商的接口协调会，确定供电系统各供应商与其他系统供应商之间的软件和硬件接口类型、通信规约、接口形式等，明确供电系统供应商以及其他系统供应商的接口责任。

（11）根据个别设备的实际需要，调整设计联络计划，必要时增加设计联络次数时，以满足工程的实际需求。

（12）检查并核实设计联络过程中发生的产品设计修改，整理产品设计变更报告交建设方确认。

（13）检查并核实设计方和各类设备或子系统供应商的特殊要求，及时进行跟踪、提醒，检查是否落实或解决。

（14）对多方案技术问题，组织各方专家（必要时可请外部专家）进行讨论，结合当前国内外技术的发展趋势，寻找最佳方案。

（15）根据合同文件要求、设计联络会议纪要及相互确认的技术文件、专家讨论会会议纪要等资料，组织各方审查并确认产品设计方案。

（16）根据合同文件要求和设备自身特点，结合集成服务人员的工程经验，制订产品试验、检验、验收等工作计划和工作大纲，提出产品包装、运输、存储方案建议。

（17）编制和撰写周、月、季度、年设计联络工作计划和工作总结，及时向建设方汇报工作情况。

（18）完整保存设计方和供应商提交的设计资料（图纸、文件、表格等），在工程竣工时按档案管理的相关要求整理装订移交建设方档案管理部门。

（19）参加建设方召开的会议讨论有关事项，澄清建设方提出的问题。

上述工作当中凡涉及的重要问题或技术方案，集成商应及时整理材料并向建设方进行汇报。

2. 会前准备

设计联络的目的为项目的有关各方交流设计思想，澄清技术问题的重要阶段。设计联络准备是设计联络会议能否成功的关键，根据工程进展、合同文件要求以及设备特点，集成商应按照如下思路开展设计联络准备工作：

（1）集成商负责提前制订详细的设计联络计划和设计联络准备内容，并报建设方确认。

（2）向设计方、供应商同时发送设计联络计划和设计联络准备内容。

（3）督促相关方提前相互沟通，提前提交会议议程建议和会前准备资料。

（4）集成商与建设方共同商定最终会议议程、时间、地点、重点解决问题等，并发送给设计方和供应商。

设计联络会议由集成商组织、建设方主持。有关各方互提基础资料，确认系统功能、系统方案、系统接口、技术参数和各种计划，审核设备检测和出厂检验标准以及设备数量，并形成会议纪要书面报建设方。

3. 设计联络会议要求

（1）第一次设计联络会议：有关各方互提基础资料，确认系统和设备功能需求及技术参数。

（2）第二次设计联络会议：审核供应商产品设计方案及图纸，讨论确定产品设计技术方案、讨论和明确接口问题。

（3）第三次设计联络会议：解决第二次设计联络遗留问题，确认供应商产品生产图纸等资料，进一步明确接口，讨论设备试验和出厂验收等事宜。

集成商应派出合格、有经验的技术人员参加设计联络会议，若建设方对参与此项工作的人员提出异议，集成商应及时答复和处理。

集成商组织的系统内各设备设计联络会议应达到设计联络目的和要求。

集成商同意并接受建设方所规定的设计联络的验收程序和标准，即：最终的设计联络组织工作要经建设方评定通过，作为集成商此项工作的完成标志。

在设计联络中涉及的系统方案优化由集成商先行确认后，提交设计方和建设方确认。由集成商和建设方确认的设计及方案优化都不能免除设计方和（或）供应商在其合同项下的责任。

4. 设计联络会议管理

在设计联络会议过程中，集成商按照建设方要求，负责组织相关人员按时召开会议，组织设计联络会并起草会议纪要。设计联络会议管理应做到以下几点：

1）人员组织有序

集成商派专人负责设计联络人员组织，供应商项目负责人和技术负责人、设计方专业负责人等及时到位。

2）会议程序落实具体、到位

集成商应按照事先确定的会议议程，组织各方逐条展开技术讨论和专题讨论。

3）会议纪要全面、完整

会议期间集成商应派具有专业资质的专业技术人员负责会议记录和会议纪要整理。

5．设计联络确定的事项

根据设备的生产工艺、联锁关系及接口等的复杂程度，设计联络会依次明确、确定如下事项。

（1）工程实施技术条件、产品设计条件、设备运行方式；

（2）设备基本功能要求、技术参数、元器件配置；

（3）设备一次接线方案、结构、外形尺寸、安装要求、运输条件要求；

（4）设备二次接线要求、控制/联锁/闭锁条件、测量及保护配置要求；

（5）产品一次设计图纸；

（6）产品设计二次接线图纸；

（7）与相关设备及系统的接口；

（8）设备试验、检验、验收、调试、包装、运输、仓储等基本要求；

（9）最终产品设计文件（包括设计说明、图纸、计算书等）。

6．设计建议

（1）集成商应发挥自身的技术能力，对供应商或设计方的设计方案做出评价或建议，交供应商或设计方确认。

（2）集成商的评价或建议是建设方评价集成商服务质量的一个因素。集成商的建议不管是否被采纳，都不能免除供应商或设计方在其合同项下的责任。

7．会议纪要的跟踪与落实

集成商除负责编写设计联络会的会议纪要外，还应根据会议纪要的要求，及时跟踪会议纪要中待定或限期反馈的事项。

（1）对于待定的事项，及时与相关方沟通、协调各方达成一致意见，在后续设计联络会中明确并记入会议纪要，或以联系单的形式予以阐明，并得到建设方的确认。

（2）对于限期反馈的事项，及时与相关方沟通、协调，避免因某一方的延迟而对整体工作造成延误。

8．设计资料保存

集成商应完整保存由设计方、供应商和施工方提交的设计资料（图纸、文件、表格等），在工程阶段性验收通过时交给建设方，并确保其完整性和准确性。

10.7.3 产品设计审查

产品设计审查的目的就是通过对供应商的产品设计策划、设计输入、设计输出、设计验证、设计更改等活动进行分阶段、分层次审查，确保产品设计输出满足输入要求，确保产品符合本工程的技术需求。防止因产品设计质量问题，造成产品质量不合格和缺陷，或者给以后的过程造成损失。具体来说，产品设计审查的目的主要包括如下六个方面：

（1）确保供应商提供设备规格型号、数量、元器件配置满足合同要求；

（2）监督供应商产品设计满足本工程的功能要求；

（3）确保与产品有关的设计满足合同约定的技术要求；

（4）确保供应商的设计输出方式满足建设方要求；
（5）确保设备外形及安装条件满足土建条件要求；
（6）确保产品设计控制过程严谨，符合建设方对产品设计的要求。

1．产品设计审查组织

集成商应派遣具有多年项目管理经验、精通业务的高级工程师兼任产品设计控制及审查管理总负责人，总体负责各设备技术审核和指导工作。同时各专业工程师负责对具体设备设计各阶段的质量管理。主管工程师在设备设计阶段（每周）向技术总工汇报在设计控制阶段的工作，并对暴露的问题给予及时解决。

2．产品设计审查措施

产品设计审查主要由建设方、设计方、集成商共同负责，由集成商统一组织，其工作贯穿于设计联络全过程。为了保证供应商提供的设备满足本工程的技术要求，同时保证其产品质量，在设计审查阶段应采取以下措施：

（1）在设备招标阶段建立产品设计审查的监督程序，并报建设方批准；
（2）为了监督供应商的产品设计质量，投入足够的技术人员，并拟定明确的责任；
（3）会同设计方提出明确的与产品有关的设计要求，并报建设方审核；
（4）明确规定供应商的设计输出以图纸、方案、规格、要求、计算或分析等表示；
（5）设计审查管理文件和相关组织工作经建设方评定通过后，方可认为此项工作的完成。

3．产品设计审查内容

对供应商产品设计审查主要分为设计策划审查、设计输入审查、设计输出审查、设计评审、设计验证、设计确认和设计更改七部分：

1）设计策划审查
（1）要求供应商明确划分产品设计和开发过程的阶段，规定每一阶段的工作内容和要求；
（2）要求供应商提交设计和开发人员的组织机构；
（3）审核设计和开发策划（如设计开发计划或设计开发计划书）；
（4）保存、记录设计策划的结果所形成文件。

2）设计输入审查
（1）组织各方进行设计联络会议，供需双方交流设计思想，澄清技术问题，确认供应商为本项目提供的产品的设计方案，保证各方能充分理解在合同和协议中提出的有关产品功能和性能要求；
（2）审核记录设计和开发的输入信息，要求明确出入信息的完整性和适宜性，对不完整、不恰当、不准确或有矛盾的要求，及时加以澄清和解决；
（3）为了保证设备安装的正确性，对设计方提供给供应商的安装设计条件及资料进行校核；
（4）保存设计和开发的输入的所有要求，形成记录性文件。

3）设计输出审查
（1）确认是否满足工程设计方提供的设计条件；

（2）审核供应商提供的采购、生产和服务的相关信息；

（3）审核产品验收标准及试验大纲等文件，以判断后续产品是否符合产品设计开发要求；

（4）要求供应商以产品图纸、软件、服务规程、计算报告、分析报告等形式形成输出文件备审。

4）设计评审

对于产品设计的关键技术环节，必要时组织产品设计评审。对产品设计评审过程中集成管理服务参照如下：

（1）审核评审程序，要求在设计和开发的恰当阶段，对该阶段的设计和开发活动的适宜性、充分性、有效性和效率进行评价；

（2）对所识别存在的问题所采取改进措施的实施效果进行跟踪；

（3）记录评审结果、评审决定采取的措施及实施情况。

5）设计验证

（1）要求供应商对验证要点、验证内容和验证方式做出安排；

（2）对样机生产进行全程监造，对所有设计和开发进行验证；

（3）审核试验大纲，要求对主要技术参数的测试、试验及工艺进行考核；

（4）审核试验报告，要求验证结果和跟踪措施都予以记录和保持受控。

6）设计确认

（1）审核预期存贮及使用条件下的产品性能、安全可靠性等进行的评价报告；

（2）审核试验结果未能达到要求的原因进行分析报告；

（3）检查全部设计特性是否符合规定的建设方要求，是否按建设方要求予以更改并形成响应记录。

7）设计更改

（1）对所识别的更改需求进行评审，以确定更改是否恰当；

（2）分析和论证更改部分对产品其他部分及整体功能和性能的影响；

（3）确定更改合理可行后，应将更改的内容形成文件，申请变更；

（4）实施前由建设方及设计方等相关单位对更改的有关内容进行审核和批准；

（5）保存设计更改记录。

10.8 设备监造

设备监造是为了协助、促进和监督供应商保证合同产品的制造质量，严格把好质量关，消灭常见性、多发性、重复性的质量问题，把产品缺陷消除在出厂以前，防止不合格产品出厂。

设备监造工作是在合同规定的环境下对产品在制造厂内的质量监造（含附件和外购产品），不代替设备到达工地后的质量验收和试运行的质量验收。

设备监造工作是建立在供应商技术管理和质量管理体系运行的基础上，协助供应商发现问题，及时改进。监造工作不代替供应商自行检验的责任，也不代替建设方对合同设备的最终检验，设备的质量和性能在质保期内始终由供应商负责。

设备监造除了严格控制产品质量外，同时还监督供应商完成本项目的原材料供应、资金保证、供货计划等工作的具体落实情况，以保证工程项目总体规划的实现。

设备监造工作将根据供电系统工期的变化而变化，设备原材料采购、生产周期的改变时，及时调整合同设备的监造方案和计划。

10.8.1　设备监造分类

设备监造模式根据工作内容、范围和深度不同，分为一级监造和二级监造两种模式。一级监造项目少，是重点监检，是最低要求。二级监造项目多，齐全、具体，是更高要求，是监造人员对制造过程的跟踪、检查、监造。

设备监造方式分为停工待检（H点）、现场见证（W点）、文件见证（R点）三种。停工待检项目必须有建设方代表和集成商的人员参加，现场检验并签字见证后，才能转入下道工序。现场见证项目应有集成商人员在场。文字见证项目由集成商人员查阅制造厂的检验、试验记录。

在与供应商签订设备合同时，应参照监造方案确定监检项目及H点、W点和R点。

供货合同生效后，供应商应向集成商提供生产进度计划及质量检验计划。在预定见证日期以前（如：H点20天，W点15天）通知建设方。

集成商接到质量见证通知后，应及时派代表到制造厂参加现场见证。如集成商人员不能按期参加，W点自动转为R点；但H点没有集成商书面通知同意转为R点时，供应商不得自行转入下道工序，应与集成商联系商定更改见证日期。如更改时间后，集成商人员仍未按时到达，即认为放弃该监造过程。

如供应商未按规定提前通知集成商，致使集成商人员不能如期参加现场见证，集成商有权要求重新见证。

质量见证后，集成商人员和供应商检验员在质量见证书上签字，一式两份，集成商和供应商各执一份。

上述监造方式和实施办法一般在签订设备合同时一并确定。

一级监造或二级监造两种模式，由建设方根据需要自主选定。监造的项目和内容，建设方和集成商可根据设备具体情况与供应商协商进行增减。对于实行一级监造的设备，如果在监造过程中，发现产品质量问题较多，后续的监造工作自动转为二级监造。

10.8.2　设备监造范围

设备监造（含样机试验、接口试验）工作主要包括以下几个方面：

（1）对供应商的质量管理体系文件、质量控制办法进行审阅，检查是否有健全的质量管理体系。

（2）对供应商的原材料及外购零部件进行检查及检验（包括数量），以检验其是否达到有关规定的标准。

（3）对产品的各工序点（见证点）进行检查及试验，检查其在生产过程中的各个工序是否达到质量工艺上的要求。

（4）对产品的生产进度进行检查、监督，检查其是否符合计划要求。

（5）对非定型产品、供应商首次生产的设备进行样机试验。由供应商提供试验样机，并在权威机构的主持下对样机的结构、原理、材质、零部件、功能、技术指标进行检查及试验。通过业界通用的可靠的验证手段，配合数值验证方法，对样机各项性能进行验证和优化，发现并分析问题，提出相应的解决方法，最终得出试验结果，以检验其是否达到合同规定的相关标准。在取得样机试验合格证书之前，供应商不得安排进行下一步的产品生产。

（6）对供应商提供的设备进行接口试验，以检验设备之间或系统之间在电气、机械、功能、软件、规约等方面相互关联、相互衔接的部分，其功能是否正确，能否使系统设备有效地组成一个运行可靠、功能完备的供电系统。

10.8.3　设备监造人员

设备监造人员应具备丰富的专业技术知识和经验，熟悉质量管理体系标准和专业标准。同时应有高度的责任感和善于处理问题的能力，能和供应商进行良好的沟通协作。

为做好设备的监造工作，监造人员需做好以下几个方面的工作：

（1）熟悉合同条款、制造标准、设备生产进度、供应商质量保证体系。

（2）对重要部件原材料的理化检验和元器件的筛选检验有充分的了解和严格的检查。

（3）了解重要部件的质量保证措施和执行情况，了解加工、组装过程和中间检查过程。

（4）参加和了解合同中规定的试验内容（包括单项试验、联动试验、总装和出厂试验），对于定型产品的型式试验，需要查阅有关的证明材料。履行现场见证和签认手续，此签认手续不代替合同设备到达工地后的验收和投运后的质保期责任。

（5）了解合同设备出厂前的防护、维护、入库保管和包装发运情况。

（6）了解合同设备在产品设计和制造过程的修改情况。

（7）发现问题时，及时与供应商协调解决，重大问题应立即向建设方报告。双方意见发生分歧时，监造人员应本着实事求是的科学态度和主动协商的精神争取达成一致意见；如商讨意见达不到共识，提请建设方解决或仲裁解决。

（8）严格遵守制造厂有关规定及劳动纪律，保护制造厂秘密。

（9）遵守供应商的工作时间，必要时夜间跟班到岗。并将每日工作情况填写设备监造驻厂日记，将现场检查测试情况填写设备监造测试记录，定期作监造工作月报和监造工作阶段总结。

10.8.4　设备监造计划

集成商根据采购合同，要求供应商在进行设备生产（一般45天）前，向集成商提交设备生产计划、主要的工序检验规程、检验和试验计划，供审核批准。

集成商在设备生产（30天）前，根据供应商提供的生产计划和预定见证日期，制订具体的设备监造（含样机试验和接口试验）计划，报建设方审核批准。

在设备监造计划中确定设备监造人员，并指定单项设备监造负责人。单项设备监造人员一般有 1~2 人。

设备监造开始（7 天）前，将设备监造小组人员名单、监造计划安排及相关要求通知被监造方。同时，通知被监造方需要准备的技术资料、图纸标准及有关文件和资料。

样机试验和接口试验宜尽早完成，把样机试验和设备接口试验暴露的问题解决在设备投入生产制造之前。

在设备的第一次设计联络会议中，确定样机试验和相关的接口试验项目。

在第一次设计联络会之后，由供应商根据合同和集成商制定的文件要求以及设计联络会议确定的内容，向建设方、集成商和设计方提交详细的样机试验和接口试验项目、试验内容、试验标准、试验设备、计划安排等，经集成商和设计方审核，报建设方批准后，予以安排实施。样机试验和接口试验应在最后一次设计联络会议之前结束。

样机试验和接口试验依据事先拟定的方案，根据不同的设备试验要求，采用文件见证（R 点）、现场见证（W 点）、停工待检（H 点）方式。

需要现场见证的试验项目，应在集成商和设计方共同的现场监控下进行，并对试验结果进行详细认真地评估，并将试验结果书面报告建设方。对样机试验和接口试验不合格项，由集成商组织供应商和设计方进行分析，查找原因，逐项进行解决。

设备监造从设备的样机试制试验开始，直到设备出厂试验结束。

在设备监造过程中，集成商协同被监造厂家做好有关设备监造服务工作，提供设备监造的工作条件。

10.8.5 设备监造项目

监造的主要设备如下：
（1）交流开关设备。
包括高压组合电器（GIS）、中压开关柜、中压无功补偿装置（SVG）及低压开关柜等。
（2）变压器类。
包括主变压器、牵引变压器和配电变压器。
（3）整流器。
（4）直流开关设备。
（5）交直流辅助电源装置。
（6）交流电力电缆。
（7）直流电力电缆。
（8）建设方要求的其他设备或材料。
具体设备的监造项目详见附表 10.1~10.12。

10.8.6 设备监造实施

设备监造的重点是设备生产过程的质量、进度监督，包含样机试验、接口试验等。

1. 设备监造准备工作

设备监造工作应按照设备采购合同的有关条款执行。集成商负责监造工作的组织和实施，履行建设方委托的责任和义务。

（1）集成商确定设备监造人员，并指定单项设备监造负责人，明确对监造人员的要求和监造人员的责任。

（2）根据设备生产计划和供应商提供的预定见证日期，制订设备监造计划。

（3）要求供应商提供监造人员实施监造工作所需的图纸、技术资料、标准和相关的记录。

（4）集成商将监造人员名单、监造计划及监造所需的有关资料，提交给建设方，经建设方审核后实施。

（5）监造工作开始前（7天），集成商通知供应商监造人员名单，监造工作计划及相关监造工作要求。

2. 设备监造过程

（1）查阅资料应记录完整，将被查资料的名称、编号、原材料的领料单号、文件编号及条款、检验设备的编号等记录明确。

（2）对各个工序见证点的监造基本事实应如实填写，应由被监造方代表当场确认。有争议的问题在总结会上确认或在"设备监造测试记录"上明确进行记录。

（3）对于供应商抽检/抽试的原材料产品进行检查时，应熟悉该产品的抽检、抽试方案和质量判定标准，查看其抽检、抽试记录是否符合标准要求。

（4）各监造点的执行标准应明确记录其标准条款。

（5）对不可追溯性检验和试验的原材料及产品应作为监造工作的重点进行检查。

（6）在设备监造过程中，监造人员若发现被监造设备存在重要的质量问题，需及时向项目组和建设方进行汇报。

（7）监造人员须将每日工作情况填写在"设备监造驻厂日记"中，将现场检查测试情况填写在"设备监造测试记录"中。

3. 设备监造工作会议

设备监造工作会议是监造方和被监造方之间相互沟通协调的重要方式，组织召开好监造工作会议，对于设备监造具有重要的意义。

1）监造前准备会议

设备监造小组到达被监造方后，由设备监造负责人主持召开设备监造准备会议，由设备监造小组负责人向供应商详细介绍本次工作的行程计划、设备监造内容和监造方式、监造人员的职责和工作纪律等，由供应商代表阐明观点、工作配合安排等。

2）监造总结会议

当监造任务完成后，召开双方设备监造质量见证会，由设备监造负责人宣布监造结果，并向供应商提出需要持续进行的质量控制要求和改进意见，双方确认并取得一致意见后填写《设备监造质量见证书》，双方代表签字（一式三份）。

3）设备监造过程临时会议

设备监造小组在监造过程中发现需要停工待检的情况，除了要及时向项目组和建设方书面汇报外，还应及时组织供应商召开临时会议，对影响本项目工程工期和本项目合同产品质量的问题提出意见，并要求供应商提出解决措施，在得到建设方确认后再进行下一步的实施。

4．样机试验

原则上，样机试验由供应商向国家（或国际）权威试验检定部门提出申请进行试验检定；通过后向建设方提交国家权威试验检定部门颁发的样机试验合格证书。对于不能由国家（或国际）权威试验检定部门进行试验检定的样机试验项目，由供应商将样机试验的项目、内容、标准、试验方案计划，提交给建设方、集成商及设计方，经审核批准后实施。

样机试验前，建设方、集成商、设计方要对供应商进行考察，考察其是否具备与新产品相适应的生产设备、技术人员和试验、检验条件。

供应商提供试验样机，同时在样机试验前，向建设方、集成商和设计方提交下列资料：

（1）样机设备试制报告。

（2）产品技术标准。

（3）产品技术说明书。

（4）产品图纸（总装图、结构图、原理图、零部件图、安装图、电路图等）。

（5）产品的检定规程和试验方法。

（6）测试报告。

（7）可靠性试验报告。

对供应商组织的样机试验项目，由供应商提交《样机试验方案》，在试验方案中对相关的样机试验项目、方法、标准、设备、计划进行详细描述，报建设方、集成商和设计方审核批准。

供应商依照批准的样机试验方案进行样机试验。建设方、集成商会同设计方，采取现场监控方式（W 点），对试验过程进行监控。

由国家（或国际）权威试验检定部门进行的样机试验项目，采取文件监控（R 点）方式；监造人员对试验结果进行查阅。

依照业界通用的验证手段，配合数值验证方法，对样机试验结果进行评估分析，协同供应商和设计方对出现的问题提出相应的解决办法，对产品性能、技术指标进行验证，对产品设计方案进行比选、优化。

样机试验结束后，会同参加样机试验部门，向建设方提交样机试验报告。

5．接口试验

为保证供电系统各设备间或子系统间相互关联、相互衔接的部分在电气、机械、功能、软件、规约等方面，功能正确、运转正常，使各个单机设备有效地组成一个运行可靠、功能完备的供电系统，要对有关设备进行接口试验。可采取设备分管、统一协调的方式，来管理设备接口试验工作。也就是将设备按性能和功用分为若干类别，分类进行管理；设专人总负责各个设备间的接口试验协调工作。

集成商根据设备招标文件，编制详细的《接口试验方案》，对各设备提出接口试验方案。对具体设备的接口责任、设备分界点在各设备合同中以专门的章节进行体现。

供应商遵照集成商编制的《接口细则》《接口协调管理办法》《接口协调进度计划》，进行接口试验。

在产品设计之前，供应商提交《接口试验方案》，对接口的内容和接口试验方案进行详细描述，报建设方、集成商和设计方审核批准。

供应商根据《接口细则》和批准的《接口试验方案》，进行必要的接口试验，并接受建设方、集成商和设计方的审核。

集成商对设备接口试验按照具体内容分别进行现场监控或文件监控。

在设备设计联络阶段，供应商根据集成商的接口工作要求，进行本设备的接口试验，完成本项目的接口任务，同时向相关厂商提供技术资料和单个产品或零部件样机，实现与外部的接口配合。

6．工厂试验

集成商应对供应商各阶段试验（包括样机测试、接口试验等）工作进行全过程监督，对试验结果进行评估后上报建设方。

集成商根据设计联络确认的进度计划，在进行样机试验和接口试验前（2周），将样机试验和接口试验实施计划交建设方确认。

集成商根据批准的实施计划组织有关人员进行样机试验和接口试验。在样机试验和接口试验期间有关问题由集成商先核查，建设方最后确认；如果建设方未派人参加样机试验和接口试验，建设方可以授权由集成商做最终确认。

集成商应熟悉系统和设备的性能要求、接口方式等内容，在接口试验及单机调试、系统调试时，能判断和协调解决各种接口问题，从而协调系统各设备之间的关系，达到整个系统的性能要求。

在工厂试验期间，由集成商和建设方所做的任何确认都不能解除供应商对合同项下设备质量的保证责任。

在工厂试验前，集成商应对工厂试验的内容、流程、实施计划以及集成商应承担的责任等方面的内容提出合理的建议。

集成商有责任和义务管理、配合各供应商实现本系统与其他相关专业系统的接口试验。

10.8.7 设备监造记录

监造人员根据设备监造驻厂日记和设备监造测试记录中的内容，每月作"设备监造工作月报"，每监造阶段做"设备监造阶段工作总结报告"，向项目组和建设方汇报监造工作，以便于建设方在总体上掌控设备监造工作。

1．设备监造月报

设备监造过程中，由各合同设备的监造负责人每月月底向项目组提交月度监造工作情况报告，由项目组汇总后于每月底前向建设方提交月度监造情况报告。

监造工作月报的主要内容有：

（1）反映自上月底至本月底本系统各供应商设备制造进度和质量情况。

（2）由项目组派出的各项合同设备监造工程师报告当月监造情况、监造项目（质量见证点）计划时间及实际完成时间、存在问题及对策、合同设备生产进度等。

（3）当监造过程发现有可能影响交货期的质量或进度问题，及时进行汇报，应重点叙述问题的原因和解决问题的途径及解决效果。

2．设备监造总结

根据各项目合同设备监造计划，每完成一个监造阶段的工作任务，由设备监造负责人编写监造工作总结报告，监造总结报告一式三份，提交给建设方和项目组。

监造总结报告的主要内容有：

（1）本设备监造的概述。

（2）设备监造时间、监造过程记录，本设备监造过程中的重要事项总结。

（3）质量见证书及与该项目设备监造的文件、通知、记录、传真等。

（4）监造总结报告应明确是否可以组织该项设备的出厂验收。

各项设备监造工作完成后，由监造负责人对监造工作自身进行评价，对监造过程进行总结，并对今后的工作提出建议。

集成商汇总各项合同设备监造工作总结，编制整体监造记录和总结并提交建设方。

10.9 设备出厂检验与验收

在设备出厂前，集成商需组织各方进行出厂检验和出厂验收。一般情况下，仅组织各方对第一批次出厂的设备在工厂进行出厂检验及验收。

10.9.1 出厂检验

集成商应做好设备出厂检验的各项安排和准备工作，组织各供应商设备出厂检验工作。

集成商应根据设计联络确认的进度计划，在设备出厂检验前（3周），将出厂检验计划交建设方确认。出厂检验计划包括但不限于：检验项目、检验方法、检验标准、检验所使用的仪表名称和型号等。

在设备出厂检验前，集成商应对出厂检验的内容、流程、实施计划等提出合理的建议。

设备出厂检验由供应商的专业技术人员按照经建设方确认的检验内容操作，并由供应商出具检验报告，交集成商确认。

在设备出厂检验期间，由集成商和建设方对检验报告所做的任何确认都不能解除供应商对合同项下设备质量的保证责任。

集成商对检验过程进行全程监督，在设备出厂检验结束后，将其检验过程、检验结果、对检验过程中发现问题的处理意见和处理结果等一并整理成书面材料提交建设方确认。

10.9.2 出厂验收

设备出厂验收是在设备监造完成后，设备具备出厂条件的情况下进行的，主要是检查设备的技术水平和质量状况，也是对集成商和供应商阶段性成果的检验，设备出厂验收工作在建设方的主持下进行，集成商负责此项工作的各项安排、准备工作。

设备出厂验收的目标是确认并保证供电系统的各项设备都达到了合同中规定的技术水平和质量要求，满足设备本身和在整个供电系统中的功能要求。为了能够有效地做好设备出厂验收的管理，供应商需根据项目工期的总体布置，适时制订设备出厂验收计划，按计划组织实施设备出厂验收工作。供应商编制《设备出厂验收大纲》，明确设备出厂验收的控制点，报集成商批准实施。

1．出厂验收准备工作

供应商应在规定时间内向建设方和集成商提供出厂验收（抽检）用的设备出厂验收大纲。

供应商应按设备采购合同中有关条款及合同文件的要求准备好全套技术文件，供建设方和集成商验收人员的检查。

供应商应在设备出厂验收（抽检）前准备好设备出厂验收（抽检）使用的试验设备、检测仪器和场地。

检查试验项目、方法、检测手段、仪器是否符合有关规范要求。

2．出厂验收工作重点

（1）对生产过程中的有关文件（各种记录、试验报告等）进行检查。
（2）检查出厂文件资料是否齐全、有效。
（3）对出厂设备按有关检验标准和程序进行抽检。
（4）检查设备的出厂包装是否符合要求。
（5）制订设备的仓储计划和措施。
（6）检查核实设备的仓储条件是否满足要求。
（7）对待发货设备的外包装或外观进行检查，发现问题及时处理。
（8）将待发货设备的随机文件资料、设备出厂文件资料整理归档。

3．出厂验收主要目标

保证设备达到合同规定的技术要求。

保证设备的文件资料齐备无误。

保证设备安全无损地运抵现场。

4．出厂验收主要内容

（1）设备检查：主要包括设备的功能检查、外观检查、工艺检查等。

（2）出厂试验：出厂试验的项目在供应商处进行。对于不宜重复的高压试验项目或易产生机械疲劳的项目，应在生产组装过程中按合同规定的全部项目进行试验，且在具体试验前（15天）通知集成商报建设方同意。

（3）文件资料的验收：主要包括生产过程文件资料的检查和出厂文件资料的验收。

（4）交货数量（含附件）的验收：验收过程应对设备数量（或批次数量）及所属配套设备仔细清点，符合合同规定数量或计划批次的供货数量。

（5）包装、标识检查：产品的包装应符合合同有关条款及相关管理文件的要求。所有标识应符合合同的有关条款和相关管理文件的规定。标识含产品的标识（如铭牌）、包装标识和运输吊装标识等。

（6）运输方式：出厂验收时确定产品的运输方式。
（7）日期安排：出厂验收时确定产品的发运日期和预计到货日期。
（8）到货地点：出厂验收时确定产品到货地点。
（9）装运通知单：产品发运前，由供应商按照有关管理文件要求格式填写装运通知单，产品发运前提交给集成商。

5．出厂验收流程

出厂验收流程图如图 10.9.1 所示。

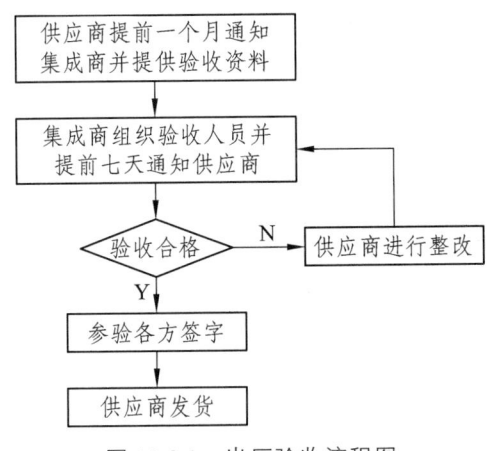

图 10.9.1　出厂验收流程图

本出厂验收流程仅供参考，项目执行中应根据建设方的要求相应调整。

6．出厂验收工作程序

（1）供应商需要在出厂验收之前（1 个月）提供出厂试验的具体方法、验收文件和计划报给集成商进行审查。由集成商合理地安排建设方及相关方人员到场，完成出厂验收工作。

（2）在设备监造工作完成、集成商负责人确认该项产品可进行出厂验收后，才能开始出厂验收工作。

（3）出厂验收计划确定后，由建设方及建设方指定的有关人员、集成商指定人员参加各项设备的出厂验收工作。在正式出厂验收日期前（7 天）书面通知供应商，说明本次验收工作的计划和安排，由供应商做好日程安排和出厂验收资料的准备工作。

（4）召开设备出厂验收准备会，确定设备出厂验收抽检的程序、抽检方法等（对于批量生产的设备，按供货计划批次组织验收。对于数量较大、批次较多、出厂验收项目复杂的设备，应采用随机抽样的方法进行检查）。

（5）集成商派出的人员了解并熟悉《设备出厂验收大纲》全部内容及设备采购合同相关条款的要求，准备相关会议所需该设备审查的有关内容及设备出厂验收相关的记录表格、会议记录等。

（6）参加设备出厂验收：

① 严格按照《设备出厂验收大纲》对设备进行外观检查和功能抽检试验；

② 核对抽检试验结果是否符合设备采购合同、《设备出厂验收大纲》及有关规定的要求，

并和本设备已做的出厂试验报告进行比对。

（7）设备出厂验收小组到达供应商处后，由建设方或委托代表主持召开验收工作会议，由验收小组介绍此次验收的具体要求和方法；由供应商代表介绍该产品（或批量产品）设计、生产制造、检验试验及设备监造的情况及验收工作准备情况。

审查由供应商提供的产品型式试验报告，主要检查内容如下：
① 提供试验报告的单位是否有相应资质；
② 试验内容应符合有关规定要求；
③ 该报告是否仍在有效期限内；
④ 自型式试验后，该产品的材料、制造工艺有无重大改变，如有重大改变则应要求重新委托型式试验。

检查设备制造过程记录文件，主要检查内容如下：
① 原材料、外购件的进厂检验记录及合格证明文件；
② 设备生产过程中的有关过程记录文件（如工序记录卡等）。

（8）设备出厂验收工作基本结束，由验收小组负责人（建设方或委托代表）主持召开设备出厂验收总结会，对设备出厂验收工作进行总结，签署设备出厂验收会议纪要，对已具备出厂条件的设备，参加出厂验收的有关各方在"产品出厂证书"上签字。对在出厂验收过程中发现的设备问题，要求供应商提出整改方案，责令其限期整改，重新进行有关检验和试验，直至所供设备符合合同要求，最终确定产品是否可以发货。

（9）当项目货物全部进行出厂验收后，集成商编写阶段性总结报告并提交给建设方，接受建设方对集成商的出厂验收阶段组织工作的评价，并作为集成商本阶段工作完成的标志。

10.10 设备供货管理

集成商对供应商产品的装卸、储存、包装、发运建立一定的程序，形成文件并遵照实施，同时制定包装、运输、仓储过程中的各项规定，报建设方审批。在建设方确定供应商并签订采购合同后（一个月内）下发给各供应商，并督促依此执行。

10.10.1 设备到场计划

施工方提供设备需求计划给集成商。

集成商设备工程师配合计划工程师根据工程进度和设备需求计划制订设备到场计划，设备到场计划应根据工程进展动态调整。

集成商及时组织并协助供应商完成从设备包装、运输直至到达现场（或仓库）期间的所有工作。

（1）集成商对供应商提出统一包装要求，并要求供应商据此提出各自的出厂包装安排，由集成商确认。

（2）集成商确认供应商是否按合同要求、运输要求或特殊要求进行包装，向供应商发出确认书。

10.10.2 设备生产通知及到货通知

合同生效后,在设备设计方案完成并被确认后(2周内),集成商负责将经建设方确认后的设备生产制造通知下达给各供应商,通知供应商开始设备的生产、制造。

集成商发出生产通知后(2周内)将供应商是否已开始生产的情况编制响应表,送建设方备案。

集成商根据工程进度计划,提前(2周)将设备的运输和到货验收计划交建设方确认。

集成商根据工程进度计划,提前(1周)向供应商发出经建设方确认的发货通知单。

集成商将供应商各次发运货物的内容、发货时间、到货时间、运输方式、箱件数量、箱件大小和重量等通知建设方。

10.10.3 设备到场验收及开箱检查

集成商审核供应商包装和运输是否符合要求;集成商设备工程师熟悉货物编码,审核供应商货物装箱单是否符合有关格式;集成商协调设备到达现场后的接收,熟悉设备的仓储条件(可让供应商提供资料);集成商协调组织各方(建设方、施工方、监理方、供应商)进行到货或开箱检验检查,填写到货或开箱检查单,编写有关报告。

施工方组织有关方进行开箱检查并做好记录。

1. 设备到场验收

集成商应在设备运输到仓库或工地现场后组织进行各项检查、交接工作,并做好详细检查及交接记录。

(1)集成商应提前(1周)将要到场的具体设备、时间、地点等以书面方式通知建设方、供应商、施工方。

(2)设备到场前,集成商应督促施工方做好设备到货后的移交准备。

(3)设备到场后,集成商应做好到货管理工作,派人到场并做好记录和相关交接单据的签认,安排供应商、施工方、监理方一起进行到货验收。

(4)设备、材料及技术文件运抵规定的交货地点后,供应商与建设方、集成商及施工方、监理方共同对其进行检查,做好记录。检查时应证实但不限于以下内容:

① 满足合同对包装的要求。
② 外观良好,运输途中未受损。
③ 名称、编号、数量与合同要求的货物清单相符。
④ 合同或双方约定的检查内容。

经检查符合合同要求时,即由施工方与供应商进行交接,办理交接或入库手续,出具入库单或交接单,完成货物交接。

(5)由供应商按设备到货清单逐件清点货物,并移交给施工方。清点完成后,由集成商、供应商、施工方、监理方四方代表签字确认。

2. 设备开箱检查

一般在设备运抵现场后、安装前进行设备材料的开箱检查。施工方根据施工进度组织有关各方进行设备的开箱检查。

开箱检查前，认真核对到货检查表上的内容，确认箱体数量无误，箱体无破损、无拆封情况下方可进行开箱检查。如果箱体已破损或已被拆开，应在确定未影响箱内设备材料情况下方可进行检验。

开箱检查包括但不限于以下内容：
（1）设备材料的数量及规格型号。
（2）设备材料的备件、专用/特种工具的规格、型号及数量。
（3）包装及密封是否符合要求。
（4）设备及部件的外观检查。
（5）技术文件、装箱资料是否齐全。
（6）合同规定的其他检查内容。

经开箱检查发现有不合格或不符合合同要求的设备或部件时，由参加开箱检查的各方商定处理结论后报建设方，并由集成商将建设方确认后的处理方案以正式函件形式通告供应商，并督促尽快处理。

开箱检查后，由检验各方代表签署开箱检查单。合格的设备材料即交付施工方安装施工。

供应商负责设备运抵工程现场前的仓储、保险和保管等，施工方负责设备在工程现场交接（开箱检查）后的仓储和保管等。

对设备材料开箱检查中未发现的质量缺陷或其他方面的缺陷，并不免除供应商应承担的质量责任。

10.10.4　设备仓储

集成商根据供应商提交货物的体积、重量、贮存条件及供货计划，向建设方提交仓储要求，必要时协助建设方进行仓储规划。

集成商根据供应商提出的仓储条件对施工方提供的储存场地或库房进行检查，负责组织有关各方落实整改措施，并将相关结果及时书面上报建设方。

集成商应充分发挥计划的调控作用，尽量减少货物的仓储和仓储时间，大型设备直接运抵现场，不进库储存。

设备运达一般按进场时间提前一个月考虑。数量较多的设备应分批运达交货。

10.11　设备安装及调试管理

集成商需派出经建设方批准的技术管理人员，以监督供应商在现场的设备安装和调试工作。

集成商要提供现场技术管理人员的资历和技能证书，建设方有权要求更换认为不适合的人员。

集成商现场技术管理人员需配合建设方组织的与其他系统的接口协调工作。

集成商协助建设方管理施工安装有关工作。

10.11.1 设备安装督导

设备安装阶段,集成商的主要工作是做好配合,积极协调相关供应商及时派驻技术人员,做好现场技术支持。

1. 安装督导

监督供应商在合同设备的现场安装、调试、试运行等阶段提供技术支持工作,根据工期安排制订相应的设备安装配合计划,跟踪了解施工进度,及时修订配合计划。

组织、监督供应商按需进行现场安装配合,协调安装配合过程中的矛盾或报建设方解决,根据工期安排制订相应的现场调试配合计划,跟踪了解施工进度,及时修订配合计划。

组织、监督供应商按期进行现场调试配合,协调调试配合过程中的矛盾或报建设方解决;现场服务工程师组织供应商现场配合施工方进行安装、调试、试验,对重要设备的安装、调试、试验应现场参与、监督,对供应商的督导情况进行考核,编写相关报告。

具体要求可参照如下:

(1) 集成商应派出经建设方批准的现场技术服务管理人员,组织管理和监督供应商的设备在现场安装、调试等阶段技术支持工作。

(2) 在设备安装前2周,集成商应制订安装督导计划交建设方确认,跟踪了解施工进度,及时修订配合计划。

(3) 在设备安装前1周,集成商应通知供应商派人员到安装现场进行安装督导。

(4) 集成商应负责安装督导的监控、确认供应商安装督导人员的水平是否满足现场需要。

(5) 集成商应负责协调供应商与施工方的配合关系。

(6) 集成商应根据安装工期制订相应的设备安装配合计划组织、监督供应商按期进行现场安装配合,协调解决安装配合过程中的矛盾,并将有关情况及时书面上报建设方。

(7) 集成商应对安装过程中发现的产品质量问题提出解决方案,报建设方确认,再由集成商负责落实。

(8) 集成商向建设方提交安装督导配合进度报告,报告内容包括对重大问题提出的解决方案建议、协调和落实情况、未按计划完成进度的原因及补救措施等。

(9) 如因集成商本身的工作疏忽,没有履行安装督导管理责任,造成工程延误,集成商应负相关责任。

2. 安装验收

集成商协助建设方审核安装验收规程及安装验收计划。

集成商参加由监理方组织的安装验收工作,并组织各供应商参加安装验收工作。对在验收过程中发现的设备质量问题,由集成商提出期限整改要求,并督促整改。

安装验收工作结束后,监理方向施工方出具验收报告,由施工安装验收的人员签字并确认,建设方保留最终确认权。

安装阶段的所有确认均不能免除施工方和供应商对其合同项下的质量保证。

10.11.2 设备调试配合

设备调试阶段，集成商的主要工作是做好配合，积极协调相关供应商及时派驻技术人员，做好现场技术支持。

1．基本要求

（1）调试试验的目的是检验供应商所提供系统和设备的功能是否满足合同的要求。

（2）供应商应派出足够、合格且技术熟练的技术人员到现场完成调试试验指导工作。供应商应于调试试验开始前（一般2周），提交参加调试试验的技术人员的名单及履历，报建设方和集成商确认。

（3）单机调试由监理方负责组织和管理，系统联调由集成商负责组织和管理，144小时系统连续运行测试由集成商组织，建设方主持。调试由施工方负责具体实施，设计方、供应商配合完成。

（4）在单机调试期间，施工方、供应商应定期向监理方、集成商和建设方递交报告，该报告须包含单机调试内容、工程进度、事故情况、存在的不利因素、可能的延误及补救方法的建议等内容，对紧急情况，施工方、供应商应随时向监理方、集成商和建设方通报。

（5）施工方应对现场单机调试质量负责，并做好记录。由监理方整理和编制设备单机调试报告，由各参与方签字确认，然后提交建设方最后确认。调试阶段的所有确认均不能免除供应商合同项下的质量保证。

（6）在系统调试开始前（一般为2个月），集成商把编制完成的系统调试和144小时系统连续运行测试方案、测试计划、测试规程交建设方确认。

（7）在系统调试（一般为1个月）前，集成商将建设方确认的系统调试通知和测试方案、测试计划、测试规程送达有关单位。

（8）调试试验应按确认的规程执行，调试试验过程中发现的产品质量、系统性能达不到设计要求时，集成商组织各方确定解决方案，由供应商限期整改。如果供应商提供的设备材料有缺陷，或因供应商技术人员的指导错误或供应商提供的技术资料、图纸和说明书的错误造成设备、材料的损坏，供应商都应立即无偿换货，并负担由此产生的到安装现场的换货费用和风险，换货时间以不影响工期计划为准。

（9）在系统调试和144小时系统连续运行测试期间，施工方、供应商应定期向监理方、集成商和建设方递交报告，该报告须包含调试内容、工程进度、事故情况、存在的不利因素、可能的延误及补救方法的建议等内容，对紧急情况，供应商、施工方、监理方或集成商应随时向建设方通报。

（10）供应商应对系统调试和144小时系统连续运行测试过程中设备质量负责。由集成商整理及编制系统调试和144小时系统连续运行测试报告，由各参与方签字确认，然后提交建设方最后确认。调试阶段的所有确认均不能免除供应商、施工方合同项下的质量保证。

（11）因供应商的原因而使整个的工作计划受到不利影响或安全规则和工地治安秩序的保障受到影响时，建设方或集成商有权干预或命令暂停调试。

（12）如果建设方和集成商认为供应商技术人员不能胜任工作，建设方和集成商有权要求供应商调换技术人员。

（13）建设方和集成商有权派员参加调试阶段全过程，并审核检验、测试报告。

2．单机调试

本调试在设备安装验收后进行，目的是保证设备经远距离运输和安装后不发生损坏。

所有系统单机设备的调试都应按合同的规定进行。

供应商负责现场单机设备调试指导，监理方负责组织和管理，施工方负责具体实施，如单机设备达不到测试要求，供应商应负责无条件修理和更换，并承担所需的全部费用。

3．系统调试

系统调试包括各子系统的测试和整个供电系统的测试。

系统调试先要进行子系统功能测试，并要达到合同规定的要求。

集成商负责组织和管理，有关供应商、施工方、设计方、监理方应参加供电系统调试，由施工方负责具体实施。

对调试中可能出现的问题，集成商提出建议方案，并负责具体落实。

集成商负责协调解决供电系统调试过程中出现的技术问题、接口问题等。

4．144小时系统连续运行测试

子系统测试合格后，所有供电系统设备整体进行不间断联合功能测试。

144小时系统连续运行测试应在建设方和集成商认为供电各子系统测试成功结束时开始。

集成商负责组织有关供应商、施工方、设计方、监理方参加供电系统144小时系统连续运行测试，由建设方主持，施工方负责具体实施。

对144小时系统连续运行测试中可能出现的问题，集成商提出建议方案，并负责具体落实。

集成商负责协调解决供电系统144小时系统连续运行测试过程中出现的技术问题或接口问题等。

试验过程中，下列现象不认为是系统故障：

（1）自然灾害。

（2）外部电源停电时间超过规定值。

（3）其他系统导致本子系统中断引起的故障。

试验期间，不允许出现子系统的系统故障，如出现则终止试验，供应商负责及时修复和更换，然后再重新开始144小时系统连续运行的测试，直至144小时系统连续运行测试通过。

供应商应承担由于上述故障造成的工期延误、直接和间接损失，按合同规定承担所涉及的所有费用。

如果第3次144小时系统连续运行测试仍不能通过，则该子系统设备将视为不符合合同要求的子系统设备。除确定具体善后事宜外，供应商有责任迅速采取有效措施，包括更换主要设备等。由此引起建设方的损失，包括工期延误及运营的一切损失由供应商承担。

5．综合联调

综合联调是指供电系统和其他系统的联合调试，在144小时系统连续运行测试成功后，设备将进入综合联调阶段。

综合联调包括与其他系统的所有接口功能试验和综合联调测试两个阶段。

集成商应协助建设方进行综合联调，递交供电系统参与综合联调的建议方案，对供电系统在综合联调中出现的问题提出解决方案，并负责落实。

1）组织管理

（1）综合联调由建设方组织和管理，集成商组织供电系统各供应商参与综合联调，各子系统和设备供应商、监理方、施工方积极配合。

（2）在进行综合联调前（一般为30天），集成商应将经建设方确认的供电系统综合联调方案、联调计划和联调规程送达供电系统各子系统和设备供应商。

（3）综合联调结束后，由集成商整理和编制本系统参与综合联调调试报告，由各参与方签字确认，然后提交建设方最后确认。

（4）综合联调阶段的所有确认均不能免除供应商和施工方对其合同项下的质量保证。

2）接口功能试验

（1）试验内容包括有144小时系统连续运行测试中未完成的项目及与其他系统接口的指标。

（2）在综合联调时，各子系统间的接口出现配合问题，由各集成商协调处理，直至满足系统要求。

（3）在综合联调时，若出现的接口问题是供电系统内部的子系统或设备，集成商要求其供应商限期处理完成，子系统和设备供应商需无条件执行。

（4）在综合联调时，若出现的接口问题是供电系统以外的子系统或设备，由集成商以书面形式提出整改方案交建设方确认，并由建设方协调、处理。

10.12 设备验收管理

集成商在设备验收前制定验收管理办法并报建设方审批。设备验收整体由监理方组织、建设方主持。

10.12.1 设备验收参与单位

参加设备验收的单位包括以下：

（1）建设方；

（2）集成商；

（3）设计方；

（4）供应商；

（5）施工方；

（6）监理方或建设方指定的其他单位。

10.12.2　设备验收依据

工程项目验收所依据的文件及验收的内容。
工程项目招、投标文件及后续的有效变更文件。
批准的设计文件。
签订的项目采购合同。
设计更改通知书。
国家/行业的相关验收标准，测试系统功能、性能是否达到预期效果。
核查合同约定的内容是否全部完成，是否满足建设方需求，有无漏项，增减的内容、变更手续是否齐全、有效。

10.12.3　设备验收目标

建设方对供电系统整体质量满意，完成综合联调满足试运行条件。
发现工程中存在的缺陷，提出整改建议及跟踪整改情况。
消除设备或系统的隐患，保证供电系统设备的正常稳定运行。

10.12.4　设备验收工作重点

竣工图纸和文件资料的收集归档。
记录试运行工作中出现的设备或系统的技术问题；及时协助建设方和运营管理单位，组织供应商、施工方及设计方共同解决。
组织相关各方检查供应商和施工方对设备或系统问题整改的结果。

10.12.5　设备验收主要内容

在集成服务项目管理过程中，集成商组织和参加各供应商的设备及整个供电系统的验收工作，并做好此项工作的各项安排。验收工作在建设方（或委托代表）的主持下进行。

验收的主要目标是确认并保证供电系统的各项设备都达到了合同所要求的技术水平和质量要求，满足设备本身和其在整个系统中的功能要求。

为顺利完成验收的组织工作，一般要形成相应的文件，包括：根据项目工期的总体布置，适时制订设备验收计划，按计划组织实施设备和系统的验收工作；编制设备验收管理办法，报建设方批准实施，并下发各供应商执行。

为了做好设备和系统的验收工作，在验收开始前做好如下准备工作：

（1）验收计划确定后，由建设方及建设方指定的有关人员、集成商指定人员参加各项设备的工程验收工作，形成以建设方为领导的供电系统设备验收小组。

（2）在正式验收开始前（一般7天），集成商书面通知各供应商，说明本次验收工作的计划和安排，要求供应商除做好日程安排外，还要做好验收的相关准备工作。

（3）集成商人员应熟悉设备合同相关条款的要求，配合准备设备验收相关的记录表格及会议记录等。

（4）供应商在验收前（一般3天），将参加验收的现场配合人员名单及联系方式提供给集成商。由集成商合理地安排供应商现场服务人员参加设备验收的工作，顺利完成验收。

在验收工作开始之前，组织各供应商按时参加由建设方主持召开的验收准备会议，明确各自的责任，验收开始后，集成商组织供应商参加现场验收工作，做好相应的验收记录，对于验收中发现的设备问题及时组织供应商限期整改。

验收结束后，组织供应商对各自设备的验收情况和设备问题整改情况进行总结，并且编制供电系统设备验收总结报告。将验收总结报告提交建设方审查，并将验收总结报告作为对供应商和集成商阶段性工作评价的依据。

10.13 图纸和文件管理

在设备集成服务合同执行过程中，集成商负责整理、汇总和保管形成的所有文件（图纸、技术文件），在工程验收时，一并移交建设方。

协助建设方编制时，施工方需提供设备图纸和文件资料的清单，并协助建设方做好施工方设备图纸和文件的整理、汇总和归档工作。

各甲供设备供应商向建设方提交的图纸和文件一般由集成商接收、确认，汇总并整理齐全后交建设方。集成商和建设方的确认并不减轻各甲供设备供应商的任何责任。

10.13.1 基本要求

（1）集成商建立和贯彻一定的程序来控制供应商所有图纸和文件，这些文件在颁发之前经授权的人员审查和认可。所有的图纸和文件最终均需报建设方审核、批准、加盖图章，方可正式使用。

（2）供应商的所有图纸和文件均首先由集成商接收、确认并登记造册后，提交建设方审核批准。供应商提交的图纸和文件包括但不限于设备的设计说明书、使用手册、维护手册、培训手册、各种试验规格书、设备原理图、安装图、装配图及主要部件外形图等。

（3）集成商对所接收的文件开具收据。一般情况下，无论建设方对文件是否提出了意见，集成商要从自文件接收之日起，在规定的时间内将审核或批准意见返回给供应商，超过期限的文件将被供应商视为通过。

（4）供应商提交集成商和建设方的图纸和文件首先提交给设计方审查，不符合规定的图纸和文件，设计方应限期供应商纠正。如因供应商未遵守建设方的规定而造成任何工作进度延误，相应责任由供应商承担。

（5）除非另有规定，供应商文件的更改应由集成商审查和认可。在可能的条件下，在文件或相应的附件上应有更改的原因说明，并建立起一个总明细表和相应的文件控制程序以区分目前待审批的修订文件，防止使用不合适的文件，总明细表应提交建设方。

（6）供应商向集成商、建设方提供的图纸和文件应充分、广泛和详细地说明（子）系统及其部件的性能、原理、结构和尺寸以及部件的型号、规格和技术参数，使建设方能够实现对（子）系统的操作、检查、修理、试验、调整和维护。

（7）所有文件都应表示出项目名称、供应商、建设方、日期和版本索引。图纸除应表示出标题、序号和比例，还应在图框旁留空白区，供建设方使用。

（8）按建设方的要求，图纸中的日期应采用数字，例如 2018/12/28（2018 年 12 月 28 日）。列明版本号（从第一次发布开始应为 1、2 或 A、B 等），并注明版本变更的内容和原因。

（9）所有图纸和技术资料都应字迹清楚，内容完整，采用国际单位制（SI）单位、通用图形和符号。产品在国内生产的，应使用中文；产品由国外设备商在国外生产的，也应附加中文。

（10）图纸和技术文件在设备设计和制造过程中有更新时，供应商应及时提供更新文件。

（11）技术资料一般采用活页式。供应商应保证所有的图纸和技术文件的格式与建设方的要求一致。

（12）供应商提供的设计图纸及其他所有文档资料数量需满足建设方要求。

10.13.2 管理程序

集成商提交给建设方的文件要在发送单上列出目录，文件形式可以是纸质文件或电子文件。无论建设方对集成商文件是否提出意见，一般自文件接收之日起 1 个月内将其中 1 份文件返回给集成商；超过期限将被集成商视为建设方已经批准。返回文件时，建设方应加盖下列印鉴之一：

（1）批准；

（2）加注批准；

（3）不批准。

其中，第 2 种情况下，建设方应说明处理意见、修改建议和注意事项，集成商可以据此开展实质性工作；第 3 种情况下，建设方应说明不批准的原因，集成商不应开展实质性工作。这两种情况下集成商都要按要求将修改后的文件重新报建设方批准。

供应商使用和提供的图纸和技术文件应经过建设方的审核。建设方的确认并不减轻或解除供应商该负的任何责任。

如果供应商图纸和技术文件经过了确认，供应商未经建设方同意不按图生产，建设方有权拒绝接受产品。

图纸和技术文件在设计联络中确认，培训教材资料在培训实施前一个月交建设方确认。

一旦建设方完成最终确认，供应商应按要求提供给建设方完整、已装订的图纸和技术文件，并提供完整、可复制使用的电子文件。

10.13.3 图文分类

供应商提供的资料包括但不限于以下内容：

（1）产品或子系统设计的图纸和文件；

（2）工程安装设计图和文件；

（3）产品出厂试验、检验报告，产品合格证；

（4）组件检验合格报告及外购件入厂检验报告；
（5）产品安装及使用维护说明书（安装手册、操作手册，图纸等）；
（6）设备安装图及重量；
（7）设备开孔及外形尺寸图；
（8）接线图及端子排图；
（9）系统图及规约文件；
（10）主要元器件的名称、产地、规格、参数、数量及原产厂；
（11）安装验收规范书；
（12）各阶段各项测试、检验规范书和测试检验报告；
（13）培训资料（图纸、资料、手册）；
（14）最终的技术文件；
（15）经与建设方及集成商确认的相关标准；
（16）其他技术文件。

集成商应完整保存由设计方、供应商和施工方提交的设计资料（图纸、文件及表格等）、技术资料、技术或合同变更资料、有关技术确认的会议纪要等，在工程竣工时交给建设方，并确保其完整性和准确性。

集成商在项目执行过程中，需要结合工程进展提交完整的集成服务文件，包含但不限于如下内容，可根据建设方和项目情况做出必要调整或补充。

（1）集成服务管理总体工作计划；
（2）集成服务大纲（含项目实施方案、重难点分析及相关建议）；
（3）设备招标计划；
（4）供电系统设备供应商名录；
（5）设备标段划分意见；
（6）设备采购招标文件的审查意见；
（7）设备合同谈判总结；
（8）图纸文件管理统一规定；
（9）设计联络管理办法；
（10）设计联络完成，提交设计联络阶段归档的图纸及其他文件清单，并提交设计联络阶段总结报告；
（11）设备产品设计审查完成，提交产品设计说明、图纸、计算书及产品设计审查报告；
（12）接口方案及接口协调管理办法；
（13）设备监造管理办法；
（14）设备监造完成，提交设备监造日志及设备监造工作总结报告；
（15）设备出厂试验、检验和验收管理办法；
（16）设备出厂验收完成，提交出厂试验、检验、验收报告和出厂验收总结报告；
（17）设备供货完成，提交备品备件、随机文件清单及单项设备集成服务管理工作总结；
（18）设备安装、调试（包括综合联调）完成，提交设备安装、调试督导工作总结；
（19）单体验收实施细则；
（20）项目实施过程中根据实际情况，提交相应调整报告、合同变更报告等临时性管理文件。

集成商对项目各阶段过程中的评价或建议报告是建设方评价集成商服务质量的一个因素。集成商的建议不管是否被采纳，都不能免除系统集成商和（或）设计方及供应商在其合同项下的责任。

10.13.4 归档和移交

集成商根据建设方档案管理的规定制定设备竣工资料编制和移交方法作为指导文件。

集成商督促供应商按文档管理和归档的要求整理、完善并提交设备合同竣工资料。技术工程师负责督促供应商及时提交资料，并检查资料的完备性和内容的正确性以及资料的合格性；文档管理员负责资料的编码归档和移交；集成商将设备竣工资料审核整理后交至建设方相关部门（公司资料室等）。

11 国际工程设计管理与服务

随着中国"走出去"战略的不断深入，中国企业在海外所承揽的项目越来越多。国际工程实行项目管理，一方面有利于经济效益的提高，另一方面也有利于工程管理的系统化，提升企业在国际工程项目上的竞争能力，促进企业在工程总承包市场上的发展。由于设计是工程建设基础，因而有必要对国际工程的设计管理进行探索。

虽然国际轨道交通项目的供电设计，从设计定义到分类与国内一致，但由于国际工程项目的特殊性，导致了国际城市轨道交通供电系统设计与国内有所不同，本章以与国内城轨设计管理与服务的不同为重点来介绍国际城轨供电系统设计管理与服务。

11.1 国际工程简介

国际工程是一种综合性的国际经济合作方式，是国际技术贸易的一种方式，也是国际劳务合作的一种方式[21]。国际工程具有合同主体的多国性，货币和支付方式的多样性，国际政治、经济影响因素的权重明显增大，规范标准庞杂且差异较大等异于国内工程的地方[22]。只有先了解国际工程，才能做好国际工程设计管理与服务。

11.1.1 国际工程基本概念

国际工程就是一个工程项目的策划、咨询、融资、采购、承包、管理以及培训等各个阶段和不同工作内容的参与者来自不止一个国家，并且按照国际上通用的工程项目管理理念和方式进行管理的工程[23]。根据国际工程的定义，可以从两个方面去更广义地理解国际工程的概念和内容。

1) 国际工程包含国内和国外两个市场

国际工程既包括中国公司去海外参与投资和实施的各项工程，又包括国际组织和国外的公司到中国来投资和实施的工程，本章节主要介绍中国公司去海外参与投资和实施的各项工程。中国目前是个开放的市场，加入世界贸易组织之后，工程建设市场会更加对外开放，在国内也会遇到大量国内习惯称之为"涉外工程"的国际工程。所以研究国际工程不仅是走向海外的需要，也是适应入世、加快中国建筑行业与国际接轨的步伐、巩固和占领国内市场的需要。

国际工程市场总体上是一个持续稳定发展的市场，国际工程市场遍布五大洲，虽然某个地区和某些国家的政治形势和经济形势不一定十分稳定，但就全球来说，国际工程市场总体来说是稳定和持续发展的。从事国际工程的公司必须加强调查研究，善于分析市场形势，捕捉市场信息，不断适应市场变化形势，才能立于不败之地。

2）国际工程承包

国际工程承包包括对工程项目进行投标、施工、设备采购及安装调试、分包、提供劳务等。按照雇主的要求，有时也做施工详图设计和部分永久工程的设计。

目前国际上的工程项目一般分为以下三大类：第一类是由雇主或其代表工程师设计的建筑或工程项目，该工程的通常情况是，由承包商按照雇主提供的设计进行工程施工，但该工程可以包含由承包商设计的土木、机械、电气和（或）构筑的某些部分；第二类是电气和（或）机械设备供货和建筑或工程的设计与施工，该工程的通常情况是，由承包商按照雇主的要求，设计和提供生产设备和（或）其他工程，可以包括土木、机械、电气和（或）构筑物的任何组合；第三类是以交钥匙工程方式提供加工或动力设备、工程或类似设备、基础设施工程或其他类型开发项目，这种项目的最终价格和要求的工期具有更大程度的确定性，由承包商承担项目的设计和实施的全部职责，雇主介入很少，交钥匙工程的通常情况是，由承包商进行全部设计、采购和施工（EPC），提供一个配备完善的设施，（"转动钥匙"时）即可运行[24]。

国际工程项目的建设，一般都由具有设计、采购和建设（EPC）总承包能力的工程公司（一些简称总包商）承担，其工程咨询和设计由总包商的设计部负责，工程建设由总包商的施工部负责，工程的监理由雇主委托监理公司进行。也有些项目采取另一种方式，即工程咨询与设计由专门的工程咨询设计公司承担，工程项目的施工建设由另外的工程建设公司负责，工程的监理由监理公司或负责工程设计的工程咨询设计公司承担。

中国目前正在组建具有设计、采购和施工能力，可以承包国内外工程建设项目的大型工程公司，一些有条件的设计研究院正在向以设计为龙头的国际工程公司方向发展。有些行业组建的这种公司已经打入国际工程建设市场，他们承担的国际工程设计，其做法基本上已符合国际惯例。

综上所述，国际工程涵盖着一个广阔的领域，各国际组织、国际金融机构投资的项目，各国政府、各咨询公司和工程承包公司等在本国以外地区参与投资和建设的工程总和，就组成了全世界的国际工程。各个行业、各种专业必然都会涉及国际工程。

11.1.2 国际工程项目特点

1）多学科系统工程

国际工程项目管理是一个在国际上不断发展和创新的学科，由于要按照国际惯例进行，因而从事国际工程的人员不但要求掌握某一个或几个专业领域的技术知识，还要求掌握涉及国际领域的法律、合同、金融、外贸、保险、财会等多方面的其他专业的知识。从工程项目准备到项目实施、运行和维护，整个管理过程十分复杂，因而国际工程是跨多个学科的并对人才素质有很高要求的复杂的系统工程。

2）跨国经济活动

国际工程是一项跨国的经济活动，涉及不同的国家，不同的民族，不同的政治、经济、文化和宗教背景，不同参与单位的经济利益，因而合同中各方不容易相互理解，常常产生矛盾和争议。

3）合同管理严格

由于国际工程往往有不止一个国家的单位参与，不可能依靠行政管理的方法，而必须采用国际上多年来业已形成的、行之有效的一整套合同管理方法。要求花费比较多的时间做好招标文件的准备、招标、投标、评标和谈判签约等工作，为制订好合同从而在实施阶段严格按照合同进行项目管理打下一个良好的基础。

4）风险与利润并存

国际工程是一个充满风险的事业，比国内工程风险大得多，每年国际上都有一批工程公司倒闭。一项国际工程如果订好合同并且管理得当将会获得一定的利润，但如果不认真对待管理风险，则可能遭受重大的损失。因此一个公司要能在国际工程市场中竞争并生存，就需要努力提高公司和成员的素质。

针对国际工程的特点，设计人员不仅要在做好设计工作的同时，还需掌握以下能力，以应对国际工程的特殊性。

（1）具有熟练的外语听说、阅读和写作能力。熟悉国际通用的设计词汇，达到业务上无障碍交流与合作；

（2）熟悉国际工程项目政策、法规和规范；

（3）熟悉本专业的知识和国际上的发展动态，对新事物敏感；

（4）掌握沟通技巧，有快速反应能力，能随机应变，善于通过谈判去解决实际问题和难题。

11.1.3 国际工程设计工作

1）如何承接国际工程咨询设计任务

由于工程咨询设计单位和工程建设公司的组织关系和组织形式不同，工程咨询设计单位在工程建设中的分工和作用与后者不完全一样，主要有两种情况：其一是作为工程建设总包商的一部分，作为该总包商的工程咨询设计单位，在工程建设总承包中分包工程咨询设计工作；其二是作为独立的工程咨询设计单位，受雇主委托，负责投资前期研究、工程设计，有时还受雇主委托负责工程监理。

2）工程建设各阶段的主要工作

雇主单独委托工程咨询设计单位负责工程咨询设计时，该单位一般负责完成投资前期的投资机会研究、初步可行性研究、技术经济可行性研究，使雇主获得投资建设某个项目的基本结论，并协助雇主完成工程招标的各项工作，有时还负责工程的基本设计，雇主用该基本设计文件作为招标依据并由咨询设计单位编写招标文件。若总包商不负责工程设计时，该工程咨询设计单位还要完成工程的基本设计和详细设计，有时还承担工程监理工作。

本书将重点介绍受总包商的委托，作为该总包商的工程咨询设计单位在工程建设总承包中分包工程咨询设计工作的情况。工程咨询设计单位不仅协助总包商完成投标工作，还负责完成工程的基本设计和详细设计并配合施工，做好施工服务。

11.2 国际工程标准

承担国际工程咨询设计工作时，选择采用的设计标准是一项非常重要的内容，城轨工程当然也不例外，设计标准决定了设计方案的确定、工程材料的选购、验收标准以及工程造价等。在中国对外承包工程中，一般有3种标准：欧美标准、中国标准或其他标准。对于欧洲国家，采用欧标，对于美洲国家，多采用美标，对于俄国和前独联体国家，多采用俄标，还有非洲国家，一般采用欧标和英标结合的方式，还有些发展中国家，不强制采用欧美标准，较易接受中国的国标，尤其是中方对外的卖方贷款或买方贷款等提供融资的项目，但是同样有当地的强制执行的规范要求。

11.2.1 国内外城轨交通标准对比

通过对中外标准的对比研究，总结差异，一方面有利于设计人员快速地学习和掌握国外标准，另一方面有利于认识差距，可及时吸纳国外标准中的先进技术和经验，提升国内标准的整体水平，进一步完善国内标准。

1．标准体系对比

标准体系是由一定系统范围内具有内在联系的标准组成的科学的有机整体，是体现标准化系统内标准的最佳秩序。中外轨道交通标准体系的差异性主要体现在阶段维度、等级维度、属性维度和对象维度上的不同，具体如表11.2.1所示[25]。

表11.2.1 中外城轨交通标准体系对比表

维度	中 国	欧美国家
阶段	严格划分	未划分
等级	弱	强
属性	强制性、推荐性并存	推荐性
对象	优先按线路运输类型划分	优先按结构与功能划分

1）阶段维度

中国标准体系在勘测、设计、施工、验收等阶段的划分非常明确。而欧美标准体系框架中未明确按阶段维度进行划分，这些标准中强调设计规范，并以设计为主线，对工程的施工、验收和养护规程进行统一规定。

2）体系维度

就标准体系而言，各个国家基于各自实际情况制定出不同的标准体系，并无优劣可言。中国标准包括国家标准、行业标准、地方标准、团体标准、企业标准五大类，涉及城乡规划、城镇建设、房屋建筑三方面及综合标准、专业基础标准、通用标准、专用标准四层次。与欧美标准经过长时间演化，发展后规范和全面相比，中国标准存在体系相对散乱、数量多、质量低、交叉重复、条块分割等问题。

3）属性维度

中国工程建设国家标准分为强制性标准（GB）和推荐性标准（GB/T）。在技术标准编制时，再以规范性用语"严禁""必须""应""宜"等对强制性进行说明，易于适应城轨交通建设面临的各种复杂环境。

欧美技术法规为强制性标准，其余技术标准均为推荐性标准。需要强调的是，欧盟的技术标准（含引用的国际标准）对欧洲所有国家标准及以下技术标准具有强制性，此外一旦合同进行规定，则技术标准具有强制性。

4）对象维度

中国标准优先按线路运输类型进行划分，例如地铁设计规范和轻轨设计规范，再进一步按结构划分为车辆、限界、线路、轨道、路基、建筑、结构、防水、通风、空调与供暖、给水与排水、供电、通信、信号和综合监控等专业。

中国城轨标准体系来源于中国特有的城轨发展实践，城轨技术标准体系覆盖了城轨工程建设领域的各个环节。基本上能够"自成体系"。欧美技术标准对城轨特点直接相关的线路、车辆、轨道、通信、信号等做了详细规定，而对于测量、地质、基础设施等采用与交通、水利、建筑等土木行业通用的技术标准，没有系统的城轨行业标准。

2. 供电标准对比

将国内城轨供电标准和国外城轨供电标准从以下几个方面进行对比。

（1）供电系统：中国标准设置自成体系的中压供电系统，欧美铁路标准设专门的能源公司负责轨道交通用电负荷的供电。

（2）供电来源：中国标准规定重要负荷主要从城市电网接引的两路中压电源保证供电可靠性，比欧洲标准要求更高。

（3）电压等级：中国城轨主要的中压等级为 35 kV、10 kV，国外城轨主要的中压等级为 35 kV、20 kV、10 kV 等。

（4）牵引变电：基本等效。

（5）电能质量：中国标准较 EN 标准严格。

综上，就供电系统设计，中国标准在制定时参考了国际标准（包括欧洲标准）两者在指导设计方面差异较小，故在城轨项目中能够根据当地情况来灵活选用中国或欧洲标准设计，且经咨询设备厂商，设备选型及采购也不存在问题。

11.2.2 中国城轨标准在国外主要应用情况

我国城市轨道交通标准化起步于 1986 年第一本标准《地下道标志》颁布，1993 年《地下铁道设计规范》实施，在以后的十几年中，标准化发展缓慢。自进入 21 世纪，城市轨道交通进入高速发展阶段，大规模建设浪潮、迅速增长的运营线路和激增的客流为城市轨道交通标准化提供了前所未有的机遇和挑战。判断、分析和把握这一历史机遇，将促进城市轨道交通标准化的健康有序发展。

1. 应用案例

1）伊朗德黑兰地铁

本项目全面使用中国标准,作为中国企业走出去最早期的项目,它为中国产品和成套装备走出去积累经验,探索路径。德黑兰地铁车辆符合 UIC、IEC、ISO、GB、TB 等国际和国内通用标准。

2）越南河内城市轨道交通吉灵—河东线

本项目采用全套的中国标准、规范,进行设计、施工、产品采购,按合同规定翻译上报了大量使用到的中国标准规范,并得到业主的批准并在项目中使用。同时,在项目实施过程中,对于部分当地分包的工作内容使用的是越南当地设计规范。

3）哈萨克斯坦阿斯塔纳轻轨

本项目全部采用中国标准,这也是中亚地区首条全部采用中国标准的轨道交通项目。对中国轨道交通工程"走出去"极具意义,为中国轨道交通在周边国家打响品牌创造了良好的机遇。

4）以色列特拉维夫红线轻轨运营维护

本项目采用欧洲标准设计、欧洲标准施工的双欧标项目。

5）埃及斋月十日城市郊铁路

由于埃及的地理位置接近欧洲,同时埃及的重大项目一直是由欧美的国际知名公司承担,因此,埃及各个部门比较认同美国标准及欧洲标准,建成、在建的重大项目也采用的是美国及欧洲标准。埃及许多行业的国家标准也是直接沿用或者参照美国和欧美标准。关于本项目的标准,土建确定采用 UIC 标准或欧洲标准,机电设备系统采用国际标准。

2. 注意事项

在国内设计时,会在说明文件内列出很多类型的设计规范和标准,如设计、施工、验收到产品规范,但国际工程需要注意,在说明文件中只能出现合同中明确的规范和标准。以越南项目为例,若采用的中国标准,则提供中英越版本标准,若采用国外标准,则需提供英越版本标准。若在设计文件中加入大量的合同中未明确的标准,则雇主会要求提供这些标准的翻译版本,这样会产生大量的翻译工作量,影响项目进度。特别需要注意的是,设计标准与验收标准需要是一个体系,若不是一个体系,需在项目启动阶段对两种类型的标准进行对接,这样在项目执行阶段会容易推进进度。

关于规范版本号,不建议在签订合同时同意项目实施过程中对新的规范进行更新,特别是 EPC 项目,经费一般无法调整,经济性问题非常突出,规范的更新会引起投资概算的变化,对项目实施不利。

3. 存在问题

结合前期各调研单位成果,梳理研究中国城轨工程标准在国外应用主要存在的以下几个方面的问题。

(1) 中国城市轨道交通工程标准规范性、可兼容性、英文翻译等本身问题影响其国际化;

(2) 中国工程标准管理制度差异的制约;
(3) 中国标准体系建设模式的制约;
(4) 标准国际化输出统筹布局不足;
(5) 国际工程建设对中国轨道交通标准认知度及认可度不高;
(6) 工程项目所在国自我保护限制;
(7) 欧美日等发达国家推行标准的竞争制约;
(8) 发展中国家城市轨道交通工程标准环境未成熟。

中国标准在国外应用存在的困难和问题可分为：外部因素和内部因素。其中，上述(1)~(4)项为内部因素,(5)~(8)项为外部因素。

在推进中国工程标准国际化的进程中，建议相关部门应优先深入研究上述内部因素，制订出有效的改进方案。同时，积极研究办法突破外部因素，有效降低外部因素制约影响。

11.2.3 中国城轨标准国际化的建议

结合城轨工程标准在调研案例中存在的实际困难和问题，经过多方的调研、分析，提出中国城轨工程标准国际化的对策及建议。

1. 对中国城市轨道交通工程标准本身的有关建议

1）持续提升国内标准质量

通过学习、掌握国外先进标准，制订具有中国特色并兼容国际标准的中国标准，重点解决标准不兼容、标准不合国际规则、标准理解困难等问题，针对不同地域、不同文化、不同政治结构的国家，标准内容编写尽可能采用上述国际通行的表现形式，形成严谨易读的标准内容。组织梳理欧美标准与中国标准的差异，特别注重技术参数标准选定、与当地标准融合应用等问题，以增强推广中国标准的说服力，同时也进一步完善中国标准，以便于国际市场对我国标准的理解、评估和采用。

2）加强标准体系建设

进一步加强城市轨道交通标准的系统化。城市轨道交通包括地铁、轻轨、单轨、有轨电车、磁浮、自动导向轨道、市域快速轨道等系统，建设又分为设计、施工、验收等过程，专业细分为更多种类。目前标准体系不健全，"走出去"需要依赖国外标准的支撑，我们如引用国外标准，又涉及知识产权的困扰。应尽快推进标准的系统化、专业化，形成一系列的标准文本，以适应多变的城市轨道交通建设需求。

3）改进标准编制方法

标准的条款不要规定太死板，标准之间减少交叉与重叠，优化标准编制的方法和内容，标准内容编写形式尽可能与国际标准接轨。分析中国标准与欧美标准的差异，进行与国际标准的对标工作，分析哪些条款高于（或低于）国际相应标准及其原因等。

4）强化外文翻译工作

应尽快编制、完善中国标准官方外文版，便于为国外同行理解中国标准提供准确统一的版本。目前，可优先翻译代表中国核心技术的标准和具有决定技术框架作用的工程标准、产品标准，今后应研究重要标准与制修订同步翻译的制度性安排。

同时，积极研究有关行业协会（组织）或企业标准翻译的认定工作。通过权威部门的认可，保护企业开展标准翻译工作的积极性。

2．对中国城轨工程标准国际化实现路径的建议

1）发挥政府与企业各自优势打好标准国际化基础

由我国标准化主管机构联合我国"走出去"企业，通过竞争国际工程市场、对外援建、重大装备设备出口、人才培训、直接参与国际标准制定、帮助所在国建立本国轨道交通标准等多种形式，逐步将我国城市轨道交通工程标准向国际市场推广。

2）针对目标区域组织开展标准协商互认工作

对于可以确定的区域或组织而言，可建立沟通联络工作机制，通过双方标准层面深入研究沟通，评价评估具体标准的差异性，研究达成一致或者相互认可的方案，为技术和商务方面完成前期基础工作。

对于不确定的区域或组织而言，可通过共同研制标准、分别发布的形式或采取国际标准的互认，为将来的标准互认打下坚实的基础。同时，加强培育针对中国标准的第三方认证机构。

3）以工程建设和产品"走出去"为导向平行推进我国工程标准国际化

以企业标准为先锋带动国家标准和行业标准"走出去"，是实现我国标准国际化的有效途径之一。另外，依靠企业实力，以企业标准带动我国标准走出去，可降低国外市场对我国标准的排斥程度，起到潜移默化的效果。

3．专题研究建议

为了更好地优化、完善我国城市轨道交通工程标准，满足适应于工程标准走向国际的需要，建议开展以下专题研究。

1）开展中国标准与国外标准对比研究

将中国工程标准与国外先进标准进行中外标准的对比、差异性研究，组织梳理中国标准与国际标准的差异，便于了解国外标准，也有利于提升我国标准的整体水平，积极与国际标准接轨。此外，中国标准没有技术法规，是用强制性标准进行管理，而WTO等国家的国际规则是用技术法规进行管理，两者存在差异，需要在标准体系顶层设计上进行综合考虑，以实现城市轨道交通标准的"国际接轨"，经过中外对比研究，向标准行业主管部门提出适当的政策建议。

2）开展中国城轨标准国际化战略研究

有必要开展标准国际化发展战略研究，明确提出我国城市轨道交通工程标准体系架构、标准化工作中长期目标，标准发展战略，融入国际标准战略、标准工作机制，尤其是推动标准国际化机制、标准人才队伍建设培养规划，以及支撑条件、扶持政策等。

11.2.4 中国城轨标准国际工程应用实例

从1992年起经过三年投标，中国击败法国、俄罗斯等国，由中方总包商中信公司和德黑兰城乡地铁公司签署德黑兰地铁一、二号线机电工程总承包合同，整个工程除土建外的总投资为 5.83 亿美元，1996 年工程正式开始实施，是当时中国最大的民用出口合同。与巨大的合同额相比，该项目全面使用中国标准具有更大的意义，作为中国企业走出去最早期的项目，它为中国产品和成套装备走出去探索了路径，积累了经验。以下从机电设备安装的角度探讨中国标准在对外承包工程中面临的一些问题和解决的路径，从中也为中国标准的国际化提供借鉴。

1）前期谈判

将中国标准 GB 作为备选之一，放入技术规范中，对后期执行带来很大便利。项目谈判前期，雇主要求采用的标准主要有 IEC、IEEE、ASTM、ANSI、ASME、BS、DIN、NFPA 等，并没有将 GB 纳入技术规范，一是雇主工程师从没有接触过 GB，对 GB 不熟悉，二是 GB 没有规范统一的英文翻译可供参考。本工程是中国进出口银行出口买贷项目，对中方产品比例有一定的要求，经与雇主工程师的反复协商，并对备选产品的厂家提供的技术参数、生产工艺和制造标准的调研以及必要的工厂生产考察，虽然 GB 不是主要参考的技术标准，但最终说服雇主工程师将 GB 标准作为可选标准，写入技术规范中。正是由于这项工作，为今后项目执行带来了很多便利。这也是通过工程承包将中国标准打入国际市场，让国际市场接受中国的标准的一个事例。现在，在对外工程承包中，已经有不少项目使用的就是中国技术标准，所涉及的标准被应用到了多个国家和地区，实现了从输出"产品"到输出"技术"，再到输出"规范标准"的跨越。由一个标准体系带动背后系列产品、技术、管理、设备的整体走出去，已成为业界的广泛共识。

2）加强沟通

在工程实施之初，尤其是设计开始之时，外方和中方知之甚少，因此展示能力、加强沟通、增进了解、适时亮剑是中方的策略和方针。一方面，中方需带领外方参观中国的类似优质工程和产品，展示了中国的能力，增进了双方的合作和信心；另一方面，中方通过研读雇主推崇的欧美规范，与中国规范加以比较，尤其在关键节点上，通过计算、仿真等手段让雇主认识到中国标准规范的可靠性和可行性，认识到标准间很多都是在描述上的不同或表达方式上的不同，通过一点推而广之，使雇主形成对中国标准规范相对的信任。同时，对于这些机电产品和系统的标准规范，中国标准也在逐步向欧美先进标准靠拢融合。

3）测试和实验

俗话说耳听为虚，眼见为实，单单停留在沟通方面是远远不够的，为此，中方联合厂家进行了大量测试和试验，并基于项目进行了大量科研和开发，形成了一大批科研成果，获得了一大批省市和国家的科研奖项。通过邀请外方参与这些测试和试验，印证了中方设计计算的正确性，使外方真正认识到了中国的能力，打消了外方的疑虑和怀疑。

4）主动推介

掌握了标准就掌握了国际竞争中的话语权，要让中国标准在国外被接受，没有清晰的英文版本，可能性几乎为零。比如中国标准的英文版本问题，尽管已经有了一些翻译，但仍远远不能满足实际需求。对工程中需要使用的中国标准，需要找到对应的 IEC、ASME、BS 等标准，找出他们之间的不同和相同之处。由于这些年中国标准和国际标准的接轨，很多中国标准与国际主流的标准基本一致，有的标准要求比国际标准还高，通过沟通并推介中国标准，雇主工程师和监理工程师逐渐对中国标准有了认识，以至于后来接受了中国标准。对于工程施工中的工艺要求，不便于用标准表达的，我们通常采用施工标准图集，图纸是工程的语言，这也是我们解决问题的一个好方法。

5）获得认可

德黑兰地铁工程，自 1997 年正式开工建设，至今已经走过 20 多个年头，到现在连续承接了后续的 4 条线路，工程至 2018 年仍然在施，从最初的艰难起步到现在进展顺利，产品已经实现 100% 的国产化。从生产制造到工程施工，中国标准已经完全被业主和监理工程师接受。可以说该工程也是中国标准走出去的一个缩影，改革开放特别是进入 21 世纪以来，中国标准化事业取得了举世瞩目的成就。特别是近几年随着高铁、通信等优势产业进入国际市场，中国标准获得更多的国际认可。通过工程承包，带动中国产品和中国标准走出去，也是中国标准国际化的有效途径。让更多的国家了解了中国标准，从而自然而然接受了中国标准，那么中国标准就变成了国际标准。

6）融合和混用

任何标准的实施都是有适用性和局限性的，从目前各个国家发展的情况来看，尤其是能够修建城轨交通的城市，其或多或少在所在国家和地区有一定的经济、技术基础，都在慢慢发展适合自己的标准规范体系，尤其是各国条件迥异的土建基础设施方面，由于各地条件的不同，很多地区在长久的发展之中均形成了一套适合当地的做法，有的已经发展成当地的规范，更有一些形成了当地的强制标准规范，对于这些需要理性认识，不能一味排斥，需要通过与当地机构企业融洽对接，发挥各自长处，带动当地就业和发展，形成双赢局面，才能保证项目的顺利实施，保证适当的中国标准的落地生根。

11.3 前期研究

国际城轨项目供电系统设计从投资机会研究、线网规划、可行性研究到项目建议书，主要是协助当地政府取得项目批复文件，咨询设计单位需要对项目投资建设的必要性做一定的投资分析。且由于各个国家国情的不同，在投资分析的同时也需加强对现场的调研。

11.3.1 前期工作

1）投资机会研究

通过调查研究，选择投资的方向、查明项目建设的必要性和可能性，给雇主或政府部门提供投资的机会分析，提出粗略的项目建议书。

2）初步可行性研究

通过全面的调查研究，从总体上、宏观上对投资项目建设的必要性、建设条件的可行性以及经济的合理性进行初步的分析和论证，并提供完整的项目建议书，它要从宏观上论述项目设立的必要性和可能性，把项目投资的设想变为概略的投资建议，初步向雇主或政府推荐项目。项目建议书的呈报可以供项目审批机关做出初步决策，且可以减少项目选择的盲目性，为下一步技术经济可行性研究打下基础，起到宏观上对项目进行鉴别的作用。

3）技术经济可行性研究

技术经济可行性研究是项目可行性研究的重要组成部分，它贯穿于整个可行性研究的全过程。其根本任务是从经济角度，通过全面的成本效益的分析和多方案的比较来确定建设项目是否接受和推荐最佳的投资方案，给雇主或政府提供项目建设的决策依据。

11.3.2 现场调查

国际工程项目日益增多，且国际工程承包市场竞争相当激烈，因此国际工程投标报价在国际工程业务中占有非常重要的地位，直接关系到总包商投标的成败。投标报价本身是带有法律效力的对外文件，一经提出就不能修改，各总包商为了既能求得中标，又要盈利，就必须在投标前深入研究，认真进行现场调查，因为它关系到以后标书制作的准确程度。因此，项目所在国的现场调查是国际工程项目中一个很重要的基础环节。

1．现场调查内容

设计工作开展之前，承担工程咨询设计的单位须进行现场调查，其内容如下：

（1）了解所在国的政治、经济、法律及人文社情。

（2）进行现场踏勘，充分了解现场地形、地貌、建设条件以及气温、降水量、湿度、日照、风向与风频等自然条件。

（3）收集与核定设计原始资料，如地形图、地质勘探报告等。作为供电系统咨询设计，主要需要了解当地中压电压等级、供电能力、外电源分布的地点等。

（4）当地工程建设管理及标准的相关法律、法规、制度和政策。

（5）当地所遵循使用的设计规范等情况。

（6）核定合同项目的界区内外接口条件。

（7）核实基建及生产所需的地方原料、燃料及辅助材料的供给情况和对其质量的要求。

（8）收集技术经济资料，如材料和产品的市场及价格等。

（9）根据工程项目的特点收集需要的其他特殊资料等。

现场调查报告的内容要求具体、详细，因其是衡量是否完成现场调查任务的尺度。

2．现场调查形式

（1）调查组收集资料，提交雇主确认。

（2）向雇主直接索取资料，这些资料的清单应在签订合同之前根据合同要求提交给雇主（它是合同的附件之一，合同中需明确资料的来源）。

（3）调查组在收集资料的基础上经过分析、归纳，形成指导设计的原始资料，并由雇主签字或盖章认可。

（4）召开总包商和雇主的双方协商会议，以会议纪要形式明确如下问题：限期、由雇主提供的资料、方共同确定并由雇主承担责任的作为设计依据的资料、界区接口的技术条件等。

（5）其他能满足设计工作要求的形式。

对于发展中国家刚开发或正待开发的项目，雇主往往不能充分准备好设计所需的资料，为不影响整体建设进度和避免未来工程项目建设中的纠纷，现场调查既要认真、谨慎、细致，又要根据实际情况有一定的灵活性，具体做法可采用如上所述的多种形式进行。

另外，项目设计必须根据现场调查结果，组织编写调查报告，汇编成册归档并纳入基本设计的原始资料篇中。

11.4 工程设计

国内工程设计包括初步设计和施工图设计。国际工程设计包括基本设计和详细设计。关于供电系统设计的范围与内容，国际和国内工程相同，下面主要从基本设计和详细设计进行描述。

11.4.1 基本设计

基本设计是国际工程项目设计中最为重要的一个环节，其内容深度要求高，与中国工程设计中的初步设计深度基本相同。目前，虽然国际工程项目基本设计的内容及深度尚未有明确的统一规定，但基本设计必须满足项目投资控制、工程招标、材料、设备订货和施工准备的要求。因此，基本设计的文件要求达到：建设条件充分、落实；方案经过充分优化且先进可靠；设备选型及设备数量恰当；总体布置及配置合理；工艺及设备计算正确、详细；投资概算准确；技术经济指标先进合理。

同国内的初步设计一样，基本设计文件必须齐全、完整，供电系统基本设计文件的构成包括设计说明书和设计图纸两部分。国际工程供电系统基本设计的各个子系统的设计文件内容和深度要求与国内的初步设计基本相同，与国内初步设计不同的是，基本设计文件应注意以下几点：

（1）设计依据不同，需根据项目合同要求，采用批准的设计任务书、设计规范、设计标准及原则。

（2）正文中必须有原始资料篇，内容涵盖现场调查、会议和各阶段收集、确认的原始数据，气象资料，界区坐标，辅助材料的供应，环保资料，技术谈判纪要，来往函件和对设计有约束性的文件等。

（3）设备表是设备总承包和设备订货的依据，必须详细。基本设计文件应能指导详细设计，其大部分图纸将是详细设计的基本条件，无论对合同要求、经济效益和时间而言都不允许在详细设计中做重大修改。国际工程项目基本设计设备表及材料表的内容与国内工程项目设计相同，设备项目按项目子项分别填写，设备表中的设备名称、设备编号要与基本设计图纸一致，而且从设计开始，到订货、发运、安装、试运行直至竣工都不能变化，这一点和国内的初步设计不同，需重点注意。

（4）国际工程项目基本设计文件采用中外两种文本。文本中的中外文的名词、术语必须准确且统一。对基本设计的图纸要求与详细设计相同。

11.4.2 详细设计

国际工程项目详细设计的内容和深度与国内工程项目的施工图设计相同。但必须遵从该工程项目统一的设计标准和规定，并应注意下列事项：

（1）详细设计的每张图纸均采用中外文两种文字按规定方式书写，便于中外人员识图和施工。

（2）所有图纸中的术语、设备名称、图例、符号、计量单位等应符合国际惯例并统一，且应与基本设计保持一致。

（3）图纸规格要加以限制，尽量统一图纸规格。

（4）图标除咨询设计单位的总图标、相关图标、汇签图标外，应有雇主图标，以便于雇主对重要图纸进行确认。

（5）在组织详细设计时，应有参加该项目基本设计的工程师参加，以保持设计工作的连续性。

11.4.3 统一标准

项目设计需根据所在国的情况及项目的特点、咨询设计合同的规定和雇主及总包商的要求，组织编制统一的设计标准和规定，以便使所有设计文件与国际惯例一致，确保所有输出文件的一致性，获得雇主和各方施工人员认可。其主要内容应包括以下几方面。

（1）工程项目设计的统一规定。

规定包括基本设计说明书的内容及深度的要求，基本设计及详细设计的图纸规格及图标，输出文件的图例及符号，共同使用的原始资料及数据，设备订货的技术说明等的统一规定。

（2）技术标准及规范的统一规定。

包括采用国际或国家标准的统一规定，采用的具体标准规范的规定，统一采用的型材规格、计量单位、制图标准等。采用中国标准时，需明确具体标准名称和标准号。这一工作相当重要，如统一使用了型材规格，就可保证设计中的材料型号、规格不会五花八门，从而订货、运输等都会十分方便。对向第三国提供材料更是如此。

（3）通用技术要求的统一规定。

如防腐、保温、设备涂装、管道分级和涂色设计等。

（4）专业名词、术语及译义的统一规定。

（5）图纸、计算书和文档格式的统一规定。

所有文件的格式、交付方式和途径必须提前沟通明确。

（6）其他。

如所在国的有关法令、法规，包括环保、防火、劳保以及设计中必须考虑的民风民俗等，应在统一规定中明确，使各部门、各专业遵守。

在编制统一的设计标准和规定时，由于多数发展中国家自己没有完整的标准规范，而国际上较为通用的标准又很多，因此，必须有具体明确的规定，以使承包公司、监理公司和咨询设计单位等在同一技术文件的指导下工作。

11.4.4 关注翻译

设计人员向来只关注设计的准确性，没关注翻译的准确性，在工程实施时若因为翻译不当的损失，问责必定是设计人员，因此需注意翻译的准确性。

（1）以越南吉灵-河东线为例，该项目以中英越三文的形式交付的设计文件，但合同中明确规定设计文件以英文为准，因此设计人员必须保证英文版本文件的准确性。且设计文件能用通用的图纸文件表达的，尽量不采用文字描述的方式进行表达。

（2）由于设计文件都有中文和外文两个版本，设计人员往往只改了中文版本，而忘记更改外文版本。在设计过程中，每次提交的文件，任何修改的内容需要有明显的标示，并相应更改外文版本文件，以保证中文和外文版本的一致性。

11.4.5　界定文件组成

（1）需要了解相关国家对文件组成和文件深度有哪些方面的要求，以越南吉灵-河东项目为例，在施工设计前有技术设计，类似国内的初步设计，但该设计的文件组成和深度与国内初步设计略有不同，在没有了解当地文件组成和深度的情况下，设计人员按照中国的初步设计深度做技术设计，在后来的审查实施过程中，造成多次文件修改的情况。

（2）结合国际工程的特点，对设计说明进行整改，说明文字必须简洁，例如在国内设计时某些无意义的套话，需注意删减。

（3）所有设计文件中的语句必须有相关依据，某些依据可以不写明出处，但必须知道该依据的来历，在外方提出疑义时给予合理的解释。

（4）所有设计文件需要按照当地的环境情况进行修改，例如温热带的某些设计在极寒地区就不适用。

（5）提交的方案建议是单方案，是最合理的方案，在内部就将方案进行比选完成，以免雇主在不是很了解的情况下，对多种方案无法理解，从而出现雇主要求将所有方案都要求做初步设计甚至详细设计的情况。

（6）设计前需明确各专业的接口，并开专题会议形成接口文件，以免产生某些工作无人负责的情况。

11.4.6　明确审查流程

必须明确对设计文件的审查流程，包括图纸的审查流程和招标流程，雇主需指派一家具备资质能代表业主的审查单位，根据雇主要求和合同中技术部分内容要求和相关技术规范进行审核，并且提供一份全面的审查意见，在组织沟通给审查意见回复，并形成正式文件上报并审查批复。除此之外，还需注意以下几点：

（1）提交文件后给出审查意见的时间，回复的时间需要有具体的规定。

（2）审查单位是否只是唯一的，若有多家审查单位，建议同时给审查意见，汇总后一次性交付给设计单位，避免造成重复甚至相悖的意见，并造成多次修改文件的情况发生。

（3）对审查意见需及时沟通，并对修改的问题具体如何修改进行说明，避免出现已改未改的情况。

11.4.7　限额设计

投资控制是国际工程项目能否成功并获得预期效益的关键，它贯穿于咨询设计工作的全过程(包括投资前期准备工作)直至项目建设完成。项目设计人员必须高度重视投资控制,其工作要点如下。

1) 做好投标报价

在投标报价时,技术方案既要技术先进,还需经济合理,符合所在国的国情。提出方案后,要反复核算,做到工程量准确、工料分析详细、优化措施得力、报价调整和决策稳妥。

2) 实施限额设计

项目控制人员要抓好限额设计工作。在可行性研究中,要抓设计方案的优化;在基本设计中,还应科学地、实事求是地对设计各子项、各环节进行多方案的技术经济比较,特别要注意抓好总体方案、设计标准、工艺配置、设备选型、设备布置、材料使用等各个方面,使基本设计的工程总量和投资总额控制在合同范围内;在详细设计中,要严格按基本设计确定的工程量和投资额进行设计。

供电系统限额设计控制要点与国内项目相同。

11.5 采购配合

国际工程项目的设备采购可由咨询设计单位承担,也可由专门的设备公司分包,按中国目前情况,往往采用后一种方式。

11.5.1 设备订货技术要求

工程咨询设计单位在基本设计阶段均要进行采购配合编写设备订货技术说明书。说明书要统一格式,统一应填写的内容。

说明书内容应包括订货范围、技术性能、重量、标准、材质、颜色、包装、运输、供图及供货时间、供货地点、备品备件数量、零部件等特殊要求、使用环境等。说明书首页要注明工程项目代号、设备名称、设备编号等,并要与设计文件完全一致。

需对外方提出设备招标的重要性,招标的文件需要尽快开展,保证土建和机电的一致,减少相互的修改。且所有的说明书需要以总包商的名义发出,设计人员负责说明书的技术部分。

供电系统设备招标采购时,在订货技术要求中,首先需明确工程概况以及供电系统概况,并提出本技术说明书所包括的设备种类及适用范围。设备订货技术要求同国内项目基本相同,但设备采用的技术标准会有所不同。

11.5.2 设计联络与协调

在国际工程项目中,咨询设计单位与各有关单位的联络十分重要,不仅要与雇主、总包商进行设计联络,而且也要与设备和土建分包公司和外商进行设计联络。项目设计人员负责对各方的设计联络工作,其联络方式有电话、电传、网络、会议、函件等[26]。

1. 与雇主的联络

项目设计人员在工程建设全过程中往往代表总包商向雇主解答各种技术问题,处理一切设计事务。

在项目前期准备阶段，代表总包商向雇主提出原始资料清单及交付资料日期，签署并确认作为设计原始资料的文件。草拟与雇主合同谈判和致函中的设计问题，与雇主商讨界区的接口条件并形成文件。代表或参与总包商与雇主的技术谈判并形成谈判文件。

在基本设计中，雇主按合同要求派代表到中方进行设计联络时，项目设计人员组织有关人员代表总包商进行设计交底，严格按合同要求处理和解答对方的质疑并建立设计联络会议纪要。雇主代表需要在设计审查纪要和基本设计的主要附图上签字确认。

对于项目性能考核，需要和生产分包公司一道与雇主研讨考核中的技术问题，形成双方认可的考核办法。

所有与雇主的联络均应以相应的致函方式或形成会议纪要文件。对设计方案中的重大问题，如环境污染、运行安全及对雇主的要求等，必须事先在致函中阐明咨询设计单位的态度及对解决分歧的意见。在工程实施过程中出现问题时，及时以致函的方式指出问题的重要性和可能出现的严重后果，发出索赔信号，以利于后续工作的开展。

2．与总包商的联络

根据中国咨询设计单位的现状，承担国际工程项目设计的咨询设计单位与总包商是契约关系，有各自明确的职责、权利和义务。另外，设计质量、进度、投资是总包商社会效益和经济效益的基础，所以咨询设计单位与总包商又是合作的伙伴关系。咨询设计单位既要遵守国际惯例的契约关系，保证设计质量、重视自己的信誉，使雇主和承包公司满意，又要保证自己公正合理的权益，搞好各方面的合作关系。

咨询设计单位与总包商的联络是经常性的，包括总包商组织的技术会议、对外技术洽谈、进度编制、设计审查、生产准备、成本管理、性能考核以及其中出现的重要问题的处理等各方面工作，项目设计人员或总设计师均要代表咨询设计单位组织人员参加，而且都必须以文件形式与总包商联络、报告。总包商也必须以文件的形式明确回答各问题，并将各有关上级文件、批件以及有关的信息、资料及时转送咨询设计单位。

凡总包商和其他分包公司提出的合理化建议，其内容涉及工程量、设计标准或遇有超概预算等重大变动和重大技术问题时，项目设计人员必须组织有关专业人员认真分析、实事求是、坚持原则，提出意见并建立备忘档案。

3．与设备分包公司的联络

设备分包公司负责成套设备订货、监制、出厂验收、包装、发运、办理海关各项手续及与雇主间的设备交接手续。设计工作开展之前，项目设计应负责向设备分包公司提出"索取设备资料清单"，提出索要资料的时间和资料内容，以保证设计进度。并适时地向设备分包公司提交"设备订货清单""设备订货技术条件""供图制造设备清单""国外采购设备清单""设备检验大纲"等。当咨询设计单位与设备分包公司有分歧意见时，应相互协商解决。当咨询设计单位增加合同范围外的设备或者设备分包公司要求减少设备或降低设备等级时，项目设计人员要慎重对待，报总包商批准并进行必要的协调工作。

4．与土建分包公司的联络

主要以"设计变更通知单"和"设计联络单"的形式在施工现场联络。供电专业与土建专业联络内容主要包括：变电所用房设置、变电所设备平面布置、设备预埋件要求、设备基础孔洞、设备荷载及运输路径、电缆通道净高对结构梁的要求和供电电缆路径。

5．与运营分包公司的联络

在设计开始时，总包商就应选择项目的运营分包公司，并由该公司承担项目的试运行、运营工作。

设计初期，项目设计人员就必须组织有关专业工程师与运营分包公司进行多次设计方案结合并确定主要设计指标，尽量吸取运营实践的经验，减少运营后的故障。设计方案结合的结果要列入"设计与运营结合会议纪要"。

基本设计完成时，总包商要组织设计审查，仔细听取运营分包公司的意见，并将取得一致的意见纳入设计中，有分歧的意见应列入"设计审查纪要"。

运营准备及性能考核阶段，咨询设计单位应配合运营分包公司为项目顺利运营共同努力。

6．与进口技术（设备）外商的联络

国际工程项目要引进第三国某项技术或设备时，要选择资信好、技术力量强的优秀国外公司，并通过来往函件索要资料，了解该技术和设备的性能、价格。

在合同中对转口技术或设备的技术问题已有原则规定，在设备制造（只引进技术）或施工之前，许多技术问题可通过设计联络解决。

与外商的设计联络必须有充分准备，遇有重大技术问题时，通过联络会议进行谈判，以"会议纪要"形式解决。该"会议纪要"是合同不可分割的重要部分。

对于技术、设备引进的设计联络可分多次进行，若仅引进小型、简单的设备时，可一次完成。

技术引进时，第一次设计联络的时间宜在外商提交设计方案之后进行，其主要内容是双方核实技术范围、明确分工、要求外商提供的所有资料能满足基本设计要求。第二次设计联络的时间应在基本设计完成之前进行，目的是确定全部技术方案，要求外方的技术文件满足详细设计要求。第三次设计联络的时间应在详细设计完成之前一个月左右进行，目的是审查和确认详细设计。

设备引进时，第一次联络的时间宜在外商提供设备总图、主要附件及技术资料后进行，双方核实供货范围、设备性能、主要技术要求、中外设备接口、安装尺寸及要求等，所有资料应能满足基本设计的要求。第二次设计联络的时间宜在外商提交满足配置及安装设计的设备图纸和中方在详细设计一次方案后进行，双方互相审核设计和工艺图纸，以满足详细设计二次方案的各项要求。成套和大型的设备，需要在供货商所在地最终确认设备制造蓝图、技术性能及重要技术参数。

应注意的是，由外方提供图纸在国内制造而后出口的设备，需要在设计联络时明确中方对加工及设备材质等方面的特殊要求，并形成联络文件。

11.6 其他问题

11.6.1 合同管理

国际工程项目合同是指不同国家有关法人之间，为了实现在某个工程项目中的特定目的

而签订的明确双方相互权利和义务的协议[27]。

1. 国际工程项目合同的特点

由于国际工程是跨国的经济活动,因而国际工程项目合同远比国内工程项目合同复杂,具有如下特点:

(1) 国际工程项目合同文件内容全面。一方面,一个完整的国际工程项目合同文件包括合同协议书、投标书、中标函、合同条件、技术规范、图纸、工程量表等多个文件;另一方面,国际工程是一个综合性的商务活动,实施这类项目,除主合同之外,还可能需要签订多个从合同,如:融资租赁合同、各类货物采购合同、分包合同、联营体合同、技术转让合同、设备租赁合同等,其他从合同均是围绕主合同而为主合同服务的,但每一个从合同的订立和管理都会影响到主合同的实施。因此编制国际工程项目合同文件时,应考虑这种全面性,各部分的论述力求详尽具体。各合同的订立应减少实施中的矛盾和争论。

(2) 国际工程项目合同的时效性长。国际工程项目合同制订时间长,实施时间更长。一个合同实施期短则 1~2 年。长则 20~30 年(如 BOT 项目)。因而合同中的任何一方都必须十分重视合同的订立和实施,依靠合同来保护自己的权益。

(3) 国际工程有比较完善的合同范本。国际工程项目咨询和承包已有上百年的历史,经过不断地总结经验,在国际上已经有了一批比较完善的合同范本,这些范本是国际工程项目合同订立时应认真学习和借鉴的。

(4) 国际工程项目合同具有其特殊性。国际工程项目由于处于不同的国家和地区,工程类型、资金条件、合同模式、业主和咨询工程师、承包商等均不尽相同,因而进行国际工程项目合同管理时既要注意其共性,又要注意其特性。

总之,国际工程项目合同的订立和管理是搞好国际工程项目的关键。众所周知,国际工程项目管理包括进度管理、质量管理和造价管理,而这些管理均是以合同规定和要求为依据的。项目任何一方都应配备得力人员认真研究合同,管好用好合同。因此,国内企业都应尽早地、主动地培养一批合同专家,以满足日益规范的国内市场和日益增长的国际市场实施国际工程项目的需要。

国际工程项目合同管理是国际工程项目管理的核心,是对国际工程项目设计施工过程中所发生的或所涉及的一切经济、技术合同的签订、履行及索赔,到合同期满结算直至归档的全过程所进行的管理活动[27]。

通过国际工程项目合同管理,运用指导、组织、检查、考核、监督等手段,促使当事人依法签订合同。全面实际地履行合同,及时完善地处理合同争议和纠纷,不失时机地进行合理索赔,预防发生违约行为。避免造成经济损失,使工程项目中各种经济协作关系达到最佳状态。最终保证合同目标顺利实现,提高合同双方的信誉和竞争力。

2. 供电系统雇主需求的解读

雇主需求是国际项目合同中直接和设计相关的内容,在做工程设计时需要详细解读雇主需求,注意以下几点:

(1) 设计的工作内容;

(2) 设计接口,特别注意与外电源的接口;

(3) 中压环网，包括环网形式和中压网络的各种运行方式；
(4) 变电所要求，包括主接线和各种保护配置方式；
(5) 牵引网系统，特别注意，直流牵引系统的运行方式；
(6) 电力监控系统，包括组网方式和需要监控的设备及内容；
(7) 接地要求。

11.6.2 进度控制

设计进度直接影响工程项目建设进度和效益，做好设计进度控制是项目设计的主要工作之一。一般，国际工程项目设计计划性比较强，设计进度在工程项目建设网络计划中占有重要位置，因此，必须保证按工程项目建设网络计划进度的要求完成设计工作，这是工程顺利进行的保证。

1. 国际工程项目进度管理及其特点

国际工程项目进度管理是一项系统工程，涉及参与项目管理的各个国家和勘测设计、施工、试运行等多项内容，各方面都必须围绕一个主进度计划有条不紊地进行。相比国内工程项目进度管理而言，国际工程项目进度管理具有如下特点：

1) 不确定因素多

国际工程项目参与的国家多、单位多，需要各参与国家、单位的协调配合，由于各国的文化背景、政治体制、语言等不同，导致人们对同一问题的理解不同，形成进度管理的不确定因素。此外，由于国际汇率的波动、国际材料价格的变化以及国际工程项目管理过程中本身出现的一些风险因素，都将增加国际工程项目进度管理的不确定性。

2) 管理复杂度高

国际工程项目一般都是大型项目，项目投资大、建设期长、技术难度高，这些特点使得国际工程项目进度管理远比国内工程项目进度管理要复杂。

3) 涉及面宽

国际工程项目进度管理涉及项目参与各方，任何一方的进度延误必将影响整个工程项目的进度，并且国际工程项目进度计划既包含总的计划进度安排，又有按各个工程发展阶段制订的详细分项计划。这些进度计划相互联系，相互影响。此外，国际工程项目进度管理与国际工程项目合同管理、质量管理、成本管理等密不可分，这些都表明国际工程项目进度管理涉及面宽。

2. 国际工程项目进度管理的影响因素

在国际工程项目施工中，影响施工进度的因素很多。为了有效地控制工程进度，必须充分认识和估计这些影响因素，以便事先采取防范措施，消除其不良影响，使施工进度尽可能按计划实施；当出现偏差时，结合有关影响因素分析产生的原因，以实现对施工进度的事前控制。影响国际工程项目施工进度的因素有：

1）设计变更

设计变更是进度执行中的主要干扰因素之一，其中包括雇主改变部分项目的功能，大量增加或减少施工工作量，设计图纸错误或变更原设计等，这些都会打乱原定项目施工进度计划，导致国际工程项目进度管理的失控。

2）单位协调

影响国际工程项目设计进度计划实施的单位不只是设计单位，还涉及施工单位、材料物资供应单位、资金贷款单位以及交通运输部门和项目所在地政府的有关职能部门等，而且各单位还可能来自不同国家。为了有效地控制设计进度，不仅要考虑设计单位的设计进度，还必须注意与有关单位工作进度的相互协调配合。若无法进行协调控制。则在制订进度计划目标时应留有足够的机动时间。

3）资金困难

国际工程项目投资大，它的顺利实施必须有足够的资金保障。项目实施过程中雇主要按期付给施工单位工程进度款，保证生产运营过程中所需的流动资金，如果雇主出现资金短缺，将会直接影响施工单位的施工速度，影响项目竣工后是否能顺利地进行生产运营。除此之外，国际市场汇率的变动也会导致资金出现困难，这无疑增加了国际工程项目的资金风险。

4）条件变化

工程开工后，发现实际工程地质条件和水文地质条件与勘察设计的情况不符，或估计不周，如地质断层、溶洞、地下障碍物、软弱地基以及恶劣的气候、暴雨、高温和洪水等都会对施工进度产生影响，造成临时停工或破坏，导致国际工程项目进度管理的不确定性。

5）技术不同

技术原因也是影响国际工程项目进度失控的一个重要因素。例如，施工单位有时会低估项目施工在技术上的困难，或者未考虑到某些设计和施工问题的解决还需进行必要的科研和试验，而这一切既需要资金也需要时间，这些都会导致国际工程项目进度目标的失控，因此，编制国际工程项目进度计划时应有一定的预见性。

正是因为这些因素的影响，为了保证国际工程项目进度目标的实现，就必须事先对影响进度的各种因素进行调查，预测它们对进度可能产生的影响，编制可行的进度计划，使项目建设始终按计划进行，然而，人们编制的计划总是主观的东西，在执行过程中，必然会因为新情况的产生、各种干扰因素和风险的作用而发生变化，使人们难以按照原定的进度计划执行。这就要求人们在执行计划的过程中，掌握动态控制原理，不断将实际情况与计划安排进行对比，获取偏离计划的信息，并对这些信息加以分析，找出原因，采取相应的措施，调整或修正计划。

通过这样不断计划、执行、检查、分析、调整或修正计划的动态循环过程，实现对国际工程项目进行有效的进度控制。

3．国际工程项目进度管理的基本方法和措施

在项目开展设计的初期，经常会遇到设计资料不全，如雇主提供的资料、国外技术合作资料、供图制造设备资料等，在这种情况下，可采取"动态设计"方式提前工作，争取时间，这种设计方式往往要求咨询设计单位根据经验拟定设计条件，先行设计，待设计资料完整后，对按拟定设计条件完成的设计文件进行详细校核并修改、补充和完善。动态设计反映并适应了项目建设中设计与施工相互配合、相互补充的客观需要，但它要求承担国际工程项目设计的咨询设计单位必须有很强的技术实力和丰富的工程项目设计经验，才能在保证设计进度的情况下高质量地完成设计工作。否则，采用所谓"动态设计"会弄巧成拙，不但不能争取时间，反而会带来大量的返工，拖延设计进度。对于供电系统设计，在项目初期，由于国外电力系统的规定与国内不同，应当了解当地的电源供应，首先了解外部电源电压等级，其次了解当地能保证最低用量的电力供应情况，是否经常停电，同时应了解电费的价格及计算方法等对设计的影响因素，以保证在以后的各个设计阶段不影响设计进度。

设备设计周期较长，是影响工程项目设计进度的关键环节。因此，应提前开展这类设备的设计工作，提前的时间以不影响工艺设计的进度为原则。

向承包商提交图纸，一般应分期分批地进行，以满足现场实际需要。在安排设计进度时，应根据施工要求，首先提交急需的图纸。

11.6.3　工程分包

某些设计内容，咨询设计单位没有资质或者在当地开展设计非常困难，例如外电源的设计，该部分设计工程通常分包给当地的设计单位进行设计，对于这种情况，需要特殊考虑。

1）分包单位的选举

对于分包工程，建议设计人员不主导去寻找分包单位，而由雇主或审查单位进行推荐，由设计方考察分包单位的资质文件和人力配置，这样在将来的设计文件审批过程中会比较顺利。

2）分包单位的文件审查

若雇主没有明确的要求，则对于分包单位出的图纸文件，用分包单位的图签，由分包单位对自己出具的设计文件负责，以降低由于分包单位对设计单位的责任风险。

11.6.4　沟通管理

设计人员在开展设计工作时，需要掌握与外方和总包方的沟通技巧，且需要有换位思考的能力，理解对方的意图，以保障设计工作的顺畅进行。

1）互提资料

对内的互提资料，需要通过正式的形式进行交付，以免造成资料无法对接的情况；对外交付的资料需以正式文件的形式通过总包商发出，以免造成外方或总包方对某些事故责任不承担的情况。

2）审查意见回复

修改需依据进行，以免审查单位和雇主对设计单位的设计方案和能力的不认可。设计人员沟通需要掌握坚持和退让的平衡。特别是涉及重大安全的问题，不能妥协让步，并说明利弊形成正式文件交付外方和总包商。针对影响不大的问题，可以修改。

3）接口和专业配合

在国内的设计中会出现具体情况见相关专业图纸，但相关专业或许并不清楚该情况，国际工程设计人员写的每一句话必须落到实处，以免造成不必要的问责。

附 录

附表 3.1　总体设计外部电源与系统方案的互提资料内容

接收专业	互提资料内容
系统方案	（1）外部电源敷设方式和相关技术参数要求 ① 采用 110 kV（或 66 kV、35 kV、20 kV、10 kV）电源接入 ② 接入电源电缆（或架空导线）长度 ③ 外部电源接地方式（接地系统、不接地系统、小电阻接地、经消弧线圈接地），接地电流 ④ 外部电源与主变电所或者分散式供电城市轨道交通变电所的敷设形式（电缆排管、电缆沟、电力电缆隧道） （2）外部电源计量设置 ① 外部电源计量点位置要求 ② 外部电源谐波治理要求 ③ 外部电源无功补偿要求

备注：仅描述外部电源与城市轨道交通供电系统的电气一次、二次关系。

附表 3.2　总体设计主变电所与系统方案的互提资料内容

接收专业	互提资料内容
系统方案	（1）主变电所 35 kV 开关设备的要求 （2）主变电所主变压器容量 （3）主变电所 35 kV 中压无功补偿装置的类型和容量 （4）典型主变电所布置平面图、断面图

备注：仅描述主变电所与城市轨道交通供电系统的电气一次、二次关系，不包括主变电所与 110 kV（或 66 kV）线路之间、主变电所其内部建筑、结构、通风空调、给排水及水消防、动力照明、通信、FAS、BAS 之间的相互配合关系。

附表 3.3　总体设计系统方案与相关专业的互提资料内容

序号	接收专业	互提资料内容
1	主变电所	（1）全线供电系统图 （2）全线供电负荷表、装机容量 （3）主变压器容量的要求 （4）供电系统潮流分布 （5）供电系统谐波计算结果 （6）供电系统功率因数计算结果 注明：结合城市轨道交通供电系统采用的供电方式（集中式供电、分散式供电、混合式供电）确定

续附表

序号	接收专业	互提资料内容
2	变电所	（1）全线供电系统图 （2）全线供电负荷表、装机容量 （3）主变压器容量的要求 （4）供电系统潮流分布 （5）供电系统谐波计算结果 （6）供电系统功率因数计算结果 （7）供电系统中压馈线开关柜保护配置要求 注明：结合城市轨道交通供电系统采用的供电方式（集中式供电、分散式供电、混合式供电）确定
3	接触网	（1）全线直流牵引供电系统图 （2）接触网的额定电流、电压
4	电力监控系统	全线供电系统图
5	杂散电流腐蚀防护系统	全线供电系统图

附表 3.4　总体设计变电所与相关专业的互提资料内容

序号	接收专业	互提资料内容
1	牵引网	（1）牵引变电所馈出开关数量 （2）变电所位置及平面布置图
2	电力监控系统	变电所主接线图、设备布置平面图
3	杂散电流腐蚀防护系统	（1）电缆支架、桥架等固定安装方式 （2）排流柜安装方式 （3）牵引变电所布点、回流轨牵引电流 （4）变电所平面布置图
4	建筑	（1）变电所空间要求、平面布置图、变电所房间内装修要求 ① 变电所空间要求：牵引变压器安装空间净高≥4 m，各开关柜安装空间净高≥3.5 m，控制室净高≥3.5 m（3.0 m） 注明：设备安装空间净高并非设备房的要求高度，设备房的层高还需要考虑为变电所设备服务的相关管线安装时需要的空间，诸如：环控风管、照明设备、气体灭火设备等。以上各设备房间内若设置与变电所相关的各种管线（包括环控专业为变电所散热设置的风管），其管线位置及高度应与变电所专业配合并得到变电所专业的确认 ② 平面布置图：地下牵引降压混合变电所 400～450 m^2；地下降压变电所 200～250 m^2；地下跟随式降压变电所 100～150 m^2 （2）变电所开门、开窗、电缆井及沟、槽、管、洞要求 ① 地面变电所高压开关柜室宜设不能开启的自然采光窗，窗台距室外地坪不宜低于 1.8 m；低压开关柜室可设能开启的自然采光窗。开关柜室临街的一面不宜开窗 ② 变压器室、开关柜室的门应向外开启。相邻配电室之间有门时，此门应能双向开启

续附表

序号	接收专业	互提资料内容
4	建筑	③ 变电所开门的尺寸若是设备运输门，门的宽度应不小于"W+300 mm"、门的高度应不小于"H+600 mm"，W指设备宽度，H指设备高度 长度大于7 m的开关柜室应设两个出口，并宜布置在开关柜室两端。长度大于60 m时，宜增加一个出口 ④ 地面变电所双层布置时，位于楼上的配电室应至少设一个通向室外的平台或通道的出口 ⑤ 电缆井尺寸不小于2 m×2 m ⑥ 沟、槽、管、洞主要指设备下方的开孔已经电缆敷设径由满足变电所设备安装使用和电缆敷设需要 （3）变电所设备运输通道要求 牵引变压器的运输通道净高≥3.5 m，其他设备运输通道净高≥3 m （4）车站电缆通道、进出变电所电缆通道位置、孔洞或者埋管数量及封堵要求 ① 车站电缆通道一般的宽度为2 m，确有困难时，局部可以降低至1.6 m，高度不应低于1.3 m ② 埋管数量根据《电力工程电缆设计规范》的要求，留出预量 ③ 进出变电所的电缆孔洞均要进行一级防火封堵 （5）电缆夹层的位置及净空要求 电缆夹层位于变电所设备层的底部，电缆夹层净空要求不小于1.9 m （6）变电所内及车站站台板处的人孔位置及尺寸要求 变电所内及车站站台板处的人孔设置在边墙位置，进入电缆夹层时不受电缆环绕的影响。人孔的尺寸一般为800 mm×800 mm，当确有困难时，可以设计成为700 mm×700 mm （7）进入变电所电缆夹层铁爬梯及变电所分层布置时的楼梯要求 进入变电所电缆夹层采用铁爬梯时，铁爬梯的宽度不小于600 mm。在有条件时，上下层之间可以设置800 mm宽的楼梯，楼梯端部设置甲级防火门 （8）设备吊装孔洞位置及尺寸要求 设备吊装孔洞位置位于设备正常吊装有效范围之内，尺寸不小于最大设备尺寸的1.2倍 （9）地面变电所室内外的高差要求 地面变电所室内外设有一定高差，一般高差尺寸为1.4 m
5	结构	（1）各设备的外形尺寸、重量及运输路线 注明：外形尺寸、重量以尺寸表形式提供。运输路线在平面图中标识出来 （2）电缆敷设方式、敷设位置及电缆支架和电缆荷载 电缆敷设方式、敷设位置要进行定位。电缆支架在站台板下采用5层支架，变电所电缆夹层采用6层支架。电缆荷载200 kg/延米 （3）变电所设备布置平面图 标出设备距离墙、柱之间的定位尺寸。设备距离墙体的维护通道距离一般为1000 mm，确有困难时为800 mm。随着电压等级的升高，维护通道距离有所增加，详见相关变电所设计规范 （4）电缆竖井的位置和孔洞 上下层的电缆竖井平面位置要对齐。电缆竖井的尺寸一般不小于2 m×2 m （5）车站、区间电缆通道位置及尺寸 进出车站站台板下的电缆通道位于风道内侧，其电缆通道宽度一般不小于2 m，确有困难时，局部可以降低至1.6 m。电缆通道内有结构梁时，结构梁要下反处理 （6）电缆跨顶敷设的要求，距离顶面的净高要满足电缆敷设的要求 电缆跨顶敷设净高不小于240 mm。采用桥架时，桥架高度一般为600 mm，双层

续附表

序号	接收专业	互提资料内容
6	桥梁	（1）各设备的外形尺寸、重量及运输路线 提供各设备的外形尺寸、重量和运输路线用于设备需要进行桥面运输时，运输路径上能够满足设备运输的要求，包括净空高度和承载力方面 （2）电缆敷设路径、位置及荷载 在桥梁上电缆敷设在双线桥梁的外侧，电缆荷载 200 kg/延米
7	动力照明	变电所设备平面布置图
8	暖通空调	（1）变电所的设备布置平面图及对通风管道的设置位置要求 （2）设备发热量及环境温、湿度要求 （3）电缆发热量 （4）地下车站站台板下回排风道的设置配合要求 （5）地下车站小系统变电所回排风道、风口的设置位置要求
9	给排水与消防	（1）与变电所无关的水管不能穿越变电所 （2）变电所设备布置平面图
10	轨道	钢轨绝缘分段的设置位置要求
11	站场	变电所设置位置及面积要求
12	限界	（1）区间电力电缆托架、支架、吊架、挂钩等的排数和宽度尺寸 （2）电缆支架安装位置要求
13	站台门	为站台门专业提供的接地条件说明，包括弱电接地母排的位置，预留接地线连接孔的尺寸及数量
14	车辆	接触网授电形式 注明：接触轨系统：上部授流、下部授流、侧部授流等；架空接触网系统：刚性悬挂、柔性悬挂
15	火灾报警	（1）变电所设备布置平面、剖面图 （2）典型变电所火灾时需要切除负荷的配电断路器的切断方式及需要容量 （3）为火灾报警专业提供的接地条件说明，包括弱电接地母排的位置，预留接地线连接孔的尺寸及数量
16	综合监控	为综合监控专业提供的接地条件说明，包括弱电接地母排的位置，预留接地线连接孔的尺寸及数量
17	信号	（1）牵引电流及走行轨回流电流 （2）钢轨电位限制装置与走行轨的连接位置 （3）为信号专业提供的接地条件说明，包括弱电接地母排的位置，预留接地线连接孔的尺寸及数量 （4）道岔区连接电缆规格
18	通信	（1）为通信专业提供的接地条件说明，包括弱电接地母排的位置，预留接地线连接孔的尺寸及数量 （2）典型变电所平面布置图，作为通信闭路电视监视系统的资料使用 注明：由通信专业确定其本专业的电缆敷设路径，与变电所电缆敷设独立设置
19	人防	穿越人防门区段电缆敷设穿管要求、电缆敷设断面图

附表 3.5　总体设计接触轨与相关专业的互提资料内容

序号	接收专业	互提资料内容
1	系统方案	接触轨的参数如下： （1）接触轨的载流量 （2）接触轨 20 ℃ 单位长度电阻值
2	变电所	（1）开关柜及电缆敷设相关要求 直流快速断路器柜至上网隔离开关以及负极柜至走行轨的电缆在变电所内敷设时，其敷设路径及电缆托架等由供电系统统筹安排，并将变电所内电缆数量提供给接触轨专业 （2）接触轨根据车辆综合基地情况，设置供电分区
3	建筑	（1）接触轨对车站建筑专业的要求 ① 接触轨一般在车站沿线路车辆运行方向的左侧安装，当接触轨安装在站台板下时，应考虑接触轨的安装及维修空间，即站台板下外墙距线路中心线距离不小于 1850 mm ② 在有牵引变电所的车站安装上网隔离开关柜，开关柜设置位置，上网隔离开关柜尺寸。电缆下进线、下出线，需考虑电缆与变电所之间和与区间隧道之间的敷设通道，电路在站台板下敷设横穿结构梁时，结构梁应下反 上网隔离开关柜放置在迂回风道处时，应注意开关柜上方净空应大于 300 mm。开关柜上方若有水管穿过时，应由建筑专业做相应防护以防止水滴落或溅洒在开关柜上。上网隔离开关柜放置在开关柜室内时，需保证开关柜前不小于 1500 mm 的操作距离 （2）接触轨对车辆综合基地建筑专业的要求 ① 停车列检库内设置直流开关配电室的面积和位置。电缆下进线、下出线 ② 电缆沟宽 800 mm、深 800 mm，应做出 5% 的坡度，以利于排水
4	车站结构	上网隔离开关柜重量按 600 kg/面考虑
5	区间隧道	接触轨专业在区间联络通道处敷设均流电缆，横穿联络通道需预留预埋管，预埋管为 4×ϕ50 mm 玻璃钢夹砂管，位于门框上方
6	桥梁	接触轨系统沿线路一侧布置，支架（绝缘子）的间距，接触轨系统按 30 kg/m 考虑
7	动力照明	接触轨系统在区间设置双电源柜（检修柜）的里程，需由动照专业提供配电柜电源指示灯所需电源
8	暖通空调	（1）接触轨电缆敷设穿风道要求 接触轨电缆敷设需横穿风道，风道处预留孔尺寸为 200 mm×300 mm（高×宽），电缆敷设后防火封堵 （2）接触轨单独设置上网隔离开关柜室要求 上网隔离开关柜数量，发热量为 500 W/面
9	给排水与消防	接触轨系统设置上网隔离开关柜室的位置，气体灭火要求应满足规范
10	轨道	（1）接触轨安装位置 接触轨中心线距相邻走行轨内缘的水平距离：700 mm±5 mm 接触轨轨顶面距走行轨轨顶面的垂直距离：140 mm±5 mm 接触轨支架（支座、绝缘子）的安装要求： 绝缘支座及端部弯头防护罩支架固定在加长短轨枕上，绝缘子固定在混凝土底座上，此混凝土底座与道床同步施工。接触轨绝缘支座布置原则为：每 7 个轨枕间距设置一个绝缘支座，每 5 个轨枕间距设置一个绝缘支座 （2）接触轨横穿道床要求 接触轨专业电缆敷设横穿道床时需预埋玻璃钢夹砂管，现提供预埋管里程，预埋管规格、尺寸，应选用增强型玻璃钢夹砂管。预埋管敷设间距应满足轨道专业的要求 （3）接触轨安装在车辆综合基地所用加长轨枕的数量 分别按照 50 kg 轨加长短轨枕和 60 kg 轨加长短轨枕计列
11	人防	（1）接触轨在人防处断轨，电缆需穿人防门，具体要求如下： 在人防门处预埋 4 根 ϕ100 mm 的玻璃钢夹砂管，与轨道方向平行，距轨顶面的距离和位置，且成 2 行 2 列布置，预埋管口须作成喇叭口形状 （2）电缆在敷设完成后，须由人防专业进行封堵

附表3.6 总体设计架空接触网与相关专业的互提资料内容

序号	接收专业	互提资料内容
1	系统方案	接触网的参数如下： （1）接触网导线、汇流排的载流量 （2）接触网导线、汇流排20 ℃单位长度电阻值
2	变电所	（1）接触网将上网隔离开关位置提供给供电专业 （2）接触网向变电所提供接触网导线电阻值
3	建筑	为保证车站内接触网专业设备安装设计的顺利进行，接触网专业向建筑专业提出对建筑尺寸尤其是线路上方空间的具体要求（对于城市轨道交通地下段一般为轨面以上4500 mm；高架及地面段一般为轨面以上5800 mm）以及接触网上网隔离开关（如安装在车站内）的安装空间要求 注明：上网隔离开关在车站内安装图注明开关的尺寸及空间定位尺寸
4	车站结构	（1）在地下车站范围内设置接触网悬挂装置的要求 地下车站范围内接触网的悬挂需要在车站风管下安装，对于混凝土风道采取在风道下打眼浇注螺栓的方式，打眼深度约为120 mm，风道结构厚度应保证200 mm以上；对于金属风道采取在风道金属支撑件上安装悬挂构件的方式 注明：无论哪种方式，均需要将接触网悬挂载荷提供给结构专业进行受力校验 （2）在高架车站范围内接触网下锚的要求 对于车站附近有道岔的高架车站，由于道岔距离车站距离较近，有时无法设立单独的接触网下锚支柱，需要向高架车站结构专业提供接触网下锚位置及受力情况，以便结构专业进行校验 （3）在高架车站范围内接触网吊柱安装要求 对于高架车站，接触网悬挂需要利用车站内的结构采用吊柱的方式进行，接触网专业需要向高架车站结构专业提供接触网吊柱安装位置及受力情况，以便结构专业进行校验 注明：上述方式均需要将接触网悬挂荷载提供给结构专业进行受力校验，在高架车站内接触网下锚方式尽量采用硬锚方式
5	区间隧道	（1）在区间隧道内设置接触网隔离开关的要求 为了能给接触网隔离开关提供安装位置，接触网专业要求不同的隧道断面采取不同的局部开挖的方式来悬挂构件以满足安装空间 注明：隔离开关在区间隧道内安装图应注明隔离开关所处的里程，上行或下行的位置，需要局部开挖的横向及纵向尺寸，并配开挖范围的示意图 （2）在区间隧道内设置接触网悬挂装置的要求 接触网柔性悬挂方式或刚性悬挂方式均需要在区间隧道内设置悬挂构件，接触网专业向结构专业提出接触网悬挂构件的受力荷载及方向，要求结构专业进行校验 注明：对于高净空隧道内的接触网悬挂构件需配合结构专业进行相应设计
6	桥梁	（1）高架区间接触网支柱预埋件的要求 接触网专业需提供不同容量接触网支柱的预埋法兰尺寸、螺栓相对位置及尺寸，并提出材质及安装要求 注明：在提供支柱预埋件之前，首先接触网专业需要将各种类型支柱及下锚基础的荷载提供给桥梁结构专业，以便桥梁结构专业进行支柱基础及下锚基础处的特殊设计；支柱基础归纳为2~3种类型为宜 （2）高架区间接触网下锚预埋件的要求 接触网专业需提供接触网下锚拉线基础预埋法兰尺寸、螺栓相对位置及尺寸，并提出材质及安装要求

续附表

序号	接收专业	互提资料内容
6	桥梁	（3）高架区间接触网支柱位置及侧面限界的要求 接触网专业需提供高架区间接触网支柱所在的具体里程及侧面限界数值，以便桥梁专业在施工图中体现接触网支柱预埋件具体位置，接触网专业需要核实接触网下锚拉线的位置不得跨越桥梁伸缩缝 （4）高架区间接触网支柱接地预埋钢板的要求 接触网专业向高架区间结构专业提供接触网接地极安装及钢筋焊接要求，并在完成接触网平面布置后，将接地极所在桥墩里程提供给相关专业 注：有关桥墩接地极里程的确定，需要在接触网平面布置稳定后再提供，以免造成将来的设计变更
7	声屏障	对于高架桥区段，接触网需将特殊点处（下锚处、安隔开关安装处等）对声屏障（及支柱）的要求提供给声屏障专业，同时提供相应里程 注：在声屏障全封闭区段接触网需要利用声屏障支柱悬挂线索，应将接触网荷载数量及设备安装空间提供给声屏障结构专业，以便声屏障专业进行综合考虑
8	给排水与消防	接触网系统提供上网隔离开关柜室平面位图置 注：当上网隔离开关柜单独设置房间时，应给气体灭火专业提资料。一般来说，气体灭火专业对控制室、通信、信号及变电所进行防护。但从设备的重要性来看，上网隔离开关柜室也应纳入气体灭火保护范围
9	人防	（1）向人防专业提供接触网在人防门处的装配图 （2）向人防专业提供接触网电缆穿越人防门结构的预埋穿管数量及位置，电缆在敷设完成后，须由人防专业进行封堵 注：接触网在人防门处的装配应安设在线路正上方，安装高度与区间相同，从国内目前设计情况来看，此处需设置小锚段
10	限界	（1）提供车站及区间接触网装配图纸及安装最小净空要求 车站及区间接触网装配图纸及安装最小净空参考值为4500 mm （2）地面及高架区间接触网专业需确定支柱侧面限界数值并提供给限界专业 注：接触网安装最小净空参考值4500 mm是针对地铁车辆而言，对于轨道交通中的其他类型车辆，需要根据车辆类型有所调整

附表3.7　总体设计电力监控系统与相关专业的互提资料内容

序号	接收专业	互提资料内容
1	变电所	电力监控系统在牵引降压混合变电所内设2面综控屏，降压变电所内设置1面综控屏。综控屏设置在变电所控制室内，与交直流操作电源屏并排安装。综控屏规格为800 mm×600 mm×2260 mm（宽×深×高）。由供电专业统一考虑设备布置及基础槽钢 注：根据具体工程情况提出不同类型变电所内的设备名称、数量、规格
2	建筑	控制中心电力监控系统用房要求： （1）系统机房：60 m²采用双开外开门，开门宽度不小于1200 mm，开门高度不低于2300 mm，室内净高不低于3500 mm；设置防静电地板，地板高度不低于350 mm，地面及地板均布载荷不小于600 kg/m²；温、湿度满足《电子计算机机房设计规范》中的A级标准（开机）；按照《电子计算机机房设计规范》设置空调，无工作人员 （2）系统网络管理室：40 m²采用双开外开门，开门宽度不小于1200 mm，开门高度不低于2300 mm，室内净高不低于3300 mm；设置防静电地板，地板高度不低于350 mm，地面及地板均布载荷不小于600 kg/m²；温、湿度满足《电子计算机机房设计规范》中的A级标准（开机）；按照《电子计算机机房设计规范》设置空调 （3）电源室：60 m²采用双开外开门，开门宽度不小于1200 mm，开门高度不低于2300 mm，室内净高不低于3300 mm；设置防静电地板，地板高度不低于350 mm，地面及地板均布载荷不小于1000 kg/m²；温、湿度满足《电子计算机机房设计规范》中的A级标准（开机）；按照《电子计算机机房设计规范》设置空调

续附表

序号	接收专业	互提资料内容
2	建筑	（4）调度室与其他专业共用：设置空调，环境温度满足 18~28 ℃，环境湿度满足 20%~80%。有调度人员。 （5）维修及备品备件室：40 m² 设置空调，环境温度满足 18~28 ℃，环境湿度满足 20%~80%。无工作人员 （6）值班室：30 m² 设置空调，环境温度满足 18~28 ℃，环境湿度满足 20%~80%。有工作人员 注明：此通知单适用于电力监控系统不纳入综合监控系统的工程
3	动力照明	（1）控制中心电力监控系统电源为一级负荷，要求动力照明系统为电力监控系统提供主、备冗余两路三相四线制交流电源（TN-S 接线），容量为 10 kVA。系统间的接口位置位于动力照明系统配电箱下口 （2）控制中心电力监控系统设备机房、电源室需设接地箱，接地箱内为电力监控系统留出 2 个接地端子。采用综合接地装置，接地电阻要求不大于 1 Ω 注明：此通知单适用于电力监控系统不纳入综合监控系统的工程
4	综合监控	（1）接口界面：变电所控制室综控屏的通信接口出线端 （2）接口方式：物理层采用 100Base-FX 单模光纤模块，链路层采用 IEEE 802.3，网络和传输层采用 TCP/IP 协议 （3）接口数量：2 个，采用主备冗余接口的方式 注明：此通知单适用于电力监控系统集成于综合监控系统的工程；根据工程具体情况注明系统之间的接口界面、方式、数量
5	通信（传输）	（1）通信专业为电力监控系统提供主、备共 2 个传输通道，通道类型为共享型以太网，带宽为 100 M （2）在指挥中心、各车站、车辆综合基地为电力监控系统分别提供 2 个传输接口，接口物理类型为 100 M 以太网光接口（SC 或者 FC） （3）系统间接口位于通信机房传输系统配线架出线端 注明：（1）此通知单适用于电力监控系统不纳入综合监控系统的工程 （2）根据工程具体情况注明系统所需传输通道的地理位置、数量、类型、带宽、接口分界 （3）对于设置于车站外的变电所，可以向通信专业在邻近车站提出单独的通信接口，也可以在电力监控系统内部实现通信连接
6	通信（闭路电视）	（1）电力监控系统要求各变电所内均设可旋转云台摄像机，摄像机可在水平方向旋转 360°，垂直方向旋转 180°。电调人员可对摄像机进行调焦操作 （2）摄像机安装于变电所开关柜室及变压器室内 注明：根据工程具体情况注明系统要求设置的摄像机类型、数量、安装位置、画面显示方式、保存时间、画面浏览方式
7	通信（公务及专用电话系统）	（1）调度电话：在电调中心工作台设双通道调度电话台，各变电所内设一部调度电话。调度电话应有自动录音功能，录音自动保存 1 个月，并以天为单位自动刷新。电调人员可以人工操作进行录音的永久保存。电调人员不能对自动录音功能做任何控制 （2）外线电话：在电调中心设两部外线电话，其中一部电话带有自动录音功能，另外一部带传真机，带有自动录音功能，设于电调工作台。外线电话录音功能同调度电话 （3）内线电话：电调中心设三部内线电话，其中两部电话带有自动录音功能，另外一部保留自动录音功能。各变电所设一部内线电话。供电工区设两部内线电话。内线电话录音功能同调度电话 注明：根据工程具体情况注明系统要求设置的电话类型、功能、数量、安装位置、保存时间 （4）公务及专用电话安装位置及数量 ① 控制中心：调度电话总台，安装位置为电力调度台，1 台 ② 各变电所：调度电话分机，安装位置为控制室，1 台 ③ 供电工区：内线电话，安装位置为调度室，1 台

附表 3.8　总体设计杂散电流腐蚀防护与相关专业的互提资料内容

序号	接收专业	互提资料内容
1	变电所	（1）在牵引变电所至上、下行钢轨之间设置负回流线，负回流线的根数应根据牵引供电计算确定 （2）所有变电所内的直流开关柜、整流柜、负极柜等设备均应采用绝缘安装，绝缘电阻值不应低于 1 MΩ （3）牵引变电所负极回流电缆与回流轨应焊接牢固，应具有足够截面，满足回流要求，焊接接头电阻不应超过 1 m 长度回流轨电阻值的 3 倍 （4）车辆综合基地应根据供电分区设置情况设置牵引回流回路，使牵引电流就近回流 （5）牵引变电所内预留排流柜的安装位置及孔洞。排流柜的尺寸为 800 mm×800 mm×1800 mm（宽×深×高）。排流柜不做绝缘安装 （6）牵引变电所负极柜预留 1 根直流 1×400 mm² 截面排流电缆接入负母线的条件 （7）全线车站设置综合接地系统，可以利用车站结构钢筋作为接地网
2	电力监控系统	（1）变电所综合自动化系统预留杂散电流监测信息量的通道，通信规约采用 MODOBUS 协议，RS485 接口 （2）变电所综合自动化系统监控牵引变电所内排流柜中排流元件状态、排流电流值以及参比电极的电压。杂散电流监测信息量保存 1 个月
3	结构	（1）区间结构钢筋、车站结构钢筋均应进行电气连接 （2）在区间结构钢筋的底板相交处，结构钢筋应可靠焊接。搭接焊接的长度不小于 6 倍的钢筋直径，搭接焊接采用直径 16 mm 以上钢筋，必须双面焊接不得绑扎 （3）隧道区间内结构底板及底板以上 1.8 m 范围内，每隔 10 m 将一根横向钢筋与的所有表层纵向钢筋焊接，形成一个网络 （4）在每一段结构段的两端变形缝或沉降缝处附近，用 50 mm×8 mm 镀锌扁钢在距离结构底板 1 m 的高度，与结构钢筋焊接并引出结构表面，作为电气连接和杂散电流监测之用 （5）在地下车站范围内，在进出站信号机 2 m 范围内，距离结构底板 1 m 的隧道侧壁上，引出杂散电流测量端子，作为监测之用 （6）对于盾构区间结构钢筋采用隔离法进行杂散电流腐蚀防护，对盾构区间钢筋没有电气连接的要求 （7）在车站及区间结构的变形缝附近 1 m 范围内，将结构钢筋焊接引出结构表面，作为杂散电流连接端子，变形缝两侧连接端子不小于 200 mm，端子距轨面垂直距离为 1000 mm，并用 95 mm² 铜绞线进行连接
4	桥梁	（1）高架车站结构钢筋的梁、柱、板相交叉处应可靠焊接。同时车站结构的独立基础内结构钢筋外侧用直径为 16 mm 的钢筋与内部结构钢筋进行双面焊接，将独立基础内结构钢筋在电气上连为一体。由独立基础上引柱内的竖向钢筋在独立基础板内，通过箍筋与独立基础内结构钢筋可靠连接 （2）在高架车站与区间之间建筑结构的结构缝附近 1 m 范围内，将结构钢筋焊接引出结构表面，作为杂散电流测量端子 （3）高架桥区间，每个结构段桥梁钢筋通过焊接形成钢筋网，同时用 50 mm×8 mm 镀锌扁钢与桥梁结构缝两端的结构钢筋焊接并引出结构表面，作为杂散电流连接端子，变形缝距两侧连接端子不小于 200 mm，并用 95 mm² 铜绞线进行连接 （4）高架桥区间结构钢筋结构缝附近 1 m 范围内，将结构钢筋焊接引出结构表面，作为杂散电流测量端子

续附表

序号	接收专业	互提资料内容
5	给排水	（1）应将水管等金属管线设置于远离走行轨的地方。沿区间敷设的金属管道，宜采用素混凝土支墩或非金属支、托架，当采用金属支托架时管道与支墩或支架之间设置绝缘橡胶垫片进行绝缘处理 （2）宜采用绝缘材料制作的管子 （3）车辆综合基地内给排水管道宜采用绝缘性能好的塑料管，如果采用金属管道，则应对管道进行绝缘处理。进出车辆综合基地的给排水管在进出车辆综合基地的部位设置绝缘法兰或绝缘短管，与城市管网在电气上隔离 （4）金属管道穿越结构墙时，先预埋非金属绝缘套管或防水套管，再敷金属管道 （5）给排水管道穿越轨道下方时宜采用非金属绝缘管材，当必须采用金属管材时，应采用加强防腐层，并在穿越部位两侧设置绝缘法兰，穿越部位应该保持干燥和清洁 （6）通向地铁外部的水管等金属管线必须装有绝缘接头或者绝缘法兰，并应设在干燥和可以接近的部位
6	动力照明	（1）在每个车站的两端站台及向区间延伸 200 m 处，上、下行需要动力照明电源箱各提供 1 路电源回路，电压为交流 220 V，功率为 200 W，功率因数为 0.8 （2）杂散电流专业提出监测装置的位置，由动力照明系统将电源引至监测装置开关的上口 （3）车站设置综合接地网，结构钢筋可以作为接地使用
7	综合监控	（1）接口界面：变电所控制室综控屏的通信接口出线端 （2）接口方式：物理层采用 100Base-FX 单模光纤模块，链路层采用 IEEE 802.3，网络和传输层采用 TCP/IP 协议 （3）接口数量：2 个，采用主备冗余接口的方式 注明：（1）此通知单适用于电力监控系统集成于综合监控系统的工程 （2）根据工程具体情况注明系统之间的接口界面、方式、数量
8	轨道	（1）正线回流轨应采用无缝钢轨 （2）钢轨采用绝缘安装，使钢轨对道床的绝缘电阻不小于 15 Ω·km。在轨道与混凝土轨枕之间，在紧固螺栓、道钉与混凝土轨枕之间及扣件与混凝土轨枕之间采取措施，轨道底部与道床之间间隙宜为 50 mm，条件困难时不得小于 30 mm （3）利用整体道床内钢筋作为杂散电流收集网。单行线路杂散电流收集网的截面不低于 2000 mm²，最终经牵引供电计算确定。每段道床纵向钢筋进行电气连接，如钢筋有搭接，必须进行搭接焊。每隔 5 m 将一横向钢筋与所有与之交叉的纵向钢筋焊接。在整体道床结构段两侧端头部位引出测防端子。测防端子采用 50 mm×8 mm 镀锌扁钢制作。有牵引变电所的车站，在靠近站台侧 10 m 处距离道床高 300 mm 的位置分别从上、下行道床钢筋各引出 1 个排流端子。排流端子用 50 mm×8 mm 镀锌扁钢制作 （4）道床应设置良好的排水措施 （5）地下正线与车辆综合基地出入段线的走行轨之间，电化股道的走行轨与非电化股道的走行轨之间设置绝缘节进行隔离 （6）对于道岔等特殊部位，钢轨接头除了用鱼尾板螺栓连接外，在单根钢轨之间用 2 根 120 mm² 以上的绝缘铜芯软电缆连接
9	信号	（1）沿线的信号设备如道岔转辙机、道岔控制箱、信号箱、信号机等应采取绝缘安装，与走行轨、杂散电流收集网绝缘 （2）与沿线的信号设备或走行轨连接的电缆采用绝缘护套电缆 （3）上行和下行走行轨之间设置均流电缆，均流电缆的位置结合联络通道设置，地上线路每隔 400 m 设置一处，地下线路每隔 600 m 设置一处，每处 2 根 240 mm² 直流电缆
10	通信	（1）沿线的通信设备应采取绝缘安装，与走行轨、杂散电流收集网绝缘 （2）与沿线的通信设备或走行轨连接的电缆采用绝缘护套电缆
11	人防门	（1）在区间人防门两侧，人防门底部各预留 2 根 ϕ100 mm 的退磁钢管 （2）在车站端头设置人防门时，需在人防门靠近站台的一侧底部预留 2 根 ϕ100 mm 的退磁钢管

附表 3.9　初步设计外部电源与系统方案的互提资料内容

序号	接收专业	互提资料内容
1	系统方案	（1）外部电源敷设方式和相关技术参数要求 ① 采用 110 kV（或 66 kV、35 kV、20 kV、10 kV）电源接入；接入电源电缆（或架空导线）长度、材质、截面、规格型号；外部电源接地方式（接地系统、不接地系统、小电阻接地、经消弧线圈接地），接地电流 I_g ② 系统外部电源最大、最小运行方式下短路容量，短路阻抗 ③ 外部电源与主变电所或者分散式供电城市轨道交通变电所的敷设形式（电缆排管、电缆沟、电力电缆隧道） ④ 外部电源与城市轨道交通主变电所（或电源开闭所）通信要求 （2）外部电源计量设置 ① 外部电源为大工业用户，电费计价要求（一步电价、两步电价）。外部电源高可靠费要求 ② 外部电源计量点位置要求 ③ 外部电源谐波治理要求 ④ 外部电源无功补偿要求
2	经济	主要设备及材料汇总表

备注：仅描述外部电源与城市轨道交通供电系统的电气一次、二次关系。

附表 3.10　初步设计主变电所与系统方案的互提资料内容

序号	接收专业	互提资料内容
1	系统方案	（1）主变电所 35 kV 开关设备的要求 （2）主变电所 35 kV 开关设备参数 （3）主变电所 35 kV 开关柜的电流互感器参数 （4）主变电所 35 kV 避雷器参数选择 （5）主变电所主变压器容量 （6）主变电所 35 kV 中压无功补偿装置的类型和容量 （7）主变电所布置平面图、断面图和电缆敷设图 （8）主变电所接地变压器和接地电阻参数
2	经济	主要设备及材料汇总表

备注：仅描述主变电所与城市轨道交通供电系统的电气一次、二次关系，不包括主变电所与 110 kV（或 66 kV）线路之间，主变电所其内部建筑、结构、通风空调、给排水及水消防、动力照明、通信、FAS、BAS 之间的相互配合关系。

附表 3.11　初步设计系统方案与相关专业的互提资料内容

序号	接收专业	互提资料内容
1	主变电所	（1）全线供电系统图 （2）全线供电负荷表、装机容量 （3）主变压器容量的要求 （4）供电系统潮流分布 （5）供电系统谐波计算结果 （6）供电系统功率因数计算结果 （7）主变电所（外部电源）进入地铁车站的管线敷设 注明：结合城市轨道交通供电系统采用的供电方式（集中式供电、分散式供电、混合式供电）确定

续附表

序号	接收专业	互提资料内容
2	变电所	（1）全线供电系统图 （2）全线供电负荷表、装机容量 （3）供电系统潮流分布 （4）供电系统中压馈线开关柜保护配置要求 注明：结合城市轨道交通供电系统采用的供电方式（集中式供电、分散式供电、混合式供电）确定
3	接触网	（1）全线直流牵引供电系统图 （2）接触网的额定电流、电压
4	电力监控系统	全线供电系统图
5	杂散电流腐蚀防护系统	全线供电系统图
6	经济	主要设备及材料汇总表

附表3.12　初步设计变电所与相关专业的互提资料内容

序号	接收专业	互提资料内容
1	牵引网	（1）牵引变电所馈出线、回流线电缆型号、截面及根数 （2）变电所位置及平面布置图
2	电力监控系统	（1）变电所主接线图 （2）设备布置平面图 （3）变电所电缆敷设图
3	杂散电流腐蚀防护系统	（1）电缆支架、桥架等固定安装方式 （2）排流柜安装方式 （3）提供变电所内杂散电流监测装置电源 （4）牵引变电所布点、回流轨牵引电流 （5）变电所平面布置图 （6）变电所电缆敷设平面图
4	建筑	（1）变电所空间要求、平面布置图、变电所房间内装修要求 ① 变电所空间要求：牵引变压器安装空间净高≥4 m，各开关柜安装空间净高≥3.5 m，控制室净高≥3.5 m（3.0 m） 注明：设备安装空间净高并非设备房的要求高度，设备房的层高还需要考虑为变电所设备服务的相关管线安装时需要的空间，诸如：环控风管、照明设备、气体灭火设备等。以上各设备房间内若设置与变电所相关的各种管线（包括环控专业为变电所散热设置的风管），其管线位置及高度应与变电所专业配合并得到变电所专业的确认 ② 平面布置图：地下牵引降压混合变电所400～450 m^2；地下降压变电所200～250 m^2；地下跟随式降压变电所100～150 m^2 ③ 变电所房间内装修要求：变电所和各辅助房间的内墙表面、顶面应抹灰刷白。地（楼）面宜采用高标号水泥抹面压光 （2）变电所开门、开窗、电缆井及沟、槽、管、洞要求 ① 变电所高压开关柜室宜设不能开启的自然采光窗，窗台距室外地坪不宜低于1.8 m；低压开关柜室可设能开启的自然采光窗。开关柜室邻街的一面不宜开窗

续附表

序号	接收专业	互提资料内容
4	建筑	② 变压器室、开关柜室的门应向外开启。相邻配电室之间有门时，此门应能双向开启 ③ 变电所开门的尺寸若是设备运输门，门的宽度应不小于"W+300 mm"，门的高度应不小于"H+600 mm"，W指设备宽度，H指设备高度 ④ 长度大于 7 m 的开关柜室应设两个出口，并宜布置在开关柜室两端。长度大于 60 m 时，宜增加一个出口 ⑤ 地面变电所双层布置时，位于楼上的配电室应至少设一个通向室外的平台或通道的出口 ⑥ 电缆井尺寸不小于 2 m×2 m ⑦ 沟、槽、管、洞主要指设备下方的开孔已经电缆敷设径由满足变电所设备安装使用和电缆敷设需要 （3）变电所设备运输通道要求 牵引变压器的运输通道净高≥3.5 m，其他设备运输通道净高≥3 m （4）室外综合接地网布置图及接地引上点位置及做法 （5）车站电缆通道、进出变电所电缆通道位置、孔洞或者埋管数量及封堵要求 ① 车站电缆通道一般的宽度 2 m，高度不低于 1.3 m ② 进出变电所电缆通道位于变电所的端部，其中从站台层侧板引出的电缆通道为 1000 mm×500 mm（长×高），对于电缆数量较多时，可以适当增加长度，但是宽度不能增加 ③ 进出电缆侧墙的孔洞根据穿管数量确定，一般孔洞的高度不超过穿管数量整体高度的 1.5 倍，位于站台侧墙的孔洞高度不超过 500 mm ④ 埋管数量根据《电力工程电缆设计规范》的要求，留出预量 ⑤ 进出变电所的电缆孔洞均要进行一级防火封堵 （6）电缆夹层的位置及净空要求 电缆夹层位于变电所设备层的底部，电缆夹层净空要求不小于 1.9 m （7）变电所内及车站站台板处的人孔位置及尺寸要求 变电所内及车站站台板处的人孔设置在边墙位置，进入电缆夹层时不受电缆环绕的影响。人孔的尺寸一般为 800 mm×800 mm，当确有困难时，可以设计成为 700 mm×700 mm （8）进入变电所电缆夹层铁爬梯及变电所分层布置时的楼梯要求 进入变电所电缆夹层采用铁爬梯时，铁爬梯的宽度不小于 600 mm。在有条件时，上下层之间可以设置 800 mm 宽的楼梯，楼梯端部设置甲级防火门 （9）设备吊装孔洞位置及尺寸要求 设备吊装孔洞位置位于设备正常吊装有效范围之内，尺寸不小于最大设备尺寸的 1.2 倍 （10）地面变电所室内外的高差要求 地面变电所室内外设有一定高差，一般高差尺寸为 1.4 m
5	结构	（1）各设备的外形尺寸、重量及运输路线 注明：外形尺寸、重量以尺寸表形式提供。运输路线在平面图中标识出来 （2）各设备的预留孔洞位置 注明：根据设备的电缆出线情况，向结构专业提供变电所设备基础（如：梁、柱等）作法，利于电缆敷设，要求结构梁躲开设备的下出线位置

续附表

序号	接收专业	互提资料内容
5	结构	（3）电缆敷设方式、敷设位置及电缆支架和电缆荷载 电缆敷设方式、敷设位置要进行定位。电缆支架在站台板下采用5层支架，变电所电缆夹层采用6层支架。电缆荷载200 kg/延米 （4）变电所设备布置平面图 标出设备距离墙、柱之间的定位尺寸。设备距离墙体的维护通道距离一般为1000 mm，确有困难时为800 mm。随着电压等级的升高，维护通道距离有所增加，详见相关变电所设计规范 （5）电缆竖井的位置和孔洞 上下层的电缆竖井平面位置要对齐，面积尺寸一般不小于2 m×2 m （6）车站、区间电缆通道位置及尺寸 进出车站站台板下的电缆通道位于风道内侧，其电缆通道宽度一般不小于2 m，确有困难时，局部可以降低至1.6 m。电缆通道内有结构梁时，结构梁要下反处理 （7）电缆跨顶敷设的要求，距离顶面的净高要满足电缆敷设的要求 电缆跨顶敷设时，敷设净高不小于240 mm。采用桥架时，桥架高度一般为600 mm，双层
7	车站管线综合	（1）车站电缆通道位置及要求 车站电缆通道位于风道内侧，站台板底部，电缆通道宽度不小于2 m，确有困难时可以减小至1.6 m。电缆通道位置遇有结构梁时，要求结构梁下反处理 （2）车站电缆敷设图 车站电缆敷设平、剖面图 注明：包括电缆敷设路径、电缆支架定位、每层支架电缆数量、电缆外径尺寸以及电缆敷设定位
8	站场管线综合	车辆综合基地电缆敷设平面、剖面图
8	桥梁	（1）各设备的外形尺寸、重量及运输路线 提供各设备的外形尺寸、重量和运输路线用于设备需要进行桥面运输时，运输路径上能够满足设备运输的要求。包括净空高度和承载力方面 （2）电缆敷设路径、位置及荷载 在桥梁上电缆敷设在双线桥梁的外侧，电缆荷载200 kg/延米
9	动力照明	（1）提供在车站、区间、车辆综合基地内与动力照明共用电缆支架的剖面示意图 （2）低压柜排列图 （3）变电所设备平面布置图 （4）变电所电缆敷设平面图、剖面图
10	暖通空调	（1）变电所的设备布置平面图及对通风管道的设置位置要求 （2）设备发热量及环境温、湿度要求 （3）电缆发热量 （4）地下车站站台板下回排风道的设置配合要求 （5）地下车站小系统变电所回排风道、风口的设置位置要求
11	给排水与消防	（1）与变电所无关的水管不能穿越变电所 （2）变电所设备布置平面图
12	轨道	（1）电缆过轨地点及穿管数量 （2）钢轨绝缘分段的设置位置要求
13	站场	变电所设置位置及面积要求

续附表

序号	接收专业	互提资料内容
14	限界	（1）区间电力电缆托架、支架、吊架、挂钩等的排数和宽度尺寸 （2）电缆支架安装位置要求
15	站台门	为站台门专业提供的接地条件说明，包括弱电接地母排的位置，预留接地线连接孔的尺寸及数量
16	车辆	接触网授电形式 注明：接触轨系统：上部授流、下部授流、侧部授流等；架空接触网系统：刚性悬挂、柔性悬挂
17	火灾自动报警	（1）变电所设备布置平面、剖面图 （2）典型变电所火灾时需要切除负荷的配电断路器的切断方式及需要容量 注明：由火灾报警专业提供切非回路，变电所专业实施之后，提交原理图由火灾报警专业确认 （3）为火灾报警专业提供的接地条件说明，包括弱电接地母排的位置，预留接地线连接孔的尺寸及数量
18	综合监控	为综合监控专业提供的接地条件说明，包括弱电接地母排的位置，预留接地线连接孔的尺寸及数量
19	信号	（1）牵引电流及走行轨回流电流 （2）为信号专业提供的接地条件说明，包括弱电接地母排的位置，预留接地线连接孔的尺寸及数量 （3）道岔区连接电缆规格
20	通信	（1）为通信专业提供的接地条件说明，包括弱电接地母排的位置，预留接地线连接孔的尺寸及数量 （2）变电所平面布置图，作为通信闭路电视监视系统的资料使用 注明：由通信专业确定其本专业的电缆敷设路径，与变电所电缆敷设独立设置
21	人防	穿越人防门区段电缆敷设穿管要求、电缆敷设断面图
22	经济	（1）全线变电所类型及数量 （2）主要设备及材料汇总表

附表3.13 初步设计接触轨与相关专业的互提资料内容

序号	接收专业	互提资料内容
1	系统方案	接触轨的参数如下： （1）接触轨的载流量 （2）接触轨20℃单位长度电阻值
2	变电所	（1）开关柜及电缆敷设相关要求 ① 根据系统方案的计算电流，直流快速断路器柜至上网隔离开关柜的电缆数量、规格型号；上网隔离开关柜至接触轨的电缆数量、规格型号 ② 直流快速断路器柜至上网隔离开关柜以及负极柜至走行轨的电缆在变电所内敷设时，其敷设路径及电缆托架等由供电系统统筹安排，并将变电所内电缆数量提供给接触轨专业 （2）接触轨系统根据车辆综合基地情况，设置供电分区
3	建筑	（1）接触轨专业对车站建筑专业的要求 ① 接触轨一般在车站沿线路车辆运行方向的左侧安装，当接触轨安装在站台板下时，应考虑接触轨的安装及维修空间，即站台板下外墙距线路中心线距离不小于1850 mm

续附表

序号	接收专业	互提资料内容
3	建筑	② 在有牵引变电所的车站安装上网隔离开关柜，设置位置和尺寸。电缆下进线、下出线，需考虑电缆与变电所之间和与区间隧道之间的敷设通道，电路在站台板下敷设横穿结构梁时，结构梁应下反 上网隔离开关柜放置在迂回风道处时，应注意开关柜上方净空应大于 300 mm。开关柜上方若有水管穿过时，应由建筑专业做相应防护以防止水滴落或溅洒在开关柜上。上网隔离开关柜放置在开关柜室内时，需保证开关柜前不小于 1500 mm 的操作距离 （2）接触轨专业对车辆综合基地建筑专业的要求 ① 停车列检库内设置直流开关配电室，面积、位置为。电缆下进线、下出线 ② 电缆沟宽 800 mm、深 800 mm，应做出 5% 的坡度，以利于排水
4	管线综合	接触轨系统的管线布置图（此处应附图） 水管应避开上网隔离开关柜上方，若躲避不开，应做相应防护以防止水滴落或溅洒在开关柜上
5	车站结构	（1）上网隔离开关柜重量按 600 kg/面考虑 （2）上网隔离开关柜预留孔洞 （3）上网隔离开关柜安装基础 （4）提供接触轨专业电缆敷设所需预留孔洞（管沟、电缆隧道）资料。预留孔洞位置，预留孔洞尺寸 200 mm×300 mm（高×宽），洞底与地板齐高，电缆敷设后防火封堵
6	区间隧道	接触轨专业在区间联络通道处敷设均流电缆，横穿联络通道需预留预埋管，预埋管为 $4 \times \phi 50$ mm 玻璃钢夹砂管，位于门框上方
7	桥梁	接触轨系统沿线路一侧布置，支架（绝缘子）的间距，接触轨系统按 30 kg/m 考虑
8	动力照明	接触轨系统在区间设置双电源柜（检修柜）的里程，需由动照专业提供配电柜电源指示灯所需电源
9	暖通空调	（1）接触轨专业电缆敷设穿风道要求 接触轨电缆敷设需横穿风道，风道处预留孔尺寸为 200 mm×300 mm（高×宽），电缆敷设后防火封堵 （2）接触轨专业单独设置上网隔离开关柜室要求 上网隔离开关柜数量，发热量为 500 W/面
10	给排水与消防	接触轨系统设置上网隔离开关柜室的位置气体灭火要求应满足规范
11	轨道	（1）接触轨安装位置 ① 接触轨中心线距相邻走行轨内缘的水平距离：700 mm±5 mm ② 接触轨轨顶距走行轨轨顶面的垂直距离：140 mm±5 mm ③ 接触轨支架（支座、绝缘子）的安装要求 绝缘支座及端部弯头防护罩支架固定在加长短轨枕上，绝缘子固定在混凝土底座上，此混凝土底座与道床同步施工。接触轨绝缘支座布置原则为：每 7 个轨枕间距设置一个绝缘支座，每 5 个轨枕间距设置一个绝缘支座 （2）接触轨专业横穿道床要求 接触轨专业电缆敷设横穿道床时需预埋玻璃钢夹砂管，提供预埋管里程，预埋管规格、尺寸，应选用增强型玻璃钢夹砂管。预埋管敷设间距应满足轨道专业的要求 （3）接触轨安装在车辆综合基地所用加长轨枕的数量 分别按照 50 kg 轨加长短轨枕和 60 kg 轨加长短轨枕计列
12	人防	（1）接触轨在人防门处断轨，电缆需穿人防门，具体要求如下： 在人防门处预埋 4 根 $\phi 100$ mm 的玻璃钢夹砂管，与轨道方向平行，距轨顶面的距离和位置，且成 2 行 2 列布置，预埋管口须做成喇叭口形状 （2）电缆在敷设完成后，须由人防专业进行封堵
13	经济	（1）全线接触轨类型及数量 （2）主要设备及材料汇总表

附表 3.14 初步设计架空接触网与相关专业的互提资料内容

序号	接收专业	互提资料内容
1	系统方案	接触网的参数如下： （1）接触网导线、汇流排的载流量 （2）接触网导线、汇流排 20 ℃单位长度电阻值
2	变电所	（1）接触网专业将上网隔离开关位置提供给供电专业 （2）接触网专业向供电专业提供电动隔离开关所需电源的具体要求 （3）接触网专业向供电专业提供接触网导线电阻值 注明：接触网提供资料应包括电动隔离开关操作电压（交流 220 V）、开关极数（单极）以及电源线额定电流（一般为 1 A，视隔离开关的具体型号而定）等
3	建筑	为保证车站内接触网专业设备安装设计的顺利进行，接触网专业向建筑专业提出对建筑尺寸尤其是线路上方空间的具体要求（对于城市轨道交通地下段一般为轨面以上 4500 mm；高架及地面段一般为轨面以上 5800 mm）以及接触网上网隔离开关（如安装在车站内）的安装空间要求 注明：上网隔离开关在车站内安装图注明开关的尺寸及空间定位尺寸
4	管线综合	接触网系统隔离开关及下锚平面位置
5	车站结构	（1）在地下车站范围内设置接触网悬挂装置的要求 地下车站范围内接触网的悬挂需要在车站风管下安装，对于混凝土风道采取在风道下打眼浇注螺栓的方式，打眼深度约为 120 mm，风道结构厚度应保证 200 mm 以上；对于金属风道采取在风道金属支撑件上安装悬挂构件的方式 注明：需要将接触网悬挂荷载提供给结构专业进行受力校验 （2）在高架车站范围内接触网下锚的要求 对于车站附近有道岔的高架车站，由于道岔距离车站距离较近，有时无法设立单独的接触网下锚支柱，需要向高架车站结构专业提供接触网下锚位置及受力情况，以便结构专业进行校验 （3）在高架车站范围内接触网吊柱安装要求 对于高架车站，接触网悬挂需要利用车站内的结构采用吊柱的方式进行，接触网专业需要向高架车站结构专业提供接触网吊柱安装位置及受力情况，以便结构专业进行校验 注明：上述方式均需要将接触网悬挂荷载提供给结构专业进行受力校验，在高架车站内接触网下锚方式尽量采用硬锚方式
6	区间隧道	（1）在区间隧道内设置接触网隔离开关的要求 为了能给接触网隔离开关提供安装位置，接触网专业要求不同的隧道断面采取不同的局部开挖的方式来悬挂构件以满足安装空间 注明：隔离开关在区间隧道内的安装图应注明隔离开关所处的里程，上行或下行的位置，需要局部开挖的横向及纵向尺寸，并配开挖范围的示意图 （2）在区间隧道内设置接触网悬挂装置的要求 接触网柔性悬挂方式或刚性悬挂方式均需要在区间隧道内设置悬挂构件，接触网专业向结构专业提出接触网悬挂构件的受力荷载及方向，要求结构专业进行校验 注明：对于高净空隧道内的接触网悬挂构件需配合结构专业进行相应设计
7	桥梁	（1）高架区间接触网支柱预埋件的要求 接触网专业需提供不同容量接触网支柱的预埋法兰尺寸、螺栓相对位置及尺寸，并提出材质及安装要求 注明：在提供支柱预埋件之前，首先接触网专业需要将各种类型支柱及下锚基础的荷载提供给桥梁结构专业，以便桥梁结构专业进行支柱基础及下锚基础处的特殊设计；支柱基础归纳为 2~3 种类型为宜

续附表

序号	接收专业	互提资料内容
7	桥梁	（2）高架区间接触网下锚预埋件的要求 　　接触网专业需提供接触网下锚拉线基础预埋法兰尺寸、螺栓相对位置及尺寸，并提出材质及安装要求 （3）高架区间接触网支柱位置及侧面限界的要求 　　接触网专业需提供高架区间接触网支柱所在的具体里程及侧面限界数值，以便桥梁专业在施工图中体现接触网支柱预埋件具体位置，接触网专业需要核实接触网下锚拉线的位置不得跨越桥梁伸缩缝 （4）高架区间接触网支柱接地预埋钢板的要求 　　接触网专业向高架区间结构专业提供接触网接地极安装及钢筋焊接要求，并在完成接触网平面布置后，将接地极所在桥墩里程提供给相关专业 　　注明：有关桥墩接地极里程的确定，需要在接触网平面布置稳定后再提供，以免造成将来的设计变更
8	声屏障	对于高架桥区段，接触网需将特殊点处（下锚处、安隔开关安装处等）对声屏障（及支柱）的要求提供给声屏障专业，同时提供相应里程 　　注明：在声屏障全封闭区段接触网需要利用声屏障支柱悬挂线索，应将接触网荷载数量及设备安装空间提供给声屏障结构专业，以便声屏障专业进行综合考虑
9	给排水与消防	接触网系统提供上网隔离开关柜室平面位图置 　　注明：当上网隔离开关柜单独设置房间时，应给气体灭火专业提资料。一般来说，气体灭火专业对控制室、通信、信号及变电所进行防护。但从设备的重要性来看，上网隔离开关柜室也应纳入气体灭火保护范围
10	人防	（1）向人防专业提供接触网在人防门处的装配图 （2）向人防专业提供接触网电缆穿越人防门结构的预埋穿管数量及位置，电缆在敷设完成后，须由人防专业进行封堵 　　注明：接触网在人防门处的装配应安设在线路正上方，安装高度与区间相同，从国内目前设计情况来看，此处需设置小锚段
11	限界	（1）提供车站及区间接触网装配图纸及安装最小净空要求 　　车站及区间接触网装配图纸及安装最小净空参考值为 4500 mm （2）地面及高架区间接触网专业需确定支柱侧面限界数值并提供给限界专业 　　注明：接触网安装最小净空参考值 4500 mm 是针对地铁车辆而言，对于轨道交通中的其他类型车辆，需要根据车辆的不同
12	经济	主要设备及材料汇总表

附表3.15　初步设计电力监控系统与相关专业的互提资料内容

序号	接收专业	互提资料内容
1	变电所	（1）电力监控系统在牵引降压混合变电所内设两面综控屏，降压变电所内设置1面综控屏。综控屏设置在变电所控制室内，与交直流操作电源屏并排安装。综控屏规格为 800 mm×600 mm×2260 mm（宽×深×高）。由供电专业统一考虑设备布置及基础槽钢 　　注明：根据具体工程情况提出不同类型变电所内的设备名称、数量、规格 （2）变电所综合自动化系统为一级负荷。要求变电所专业给电力监控系统专业在各变电所内为变电所综合自动化系统提供不间断电源，为 1 路交流 220 V 电源，用电容量分别为 3 kVA 　　注明：根据具体工程情况提出具体用电回路数量、容量需求 （3）变电所综合自动化系统需要与变电所内各类设备进行电缆连接，变电所专业统一考虑变电所综合自动化系统电缆敷设路径 　　注明：变电所综合自动化系统提供电缆敷设图给变电所专业

续附表

序号	接收专业	互提资料内容
2	建筑	控制中心电力监控系统用房的具体资料及要求 ① 系统机房：60 m² 采用双开外开门，开门宽度不小于1200 mm，开门高度不低于2300 mm，室内净高不低于3500 mm；设置防静电地板，地板高度不低于350 mm，地面及地板均布载荷不小于600 kg/m²；温、湿度满足《电子计算机机房设计规范》中的A级标准（开机）；按照《电子计算机机房设计规范》设置空调，无工作人员 ② 系统网络管理室：40 m² 采用双开外开门，开门宽度不小于1200 mm，开门高度不低于2300 mm，室内净高不低于3300 mm；设置防静电地板，地板高度不低于350 mm，地面及地板均布载荷不小于600 kg/m²；温、湿度满足《电子计算机机房设计规范》中的A级标准（开机）；按照《电子计算机机房设计规范》设置空调 ③ 电源室：60 m² 采用双开外开门，开门宽度不小于1200 mm，开门高度不低于2300 mm，室内净高不低于3300 mm；设置防静电地板，地板高度不低于350 mm，地面及地板均布载荷不小于1000 kg/m²；温、湿度满足《电子计算机机房设计规范》中的A级标准（开机）；按照《电子计算机机房设计规范》设置空调 ④ 调度室与其他专业共用：设置空调，环境温度满足18~28 ℃，环境湿度满足20%~80%。有调度人员 ⑤ 维修及备品备件室：40 m² 设置空调，环境温度满足18~28 ℃，环境湿度满足20%~80%。无工作人员 ⑥ 值班室：30 m² 设置空调，环境温度满足18~28 ℃，环境湿度满足20%~80%。有工作人员 注明：此通知单适用于电力监控系统不纳入综合监控系统的工程
3	控制中心、车站管线综合	提供控制中心、车站电力监控系统电缆干线敷设平面图 注明：（1）此通知单适用于电力监控系统，不纳入综合监控系统的工程。当电力监控系统集成于综合监控系统时，视工程具体的接口位置提供车站电缆干线敷设资料 （2）本图应注明干线敷设材料选型（例如SC钢管或者CT桥架等）、规格、敷设方式。
4	站场管线综合	提供站场电力监控系统电缆干线敷设平面图 注明：（1）此通知单适用于电力监控系统，不纳入综合监控系统的工程。当电力监控系统集成于综合监控系统时，视工程具体的接口位置提供站场电缆干线敷设资料 （2）本图应注明干线敷设材料选型（例如SC钢管或者CT桥架等）、规格、敷设方式
5	动力照明	（1）控制中心电力监控系统电源为一级负荷，要求动力照明系统为电力监控系统提供主、备冗余两路三相四线制交流电源（TN-S接线），容量为10 kVA。系统间的接口位置位于动力照明系统配电箱下口 （2）控制中心电力监控系统设备机房、电源室需设接地箱，接地箱内为电力监控系统留出2个接地端子。采用综合接地装置，接地电阻要求不大于1 Ω 注明：此通知单适用于电力监控系统不纳入综合监控系统的工程

续附表

序号	接收专业	互提资料内容
6	综合监控	（1）接口界面：变电所控制室综控屏的通信接口出线端 （2）接口方式：物理层采用 100Base-FX 单模光纤模块，链路层采用 IEEE 802.3，网络和传输层采用 TCP/IP 协议 （3）接口数量：2个，采用主备冗余接口的方式 注明：此通知单适用于电力监控系统集成为综合监控系统的工程；根据工程具体情况注明系统之间的接口界面、方式、数量
7	通信（传输）	（1）通信专业为电力监控系统专业提供主、备共2个传输通道，通道类型为共享型以太网，带宽为100 M （2）在指挥中心、各车站、车辆综合基地为电力监控系统分别提供2个传输接口，接口物理类型为100 M以太网光接口（SC或者FC） （3）系统间接口位于通信机房传输系统配线架出线端 注明：（1）此通知单适用于电力监控系统不纳入综合监控系统的工程；（2）根据工程具体情况注明系统所需传输通道的地理位置、数量、类型、带宽、接口分界；（3）对于设置于车站外的变电所，可以向通信专业在邻近车站提出单独的通信接口，也可以在电力监控系统内部实现通信连接
8	通信（闭路电视）	（1）电力监控系统专业要求各变电所内均设可旋转云台摄像机，摄像机可在水平方向旋转360°，垂直方向旋转180°。电调人员可对摄像机进行调焦操作 （2）摄像机安装于变电所开关柜室及变压器室内 （3）指挥中心的电调工作台设置两台彩色监视器，其中一面至少为9画面滚动显示（滚动时间为0~10 s可调），另外一面为单画面显示。摄取的变电所画面在CCTV系统中自动保存24 h，并以1 h为单位进行自动刷新。画面可以按时间或逐帧进行调阅，画面中应有画面地点的中文名称，并可查询画面摄取的时间。电调人员可以人工操作进行画面的永久保存 注明：根据工程具体情况注明系统要求设置的摄像机类型、数量、安装位置、画面显示方式、保存时间、画面浏览方式；第3条适用于电力监控系统不纳入综合监控系统的工程
9	通信（公务及专用电话系统）	（1）调度电话：在电调中心工作台设双通道调度电话台，各变电所内设一部调度电话。调度电话应有自动录音功能，录音自动保存1个月，并以大为单位自动刷新。电调人员可以人工操作进行录音的永久保存。电调人员不能对自动录音功能做任何控制 （2）外线电话：在电调中心设两部外线电话：其中一部电话带有自动录音功能，另外一部带传真机，带有自动录音功能，设于电调工作台。外线电话录音功能同调度电话 （3）内线电话：电调中心设三部内线电话：其中两部电话带有自动录音功能，另外一部保留自动录音功能。各变电所设一部内线电话。供电工区设两部内线电话。内线电话录音功能同调度电话 注明：根据工程具体情况注明系统要求设置的电话类型、功能、数量、安装位置、保存时间 （4）公务及专用电话安装位置及数量 ① 控制中心：调度电话总台，安装位置为电力调度台，1台 ② 各变电所：调度电话分机，安装位置为控制室，1台 ③ 供电工区：内线电话，安装位置为调度室，1台
10	经济	主要设备及材料汇总表

附表 3.16 初步设计杂散电流腐蚀防护与相关专业的互提资料内容

序号	接收专业	互提资料内容
1	变电所	（1）在牵引变电所至上、下行钢轨之间设置负回流线，负回流线的根数应根据牵引供电计算确定 （2）所有变电所内的直流开关柜、整流柜、负极柜等设备均应采用绝缘安装，绝缘电阻值不应低于 1 MΩ （3）牵引变电所负极回流电缆与回流轨应焊接牢固，应具有足够截面，满足回流要求，焊接接头电阻不应超过 1 m 长度回流轨电阻值的 3 倍 （4）车辆综合基地应根据供电分区设置情况设置牵引回流回路，使牵引电流就近回流 （5）牵引变电所内预留排流柜的安装位置及孔洞。排流柜的尺寸 800 mm×800 mm×1800 mm（宽×深×高）。排流柜不做绝缘安装 （6）牵引变电所负极柜预留 1 根直流 1×400 mm² 截面排流电缆接入负母线的条件 （7）全线车站设置综合接地系统，可以利用车站结构钢筋作为接地网
2	电力监控系统	（1）变电所综合自动化系统预留杂散电流监测信息量的通道，通信规约采用 MODOBUS 协议，RS485 接口 （2）变电所综合自动化系统监控牵引变电所内排流柜中排流元件状态、排流电流值以及参比电极的电压。杂散电流监测信息量保存 1 个月。
3	结构	（1）区间结构钢筋、车站结构钢筋均应进行电气连接 （2）在区间结构钢筋的底板相交接处，结构钢筋应可靠焊接。搭接焊接的长度不小于 6 倍的钢筋直径，搭接焊接采用直径 16 mm 以上钢筋，必须双面焊接不得绑扎 （3）隧道区间内结构底板及底板以上 1.8 m 范围内，每隔 10 m 将一根横向钢筋与的所有表层纵向钢筋焊接，形成一个网络 （4）在每一段结构段的两端变形缝或沉降缝处附近，用 50 mm×8 mm 镀锌扁钢在距离结构底板 1 m 的高度，与结构钢筋焊接并引出结构表面，作为电气连接和杂散电流监测之用 （5）在地下车站范围内，在进出站信号机 2 m 范围内距离结构底板 1 m 的隧道侧壁上，引出杂散电流测量端子，作为监测之用 （6）对于盾构区间结构钢筋采用隔离法进行杂散电流腐蚀防护，对盾构区间钢筋没有电气连接的要求 （7）在车站及区间结构的变形缝附近 1 m 范围内，将结构钢筋焊接引出结构表面，作为杂散电流连接端子，变形缝距两侧连接端子不小于 200 mm，端子距轨面垂直距离为 1000 mm，并用 95 mm² 铜绞线进行连接
4	桥梁	（1）高架车站结构钢筋的梁、柱、板相交叉处应可靠焊接。同时车站结构的独立基础内结构钢筋外侧用直径为 16 mm 的钢筋与内部结构钢筋进行双面焊接，将独立基础内结构钢筋在电气上连为一体。由独立基础上引柱内的竖向钢筋在独立基础板内通过箍筋与独立基础内结构钢筋可靠连接 （2）在高架车站与区间之间建筑结构的结构缝附近 1 m 范围内，将结构钢筋焊接引出结构表面，作为杂散电流测量端子 （3）高架桥区间，每个结构段桥梁钢筋通过焊接形成钢筋网，同时用 50 mm×8 mm 镀锌扁钢与桥梁结构缝两端的结构钢筋焊接并引出结构表面，作为杂散电流连接端子，变形缝距两侧连接端子不小于 200 mm，并用 95 mm² 铜绞线进行连接 （4）高架桥区间结构钢筋结构缝附近 1 m 范围内，将结构钢筋焊接引出结构表面，作为杂散电流测量端子
5	给排水与消防	（1）应将水管等金属管线设置于远离走行轨的地方。沿区间敷设的金属管道，宜采用素混凝土管墩或非金属支、托架，当采用金属支托架时管道与支墩或支架之间设置绝缘橡胶垫片进行绝缘处理 （2）宜采用绝缘材料制作的管子 （3）车辆综合基地内给排水管道宜采用绝缘性能好的塑料管，如果采用金属管道，则应对管道进行绝缘处理。进出停车场的给排水管在进出停车场的部位设置绝缘法兰或绝缘短管，与城市管网在电气上隔离 （4）金属管道穿越结构墙时，先预埋非金属绝缘套管或防水套管，再敷金属管道

续附表

序号	接收专业	互提资料内容
5	给排水与消防	（5）给排水管道穿越轨道下方时宜采用非金属绝缘管材，当必须采用金属管材时，应采用加强防腐层，并在穿越部位两侧设置绝缘法兰，穿越部位应该保持干燥和清洁 （6）通向地铁外部的水管等金属管线必须装有绝缘接头或者绝缘法兰，并应设在干燥和可以接近的部位
6	动力照明	（1）在每个车站的两端站台及向区间延伸 200 m 处，上、下行需要动力照明电源箱各提供 1 路电源回路，电压为交流 220 V，功率为 200 W，功率因数为 0.8 （2）杂散电流专业提出监测装置的位置，由动力照明系统将电源引至监测装置开关的上口 （3）车站设置综合接地网，结构钢筋可以作为接地使用
7	综合监控	（1）接口界面：变电所控制室综控屏的通信接口出线端 （2）接口方式：物理层采用 100Base-FX 单模光纤模块，链路层采用 IEEE 802.3，网络和传输层采用 TCP/IP 协议 （3）接口数量：2 个，采用主备冗余接口的方式 注明：此通知单适用于电力监控系统集成为综合监控系统的工程；根据工程具体情况注明系统之间的接口界面、方式、数量
8	轨道	（1）正线回流轨应采用无缝钢轨 （2）钢轨采用绝缘安装，使钢轨对道床的绝缘电阻不小于 15 Ω·km 在轨道与混凝土轨枕之间，在紧固螺栓、道钉与混凝土轨枕之间及扣件与混凝土轨枕之间采取措施，轨道底部与道床之间间隙宜为 50 mm，条件困难时不得小于 30 mm （3）利用整体道床内钢筋作为杂散电流收集网 ① 单行线路杂散电流收集网的截面不小于 2000 mm^2，根据牵引供电的计算条件确定 ② 每段道床纵向钢筋进行电气连接，如钢筋有搭接，必须进行搭接焊。每隔 5 m 将一横向钢筋与所有与之交叉的纵向钢筋焊接。在整体道床结构段两侧端头部位引出测防端子。测防端子采用 50 mm×8 mm 镀锌扁钢制作 有牵引变电所的车站，在靠近站台侧 10 m 处距离道床高 300 mm 的位置分别从上、下行道床钢筋各引出 1 个排流端子。排流端子用 50 mm×8 mm 镀锌扁钢制作 （4）道床应设置良好的排水措施 （5）地下正线车辆综合基地出入段线的走行轨之间，电化股道的走行轨与非电化股道的走行轨之间设置绝缘节进行隔离 （6）对于道岔等特殊部位，钢轨接头除了用鱼尾板螺栓连接外，再在单根钢轨之间用 2 根 120 mm^2 以上的绝缘铜芯软电缆连接
9	信号	（1）沿线的信号设备如道岔转辙机、道岔控制箱、信号箱、信号机等应采取绝缘安装，与走行轨、杂散电流收集网绝缘 （2）与沿线的信号设备或走行轨连接的电缆采用绝缘护套电缆 （3）上行和下行走行轨之间设置均流电缆，均流电缆的位置结合联络通道设置，地上线路每隔 400 m 设置一处，地下线路每隔 600 m 设置一处，每处 2 根 240 mm^2 直流电缆
10	通信	（1）沿线的通信设备应采取绝缘安装，与走行轨、杂散电流收集网绝缘 （2）与沿线的通信设备或走行轨连接的电缆采用绝缘护套电缆
11	人防	（1）在区间人防门两侧，人防门底部各预留 2 根 ϕ100 mm 的退磁钢管 （2）在车站端头设置人防门时，需在人防门靠近站台的一侧底部预留 2 根 ϕ100 mm 的退磁钢管
12	经济	主要设备及材料汇总表

附表3.17 初步设计供电车间与相关专业的互提资料内容

序号	接收专业	互提资料内容
1	建筑	车站供电工区的设置位置、使用面积
2	站场工艺	（1）停车场供电工区的定员、生产房屋数量、面积 （2）车辆段供电车间的定员、生产房屋数量、面积
3	经济	主要设备、工机具及材料汇总表

附表3.18 施工图设计外部电源与系统方案的互提资料内容

接收专业	互提资料内容
系统方案	（1）外部电源敷设方式和相关技术参数要求 ① 采用110 kV（或66 kV、35 kV、20 kV、10 kV）电源接入 ② 接入电源电缆（或架空导线）长度、材质、截面、规格型号 ③ 外部电源接地方式（接地系统、不接地系统、小电阻接地、经消弧线圈接地），接地电流I_g ④ 系统外部电源最大、最小运行方式下短路容量 ⑤ 系统外部电源最大、最小运行方式下短路阻抗 ⑥ 关口继电保护定值、时限，与城市轨道交通主变电所（分散式供电为电源开闭所）的保护配合要求 ⑦ 外部电源与主变电所或者分散供电城市轨道交通变电所的敷设形式（电缆排管、电缆沟、电力电缆隧道） ⑧ 外部电源与城市轨道交通主变电所（或电源开闭所）通信要求 （2）外部电源计量设置 ① 外部电源为大工业用户，电费计价要求（一步电价、两步电价），外部电源高可靠费要求 ② 外部电源计量点位置要求 ③ 外部电源谐波治理要求

备注：仅描述外部电源与城市轨道交通供电系统的电气一次、二次关系。

附表3.19 施工图设计主变电所与系统方案的互提资料内容

接收专业	互提资料内容
系统方案	（1）主变电所35 kV开关设备的要求 （2）主变电所35 kV开关设备参数 （3）主变电所35 kV开关柜的电流互感器参数 （4）主变电所35 kV避雷器参数选择 （5）主变电所110 kV（或66 kV）线路和给城市轨道交通供电的35 kV开关柜继电保护定值单 （6）主变电所主变压器容量 （7）主变电所35 kV中压无功补偿装置的类型和容量 （8）主变电所布置平面图、断面图和电缆敷设图 （9）主变电所接地变压器和接地电阻参数

备注：仅描述主变电所与城市轨道交通供电系统的电气一次、二次关系，不包括主变电所与110 kV（或66 kV）线路之间，主变电所其内部建筑、结构、通风空调、给排水及水消防、动力照明、通信、FAS、BAS之间的相互配合关系。

附表 3.20　施工图设计系统方案与相关专业的互提资料内容

序号	接收专业	互提资料内容
1	主变电所	（1）全线供电系统图 （2）全线供电负荷表、装机容量 （3）主变压器容量的要求 （4）供电系统潮流分布 （5）供电系统谐波计算结果 （6）供电系统功率因数计算结果 （7）供电系统中压馈线开关柜保护配置要求、继电保护整定值 （8）主变电所（外部电源）进入地铁车站的管线敷设 注明：结合城市轨道交通供电系统采用的供电方式（集中式供电、分散式供电、混合式供电）确定
2	变电所	（1）全线供电系统图 （2）全线供电负荷表、装机容量 （3）供电系统潮流分布 （4）供电系统谐波计算结果 （5）供电系统功率因数计算结果 （6）供电系统中压馈线开关柜保护配置要求、继电保护整定值 注明：结合城市轨道交通供电系统采用的供电方式（集中式供电、分散式供电、混合式供电）确定
3	接触网	（1）全线直流牵引供电系统图 （2）接触网的额定电流、电压
4	电力监控系统	（1）全线供电系统图 （2）供电系统运行方式
5	杂散电流腐蚀防护系统	全线供电系统图

附表 3.21　施工图设计变电所与相关专业的互提资料内容

序号	接收专业	互提资料内容
1	牵引网	（1）牵引变电所馈出线、回流线电缆型号、截面及根数 （2）变电所位置及平面布置图 （3）上网隔离开关、纵联开关辅助电源、联锁设置及相关信号
2	电力监控系统	（1）变电所四遥（遥信、遥测、遥控、遥调）量表、保护内容，控制方式、数据传输接口要求 （2）变电所联锁关系、继电保护定值单、测量量程及报警上下限设置 （3）变电所主接线图、设备布置平面图、变电所电缆敷设图、变电所二次回路图
3	杂散电流腐蚀防护系统	（1）电缆支架、桥架等固定安装方式 （2）排流柜安装方式 （3）提供变电所内杂散电流监测装置电源 （4）牵引变电所布点、回流轨牵引电流 （5）变电所平面布置图 （6）变电所电缆敷设平面图
4	建筑	（1）变电所空间要求、平面布置图、变电所房间内装修要求 ① 变电所空间要求：牵引变压器安装空间净高≥4 m，各开关柜安装空间净高≥3.5 m，控制室净高≥3.5 m（3.0 m）

续附表

序号	接收专业	互提资料内容
4	建筑	注明：设备安装空间净高并非设备房的要求高度，设备房的层高还需要考虑为变电所设备服务的相关管线安装时需要的空间，诸如：环控风管、照明设备、气体灭火设备等。以上各设备房间内若设置与变电所相关的各种管线（包括环控专业为变电所散热设置的风管），其管线位置及高度应与变电所专业配合并得到变电所专业的确认 ② 平面布置图：地下牵引降压混合变电所 400~450 m^2；地下降压变电所 200~250 m^2；地下跟随式降压变电所 100~150 m^2 ③ 变电所房间内装修要求：变电所和各辅助房间的内墙表面、顶面应抹灰刷白。地（楼）面宜采用高标号水泥抹面压光 （2）变电所开门、开窗、电缆井及沟、槽、管、洞要求 ① 地面变电所高压开关柜室宜设不能开启的自然采光窗，窗台距室外地坪不宜低于 1.8 m；低压开关柜室可设能开启的自然采光窗。开关柜室临街的一面不宜开窗 ② 变压器室、开关柜室的门应向外开启。相邻配电室之间有门时，此门应能双向开启 ③ 变电所开门的尺寸若是设备运输门，门的宽度应不小于"W+300 mm"，门的高度应不小于"H+600 mm"，W 指设备宽度，H 指设备高度 ④ 长度大于 7 m 的开关柜室应设两个出口，并宜布置在开关柜室两端。长度大于 60 m 时，宜增加一个出口 ⑤ 地面变电所双层布置时，位于楼上的配电室应至少设一个通向室外的平台或通道的出口 ⑥ 电缆井尺寸不小于 2 m×2 m ⑦ 沟、槽、管、洞主要指设备下方的开孔已经电缆敷设径由满足变电所设备安装使用和电缆敷设需要 （3）变电所设备运输通道要求 牵引变压器的运输通道净高≥3.5 m，其他设备运输通道净高≥3 m （4）室外综合接地网布置图及接地引上点位置及做法 （5）车站电缆通道、进出变电所电缆通道位置、孔洞或者埋管数量及封堵要求 ① 车站电缆通道一般的宽度 2 m，高度不低于 1.3 m ② 进出变电所电缆通道位于变电所的端部，其中从站台层侧板引出的电缆通道为 1000 mm×500 mm（长×高），对于电缆数量较多时，可以适当增加长度，但是宽度不能增加 ③ 进出电缆侧墙的孔洞根据穿管数量确定，一般孔洞的高度不超过穿管数量整体高度的 1.5 倍，位于站台侧墙的孔洞高度不超过 500 mm ④ 埋管数量根据《电力工程电缆设计规范》的要求，留出预量 ⑤ 进出变电所的电缆孔洞均要进行一级防火封堵 （6）电缆夹层的位置及净空要求 电缆夹层位于变电所设备层的底部，电缆夹层净空要求不小于 1.9 m （7）变电所内及车站站台板处的人孔位置及尺寸要求 变电所内及车站站台板处的人孔设置在边墙位置，进入电缆夹层时不受电缆环绕的影响。人孔的尺寸一般为 800 mm×800 mm，当确有困难时，可以设计成为 700 mm×700 mm （8）进入变电所电缆夹层铁爬梯及变电所分层布置时的楼梯要求 进入变电所电缆夹层采用铁爬梯时，铁爬梯的宽度不小于 600 mm。在有条件时，上下层之间可以设置 800 mm 宽的楼梯，楼梯端部设置甲级防火门 （9）设备吊装孔洞位置及尺寸要求 设备吊装孔洞位置位于设备正常吊装有效范围之内，尺寸不小于最大设备尺寸的 1.2 倍 （10）地面变电所室内外的高差要求 地面变电所室内外设有一定高差，一般高差尺寸为 1.4 m

续附表

序号	接收专业	互提资料内容
5	结构	（1）各设备的外形尺寸、重量及运输路线 注明：外形尺寸、重量以尺寸表形式提供。运输路线在平面图中标识出来 （2）各设备的预留孔洞位置 注明：根据设备的电缆出线情况，向结构专业提供变电所设备基础（如：梁、柱等）作法，利于电缆敷设，要求结构梁躲开设备的下出线位置 （3）电缆敷设方式、敷设位置及电缆支架和电缆荷载 电缆敷设方式、敷设位置要进行定位。电缆支架在站台板下采用 5 层支架，变电所电缆夹层采用 6 层支架。电缆荷载 200 kg/延米 （4）变电所设备布置平面图 标出设备距离墙、柱之间的定位尺寸。设备距离墙体的维护通道距离一般为 1000 mm，确有困难时为 800 mm。随着电压等级的升高，维护通道距离有所增加，详见相关变电所设计规范 （5）电缆竖井的位置和孔洞 上下层的电缆竖井平面位置要对齐。面积尺寸一般不小于 2 m×2 m （6）车站、区间电缆通道位置及尺寸 进出车站站台板下的电缆通道位于风道内侧，其电缆通道宽度一般不小 2 m，确有困难时，局部可以降低至 1.6 m。电缆通道内有结构梁时，结构梁要下反处理 （7）电缆跨顶敷设的要求，距离顶面的净高要满足电缆敷设的要求 电缆跨顶敷设时，敷设净高不小于 240 mm。采用桥架时，桥架高度一般为 600 mm，双层
6	车站管线综合	（1）车站电缆通道位置及要求 车站电缆通道位于风道内侧，站台板底部，电缆通道宽度不小于 2 m，确有困难时可以减小至 1.6 m。电缆通道位置遇有结构梁时，要求结构梁下反处理 （2）车站电缆敷设图 车站电缆敷设平、剖面图 注明：包括电缆敷设路径、电缆支架定位、每层支架电缆数量、电缆外径尺寸以及电缆敷设定位
7	站场管线综合	车辆综合基地电缆敷设平面、剖面图
8	桥梁	（1）各设备的外形尺寸、重量及运输路线 提供各设备的外形尺寸、重量和运输路线用于设备需要进行桥面运输时，运输路径上能够满足设备运输的要求，包括净空高度和承载力方面 （2）电缆敷设路径、位置及荷载 在桥梁上电缆敷设在双线桥梁的外侧，电缆荷载 200 kg/延米
9	动力照明	（1）提供在车站、区间、车辆综合基地内与动力照明共用电缆支架的剖面示意图 （2）低压柜排列图、设备编号、馈出电缆编号、馈出回路开关定值 （3）变电所设备平面布置图 （4）变电所电缆敷设平面图、剖面图
10	暖通空调	（1）变电所的设备布置平面图及对通风管道的设置位置要求 （2）设备发热量及环境温、湿度要求 （3）电缆发热量 （4）地下车站站台板下回排风道的设置配合要求 （5）地下车站小系统变电所回排风道、风口的设置位置要求

续附表

序号	接收专业	互提资料内容
11	给排水与消防	（1）与变电所无关的水管不能穿越变电所 （2）变电所设备布置平面图
12	轨道	（1）电缆过轨地点及穿管数量 （2）钢轨绝缘分段的设置位置要求
13	站场	变电所设置位置及面积要求
14	限界	（1）区间电力电缆托架、支架、吊架、挂钩等的排数和宽度尺寸 （2）电缆支架安装位置要求
15	站台门	为站台门专业提供的接地条件说明，包括弱电接地母排的位置，预留接地线连接孔的尺寸及数量
16	车辆	接触网授电形式 注明：接触轨系统：上部授流、下部授流、侧部授流等；架空接触网系统：刚性悬挂、柔性悬挂
17	火灾自动报警	车站、区间、车辆综合基地电缆敷设平面、剖面图 注明：（1）主要指隧道、沟、洞内；（2）变电所内电缆敷设平面及剖面图；（3）变电所设备布置平面、剖面图；（4）火灾时需要切除负荷的配电断路器的切断方式及需要容量。由火灾报警专业提供切非回路，变电所专业实施之后，提交原理图由火灾报警专业确认；（5）为火灾报警专业提供的接地条件说明，包括弱电接地母排的位置，预留接地线连接孔的尺寸及数量
18	综合监控	为综合监控专业提供的接地条件说明，包括弱电接地母排的位置，预留接地线连接孔的尺寸及数量
19	信号	（1）牵引电流及走行轨回流电流 （2）钢轨电位限制装置与走行轨的连接位置 （3）为信号专业提供的接地条件说明，包括弱电接地母排的位置，预留接地线连接孔的尺寸及数量 （4）道岔区连接电缆规格 注明：回流点的焊接工作由信号专业完成
20	通信	（1）为通信专业提供的接地条件说明，包括弱电接地母排的位置，预留接地线连接孔的尺寸及数量 （2）变电所平面布置图，作为通信闭路电视监视系统的资料使用 注明：由通信专业确定其本专业的电缆敷设路径，与变电所电缆敷设独立设置
21	人防	穿越人防门区段电缆敷设穿管要求、电缆敷设断面图

附表3.22 施工图设计接触轨与相关专业的互提资料内容

序号	接收专业	互提资料内容
1	系统方案	接触轨的参数如下： （1）接触轨的载流量 （2）接触轨20℃单位长度电阻值
2	变电所	（1）开关柜及电缆敷设相关要求 ① 根据供电系统的计算电流，直流快速断路器柜至上网隔离开关柜的电缆规格和数量；上网隔离开关柜至接触轨的电缆规格和数量 ② 直流快速断路器柜至上网隔离开关柜以及负极柜至走行轨的电缆在变电所内敷设时，其敷设路径及电缆托架等由系统方案统筹安排，并将变电所内电缆数量提供给接触轨专业 （2）接触轨系统根据车辆综合基地情况，设置供电分区

续附表

序号	接收专业	互提资料内容
3	建筑	（1）接触轨专业对车站建筑专业的要求 ① 接触轨一般在车站沿线路车辆运行方向的左侧安装，当接触轨安装在站台板下时，应考虑接触轨的安装及维修空间，即站台板下外墙距线路中心线距离不小于 1850 mm ② 在有牵引变电所的车站安装上网隔离开关柜，开关柜设置位置，上网隔离开关柜尺寸。电缆下进线、下出线，需考虑电缆与变电所之间和与区间隧道之间的敷设通道，电路在站台板下敷设横穿结构梁时，结构梁应下反 上网隔离开关柜放置在迂回风道处时，应注意开关柜上方净空应大于 300 mm。开关柜上方若有水管穿过时，应由建筑专业做相应防护以防止水滴落或溅洒在开关柜上。 上网隔离开关柜放置在开关柜室时，需保证开关柜前不小于 1500 mm 的操作距离 （2）接触轨专业对车辆综合基地建筑专业的要求 ① 停车列检库内设置直流开关配电室，面积和位置。电缆下进线、下出线 ② 电缆沟宽 800 mm、深 800 mm，应做出 5% 的坡度，以利于排水
4	管线综合	接触轨系统的管线布置图（此处应附图） 水管应避开上网隔离开关柜上方，若躲避不开，应做相应防护以防止水滴落或溅洒在开关柜上
5	车站结构	（1）上网隔离开关柜重量按 600 kg/面考虑 （2）上网隔离开关柜预留孔洞 （3）上网隔离开关柜安装基础 （4）现提供接触轨专业电缆敷设所需预留孔洞（管沟、电缆隧道）资料。预留孔洞位置，预留孔洞尺寸 200 mm×300 mm（高×宽），洞底与地板齐高，电缆敷设后防火封堵
6	区间隧道	接触轨专业在区间联络通道处敷设均流电缆，横穿联络通道需预留预埋管，预埋管为 4×ϕ50 mm 玻璃钢夹砂管，位于门框上方
7	桥梁	接触轨系统沿线路一侧布置，支架（绝缘子）的间距，接触轨系统按 30 kg/m 考虑
8	动力照明	接触轨系统在区间设置双电源柜（检修柜）的里程，需由动照专业提供配电柜电源指示灯所需电源
9	暖通空调	（1）接触轨专业电缆敷设穿风道要求 接触轨电缆敷设需横穿风道，风道处预留孔尺寸为 200 mm×300 mm（高×宽），电缆敷设后防火封堵 （2）接触轨专业单独设置上网隔离开关柜室要求 上网隔离开关柜数量，发热量为 500 W/面
10	给排水与消防	接触轨系统设置上网隔离开关柜室的位置，气体灭火要求应满足规范
11	轨道	（1）接触轨安装位置 接触轨中心线距相邻走行轨内缘的水平距离：700 mm±5 mm 接触轨顶面距走行轨轨顶面的垂直距离：140 mm±5 mm 接触轨支架（支座、绝缘子）的安装要求： 绝缘支座及端部弯头防护罩支架固定在加长短轨枕上，绝缘子固定在混凝土底座上，此混凝土底座与道床同步施工。接触轨绝缘支座布置原则为：每 7 个轨枕间距设置一个绝缘支座，每 5 个轨枕间距设置一个绝缘支座 （2）接触轨专业横穿道床要求 接触轨专业电缆敷设横穿道床时需预埋玻璃钢夹砂管，现提供预埋管里程，距轨顶面的距离和位置，且应选用增强型玻璃钢夹砂管。预埋管敷设间距应满足轨道专业的要求 （3）接触轨安装在车辆综合基地所用加长轨枕的数量 分别按照 50 kg 轨加长短轨枕和 60 kg 轨加长短轨枕计列
12	人防	（1）接触轨在人防门处断轨，电缆需穿人防门，具体要求如下： 在人防门处预埋 4 根 ϕ100 mm 的玻璃钢夹砂管，与轨道方向平行，距轨顶面的距离和位置，且成 2 行 2 列布置，预埋管口须作成喇叭口形状 （2）电缆在敷设完成后，须由人防专业进行封堵

附表 3.23 施工图设计架空接触网与相关专业的互提资料内容

序号	接收专业	互提资料内容
1	系统方案	接触网的参数如下： （1）接触网导线、汇流排的载流量 （2）接触网导线、汇流排 20 ℃ 单位长度电阻值
2	变电所	（1）接触网专业将上网隔离开关位置提给供电专业 （2）接触网专业向供电专业提供电动隔离开关所需电源的具体要求 （3）接触网专业向供电专业提供接触网导线电阻值 （4）接触网专业向变电所综合自动化系统提供电动隔离开关二次系统图 注明：接触网提供资料应包括电动隔离开关操作电压（交流 220 V）、开关极数（单极）以及电源线额定电流（一般为 1 A，视隔离开关的具体型号而定）等
3	建筑	为保证车站内接触网专业设备安装设计的顺利进行，接触网专业向建筑专业提出对建筑尺寸，尤其是线路上方空间的具体要求（对于城市轨道交通地下段一般为轨面以上 4500 mm；高架及地面段一般为轨面以上 5800 mm）以及接触网上网隔离开关（如安装在车站内）的安装空间要求 注明：上网隔离开关在车站内安装图注明开关的尺寸及空间定位尺寸
4	管线综合	接触网系统隔离开关及下锚平面位置
5	车站结构	（1）在地下车站范围内设置接触网悬挂装置的要求 地下车站范围内接触网的悬挂需要在车站风管下安装，对于混凝土风道采取在风道下打眼浇注螺栓的方式，打眼深度约为 120 mm，风道结构厚度应保证 200 mm 以上；对于金属风道采取在风道金属支撑件上安装悬挂构件的方式 注明：需要将接触网悬挂荷载提供给结构专业进行受力校验 （2）在高架车站范围内接触网下锚的要求 对于车站附近有道岔的高架车站，由于道岔距离车站距离较近，有时无法设立单独的接触网下锚支柱，需要向高架车站结构专业提供接触网下锚位置及受力情况，以便结构专业进行校验 （3）在高架车站范围内接触网吊柱安装要求 对于高架车站，接触网悬挂需要利用车站内的结构采用吊柱的方式进行，接触网专业需要向高架车站结构专业提供接触网吊柱安装位置及受力情况，以便结构专业进行校验 注明：上述方式均需要将接触网悬挂荷载提供给结构专业进行受力校验，在高架车站内接触网下锚方式尽量采用硬锚方式
6	区间隧道	（1）在区间隧道内设置接触网隔离开关的要求 为了能给接触网隔离开关提供安装位置，接触网专业要求不同的隧道断面采取不同的局部开挖的方式来悬挂构件以满足安装空间 注明：隔离开关在区间隧道内的安装图应注明隔离开关所处的里程，上行或下行的位置，需要局部开挖的横向及纵向尺寸，并配开挖范围的示意图 （2）在区间隧道内设置接触网悬挂装置的要求 接触网柔性悬挂方式或刚性悬挂方式均需要在区间隧道内设置悬挂构件，接触网专业向结构专业提出接触网悬挂构件的受力荷载及方向，要求结构专业进行校验 注明：对于高净空隧道内的接触网悬挂构件需配合结构专业进行相应设计

续附表

序号	接收专业	互提资料内容
7	桥梁	（1）高架区间接触网支柱预埋件的要求 接触网专业需提供不同容量接触网支柱的预埋法兰尺寸、螺栓相对位置及尺寸，并提出材质及安装要求 注明：在提供支柱预埋件之前，首先接触网专业需要将各种类型支柱及下锚基础的荷载提供给桥梁结构专业，以便桥梁结构专业进行支柱基础及下锚基础处的特殊设计；支柱基础归纳为2~3种类型为宜 （2）高架区间接触网下锚预埋件的要求 接触网专业需提供接触网下锚拉线基础预埋法兰尺寸、螺栓相对位置及尺寸，并提出材质及安装要求 （3）高架区间接触网支柱位置及侧面限界的要求 接触网专业需提供高架区间接触网支柱所在的具体里程及侧面限界数值，以便桥梁专业在施工图中体现接触网支柱预埋件具体位置，接触网专业需要核实接触网下锚拉线的位置不得跨越桥梁伸缩缝 （4）高架区间接触网支柱接地预埋钢板的要求 接触网专业向高架区间结构专业提供接触网接地极安装及钢筋焊接要求，并在完成接触网平面布置后，将接地极所在桥墩里程提供给相关专业 注明：有关桥墩接地极里程的确定，需要在接触网平面布置稳定后再提供，以免造成将来的设计变更
8	声屏障	对于高架桥区段，接触网需将特殊点处（下锚处、安隔开关安装处等）对声屏障（及支柱）的要求提供给声屏障专业，同时提供相应里程 注明：在声屏障全封闭区段接触网需要利用声屏障支柱悬挂线索，应将接触网荷载数量及设备安装空间提供给声屏障结构专业，以便声屏障专业进行综合考虑
9	给排水与消防	接触网系统提供上网隔离开关柜室平面位置图 注明：当上网隔离开关柜单独设置房间时，应给气体灭火专业提资料。一般来说，气体灭火专业对控制室、通信、信号及变电所进行防护。但从设备的重要性来看，上网隔离开关柜室也应纳入气体灭火保护范围
10	人防	（1）向人防专业提供接触网在人防门处的装配图 （2）向人防专业提供接触网电缆穿越人防门结构的预埋穿管数量及位置，电缆在敷设完成后，须由人防专业进行封堵 注明：接触网在人防门处的装配应安设在线路正上方，安装高度与区间相同，从国内目前设计情况来看，此处需设置小锚段
11	限界	（1）提供车站及区间接触网装配图纸及安装最小净空要求 车站及区间接触网装配图纸及安装最小净空参考值为 4500 mm （2）地面及高架区间接触网专业需确定支柱侧面限界数值并提供给限界专业 注明：接触网安装最小净空参考值 4500 mm 是针对的地铁车辆而言，对于轨道交通中的其他类型车辆，需要根据车辆的不同而定。

附表 3.24 施工图设计电力监控系统与相关专业的互提资料内容

序号	接收专业	互提资料内容
1	变电所	（1）电力监控系统在牵引降压混合变电所内设2面综控屏，降压变电所内设置1面综控屏。综控屏设置在变电所控制室内，与交直流操作电源屏并排安装。综控屏规格为800 mm×600 mm×2260 mm（宽×深×高）。供电专业统一考虑设备布置及基础槽钢 注明：根据具体工程情况提出不同类型变电所内的设备名称、数量、规格 （2）变电所综合自动化系统为一级负荷。要求变电所专业给电力监控系统专业在各变电所内为变电所综合自动化系统提供不间断电源，为1路交流220 V电源，用电容量分别为3 kVA 注明：根据具体工程情况提出具体用电回路数量、容量需求 （3）变电所综合自动化系统需要与变电所内各类设备进行电缆连接，变电所专业统一考虑变电所综合自动化系统电缆敷设路径 注明：变电所综合自动化系统提供电缆敷设图给变电所专业
2	建筑	控制中心电力监控系统用房的具体资料及要求 （1）系统机房：60 m² 采用双开外开门，开门宽度不小于1200 mm，开门高度不低于2300 mm，室内净高不低于3500 mm；设置防静电地板，地板高度不低于350 mm，地面及地板均布载荷不小于600 kg/m²；温、湿度满足《电子计算机机房设计规范》中的A级标准（开机）；按照《电子计算机机房设计规范》设置空调。无工作人员 （2）系统网络管理室：40 m² 采用双开外开门，开门宽度不小于1200 mm，开门高度不低于2300 mm，室内净高不低于3300 mm；设置防静电地板，地板高度不低于350 mm，地面及地板均布载荷不小于600 kg/m²；温、湿度满足《电子计算机机房设计规范》中的A级标准（开机）；按照《电子计算机机房设计规范》设置空调 （3）电源室：60 m² 采用双开外开门，开门宽度不小于1200 mm，开门高度不低于2300 mm，室内净高不低于3300 mm；设置防静电地板，地板高度不低于350 mm，地面及地板均布载荷不小于1000 kg/m²；温、湿度满足《电子计算机机房设计规范》中的A级标准（开机）；按照《电子计算机机房设计规范》设置空调 （4）调度室与其他专业共用：设置空调，环境温度满足18～28 ℃，环境湿度满足20%～80%。有调度人员 （5）维修及备品备件室：40 m² 设置空调，环境温度满足18～28 ℃，环境湿度满足20%～80%。无工作人员 （6）值班室：30 m² 设置空调，环境温度满足18～28 ℃，环境湿度满足20%～80%。有工作人员 注明：此通知单适用于电力监控系统不纳入综合监控系统的工程
3	控制中心、车站管线综合	提供控制中心、车站电力监控系统电缆干线敷设平面图 注明：（1）此通知单适用于电力监控系统，不纳入综合监控系统的工程。当电力监控系统集成于综合监控系统时，视工程具体的接口位置提供车站电缆干线敷设资料；（2）本图应注明干线敷设材料选型（例如SC钢管或者CT桥架等）、规格、敷设方式
4	站场管线综合	提供站场电力监控系统电缆干线敷设平面图 注明：（1）此通知单适用于电力监控系统，不纳入综合监控系统的工程。当电力监控系统集成于综合监控系统时，视工程具体的接口位置提供站场电缆干线敷设资料；（2）本图应注明干线敷设材料选型（例如SC钢管或者CT桥架等）、规格、敷设方式

续附表

序号	接收专业	互提资料内容
5	动力照明	（1）控制中心电力监控系统电源为一级负荷，要求动力照明系统为电力监控系统提供主、备冗余两路三相四线制交流电源（TN-S 接线），容量为 10 kVA。系统间的接口位置位于动力照明系统配电箱下口 （2）控制中心电力监控系统设备机房、电源室需设接地箱，接地箱内为电力监控系统留出 2 个接地端子。采用综合接地装置，接地电阻要求不大于 1 Ω 注明：此通知单适用于电力监控系统，不纳入综合监控系统的工程
6	综合监控	（1）接口界面：变电所控制室综控屏的通信接口出线端 （2）接口方式：物理层采用 100Base-FX 单模光纤模块，链路层采用 IEEE 802.3，网络和传输层采用 TCP/IP 协议 （3）接口数量：2 个，采用主备冗余接口的方式 注明：此通知单适用于电力监控系统集成于综合监控系统的工程；根据工程具体情况注明系统之间的接口界面、方式、数量
7	通信（传输）	电力监控系统专业给通信（传输系统）专业提供的资料如下： （1）通信专业为电力监控系统专业提供主、备共 2 个传输通道，通道类型为共享型以太网，带宽为 100 M （2）在指挥中心、各车站、车辆综合基地为电力监控系统分别提供 2 个传输接口，接口物理类型为 100 M 以太网光接口（SC 或者 FC） （3）系统间接口位于通信机房传输系统配线架出线端 注明：（1）此通知单适用于电力监控系统不纳入综合监控系统的工程；（2）根据工程具体情况注明系统所需传输通道的地理位置、数量、类型、带宽、接口分界；（3）对于设置于车站外的变电所，可以向通信专业在邻近车站提出单独的通信接口，也可以在电力监控系统内部实现通信连接
8	通信（闭路电视）	（1）电力监控系统专业要求各变电所内均设可旋转云台摄像机，摄像机可在水平方向旋转 360°，垂直方向旋转 180°。电调人员可对摄像机进行调焦操作 （2）摄像机安装于变电所开关柜室及变压器室内 （3）指挥中心的电调工作台设置两面 21″ 彩色监视器，其中一面至少为 9 画面滚动显示（滚动时间为 0~10 s 可调），另外一面为单画面显示。摄取的变电所画面在 CCTV 系统中自动保存 24 h，并以 1 h 为单位进行自动刷新。画面可以按时间或逐帧进行调阅，画面中应有画面地点的中文名称，并可查询画面摄取的时间。电调人员可以人工操作进行画面的永久保存 注明：根据工程具体情况注明系统要求设置的摄像机类型、数量、安装位置、画面显示方式、保存时间、画面浏览方式；第 3 条适用于电力监控系统不纳入综合监控系统的工程
9	通信（公务及专用电话系统）	（1）调度电话：在电调中心工作台设双通道调度电话台，各变电所内设一部调度电话。调度电话应有自动录音功能，录音自动保存 1 个月，并以天为单位自动刷新。电调人员可以人工操作进行录音的永久保存。电调人员不能对自动录音功能做任何控制 （2）外线电话：在电调中心设两部外线电话，其中一部电话带有自动录音功能，另外一部带传真机，带有自动录音功能，设于电调工作台。外线电话录音功能同调度电话 （3）内线电话：电调中心设三部内线电话，其中两部电话带有自动录音功能，另外一部保留自动录音功能。各变电所设一部内线电话。供电工区设两部内线电话。内线电话录音功能同调度电话 注明：根据工程具体情况注明系统要求设置的电话类型、功能、数量、安装位置、保存时间 （4）公务及专用电话安装位置及数量 ① 控制中心：调度电话总台，安装位置为电力调度台，1 台 ② 各变电所：调度电话分机，安装位置为控制室，1 台 ③ 供电工区：内线电话，安装位置为调度室，1 台

附表 3.25　施工图设计杂散电流腐蚀防护系统与相关专业的互提资料内容

序号	接收专业	互提资料内容
1	变电所	（1）在牵引变电所至上、下行钢轨之间设置负回流线，负回流线的根数应根据牵引供电计算确定 （2）所有变电所内的直流开关柜、整流柜、负极柜等设备均应采用绝缘安装，绝缘电阻值不应低于 1 MΩ （3）牵引变电所负极回流电缆与回流轨应焊接牢固，应具有足够截面，满足回流要求，焊接接头电阻不应超过 1 m 长度回流轨电阻值的 3 倍 （4）车辆综合基地应根据供电分区设置情况设置牵引回流回路，使牵引电流就近回流 （5）牵引变电所内预留排流柜的安装位置及孔洞。排流柜的尺寸为 800 mm×800 mm×1800 mm（宽×深×高）。排流柜不做绝缘安装 （6）牵引变电所负极柜预留 1 根直流 1×400 mm² 截面排流电缆接入负母线的条件 （7）全线车站设置综合接地系统，可以利用车站结构钢筋作为接地网
2	电力监控系统	（1）变电所综合自动化系统预留杂散电流监测信息量的通道，通信规约采用 MODOBUS 协议、RS485 接口 （2）变电所综合自动化系统监控牵引变电所内排流柜中排流元件状态、排流电流值以及参比电极的电压。杂散电流监测信息量保存 1 个月
3	结构	（1）区间结构钢筋、车站结构钢筋均应进行电气连接 （2）在区间结构钢筋的底板相叉接处，结构钢筋应可靠焊接。搭接焊接的长度不小于 6 倍的钢筋直径，搭接焊接采用直径 16 mm 以上钢筋，必须双面焊接不得绑扎 （3）隧道区间内结构底板及底板以上 1.8 m 范围内，每隔 10 m 将一根横向钢筋与的所有表层纵向钢筋焊接，形成一个网络 （4）在每一段结构段的两端变形缝或沉降缝处附近，用 50 mm×8 mm 镀锌扁钢在距离结构底板 1 m 的高度，与结构钢筋焊接并引出结构表面，作为电气连接和杂散电流监测之用 （5）在地下车站范围内，在进出站信号机 2 m 范围内距离结构底板 1 m 的隧道侧壁上，引出杂散电流测量端子，作为监测之用 （6）对于盾构区间结构钢筋采用隔离法进行杂散电流腐蚀防护，对盾构区间钢筋没有电气连接的要求 （7）在车站及区间结构的变形缝附近 1 m 范围内，将结构钢筋焊接引出结构表面，作为杂散电流连接端子，变形缝距两侧连接端子不小于 200 mm，端子距轨面垂直距离为 1000 mm，并用 95 mm² 铜绞线进行连接
4	桥梁	（1）高架车站结构钢筋的梁、柱、板相交叉处应可靠焊接。同时车站结构的独立基础内结构钢筋外侧用直径为 16 mm 的钢筋与内部结构钢筋进行双面焊接，将独立基础内结构钢筋在电气上连为一体。由独立基础上引柱内的竖向钢筋在独立基础板内通过箍筋与独立基础内结构钢筋可靠连接 （2）在高架车站与区间之间建筑结构的结构缝附近 1 m 范围内，将结构钢筋焊接引出结构表面，作为杂散电流测量端子 （3）高架桥区间，每个结构段桥梁钢筋通过焊接形成钢筋网，同时用 50 mm×8 mm 镀锌扁钢与桥梁结构缝两端的结构钢筋焊接并引出结构表面，作为杂散电流连接端子，变形缝距两侧连接端子不小于 200 mm，并用 95 mm² 铜绞线进行连接 （4）高架桥区间结构钢筋结构缝附近 1 m 范围内，将结构钢筋焊接引出结构表面，作为杂散电流测量端子

续附表

序号	接收专业	互提资料内容
5	给排水与消防	（1）应将水管等金属管线设置于远离走行轨的地方。沿区间敷设的金属管道，宜采用素混凝土支墩或非金属支、托架，当采用金属支托架时管道与支墩或支架之间设置绝缘橡胶垫片进行绝缘处理 （2）宜采用绝缘材料制作的管子 （3）车辆综合基地内给排水管道宜采用绝缘性能好的塑料管，如果采用金属管道，则应对管道进行绝缘处理。进出停车场的给排水管在进出停车场的部位设置绝缘法兰或绝缘短管，与城市管网在电气上隔离 （4）金属管道穿越结构墙时，先预埋非金属绝缘套管或防水套管，再敷金属管道 （5）给排水管道穿越轨道下方时宜采用非金属绝缘管材，当必须采用金属管材时，应采用加强防腐层，并在穿越部位两侧设置绝缘法兰，穿越部位应该保持干燥和清洁 （6）通向地铁外部的水管等金属管线必须装有绝缘接头或者绝缘法兰，并应设在干燥和可以接近的部位
6	动力照明	（1）在每个车站的两端站台及向区间延伸 200 m 处，上、下行需要动力照明电源箱各提供 1 路电源回路，电压为交流 220 V，功率为 200 W，功率因数为 0.8 （2）杂散电流专业提出监测装置的位置，由动力照明系统将电源引至监测装置开关的上口 （3）车站设置综合接地网，结构钢筋可以作为接地使用
7	综合监控	（1）接口界面：变电所控制室综控屏的通信接口出线端 （2）接口方式：物理层采用 100Base-FX 单模光纤模块，链路层采用 IEEE 802.3，网络和传输层采用 TCP/IP 协议 （3）接口数量：2 个，采用主备冗余接口的方式 注明：此通知单适用于电力监控系统集成于综合监控系统的工程；根据工程具体情况注明系统之间的接口界面、方式、数量
8	轨道	（1）正线回流轨应采用无缝钢轨 （2）钢轨采用绝缘安装，使钢轨对道床的绝缘电阻不小于 15 Ω·km 在轨道与混凝土轨枕之间，在紧固螺栓、道钉与混凝土轨枕之间及扣件与混凝土轨枕之间采取措施，轨道底部与道床之间间隙宜为 50 mm，条件困难时不得小于 30 mm （3）利用整体道床内钢筋作为杂散电流收集网 ① 单行线路杂散电流收集网的截面不小于 2000 mm²，根据牵引供电的计算条件确定 ② 每段道床纵向钢筋进行电气连接，如钢筋有搭接，必须进行搭接焊。每隔 5 m 将一横向钢筋与所有与之交叉的纵向钢筋焊接。在整体道床结构段两侧端头部位引出测防端子。测防端子采用 50 mm×8 mm 镀锌扁钢制作 ③ 有牵引变电所的车站，在靠近站台侧 10 m 处距离道床高 300 mm 的位置分别从上、下行道床钢筋各引出 1 个排流端子。排流端子用 50 mm×8 mm 镀锌扁钢制作 （4）道床应设置良好的排水措施 （5）地下正线车辆综合基地出入段线的走行轨之间，电化股道的走行轨与非电化股道的走行轨之间设置绝缘节进行隔离 （6）对于道岔等特殊部位，钢轨接头除了用鱼尾板螺栓连接外，再在单根钢轨之间用 2 根 120 mm² 以上的绝缘铜芯软电缆连接

续附表

序号	接收专业	互提资料内容
9	信号	（1）沿线的信号设备如道岔转辙机、道岔控制箱、信号箱、信号机等应采取绝缘安装，与走行轨、杂散电流收集网绝缘 （2）与沿线的信号设备或走行轨连接的电缆采用绝缘护套电缆 （3）上行和下行走行轨之间设置均流电缆，均流电缆的位置结合联络通道设置，地上线路每隔400 m设置一处，地下线路每隔600 m设置一处，每处2根240 mm² 直流电缆
10	通信	（1）沿线的通信设备应采取绝缘安装，与走行轨、杂散电流收集网绝缘 （2）与沿线的通信设备或走行轨连接的电缆采用绝缘护套电缆
11	人防	（1）在区间人防门两侧，人防门底部各预留2根φ100 mm的退磁钢管 （2）在车站端头设置人防门时，需在人防门靠近站台的一侧底部预留2根φ100 mm的退磁钢管

附表5.1 可行性研究供电系统设计校审要点

内容	校审项目	校核要点	审核要点	审定要点
设计说明	文件深度和内容	大纲和内容是否符合《城市轨道交通设计文件编制深度规定》	大纲和内容是否符合《城市轨道交通设计文件编制深度规定》	
	工程概况	工程概况是否简洁、明确，并与供电系统设计需求条件相对应		
	主要编制原则及技术标准	主要设计原则中是否符合国家政策及当地特殊要求。采用技术标准是否适当；执行的设计规范是否适用、恰当。设计文件是否违反所执行设计规范的强制性条文	执行的设计规范是否适用、恰当。设计文件是否违反所执行设计规范的强制性条文	执行的设计规范是否适用、恰当。设计文件是否违反所执行设计规范的强制性条文
	系统构成与功能	系统构成与功能是否全面完整	系统构成与功能是否全面完整	系统构成与功能是否全面完整
	外部电源方案	是否有当地城网的介绍，外电源方案是否与当地城网的现状及发展相适应	外电源方案是否与当地城网的现状与发展相适应	外电源方案是否与当地城网的现状与发展相适应
	主变电所或电源开闭所的设置	主变电所的用地是否基本可行，主变电所是否共享设置	主变电所的用地是否基本可行；主变电所是否共享设置；从系统设计的角度，主变电所的位置是否合理	从系统设计的角度，主变电所的位置是否合理
	中压网络方案	中压网络构成是否符合城轨分类特点。供电分区划分是否均衡、正常运行电能指标是否最优，越区供电是否符合运行要求，供电分区划分是否与运行交路结合。继电保护设置是否合理并与一次方案相协调	中压网络构成是否符合城轨分类特点。供电分区划分是否均衡、正常运行电能指标是否最优，越区供电是否符合运行要求，供电分区划分是否与运行交路结合。继电保护设置是否合理并与一次方案相协调	中压网络构成是否符合城轨分类特点。供电分区划分是否均衡、正常运行电能指标是否最优，越区供电是否符合运行要求，供电分区划分是否与运行交路结合。继电保护设置是否合理并与一次方案相协调

续附表

内容	校审项目	校核要点	审核要点	审定要点
设计说明	牵引变电所、降压变电所的设置	端头站是否设置牵引变电所；车辆段、停车场是否设置牵引变电所；小交路车站是否设置牵引变电所；牵引变电所与降压变电所是否合建。牵引变电所分布是否综合考虑了车辆电压、直流保护范围和杂散电流腐蚀影响 牵引机组容量、配电变压器容量是否合理	牵引变电所分布是否综合考虑了车辆电压、直流保护范围和杂散电流腐蚀影响 牵引机组容量、配电变压器容量是否合理	牵引变电所是否综合考虑了车辆电压、直流保护范围和杂散电流腐蚀影响 牵引机组容量、配电变压器容量是否合理
	牵引网制式的选择	牵引网制式的选择是否符合城市发展定位和工程特点。牵引网设计是否与运行交路相匹配	牵引网制式的选择是否符合城市发展定位和工程特点	牵引网制式的选择是否符合城市发展定位和工程特点
	电力监控	电力监控是否与综合监控集成；电力监控系统构成是否与城轨分类相协调。电力监控系统指标是否符合规范要求	电力监控系统构成是否与城轨分类相协调	电力监控系统构成是否与城轨分类相协调
	杂散电流腐蚀防护、接地及过电压保护	杂散电流腐蚀防护原则是否以防为主；回流系统相关的金属部件是否与接地系统的组成内容绝缘	杂散电流腐蚀防护原则是否以防为主；回流系统相关的金属部件是否与接地系统的组成内容绝缘	杂散电流腐蚀防护原则是否以防为主。防护措施是否合理
	动力照明配电	动力配电系统是否满足负荷分类的要求 照明配电系统控制是否满足运营不同时段灵活使用的要求 应急照明系统的供电时间是否满足规范要求 消防配电系统是否独立配电，配电设备、管线及敷设条件是否符合规范要求	应急照明系统的供电时间是否满足规范要求 消防配电系统是否独立配电，配电设备、管线及敷设条件是否符合规范要求	应急照明系统的供电时间是否满足规范要求 消防配电系统是否独立配电，配电设备、管线及敷设条件是否符合规范要求
	谐波治理及无功补偿	谐波治理和无功补偿措施是否完备。谐波和功率因数指标是否满足要求，是否有避免过补偿的应对措施	谐波和功率因数指标是否满足要求，是否有避免过补偿的应对措施	谐波和功率因数指标是否满足要求，是否有避免过补偿的应对措施
	用电指标分析	用电指标分析是否完整，用电指标计算是否正确	用电指标计算是否正确	
	主要设备选型原则	设备国产化指标是否满足要求，设备选择是否满足规范要求	设备国产化指标是否满足要求，设备选择是否满足规范要求	

续附表

内容	校审项目	校核要点	审核要点	审定要点
设计附图	图纸图面美观性	文字、图形符号是否正确，各种标注是否完整，字体大小是否适当，字形是否一致		
	图纸内容及深度	是否符合《城市轨道交通设计文件编制深度规定》内容和深度要求，能否满足工程需要		
	外部电源、主变电所及牵引变电所分布图	外部电源、主变电所及牵引变电所的设置数量、位置是否与设计说明的描述一致	外部电源、主变电所及牵引变电所的设置数量、位置是否与设计说明的描述一致	
	供电系统图	中压网络构成、供电分区划分及电缆规格、牵引变电所分布及数量、降压变电所位置及牵引机组容量、配电变压器容量是否与设计说明一致 正线相邻牵引变电所牵引机组是否在同一段母线上。正线、车辆段、停车场直流馈线数量是否满足要求	正线相邻牵引变电所牵引机组是否在同一段母线上。正线、车辆段、停车场直流馈线数量是否满足要求	正线相邻牵引变电所牵引机组是否在同一段母线上
	主变电所主接线图(如有)	主变电所引入电源是否符合规范要求，主变电所主接线是否简单、可靠	主变电所引入电源是否符合规范要求，主变电所主接线是否简单、可靠	主变电所引入电源是否符合规范要求，主变电所主接线是否简单、可靠
	典型牵引、降压变电所主接线图	主接线是否具有本工程变电所代表性，主接线是否与系统图相符	主接线是否具有本工程变电所代表性，主接线是否与系统图相符	主接线是否具有本工程变电所代表性，主接线是否与系统图相符
互提资料	互提资料	互提资料是否与本工程情况相符，是否完整正确		
计算书	主变压器容量计算；中压网络潮流计算；牵引供电计算；配电变压器容量计算；杂散电流排流网截面计算	计算程序是否选择正确 计算参数是否正确	计算程序是否选择正确 计算参数是否正确	

附表 5.2　总体设计供电系统设计校审要点

内容	校审项目	校核要点	审核要点	审定要点
设计说明	工程概况	与可研相比,工程条件是否有变化		
	主要编制原则及技术标准	主要设计原则中是否符合国家政策及当地特殊要求；采用技术标准是否适当；执行的设计规范是否适用、恰当,设计文件是否违反所执行设计规范的强制性条文	执行的设计规范是否适用、恰当,设计文件是否违反所执行设计规范的强制性条文	执行的设计规范是否适用、恰当,设计文件是否违反所执行设计规范的强制性条文
	设计接口	结合设计招标文件,核实设计接口位置及内容是否正确。与主变电所的设计接口是否完整准确	结合设计招标文件,核实设计接口位置及内容是否正确	
	外部电源方案	投标文件梳理；外电源方案是否与可研有变化,变化是否符合当地城网现状及发展并更为合理	外电源方案是否与可研有变化,变化是否符合当地城网现状及发展并更为合理	
	主变电所或电源开闭所的设置	主变电所的位置是否有变化,主变电所用地、高压电源引入是否落实	主变电所是否共享设置。从系统设计的角度,主变电所的位置是否合理	从系统设计的角度,主变电所的位置是否合理
	中压网络方案	中压网络与可研相比是否有调整,调整变化是否合理	中压网络与可研相比是否有调整,调整变化是否合理	中压网络与可研相比是否有调整,调整变化是否合理
	牵引变电所、降压变电所的设置	牵引变电所、降压变电所的分布与可研是否有变化,调整变化是否更为合理；牵引机组容量、配电变压器容量是否合理	牵引变电所、降压变电所的分布与可研是否有变化,调整变化是否更为合理；牵引机组容量、配电变压器容量是否合理	牵引变电所、降压变电所的分布与可研是否有变化,调整变化是否更为合理；牵引机组容量、配电变压器容量是否合理
	牵引网制式的选择	牵引网制式与可研相比是否有变化,调整变化是否更为合理	牵引网制式与可研相比是否有变化,调整变化是否更为合理	牵引网制式与可研相比是否有变化,调整变化是否更为合理
	杂散电流腐蚀防护、接地及过电压保护	杂散电流腐蚀防护原则是否以防为主；回流系统相关的金属部件是否与接地系统组成内容绝缘。防护措施是否完整、正确	杂散电流腐蚀防护原则是否以防为主；回流系统相关的金属部件是否与接地系统组成内容绝缘。防护措施是否完整、正确	杂散电流腐蚀防护原则是否以防为主,防护措施是否合理
设计附图	图纸图面美观性	文字、图形符号是否正确,各种标注是否完整,字体大小是否适当,字形是否一致		
	外部电源、主变电所及牵引变电所分布图	外部电源、主变电所及牵引变电所的设置数量、位置是否与设计说明的描述一致	外部电源、主变电所及牵引变电所的设置数量、位置是否与设计说明的描述一致	

续附表

内容	校审项目	校核要点	审核要点	审定要点
设计附图	供电系统图	中压网络构成、供电分区划分及电缆规格、牵引变电所分布及数量、降压变电所位置及牵引机组容量、配电变压器容量是否与设计说明一致 正线相邻牵引变电所牵引机组是否在同一段母线上。正线、车辆段、停车场直流馈线数量是否满足要求	正线相邻牵引变电所牵引机组是否在同一段母线上。正线、车辆段、停车场直流馈线数量是否满足要求	正线相邻牵引变电所牵引机组是否在同一段母线上。正线、车辆段、停车场直流馈线数量是否满足要求
	主变电所主接线图（如有）	主变电所引入电源是否符合规范要求，主变电所主接线是否简单、可靠	主变电所引入电源是否符合规范要求，主变电所主接线是否简单、可靠	主变电所引入电源是否符合规范要求，主变电所主接线是否简单、可靠
	典型牵引、降压变电所主接线图	主接线是否具有本工程变电所代表性，主接线是否与系统图相符	主接线是否具有本工程变电所代表性，主接线是否与系统图相符	主接线是否具有本工程变电所代表性，主接线是否与系统图相符
互体资料	互提资料	互提资料是否与本工程情况相符，是否完整、正确		
计算书	当设计方案与可研不同：主变压器容量计算；中压网络潮流计算；牵引供电计算；配电变压器容量计算；杂散电流排流网截面计算	计算程序是否选择正确 计算参数是否正确	计算程序是否选择正确 计算参数是否正确	

附表5.3 初步设计系统方案校审要点

内容	校审项目	校核要点	审核要点	审定要点
设计说明	文件深度和内容	大纲和内容是否符合《城市轨道交通设计文件编制深度规定》	大纲和内容是否符合《城市轨道交通设计文件编制深度规定》	
	工程概述	工程概况是否简洁、明确，并与系统方案设计需求相对应。供电系统概述是否与具体设计方案相符		
	设计范围	设计范围是否与设计任务书或招标文件相符	设计范围是否与设计任务书或招标文件相符	

续附表

内容	校审项目	校核要点	审核要点	审定要点
设计说明	设计依据、原则及标准	是否有招标文件和批准的可行性研究作为依据 主要设计原则中是否符合国家政策及当地特殊要求 采用技术标准是否适当；执行的设计规范是否适用、恰当设计文件是否违反所执行设计规范的强制性条文	执行的设计规范是否适用、恰当，设计文件是否违反所执行设计规范的强制性条文	执行的设计规范是否适用、恰当，设计文件是否违反所执行设计规范的强制性条文
	上一阶段审查意见及执行情况	执行情况是否与具体设计方案相符	执行情况是否与具体设计方案相符	
	设计接口	设计接口是否完整、准确，接口位置是否存在歧义或不统一		
	设计方案	外部供电方式、主变电所（电源开闭所）数量及位置、中压网络方案及继电保护方案、牵引变电所分布等是否与上一阶段有变化，变化的原因及方案修改是否合理 是否设有再生制动吸收装置，是否与车辆制动电阻重复设置，装置类型选择是否为节能型 谐波治理方案是否满足规范和当地有关部门要求 无功补偿方案是否以就地补偿为主，并有防止过补偿措施 双电源的电缆线路是否分开敷设等	外部供电方式、主变电所（电源开闭所）数量及位置、中压网络方案及继电保护方案、牵引变电所分布等是否与上一阶段相同；有变化时，变化的原因及方案修改是否合理 是否设有再生制动吸收装置，是否与车辆制动电阻重复设置，装置类型选择是否为节能型 谐波治理方案是否满足规范和当地有关部门要求 无功补偿方案是否以就地补偿为主，并有防止过补偿措施 双电源的电缆线路是否分开敷设	外部供电方式、主变电所（电源开闭所）数量及位置、中压网络方案及继电保护方案、牵引变电所分布等是否与上一阶段相同；有变化时，变化的原因及方案修改是否合理 是否设有再生制动吸收装置，是否与车辆制动电阻重复设置，装置类型选择是否为节能型 谐波治理方案是否满足规范和当地有关部门要求 无功补偿方案是否以就地补偿为主，并有防止过补偿措施 双电源的电缆线路是否分开敷设
	电缆选型及数量	电缆选型是否符合规范要求 电缆截面、技术参数选择是否合理 电缆数量是否准确	电缆选型是否符合规范要求 电缆截面、技术参数选择是否合理	电缆选型是否符合规范要求 电缆截面、技术参数选择是否合理
设计附图	图纸图面美观性	文字、图形符号是否正确，各种标注是否完整、准确字体大小是否适当，字形是否一致		

续附表

内容	校审项目	校核要点	审核要点	审定要点
设计附图	图纸内容及深度	是否符合《城市轨道交通设计文件编制深度规定》内容和深度要求，能否满足工程需要	是否符合《城市轨道交通设计文件编制深度规定》内容和深度要求，能否满足工程需要	是否符合《城市轨道交通设计文件编制深度规定》内容和深度要求，能否满足工程需要
	主变电所（电源开闭所）、牵引变电所位置分布图	外部电源、主变电所及牵引变电所的设置数量、位置是否与设计说明的描述一致	外部电源、主变电所及牵引变电所的设置数量、位置是否与设计说明的描述一致	
	全线供电系统图	中压网络构成、供电分区划分及电缆规格、牵引变电所分布及数量、降压变电所位置及牵引机组容量、配电变压器容量是否与设计说明一致	中压网络构成、供电分区划分及电缆规格、牵引变电所分布及数量、降压变电所位置及牵引机组容量、配电变压器容量是否与设计说明一致	中压网络构成、供电分区划分及电缆规格、牵引变电所分布及数量、降压变电所位置及牵引机组容量、配电变压器容量是否与设计说明一致
	直流牵引供电系统图	正线相邻牵引变电所牵引机组是否在同一段母线上。正线、车辆段、停车场直流馈线数量是否满足要求	正线相邻牵引变电所牵引机组是否在同一段母线上。正线、车辆段、停车场直流馈线数量是否满足要求	正线相邻牵引变电所牵引机组是否在同一段母线上。正线、车辆段、停车场直流馈线数量是否满足要求
	系统电缆（中压）敷设位置图	中压电缆敷设位置是否与本工程情况相吻合	中压电缆敷设位置是否与本工程情况相吻合	
互提资料	互提资料	互提资料是否与本工程情况相符，是否完整、正确		
计算书	中压网络潮流分布计算；牵引负荷计算；牵引供电压质量计算；回流轨对地电压计算；列车再生能量计算；谐波电压、电流畸变率计算；交流中压网络短路电流计算；直流牵引供电系统短路电流计算；主变电所（电源开闭所）中压母线功率因数计算；系统电缆热稳定计算	计算程序是否选择正确 计算参数是否正确 计算结果能否满足运行要求	计算程序是否选择正确 计算参数是否正确 计算结果能否满足运行要求	

附表5.4 初步设计变电所设计校审要点

内容	校审项目	校核要点	审核要点	审定要点
设计说明	文件深度和内容	大纲和内容是否符合《城市轨道交通设计文件编制深度规定》	大纲和内容是否符合《城市轨道交通设计文件编制深度规定》	大纲和内容是否符合《城市轨道交通设计文件编制深度规定》
	工程概述	工程概况是否简洁、明确,并与变电所设计需求相对应。变电所概述是否与具体设计方案相符		
	设计范围	设计范围是否与设计任务书或招标文件相符	设计范围是否与设计任务书或招标文件相符	设计范围是否与设计任务书或招标文件相符
	设计依据、原则及标准	是否有招标文件和批准的可行性研究作为依据 主要设计原则中是否符合国家政策及当地特殊要求 采用技术标准是否适当;执行的设计规范是否适用、恰当,设计文件是否违反所执行设计规范的强制性条文	执行的设计规范是否适用、恰当,设计文件是否违反所执行设计规范的强制性条文	执行的设计规范是否适用、恰当,设计文件是否违反所执行设计规范的强制性条文
	上一阶段审查意见及执行情况	执行情况是否与具体设计方案相符	执行情况是否与具体设计方案相符	
	设计接口	设计接口是否完整、准确,接口位置是否存在歧义或不统一		
	设计方案	主变电所(电源开闭所)是否与上一阶段一致、各变电所引入电源是否满足规范按要求,是否落实 牵引变电所在车站的位置是否有利于牵引间距的均衡。降压变电所在车站的位置是否设在重负荷端 主接线是否简单统一,运行方式描述是否完整、可行 交直流自用电是否接线简单、运行可靠,并满足负荷分级供电要求 无功补偿方案是否以谐波抑制为主 设备布置方案是否符合供电流程,运输通道是否使用方便,维护检修通道、操作通道等是否符合规范要求 防雷措施是否与设备绝缘合理配合。接地方案是否经济并满足规范要求	主变电所(电源开闭所)外引电源是否满足规范按要求,是否落实 牵引变电所在车站的位置是否有利于牵引间距的均衡。降压变电所在车站的位置是否设在重负荷端 主接线是否简单统一,运行方式描述是否完整、可行 交直流自用电是否接线简单、运行可靠,并满足负荷分级供电要求 无功补偿方案是否以谐波抑制为主 设备布置方案是否符合供电流程,运输通道是否使用方便,维护检修通道、操作通道等是否符合规范要求 防雷措施是否与设备绝缘合理配合。接地方案是否经济并满足规范要求	主变电所(电源开闭所)外引电源是否满足规范按要求,是否落实 牵引变电所在车站的位置是否有利于牵引间距的均衡。降压变电所在车站的位置是否设在重负荷端 主接线是否简单统一,运行方式描述是否完整、可行 交直流自用电是否接线简单、运行可靠,并满足负荷分级供电要求 无功补偿方案是否以谐波抑制为主 设备布置方案是否符合供电流程,运输通道是否使用方便,维护检修通道、操作通道等是否符合规范要求 防雷措施是否与设备绝缘合理配合。接地方案是否经济并满足规范要求

续附表

内容	校审项目	校核要点	审核要点	审定要点
设计说明	用电负荷计算及配电变压器容量选择	负荷计算中各系数选择是否合理,配电变压器容量是否满足单台运行承担一二级负荷要求	负荷计算中各系数选择是否合理,配电变压器容量是否满足单台运行承担一二级负荷要求	
设计说明	设备选型	设备选型是否满足国产化率的要求,设备是否为节能产品 电缆选型是否符合敷设条件(地下、地上)要求	设备选型是否满足国产化率的要求,设备是否为节能产品。电缆选型是否符合敷设条件(地下、地上)要求	设备选型是否满足国产化率的要求,设备是否为节能产品。电缆选型是否符合敷设条件(地下、地上)要求
设计说明	主要设备、材料数量	主要设备、材料的种类是否齐全并与设计说明、设计图纸相符,数量是否准确		
设计附图	图纸图面美观性	文字、图形符号是否正确,各种标注是否完整,字体大小是否适当,字形是否一致		
设计附图	图纸内容及深度	是否符合《城市轨道交通设计文件编制深度规定》内容和深度要求,能否满足工程需要	是否符合《城市轨道交通设计文件编制深度规定》内容和深度要求,能否满足工程需要	是否符合《城市轨道交通设计文件编制深度规定》内容和深度要求,能否满足工程需要
设计附图	主变电所总平面图	主变电所总平面图是否有消防环形通道。主变电所位置及占地面积是否符合规范要求	主变电所总平面图是否有消防环形通道。主变电所位置及占地面积是否符合规范要求	主变电所总平面图是否有消防环形通道。主变电所位置及占地面积是否符合规范要求
设计附图	各种变电所主接线图	主接线是否与设计说明相符,是否符合变电所特点及运行维护要求	主接线是否与设计说明相符,是否符合变电所特点及运行维护要求	主接线是否与设计说明相符,是否符合变电所特点及运行维护要求
设计附图	混合变电所、降压变电所中压开关柜、直流开关柜、低压开关柜排列图	开关柜排列图与主接线、设备布置平面图是否相符,开关等元器件的技术参数是否适当	开关柜排列图与主接线、设备布置平面图是否相符,开关等元器件的技术参数是否适当	开关柜排列图与主接线、设备布置平面图是否相符,开关等元器件的技术参数是否适当
设计附图	混合变电所、降压变电所交直流自用电系统图	系统图与设计说明描述是否相符 开关等元器件的技术参数是否适当	系统图与设计说明描述是否相符 开关等元器件的技术参数是否适当	系统图与设计说明描述是否相符 开关等元器件的技术参数是否适当
设计附图	接地系统图	接地系统图是否考虑了总等电位联结,直流牵引设备是否通过框架保护一点接地	接地系统图是否考虑了总等电位联结,直流牵引设备是否通过框架保护一点接地	接地系统图是否考虑了总等电位联结,直流牵引设备是否通过框架保护一点接地
设计附图	各变电所设备布置平面图	设备布置方案是否符合供电流程,运输通道是否使用方便,维护检修通道、操作通道等是否符合规范要求	设备布置方案是否符合供电流程,运输通道是否使用方便,维护检修通道、操作通道等是否符合规范要求	设备布置方案是否符合供电流程,运输通道是否使用方便,维护检修通道、操作通道等是否符合规范要求
互提资料	互提资料	互提资料是否与本工程情况相符,是否完整、准确		
计算书	动力照明负荷计算;配电变压器容量选择	计算程序是否选择正确 计算参数是否正确 计算结果能否满足运行要求	计算程序是否选择正确 计算参数是否正确 计算结果能否满足运行要求	

附表 5.5　初步设计电力监控系统设计校审要点

内容	校审项目	校核要点	审核要点	审定要点
设计说明	文件深度和内容	大纲和内容是否符合《城市轨道交通设计文件编制深度规定》	大纲和内容是否符合《城市轨道交通设计文件编制深度规定》	大纲和内容是否符合《城市轨道交通设计文件编制深度规定》
	工程概述	工程概况是否简洁、明确,并与电力监控设计需求相对应。电力监控系统概述是否与具体设计方案相符		
	设计范围	设计范围是否与设计任务书或招标文件相符	设计范围是否与设计任务书或招标文件相符	设计范围是否与设计任务书或招标文件相符
	设计依据、原则及标准	是否有招标文件和批准的可行性研究作为依据 主要设计原则中是否符合国家政策及当地特殊要求 采用技术标准是否适当;执行的设计规范是否适用	执行的设计规范是否适用、恰当	执行的设计规范是否适用、恰当
	上一阶段审查意见及执行情况	执行情况是否与具体设计方案相符	执行情况是否与具体设计方案相符	
	设计接口	设计接口是否完整、准确,接口位置是否存在歧义或不统一		
	设计方案	电调中心的技术要求是否完整、合理 系统构成是否完整,功能和指标是否合理 变电所综合自动化方案是否简单、可靠 复式管理终端方案是否满足运营管理要求	电调中心的技术要求是否完整、合理 系统构成是否完整,功能和指标是否合理 变电所综合自动化方案是否简单、可靠 复式管理终端方案是否满足运营管理要求	电调中心的技术要求是否完整、合理 系统构成是否完整,功能和指标是否合理 变电所综合自动化方案是否简单、可靠 复式管理终端方案是否满足运营管理要求
	设备选型	设备选型是否满足可扩展性,是否满足国产化率的要求,技术指标是否合理	设备选型是否满足可扩展性,是否满足国产化率的要求,技术指标是否合理	
	主要设备、材料数量	主要设备、材料的种类是否齐全并与设计说明的描述相符、数量是否准确		
设计附图	图纸图面美观性	文字、图形符号是否正确,各种标注是否完整,字体大小是否适当,字形是否一致		
	图纸内容及深度	是否符合《城市轨道交通设计文件编制深度规定》内容和深度要求,能否满足工程需要	是否符合《城市轨道交通设计文件编制深度规定》内容和深度要求,能否满足工程需要	是否符合《城市轨道交通设计文件编制深度规定》内容和深度要求,能否满足工程需要
	电力监控系统图	图纸表达是否完整,是否包括了主变电所的相关内容	图纸表达是否完整,是否包括了主变电所的相关内容	图纸表达是否完整,是否包括了主变电所的相关内容
	典型混合、降压变电所综合自动化系统图	系统图是否与设计说明相符,是否符合变电所特点及运行维护要求	系统图是否与设计说明相符,是否符合变电所特点及运行维护要求	系统图是否与设计说明相符,是否符合变电所特点及运行维护要求
互提资料	互提资料	互提资料是否与本工程情况相符,是否正确完整		

附表 5.6　初步设计牵引网设计校审要点

内容	校审项目	校核要点	审核要点	审定要点
设计说明	文件深度和内容	大纲和内容是否符合《城市轨道交通设计文件编制深度规定》	大纲和内容是否符合《城市轨道交通设计文件编制深度规定》	大纲和内容是否符合《城市轨道交通设计文件编制深度规定》
	工程概述	工程概况是否简洁、明确，并与牵引网设计需求条件相对应。牵引网系统概述是否与具体设计方案相符		
	设计范围	设计范围是否与设计任务书或招标文件相符	设计范围是否与设计任务书或招标文件相符	设计范围是否与设计任务书或招标文件相符
	设计依据、原则及标准	是否有招标文件和批准的可行性研究作为依据 主要设计原则中是否符合国家政策及当地特殊要求 采用技术标准是否适当；执行的设计规范是否适用、恰当，设计文件是否违反所执行设计规范的强制性条文	执行的设计规范是否适用、恰当，设计文件是否违反所执行设计规范的强制性条文	执行的设计规范是否适用、恰当，设计文件是否违反所执行设计规范的强制性条文
	上一阶段审查意见及执行情况。	执行情况是否与具体设计方案相符	执行情况是否与具体设计方案相符。	执行情况是否与具体设计方案相符
	设计接口	设计接口是否完整、准确，接口位置是否存在歧义或不统一		
	设计方案	（1）接触轨系统 设计条件分析是否符合当地情况 接触轨授流方式是否与车辆要求相同，是否有利于安全、可靠。接触轨截面选择是否与牵引供电计算相匹配 接触轨膨胀接头设置是否与当地气候条件相适应 接触轨支撑防护方案是否与授流方式相匹配 接触轨布置及电分段是否与轨道道岔、隧道联络通道位置相适应，是否能够满足不断电或分区不联电要求	（1）接触轨系统 设计条件分析是否符合当地情况 接触轨授流方式是否与车辆要求相同，是否有利于安全、可靠。接触轨截面选择是否与牵引供电计算相匹配 接触轨膨胀接头设置是否与当地气候条件相适应 接触轨支撑防护方案是否与授流方式相匹配 接触轨布置及电分段是否与轨道道岔、隧道联络通道位置相适应，是否能够满足不断电或分区不联电要求	（1）接触轨系统 设计条件分析是否符合当地情况 接触轨授流方式是否与车辆要求相同，是否有利于安全、可靠。接触轨截面选择是否与牵引供电计算相匹配 接触轨膨胀接头设置是否与当地气候条件相适应 接触轨支撑防护方案是否与授流方式相匹配 接触轨布置及电分段是否与轨道道岔、隧道联络通道位置相适应，是否能够满足不断电或分区不联电要求

续附表

内容	校审项目	校核要点	审核要点	审定要点
设计说明	设计方案	列车最高运行速度100 km/h及以上时是否有合理措施 正线是否有接触轨紧急停电措施，车辆段及库内接触轨是否有附加安全措施 （2）架空接触网系统 设计条件分析是否符合当地情况 接触网悬挂方案是否与列车运行最高速度相适应，是否有利于景观 接触网布置是否与线路条件相适应，电分段设置是否有利于行车调度 接触网刚柔过渡方案是否合理 接触网防雷措施是否合理	列车最高运行速度100 km/h及以上时是否有合理措施 正线是否有接触轨紧急停电措施，车辆段及库内接触轨是否有附加安全措施 （2）架空接触网系统 设计条件分析是否符合当地情况 接触网悬挂方案是否与列车运行最高速度相适应，是否有利于景观 接触网布置是否与线路条件相适应，电分段设置是否有利于行车调度 接触网刚柔过渡方案是否合理 接触网防雷措施是否合理	列车最高运行速度100 km/h及以上时是否有合理措施 正线是否有接触轨紧急停电措施，车辆段及库内接触轨是否有附加安全措施 （2）架空接触网系统 设计条件分析是否符合当地情况 接触网悬挂方案是否与列车运行最高速度相适应，是否有利于景观 接触网布置是否与线路条件相适应，电分段设置是否有利于行车调度 接触网刚柔过渡方案是否合理 接触网防雷措施是否合理
	设备选型	（1）接触轨系统 接触轨材质是否有利于安装和运行节能 防护罩的防护范围在保证车辆正常取流的条件下是否最大。支架型式是否与授流方式匹配 绝缘子的强度和抗弯性是否与本工程线路、运行速度相适应，绝缘子的绝缘要求能否满足环境污秽条件和过电压等要求 （2）架空接触网 接触网线索能否满足牵引供电要求，能否满足运行最高速度的要求 支柱强度、基础能否满足环境条件及运行要求，支柱型式是否美观 补偿装置是否可靠、美观 绝缘子的绝缘要求能否满足环境污秽条件和过电压等要求	（1）接触轨系统 接触轨材质是否有利于安装和运行节能 防护罩的防护范围在保证车辆正常取流的条件下是否最大。支架型式是否与授流方式匹配 绝缘子的强度和抗弯性是否与本工程线路、运行速度相适应，绝缘子的绝缘要求能否满足环境污秽条件和过电压等要求 （2）架空接触网 接触网线索能否满足牵引供电要求，能否满足运行最高速度的要求 支柱强度、基础能否满足环境条件及运行要求，支柱型式是否美观 补偿装置是否可靠、美观 绝缘子的绝缘要求能否满足环境污秽条件和过电压等要求	
	主要设备、材料数量	主要设备、材料的种类是否齐全并与设计说明的描述相符，数量是否准确		

续附表

内容	校审项目	校核要点	审核要点	审定要点
设计附图	图纸图面美观性	文字、图形符号是否正确，各种标注是否完整，字体大小是否适当，字形是否一致		
	图纸内容及深度	是否符合《城市轨道交通设计文件编制深度规定》内容和深度要求，能否满足工程需要	是否符合《城市轨道交通设计文件编制深度规定》内容和深度要求，能否满足工程需要	是否符合《城市轨道交通设计文件编制深度规定》内容和深度要求，能否满足工程需要
	（1）接触轨 （2）架空接触网	（1）接触轨 系统接线图是否完整、全面，是否体现出各个环节如上网点、机械分段、膨胀接头的电连接关系 接触轨的布置图中接触轨定位是否正确，是否与系统接线图相符，能否满足列车不断电及不联电的要求 接触轨安装示意图是否针对本工程、是否包括本工程所有道床型式 （2）架空接触网 系统接线图是否完整、全面，是否体现出各个环节如上网点、刚柔过渡、分段绝缘器、避雷器等的设置及电连接关系 正线、车辆段电分段示意图是否与系统接线图一致，表达是否正确 各种情况下接触网安装示意图是否全面并与本工程情况相对应 车辆段库内悬挂安装图是否正确并具有代表性	（1）接触轨 系统接线图是否完整、全面，是否体现出各个环节如上网点、机械分段、膨胀接头的电连接关系 接触轨的布置图中接触轨定位是否正确，是否与系统接线图相符，能否满足列车不断电及不联电的要求 接触轨安装示意图是否针对本工程、是否包括本工程所有道床型式 （2）架空接触网 系统接线图是否完整、全面，是否体现出各个环节如上网点、刚柔过渡、分段绝缘器、避雷器等的设置及电连接关系 正线、车辆段电分段示意图是否与系统接线图一致，表达是否正确 各种情况下接触网安装示意图是否全面并与本工程情况相对应 车辆段库内悬挂安装图是否正确并具有代表性	（1）接触轨 系统接线图是否完整、全面，是否体现出各个环节如上网点、机械分段、膨胀接头的电连接关系 接触轨的布置图中接触轨定位是否正确，是否与系统接线图相符，能否满足列车不断电及不联电的要求 接触轨安装示意图是否针对本工程、是否包括本工程所有道床型式 （2）架空接触网 系统接线图是否完整、全面，是否体现出各个环节如上网点、刚柔过渡、分段绝缘器、避雷器等的设置及电连接关系 正线、车辆段电分段示意图是否与系统接线图一致，表达是否正确 各种情况下接触网安装示意图是否全面并与本工程情况相对应 车辆段库内悬挂安装图是否正确并具有代表性
互提资料	互提资料	互提资料是否与本工程情况相符，是否正确完整		

附表 5.7 初步设计杂散电流腐蚀防护系统校审要点

内容	校审项目	校核要点	审核要点	审定要点
设计说明	文件深度和内容	大纲和内容是否符合《城市轨道交通设计文件编制深度规定》	大纲和内容是否符合《城市轨道交通设计文件编制深度规定》	大纲和内容是否符合《城市轨道交通设计文件编制深度规定》
	工程概述	工程概况是否简洁、明确,并与杂散电流腐蚀防护设计需求相对应。杂散电流腐蚀防护概述是否与具体设计方案相符		
	设计范围	设计范围是否与设计任务书或招标文件相符	设计范围是否与设计任务书或招标文件相符	设计范围是否与设计任务书或招标文件相符
	设计依据、原则及标准	是否有招标文件和批准的可行性研究作为依据 主要设计原则中是否符合国家政策及当地特殊要求 采用技术标准是否适当;执行的设计规范是否适用、恰当	执行的设计规范是否适用、恰当	执行的设计规范是否适用、恰当
	上一阶段审查意见及执行情况	执行情况是否与具体设计方案相符	执行情况是否与具体设计方案相符	
	设计接口	设计接口是否完整、准确,接口位置是否存在歧义或不统一		
	设计方案 (1)防护方案及相关要求 (2)排流系统方案及运行方式 (3)监测系统方案 (4)对运营管理的建议	防护方案是否满足限制、减少杂散电流及其泄露的原则要求 对相关专业提出的要求是否全面、合理可行 排流系统方案与本工程情况是否有对应性 监测系统方案是否完整,并应为排流系统是否开放提供依据 对运营管理的建议是否合理、全面	防护方案是否满足限制、减少杂散电流及其泄露的原则要求 对相关专业提出的要求是否全面、合理可行 排流系统方案与本工程情况是否有对应性 监测系统方案是否完整,并应为排流系统是否开放提供依据 对运营管理的建议是否合理、全面	防护方案是否满足限制、减少杂散电流及其泄露的原则要求 对相关专业提出的要求是否全面、合理可行 排流系统方案与本工程情况是否有对应性 监测系统方案是否完整,并应为排流系统是否开放提供依据 对运营管理的建议是否合理、全面
	设备选型 排流柜、参比电极、采集传输设备的技术参数	排流柜、参比电极、传感器等技术参数是否合理	排流柜、参比电极、传感器等技术参数是否合理	排流柜、参比电极、传感器等技术参数是否合理
	主要设备材料数量	主要设备材料是否齐全、数量是否正确。		
设计附图	图纸图面美观性	文字、图形符号是否正确,各种标注是否完整,字体大小是否适当,字形是否一致		
	图纸内容及深度	是否符合《城市轨道交通设计文件编制深度规定》内容和深度要求,能否满足工程需要	是否符合《城市轨道交通设计文件编制深度规定》内容和深度要求,能否满足工程需要	是否符合《城市轨道交通设计文件编制深度规定》内容和深度要求,能否满足工程需要
	全线杂散电流腐蚀防护系统图	全线腐蚀防护系统图是否完整并与设计说明的描述一致	全线腐蚀防护系统图是否完整并与设计说明的描述一致	全线腐蚀防护系统图是否完整并与设计说明的描述一致
互提资料	互提资料	互提资料是否与本工程情况相符,是否正确完整		
计算书	排流网钢筋截面的计算	计算公式是否选择正确 计算参数是否正确	计算公式是否选择正确 计算参数是否正确	计算公式是否选择正确 计算参数是否正确

附表 5.8 施工图设计系统方案校审要点

内容	校审项目	校核要点	审核要点	审定要点
设计说明	文件深度和内容	大纲和内容是否符合《城市轨道交通设计文件编制深度规定》	大纲和内容是否符合《城市轨道交通设计文件编制深度规定》	大纲和内容是否符合《城市轨道交通设计文件编制深度规定》
设计说明	工程概述	工程概况是否简洁、明确,并与系统方案需求相对应。系统方案概述是否与具体设计方案相符		
设计说明	设计范围	设计范围是否与初步设计相符	设计范围是否与初步设计相符	设计范围是否与初步设计相符
设计说明	设计依据及标准	是否有批准的初步设计作为依据;采用技术标准是否适当;执行的设计规范是否适用、恰当,设计文件是否存在违反所执行规范的强制性条文	采用技术标准是否适当;执行的设计规范是否适用、恰当,设计文件是否存在违反所执行规范的强制性条文	采用技术标准是否适当;执行的设计规范是否适用、恰当,设计文件是否存在违反所执行规范的强制性条文
设计说明	初步设计评审意见及执行情况	执行情况是否与施工图相符	执行情况是否与施工图相符	
设计说明	设计方案	中压网络描述是否与对应设计图纸相同;中压网络电缆类型是否与初步设计一致;电缆 U_0 选择是否与系统接地方式相对应;电缆敷设方式及电缆支架选择是否与本工程线路条件、土建条件具有针对性	中压网络描述是否与对应设计图纸相同;中压网络电缆类型是否与初步设计一致;电缆 U_0 选择是否与系统接地方式相对应;电缆敷设方式及电缆支架选择是否与本工程线路条件、土建条件具有针对性	中压网络描述是否与对应设计图纸相同;中压网络电缆类型是否与初步设计一致;电缆 U_0 选择是否与系统接地方式相对应;电缆敷设方式及电缆支架选择是否与本工程线路条件、土建条件具有针对性
设计说明	电缆数量	电缆规格型号是否齐全、正确,数量是否准确		
设计图纸	图纸图面美观性	文字、图形符号是否正确,各种标注是否完整,字体大小是否适当,字形是否一致		
设计图纸	图纸内容及深度	是否符合《城市轨道交通设计文件编制深度规定》内容和深度要求,能否满足工程需要	是否符合《城市轨道交通设计文件编制深度规定》内容和深度要求,能否满足工程需要	是否符合《城市轨道交通设计文件编制深度规定》内容和深度要求,能否满足工程需要
设计图纸	供电一次系统图	外电源的位置是否明确;系统图是否完整并与初步设计最终结果相一致。图中牵引间距、牵引机组容量、配电变容量、电缆等标注是否齐全、正确;电源容量计算是否正确	系统图是否完整并与初步设计最终结果相一致。图中牵引间距、牵引机组容量、配电变容量、电缆等标注是否齐全、正确。电源容量计算是否正确	系统图是否完整并与初步设计最终结果相一致。图中牵引间距、牵引机组容量、配电变容量、电缆等标注是否齐全、正确。电源容量计算是否正确

续附表

内容	校审项目	校核要点	审核要点	审定要点
设计图纸	中压网络继电保护配置图	保护配置图采用的一次接线是否与系统图一致 保护配置是否合理、适用 继电保护图例是否标准、齐全	保护配置图采用的一次接线是否与系统图一致 保护配置是否合理、适用 继电保护图例是否标准、齐全	保护配置图采用的一次接线是否与系统图一致 保护配置是否合理、适用 继电保护图例是否标准、齐全
设计图纸	系统电缆敷设平面及剖面图	平面图中电缆路径是否清晰并与限界要求相符合，剖面位置选择是否合理 剖面图是否齐全并包括标高变化、过人防门、防淹门等重要节点。剖面图中电缆是否与系统图及保护配置图的电缆内容相对应 电缆支架是否已考虑了动力照明电缆的使用	平面图中电缆路径是否清晰并与限界要求相符合，剖面位置选择是否合理 剖面图是否齐全并包括标高变化、过人防门、防淹门等重要节点。剖面图中电缆是否与系统图及保护配置图的电缆内容相对应 电缆支架是否已考虑了动力照明电缆的使用	平面图中电缆路径是否清晰并与限界要求相符合，剖面位置选择是否合理 剖面图是否齐全并包括标高变化、过人防门、防淹门等重要节点。剖面图中电缆是否与系统图及保护配置图的电缆内容相对应 电缆支架是否已考虑了动力照明电缆的使用
设计图纸	中压网络继电保护定值单、直流牵引供电系统继电保护定值单	保护定值单及内容是否齐全、正确	保护定值单及内容是否齐全、正确	
互提资料	互提资料	互提资料是否与本工程情况相符，是否正确完整		
计算书	包含中压网络最大、最小运行方式下短路电流计算，直流牵引供电系统短路电流计算	计算程序是否选择正确 计算参数是否正确 计算结果能否满足运行要求	计算程序是否选择正确 计算参数是否正确 计算结果能否满足运行要求	

附表 5.9　施工图设计变电所校审要点

内容	校审项目	校核要点	审核要点	审定要点
设计说明	文件深度和内容	大纲和内容是否符合《城市轨道交通设计文件编制深度规定》	大纲和内容是否符合《城市轨道交通设计文件编制深度规定》	大纲和内容是否符合《城市轨道交通设计文件编制深度规定》
设计说明	工程概述	工程概况是否简洁、明确，并与变电所设计需求相对应。变电所概述是否与具体设计图纸相符 车站变电所是否描述了所在车站形式、面积；变电所类型及所在位置、电缆夹层或电缆沟净高 车辆综合基地变电所是否描述了变电所类型、设备层及电缆夹层净高和室内外高差 区间变电所是否描述了变电所类型、里程、单建还是合建、设备层及电缆夹层净高（若有）		

续附表

内容	校审项目	校核要点	审核要点	审定要点
设计说明	工程概述	控制中心变电所是否描述了控制中心面积、高度，变电所所在位置，变电所设备层及电缆夹层(若有)净高		
	设计范围	设计范围是否与初步设计相符	设计范围是否与初步设计相符	设计范围是否与初步设计相符
	设计依据及标准	是否有批准的初步设计作为依据 采用技术标准是否适当；执行的设计规范是否适用、恰当。设计文件是否存在违反所执行规范的强制性条文	执行的设计规范是否适用、恰当。设计文件是否存在违反所执行规范的强制性条文	执行的设计规范是否适用、恰当。设计文件是否存在违反所执行规范的强制性条文
	初步设计评审意见和执行情况	执行情况是否与具体设计方案相符	执行情况是否与具体设计方案相符	执行情况是否与具体设计方案相符
	设计方案	变电所电源引入引出位置是否与系统图相符 变电所主接线描述是否简洁并与主接线图相符，运行方式描述是否完整。继电保护配置是否完备 防雷及操作过电压防护措施是否结合了地上或地下变电所的特点并符合《交流电气装置过电压及绝缘配合》《地铁设计规范》等规范的要求 接地装置是否采用综合接地且接地电阻、跨步电压和接触电压应有计算并满足规范要求	变电所电源引入引出位置是否与系统图相符 变电所主接线描述是否简洁并与主接线图相符，运行方式描述是否完整。继电保护配置是否完备 防雷及操作过电压防护措施是否结合了地上或地下变电所的特点并符合《交流电气装置过电压及绝缘配合》《地铁设计规范》等规范的要求 接地装置是否采用综合接地且接地电阻、跨步电压和接触电压应有计算并满足规范要求	变电所电源引入引出位置是否与系统图相符。变电所主接线描述是否简洁并与主接线图相符，运行方式描述是否完整。继电保护配置是否完备 防雷及操作过电压防护措施是否结合了地上或地下变电所的特点并符合《交流电气装置过电压及绝缘配合》《地铁设计规范》等规范的要求 接地装置是否采用综合接地且接地电阻、跨步电压和接触电压应有计算并满足规范要求
	施工注意事项	是否包括施工注意事项并且描述的问题符合设计范围及工程需要	是否包括施工注意事项并且描述的问题符合设计范围及工程需要	是否包括施工注意事项并且描述的问题符合设计范围及工程需要
设计图纸	图纸图面美观性	文字、图形符号是否正确，各种标注是否完整，字体大小是否适当，字形是否一致		
	图纸内容及深度	是否符合《城市轨道交通设计文件编制深度规定》内容和深度要求，能否满足工程需要	是否符合《城市轨道交通设计文件编制深度规定》内容和深度要求，能否满足工程需要	是否符合《城市轨道交通设计文件编制深度规定》内容和深度要求，能否满足工程需要

续附表

内容	校审项目	校核要点	审核要点	审定要点
设计图纸	主要设备材料表	主要设备型号、数量是否正确,电缆等主要材料的选择是否满足规范要求,数量是否正确		
	变电所主接线图	变电所主接线图是否完整并与初步设计相符,不同阶段完成的内容的表示是否清晰,低压配电系统除馈线外其余内容是否均完整表示出来	变电所主接线图是否完整并与初步设计相符,不同阶段完成的内容的表示是否清晰,低压配电系统除馈线外其余内容是否均完整表示出来	变电所主接线图是否完整并与初步设计相符,不同阶段完成的内容的表示是否清晰,低压配电系统除馈线外其余内容是否均完整表示出来
	交流中压、低压、直流开关柜排列图	开关柜排列图是否与主接线和设备布置平面图一致,电缆和柜内主要元器件的选择是否正确、标注是否完整 低压排列图的整定是否完整并满足选择性的要求 低压排列图的剩余电流火灾监测设置是否正确、完整	开关柜排列图是否与主接线和设备布置平面图一致,电缆和柜内主要元器件的选择是否正确、标注是否完整 低压排列图的整定是否完整并满足选择性的要求 低压排列图剩余电流火灾监测设置是否正确、完整	开关柜排列图是否与主接线和设备布置平面图一致,电缆和柜内主要元器件的选择是否正确、标注是否完整 低压排列图的整定是否完整并满足选择性的要求 低压排列图的剩余电流火灾监测设置是否正确、完整
	交直流自用电系统图	开关等元器件及导线选择是否合理 直流电源屏是否为非一级负荷中特别重要的负荷供电	开关等元器件及导线选择是否合理 直流电源屏是否为非一级负荷中特别重要的负荷供电	开关等元器件及导线选择是否合理 直流电源屏是否为非一级负荷中特别重要的负荷供电
	设备布置平面、剖面图(含变电所位置图)	设备布置是否与开关柜排列图相符,设备布置各通道是否满足规范要求,运输通道是否符合要求。设备布置与相关专业设备布置是否存在冲突	设备布置是否与开关柜排列图相符,设备布置各通道是否满足规范要求,运输通道是否符合要求。设备布置与相关专业设备布置是否存在冲突	设备布置是否与开关柜排列图相符,设备布置各通道是否满足规范要求,运输通道是否符合要求。设备布置与相关专业设备布置是否存在冲突
	设备孔洞及预埋件平面、剖面图	孔洞布置是否与设备布置相吻合。预埋件等的设置是否能够满足设备安装及使用要求	孔洞布置是否与设备布置相吻合。预埋件等的设置是否能够满足设备安装及使用要求	
	电力电缆联系图	电力电缆联系图是否与主接线的设备连接关系相吻合。电缆类型及规格是否合理 电缆编号是否正确	电力电缆联系图是否与主接线的设备连接关系相吻合。电缆类型及规格是否合理	电力电缆联系图是否与主接线的设备连接关系相吻合。电缆类型及规格是否合理

续附表

内容	校审项目	校核要点	审核要点	审定要点
设计图纸	电缆敷设平面、剖面图	电缆敷设平面中电缆路径分叉处是否有断面线，并与电缆剖面图相对应。重要节点位置如高差变化、电缆穿越轨道、人防门等处是否有敷设大样图 电缆支架间距是否符合要求。同类电缆在支架上的敷设位置是否统一	电缆敷设平面中电缆路径分叉处是否有断面线，并与电缆剖面图相对应。重要节点位置如高差变化、电缆穿越轨道、人防门等处是否有敷设大样图 电缆支架间距是否符合要求	电缆敷设平面中电缆路径分叉处是否有断面线，并与电缆剖面图相对应。重要节点位置如高差变化、电缆穿越轨道、人防门等处是否有敷设大样图 电缆支架间距是否符合要求
	变电所继电保护配置图	继电保护配置是否完整、合理	继电保护配置是否完整、合理	继电保护配置是否完整、合理
	变电所交流中压配电系统二次原理图（含外部接线端子图）	控制、保护、信号、测量等回路是否完整，联锁条件是否充分、合理，是否存在不安全因素	控制、保护、信号、测量等回路是否完整，联锁条件是否充分、合理，是否存在不安全因素	控制、保护、信号、测量等回路是否完整，联锁条件是否充分、合理，是否存在不安全因素
	变电所低压配电系统二次原理图（含外部接线端子排）	联锁条件是否充分、合理，是否存在不安全因素。三级负荷切非是否合理，返信是否能与正常分闸相区别	联锁条件是否充分、合理，是否存在不安全因素。三级负荷切非是否合理，返信是否能与正常分闸相区别	联锁条件是否充分、合理，是否存在不安全因素。三级负荷切非是否合理，返信是否能与正常分闸相区别
	混合变电所直流牵引配电系统二次原理图（含外部接线端子排）	控制、保护、信号、测量等回路是否完整，联锁条件是否充分、合理，是否存在不安全因素	控制、保护、信号、测量等回路是否完整，联锁条件是否充分、合理，是否存在不安全因素	控制、保护、信号、测量等回路是否完整，联锁条件是否充分、合理，是否存在不安全因素
	通信、控制电缆联系图	控制电缆联系图中各种电缆是否齐全，是否与各安装单位控制原理图吻合 控制电缆编号是否正确	控制电缆联系图中各种电缆是否齐全，是否与各安装单位控制原理图吻合	控制电缆联系图中各种电缆是否齐全，是否与各安装单位控制原理图吻合
	接地系统图	接地系统图是否包括结构主体钢筋。总等电位连接要求是否明确	接地系统图是否包括结构主体钢筋。总等电位连接要求是否明确	接地系统图是否包括结构主体钢筋。总等电位连接要求是否明确
	接地装置布置平面、剖面图	垂直接地体的使用是否合理，是否考虑了结构主体底板钢筋降低跨步电压的作用 不同材质金属的连接方式是否合理 接地引上线的位置是否合理 平面图中接地装置的尺寸标注定位点是否合理	垂直接地体的使用是否合理，是否考虑了结构主体底板钢筋降低跨步电压的作用。不同材质金属的连接方式是否合理	垂直接地体的使用是否合理，是否考虑了结构主体底板钢筋降低跨步电压的作用。不同材质金属的连接方式是否合理

续附表

内容	校审项目	校核要点	审核要点	审定要点
设计图纸	变电所接地线敷设平面图	接地线位置是否与其他专业如水管、风道相冲突，站台板下敷设位置不应影响人员通行	接地线位置是否与其他专业如水管、风道相冲突，站台板下敷设位置不应影响人员通行	接地线位置是否与其他专业如水管、风道相冲突，站台板下敷设位置不应影响人员通行
互提资料	互提资料	互提资料是否与本工程情况相符，是否正确完整		
计算书	低压负荷计算及配电变压器容量核算；变电所继电保护计算；直流操作蓄电池容量计算；低压馈线单相接地故障保护有效性核算；接地电阻、跨步电压、接触电压计算	计算程序是否选择正确 计算参数是否正确 计算结果能否满足运行要求	计算程序是否选择正确 计算参数是否正确 计算结果能否满足运行要求	

附表 5.10　施工图设计电力监控系统校审要点

内容	校审项目	校核要点	审核要点	审定要点
设计说明	文件深度和内容	大纲和内容是否符合《城市轨道交通设计文件编制深度规定》	大纲和内容是否符合《城市轨道交通设计文件编制深度规定》	大纲和内容是否符合《城市轨道交通设计文件编制深度规定》
	工程概述	工程概况是否简洁、明确，并与电力监控设计需求相对应。电力监控系统概述是否与具体设计方案相符		
	设计范围	设计范围是否与初步设计相符	设计范围是否与初步设计相符	设计范围是否与初步设计相符
	设计依据及标准	是否有被批准的初步设计作为依据 采用技术标准是否适当；执行的设计规范是否适用、恰当，是否违反所执行设计规范的强制性条文	执行的设计规范是否适用、恰当，是否违反所执行设计规范的强制性条文	执行的设计规范是否适用、恰当，是否违反所执行设计规范的强制性条文
	初步设计评审意见和执行情况	执行情况是否与具体设计方案相符	执行情况是否与具体设计方案相符	执行情况是否与具体设计方案相符

续附表

内容	校审项目	校核要点	审核要点	审定要点
设计说明	设计方案	电力监控系统构成是否完整 变电所综合自动化系统描述是否与设计图纸相符,是否有操作互斥要求,软压板设置是否明确,是否有三遥量的具体要求。对复式系统是否有描述并有设计图纸相对应 是否有管线敷设和电源要求,且是否单独设置直流电源。接地要求是否明确	电力监控系统构成是否完整 变电所综合自动化系统描述是否与设计图纸相符,是否有操作互斥要求,软压板设置是否明确,是否有三遥量的具体要求。对复式系统是否有描述并有设计图纸相对应 是否有管线敷设和电源要求,且是否单独设置直流电源	电力监控系统构成是否完整 变电所综合自动化系统描述是否与设计图纸相符,是否有操作互斥要求,软压板设置是否明确,是否有三遥量的具体要求。对复式系统是否有描述并有设计图纸相对应 是否有管线敷设和电源要求,且是否单独设置直流电源
设计图纸	图纸图面美观性	文字、图形符号是否正确,各种标注是否完整,字体大小是否适当,字形是否一致		
设计图纸	图纸内容及深度	是否符合《城市轨道交通设计文件编制深度规定》内容和深度要求,能否满足工程需要	是否符合《城市轨道交通设计文件编制深度规定》内容和深度要求,能否满足工程需要	是否符合《城市轨道交通设计文件编制深度规定》内容和深度要求,能否满足工程需要
设计图纸	主要设备材料表	主要设备材料是否正确、完整,数量是否准确		
设计图纸	全线电力监控系统图	图纸表达是否完整,是否包括了主变电所的相关内容,并应与初步设计一致	图纸表达是否完整,是否包括了主变电所的相关内容,并应与初步设计一致	图纸表达是否完整,是否包括了主变电所的相关内容,并应与初步设计一致
设计图纸	变电所综合自动化系统图	变电所综合自动化是否与初步设计一致,管线标注是否完整,设备安装接口问题是否有说明 复示系统是否有图纸	变电所综合自动化是否与初步设计一致,管线标注是否完整,设备安装接口问题是否有说明 复示系统是否有图纸	变电所综合自动化是否与初步设计一致,管线标注是否完整,设备安装接口问题是否有说明 复示系统是否有图纸
设计图纸	变电所三遥量表	三遥量表是否结合了本工程特点,是否按照设计说明对三遥量选择的要求	三遥量表是否结合了本工程特点,是否按照设计说明对三遥量选择的要求	三遥量表是否结合了本工程特点,是否按照设计说明对三遥量选择的要求
设计图纸	设备、电缆敷设平面、剖面图	电缆敷设是否与变电所设计综合考虑路径、托架位置等	电缆敷设是否与变电所设计综合考虑路径、托架位置等	
互提资料	互提资料	互提资料是否与本工程情况相符,是否完整、正确		

附表 5.11 施工图设计牵引网校审要点

内容	校审项目	校核要点	审核要点	审定要点
	文件深度和内容	大纲和内容是否符合《城市轨道交通设计文件编制深度规定》	大纲和内容是否符合《城市轨道交通设计文件编制深度规定》	大纲和内容是否符合《城市轨道交通设计文件编制深度规定》
	工程概述	工程概况是否简洁、明确，并与牵引网设计需求条件相对应。牵引网系统概述是否与具体设计方案相符		
	设计范围	设计范围是否与初步设计相符	设计范围是否与初步设计相符	设计范围是否与初步设计相符
	设计依据及标准	是否有批复的初步设计作为依据 采用技术标准是否适当；执行的设计规范是否适用、恰当，是否违反所执行设计规范的强制性条文	执行的设计规范是否适用、恰当，是否违反所执行设计规范的强制性条文	执行的设计规范是否适用、恰当，是否违反所执行设计规范的强制性条文
	初步设计评审意见及执行情况	执行情况是否与具体设计方案相符	执行情况是否与具体设计方案相符	执行情况是否与具体设计方案相符
设计说明	设计方案	（1）接触轨系统 设计条件分析是否符合当地情况 接触轨授流方式是否与车辆要求相同，是否有利于安全、可靠。接触轨截面选择是否与牵引供电计算相匹配 接触轨膨胀接头设置是否与当地气候条件相适应 接触轨支撑防护方案是否与授流方式相匹配 接触轨布置及电分段是否与轨道道岔、隧道联络通道位置相适应，是否能够满足不断电及分区不联电要求 （2）架空接触网系统 设计条件分析是否符合当地情况 接触网悬挂方案是否与列车运行最高速度相适应，是否有利于景观 接触网布置是否与线路条件相适应，电分段设置是否有利于行车调度 接触网刚柔过渡方案是否合理 接触网防雷措施是否合理	（1）接触轨系统 设计条件分析是否符合当地情况 接触轨授流方式是否与车辆要求相同，是否有利于安全、可靠。接触轨截面选择是否与牵引供电计算相匹配 接触轨膨胀接头设置是否与当地气候条件相适应 接触轨支撑防护方案是否与授流方式相匹配 接触轨布置及电分段是否与轨道道岔、隧道联络通道位置相适应，是否能够满足不断电及分区不联电要求 （2）架空接触网系统 设计条件分析是否符合当地情况 接触网悬挂方案是否与列车运行最高速度相适应，是否有利于景观 接触网布置是否与线路条件相适应，电分段设置是否有利于行车调度 接触网刚柔过渡方案是否合理 接触网防雷措施是否合理	（1）接触轨系统 设计条件分析是否符合当地情况 接触轨授流方式是否与车辆要求相同，是否有利于安全、可靠。接触轨截面选择是否与牵引供电计算相匹配 接触轨膨胀接头设置是否与当地气候条件相适应 接触轨支撑防护方案是否与授流方式相匹配 接触轨布置及电分段是否与轨道道岔、隧道联络通道位置相适应，是否能够满足不断电及分区不联电要求 （2）架空接触网系统 设计条件分析是否符合当地情况 接触网悬挂方案是否与列车运行最高速度相适应，是否有利于景观 接触网布置是否与线路条件相适应，电分段设置是否有利于行车调度 接触网刚柔过渡方案是否合理 接触网防雷措施是否合理

续附表

内容	校审项目	校核要点	审核要点	审定要点
设计图纸	图纸图面美观性	文字、图形符号是否正确，各种标注是否完整，字体大小是否适当，字形是否一致		
	图纸内容及深度	是否符合《城市轨道交通设计文件编制深度规定》内容和深度要求，能否满足工程需要	是否符合《城市轨道交通设计文件编制深度规定》内容和深度要求，能否满足工程需要	是否符合《城市轨道交通设计文件编制深度规定》内容和深度要求，能否满足工程需要
	主要设备材料表	主要设备材料是否正确、完整，数量是否合理		
	接触轨系统	系统接线图表达是否完整、全面，是否体现出各个环节如上网点、机械分段、膨胀接头的电连接关系 接触轨的布置图中接触轨定位是否正确、是否与系统接线图相符，能否满足列车不断电或不联电的要求 接触轨零件图及安装图是否针对本工程、是否包括本工程所有道床型式	系统接线图表达是否完整、全面，是否体现出各个环节如上网点、机械分段、膨胀接头的电连接关系 接触轨的布置图中接触轨定位是否正确、是否与系统接线图相符，能否满足列车不断电或不联电的要求 接触轨零件图及安装图是否针对本工程、是否包括本工程所有道床型式	系统接线图表达是否完整、全面，是否体现出各个环节如上网点、机械分段、膨胀接头的电连接关系 接触轨的布置图中接触轨定位是否正确、是否与系统接线图相符，能否满足列车不断电或不联电的要求 接触轨零件图及安装图是否针对本工程、是否包括本工程所有道床型式
	架空接触网	系统接线图表达是否完整、全面，是否体现出各个环节如上网点、刚柔过渡、分段绝缘器、避雷器等的设置及电连接关系 接触网平面布置图对于小曲线和人防门等特殊地段表达是否完整 各种情况下接触网安装图及非标零部件是否全面并与本工程情况相对应	系统接线图表达是否完整、全面，是否体现出各个环节如上网点、刚柔过渡、分段绝缘器、避雷器等的设置及电连接关系 接触网平面布置图对于小曲线和人防门等特殊地段表达是否完整 各种情况下接触网安装图及非标零部件是否全面并与本工程情况相对应	系统接线图表达是否完整、全面，是否体现出各个环节如上网点、刚柔过渡、分段绝缘器、避雷器等的设置及电连接关系 接触网平面布置图对于小曲线和人防门等特殊地段表达是否完整 各种情况下接触网安装图及非标零部件是否全面并与本工程情况相对应
互提资料	互提资料	互提资料是否与本工程情况相符，是否正确、完整		

附表 5.12 施工图设计杂散电流腐蚀防护系统校审要点

内容	校审项目	校核要点	审核要点	审定要点
设计说明	文件深度和内容	大纲和内容是否符合《城市轨道交通设计文件编制深度规定》	大纲和内容是否符合《城市轨道交通设计文件编制深度规定》	大纲和内容是否符合《城市轨道交通设计文件编制深度规定》
	工程概述	工程概况是否简洁、明确,并与杂散电流腐蚀防护设计需求相对应。杂散电流腐蚀防护概述是否与具体设计方案相符		
	设计范围	设计范围是否与初步设计相符	设计范围是否与初步设计相符	
	设计依据、原则及标准	是否有批复的初步设计作为依据 采用技术标准是否适当;执行的设计规范是否适用、恰当	执行的设计规范是否适用、恰当	执行的设计规范是否适用、恰当
	初步设计评审意见及执行情况	执行情况是否与具体设计方案相符	执行情况是否与具体设计方案相符	
	设计方案	防护方案是否满足限制、减少杂散电流及其泄露的原则要求 对相关专业提出的要求如排流网的设置是否全面、可行 是否描述排流柜的运行方式及启动条件 监测设备的安装及电缆敷设是否表达全面	防护方案是否满足限制、减少杂散电流及其泄露的原则要求 对相关专业提出的要求如排流网的设置是否全面、可行 是否描述排流柜的运行方式及启动条件 监测设备的安装及电缆敷设是否表达全面	防护方案是否满足限制、减少杂散电流及其泄露的原则要求 对相关专业提出的要求如排流网的设置是否全面、可行 是否描述排流柜的运行方式及启动条件 监测设备的安装及电缆敷设是否表达全面
	施工注意事项	是否提出排流钢筋与其他钢筋严禁连接	是否提出排流钢筋与其他钢筋严禁连接	
	其他需要说明的问题	是否提出对运营管理的建议	是否提出对运营管理的建议	
设计附图	图纸图面美观性	文字、图形符号是否正确,各种标注是否完整,字体大小是否适当,字形是否一致		
	图纸内容及深度	是否符合《城市轨道交通设计文件编制深度规定》内容和深度要求,能否满足工程需要	是否符合《城市轨道交通设计文件编制深度规定》内容和深度要求,能否满足工程需要	是否符合《城市轨道交通设计文件编制深度规定》内容和深度要求,能否满足工程需要
	主要设备材料表	材料表内容、数量是否正确		

续附表

内容	校审项目	校核要点	审核要点	审定要点
设计附图	杂散电流腐蚀防护系统图	系统防护的内容是否表示清晰、完整，是否体现出排流钢筋与其他钢筋绝缘	系统防护的内容是否表示清晰、完整，是否体现出排流钢筋与其他钢筋绝缘	系统防护的内容是否表示清晰、完整，是否体现出排流钢筋与其他钢筋绝缘
设计附图	排流柜原理接线图	排流柜原理是否可行，是否具备可选启动条件	排流柜原理是否可行，是否具备可选启动条件	排流柜原理是否可行，是否具备可选启动条件
设计附图	钢筋焊接、引出端子要求	搭接焊等是否满足要求	搭接焊等是否满足要求	
设计附图	监测设备安装图	监测设备安装要求是否清晰、准确	监测设备安装要求是否清晰、准确	
设计附图	电缆敷设图	电缆敷设是否有传感器等电源电缆，路径要求是否明确	电缆敷设是否有传感器等电源电缆，路径要求是否明确	
互提资料	互提资料	互提资料是否与本工程情况相符，是否正确完整		
计算书	排流网钢筋截面的计算	计算公式是否选择正确 计算参数是否正确 计算结果能否满足要求	计算公式是否选择正确 计算参数是否正确 计算结果能否满足要求	

附表9.1 设计咨询工作联系单

设计咨询工作联系单

第　页共　页

编号	（xxx）（设计咨询）联字（xxx）第　号		发单时间		急缓程度	
标题						
签发		部门负责人		会签	经办	
主送				抄送		
主要内容						
附件：						

附表9.2 设计咨询审核意见单

设计咨询审核意见单

项目名称：　　　　　　　　　　　　　　　　　　　　咨审字（　　）第　号

工点名称		设计阶段	
任务编号		设计单位	
总咨询工程师		审核		经办	
（单位章）				年　月　日

第 页 共 页

附表9.3 设计咨询工作通知单

设计咨询工作通知单

咨通字（　）第　号

单位工程名称		设计阶段	
任务编号		设计单位	
主送单位		抄送单位	

总咨询工程师	年 月 日	咨询工程师	年 月 日	被咨询单位负责人	年 月 日

第 页 共 页

附表9.4 设计咨询例会会议纪要

设计咨询例会会议纪要

会议名称		时间	
主持人		地点	
参加人	见签到记录		
纪要：			

第 页 共 页

附表9.5 会议签到表

会议签到表

会议日期：　　　　　　　　　　　　　　会议地点：

姓名	单位	职务（称）	联系电话

第 页 共 页

附表 9.6　工程投资控制分析表

工程投资控制分析表

项目名称：

单位工程名称					
设计单位名称					
投资控制额		填报人		填写日期	
投资增减情况：					
原因分析及措施意见：					
项目负责人：				年　月　日	
总体组意见：					
总体组负责人：				年　月　日	
设计咨询意见：					
咨询工程师：				年　月　日	

第　页　共　页

附表 9.7　设计进度控制月度分析表

设计进度控制月度分析表

项目名称：

单位工程名称			
设计单位名称			
填报人		填写日期	
月计划进度：			
月实际形象进度：			
情况分析及措施意见：			
项目负责人：			年　月　日
总包组意见：			
总包组负责人：			年　月　日
设计咨询意见：			
咨询工程师：			年　月　日

第　页　共　页

附表9.8 设计质量控制分析表

设计质量控制分析表

项目名称：

单位（分部）工程名称	
设计单位名称	

设计质量描述：

原因分析及措施意见：

项目负责人：　　　　　　　　　　　　　　　　　　　　年　　月　　日

总体组意见：

总体组负责人：　　　　　　　　　　　　　　　　　　　年　　月　　日

设计咨询单位意见：

总咨询工程师（总咨询工程师代表）：　　　　　　　　　年　　月　　日

第　页　共　页

附表9.9 设计咨询审核工作反馈信息处理表

设计咨询审核工作反馈信息处理表

编号：

信息来源：	时间：

信息内容：

填写人：　　　　　　　　　　　　　　　　　　　　　　年　　月　　日

处理意见：

咨询工程师：　　　　　　　　　　　　　　　　　　　　年　　月　　日

设计咨询单位意见：

总咨询工程师（总咨询工程师代表）：　　　　　　　　　年　　月　　日

附表 9.10 设计咨询审核工作复查、评审处理表

设计咨询审核工作复查、评审处理表

编号：

复查发现问题情况描述（不够填写可另附页）：	
填报人：	年　月　日
评审及纠正措施意见：	
咨询工程师：	年　月　日
处理意见：	
总咨询工程师：	年　月　日

第　页　共　页

附表 9.11 设计咨询会议记录表

设计咨询会议记录表

项目名称		设计阶段	
主持人		地点	
参加者			
整理人：			年　月　日

第　页　共　页

附表 9.12 总咨询工程师巡检记录表

总咨询工程师巡检记录表

工程名称：　　　　　　　　　　　　　　　　　　　　　　编号：

巡检主要问题：	
巡检记录人：	年　月　日
处理意见：	
总咨询工程师：	年　月　日

附表9.13 地质详勘成果技术咨询意见表

地质详勘成果技术咨询意见表

编号：

项目名称		勘测单位	
内容		勘测阶段	
咨询工程师		审查时间	

总咨询工程师意见：

总咨询工程师（总咨询工程师代表）：　　　　　　　　　　　　　年　月　日

第　页　共　页

附表10.1 主变电所高压组合电器监造项目表

监造等级：二级

序号	监检部套	监检项目	H	W	R	监测方式
1	质量保证文件	原材料采购控制措施			√	查阅
		进货检验、验收的判定标准，是否有让步接收及有关规定			√	查阅
		元件材料使用控制程序及相关记录，是否有紧急放行及方案			√	查阅
		产品质量定期分析规定及相关记录，不合格品的分类和控制及预防措施、纠正措施、工序转序的规定			√	查阅
		工厂确定的特殊过程（关键工序）及相应文件			√	查阅
		产品质量检验、试验标准			√	查阅
2	断路器、隔离开关、接地开关、快速接地开关	产品质量出厂证明材料			√	查阅
		型式试验报告书			√	查阅
		进货验收、检验记录			√	查阅
3	电压互感器、电流互感器、避雷器	产品质量出厂证明材料			√	查阅
		型式试验报告书			√	查阅
		进货验收、检验记录			√	查阅
		检定和试验记录			√	查阅
4	外购件订货单	订货合同			√	查阅
		领用记录			√	查阅
5	生产过程监造点	断路器、开关装配		√		参与
		总装配		√		参与
6	整机试验	型式试验			√	查阅
		出厂试验		√		参与
		特殊试验		√		参与

附表 10.2　无功补偿装置（SVG）监造项目表

监造等级：二级

序号	监检部套	监检项目	H	W	R	监测方式
1	质量保证文件	原材料采购控制措施			√	查阅
		进货检验、验收的判定标准，是否有让步接收及有关规定			√	查阅
		元件材料使用控制程序及相关记录。是否有紧急放行及方案			√	查阅
		产品质量定期分析规定及相关记录，不合格品的分类和控制及预防措施、纠正措施、工序转序的规定			√	查阅
		工厂确定的特殊过程（关键工序）及相应文件			√	查阅
		产品质量检验、试验标准			√	查阅
2	硅钢片	原材料质量保证书或相关文件资料			√	查阅
		磁感应强度试验报告			√	查阅
		铁损试验报告			√	查阅
3	导线	原材料质量保证书或相关证明材料			√	查阅
		机械强度试验报告			√	查阅
		导电率、化学成分分析等有关记录			√	查阅
4	环氧树脂	材质证明材料			√	查阅
		工厂验收、理化检验记录			√	查阅
5	生产过程监造点	铁芯叠片、绑扎、涂漆		√		参与
		线圈绕制		√		参与
		浇注过程		√		参与
		总装配		√		参与
6	整机试验	型式试验			√	查阅
		出厂试验		√		参与
		特殊试验		√		参与

附表 10.3 中压开关柜（GIS）、负荷开关柜监造项目表

序号	监检部套	监检项目	监造等级：二级			监测方式
			H	W	R	
1	质量保证文件	原材料检验方案，分承包方评价			√	查阅
		批量原材料抽检合格验收判定标准，是否有让步接收及有关规定			√	查阅
		原材料使用控制程序及相关记录，是否有紧急放行及方案			√	查阅
		是否有定期质量分析会及记录，不合格品的分类和控制及预防措施、纠正措施、工序转序的规定			√	查阅
		工厂确定的特殊过程（关键工序）及相应文件			√	查阅
		产品质量检验、试验标准			√	查阅
2	真空断路器、避雷器	产品质量出厂证明材料			√	查阅
		型式试验报告书			√	查阅
		进货验收、检验记录			√	查阅
3	电压互感器、电流互感器或电流、电压传感器	产品质量出厂证明材料			√	查阅
		型式试验报告书			√	查阅
		进货验收、试验记录		√		参与
		传感器性能抽验记录			√	查阅
4	隔离开关	产品质量出厂证明材料			√	查阅
		型式试验报告书			√	查阅
		进货验收、检验记录			√	查阅
5	二次回路装置及附件	产品质量出厂证明材料			√	查阅
		进货验收、检验记录			√	查阅
		外观检验记录			√	查阅
		安装配合尺寸检查记录			√	查阅
6	母线、板材及电缆终端连接	材质证明材料			√	查阅
		材质规格尺寸检查			√	查阅
		材质抽检试验报告			√	查阅
		原材料领用记录			√	查阅
7	生产过程	充气与检漏		√		参与
		母线室、断路器室与电缆室组装		√		参与
		压力释放装置安装		√		参与
		低压部分装配		√		参与

续附表

序号	监检部套	监检项目	监造等级：二级			监测方式
			H	W	R	
8	柜体结构	外壳厚度（柜体各部位钢板）		√		实测
		气体密封性记录		√		参与
		柜体及附件防锈措施（螺丝、螺母、铆钉等）		√		检查
		母线连接及连接件		√		检查
		人工操作机构功能及相应手动分、合按钮、操作计数器、储能分合状态机械显示		√		参与
		电缆间隔尺寸		√		实测
		柜体接地线规格		√		检查
		控制电缆的规格及线径要求		√		检查
		开关柜端子排端子的预留量		√		检查
		交流相色和直流极性标识排序、正确性		√		检查
9	型式试验	柜体型式试验		√		参与
		电压互感器单体型式试验			√	查阅
		电流互感器单体型式试验			√	查阅
		传感器单体型式试验			√	查阅
		避雷器单体型式试验			√	查阅
		电缆插头型式试验			√	查阅
		测控保护单元单体型式试验			√	查阅
		光缆型式试验报告			√	查阅
10	出厂试验	开关柜出厂试验		√		参与
		电压互感器单机出厂试验			√	查阅
		电流互感器单机出厂试验			√	查阅
		传感器单体出厂试验			√	查阅
		避雷器单体出厂试验			√	查阅
		电缆插头单体出厂试验			√	查阅
		测控、保护单元出厂试验			√	查阅
		光缆出厂试验报告			√	查阅
		开关柜零表压下工频耐压试验		√		参与
11	抽检试验	光缆抽检试验		√		检查

附表 10.4　低压开关柜监造项目表

序号	监检部套	监检项目	督造等级：二级			监测方式
			H	W	R	
1	质量保证文件	原材料检验方案，分承包方评价			√	查阅
		批量原材料抽检合格验收判定标准，是否有让步接收及有关规定			√	查阅
		原材料使用控制程序及相关记录，是否有紧急放行及方案			√	查阅
		是否有定期召开质量分析会及记录，不合格品的分类和控制及预防措施、纠正措施、工序转序的规定			√	查阅
		工厂确定的特殊过程（关键工序）及相应文件			√	查阅
		产品质量检验、试验标准			√	查阅
2	断路器	产品质量出厂证明材料			√	查阅
		型式试验报告书			√	查阅
		进货验收、检验记录			√	查阅
3	电压互感器、电流互感器或电流、电压传感器	产品质量出厂证明材料			√	查阅
		型式试验报告书			√	查阅
		进货验收、试验记录		√		参与
		传感器性能抽验记录			√	查阅
4	二次回路装置及附件	产品质量出厂证明材料			√	查阅
		进货验收、检验记录			√	查阅
		外观检验记录			√	查阅
		安装配合尺寸检查记录			√	查阅
5	母线、板材及电缆终端连接	材质证明材料			√	查阅
		材质规格尺寸检查			√	查阅
		材质抽检试验报告			√	查阅
		原材料领用记录			√	查阅
6	生产过程	母线室、断路器室与电缆室组装		√		参与
		低压部分装配		√		参与
7	柜体结构	外壳厚度（柜体各部位钢板）		√		实测
		柜体及附件（螺丝、螺母、铆钉、控制屏、控制箱、接线盒等）防锈措施		√		检查
		母线连接及连接件		√		检查
		人工操作机构功能及相应手动分、合按钮、操作计数器、储能分合状态机械显示		√		参与
		电缆间隔尺寸		√		实测
		柜体接地线规格		√		检查
		控制电缆的规格及线经要求		√		检查
		开关柜端子排端子的预留量		√		检查
		交流相色和直流极性标识排序		√		检查
		各种标识的正确性		√		检查

续附表

序号	监检部套	监检项目	督造等级：二级			监测方式
			H	W	R	
8	型式试验	柜体型式试验		√		参与
		电压互感器单体型式试验			√	查阅
		电流互感器单体型式试验			√	查阅
		传感器单体型式试验			√	查阅
		电缆插头型式试验			√	查阅
		光缆型式试验报告			√	查阅
9	出厂试验	开关柜出厂试验		√		参与
		电压互感器单机出厂试验			√	查阅
		电流互感器单机出厂试验			√	查阅
		传感器单体出厂试验			√	查阅
		电缆插头单体出厂试验			√	查阅
		测控、保护出厂试验			√	查阅
		光缆出厂试验报告			√	查阅
		开关柜零表压下工频耐压试验		√		参与
10	抽检试验	光缆抽检试验		√		检查

附表 10.5 主变电所主变压器监造项目表

序号	监检部套	监检项目	监造等级：二级			监测方式
			H	W	R	
1	质量保证文件	原材料采购控制措施			√	查阅
		进货检验、验收的判定标准，是否有让步接收及有关规定			√	查阅
		元件材料使用控制程序及相关记录，是否有紧急放行及方案			√	查阅
		产品质量定期分析规定及相关记录，不合格品的分类和控制及预防措施、纠正措施、工序转序的规定			√	查阅
		工厂确定的特殊过程（关键工序）及相应文件			√	查阅
		产品质量检验、试验标准			√	查阅
2	硅钢片	原材料质量保证书或相关文件资料			√	查阅
		磁感应强度试验报告			√	查阅
		铁损试验报告			√	查阅
3	导线	原材料质量保证书或相关证明材料			√	查阅
		机械强度试验报告			√	查阅
		导电率、化学成分分析等有关记录			√	查阅
4	环氧树脂	材质证明材料			√	查阅
		工厂验收、理化检验记录			√	查阅
5	生产过程监造点	铁芯叠片、绑扎、涂漆		√		参与
		线圈绕制		√		参与
		浇注过程		√		参与
		总装配		√		参与
6	整机试验	型式试验			√	查阅
		出厂试验		√		参与
		特殊试验		√		参与

附表 10.6　牵引变压器和配电变压器监造项目表

序号	监检部套	监检项目	监造等级：二级			监测方式
			H	W	R	
1	质量保证文件	原材料检验方案，分承包方评价			√	查阅
		批量原材料抽检合格验收判定标准，有无让步接收及有关规定			√	查阅
		原材料使用控制程序及相关记录，有无紧急放行及方案			√	查阅
		是否有定期召开质量分析会及记录，不合格品的分类和控制及预防措施、纠正措施、工序转序的规定			√	查阅
		工厂确定的特殊过程（关键工序）及相应文件			√	查阅
		产品质量检验、试验标准			√	查阅
2	硅钢片	原材料质量保证书或相关文件资料			√	查阅
		磁感应强度试验报告			√	查阅
		铁损试验报告			√	查阅
3	导线	原材料质量保证书或相关证明材料			√	查阅
		机械强度试验报告			√	查阅
		导电率、化学成分分析等有关记录			√	查阅
4	环氧树脂	材质证明材料			√	查阅
		工厂验收、理化检验记录			√	查阅
5	生产过程监造点	铁芯叠片、绑扎、涂漆		√		参与
		线圈绕制		√		参与
		浇注过程		√		参与
		固化、冷却过程记录		√		查阅
		总装配		√		参与
6	温度监控装置	产品质量证明材料			√	查阅
		调试记录			√	查阅
7	整机试验	型式试验			√	查阅
		出厂试验		√		参与
		特殊试验		√		参与
		温度监控及报警、跳闸功能实现		√		参与
		整流机组联机试验		√		参与

附表 10.7　整流器监造项目表

序号	监检部套	监检项目	监造等级：二级			监测方式
			H	W	R	
1	质量保证文件	原材料检验方案，分承包方评价			√	查阅
		批量原材料抽检方案及合格验收判定标准，是否有让步接收及有关规定			√	查阅
		原材料使用控制程序及有关记录，是否有紧急放行及方案			√	查阅
		是否召开质量分析会，有预防措施和纠正措施，不合格品的分类和控制			√	查阅
		工厂确定的特殊过程及相应文件			√	查阅
		产品质量检验标准文件			√	查阅
2	二极管	硅单晶片材质证明材料			√	查阅
		二极管封装工艺		√		参与
		二极管出厂测试		√		参与
		二极管抽样试验	√			待检
3	快速熔断器	产品质量证明材料			√	查阅
4	铜排	原材料质量证明材料			√	查阅
		批量材料抽检记录			√	查阅
5	散热器	材质证明材料			√	查阅
6	生产过程	整机装配质量监控		√		参与
7	试验	整流器耐压试验		√		参与
		整流器承受短路电流能力试验		√		参与
		整流器额定功率损耗试验		√		参与
		整流机组额定负荷下的功率检测		√		参与
		整流机组额定负荷下的功率因数检测		√		参与
		整流机组产生谐波电流测试		√		参与
		整流机组固有电压调整率检测		√		参与
8	整机保护功能试验	额定交、直流电压、空载电压检测		√		参与
		内部短路保护功能实现		√		参与
		交、直流过电压保护功能实现		√		参与
		温度保护功能实现		√		参与
		逆流保护功能实现		√		参与
9	控制与信号回路功能调试	二极管故障显示回路		√		参与
		二极管故障跳闸回路		√		参与
		整流器温度报警回路		√		参与
		数据采集装置功能			√	查阅
10	测量表计	产品质量证明材料			√	查阅
		检定记录			√	查阅
11	其他	二次配线的质量应符合要求		√		参与
		柜体结构满足合同条款要求		√		参与

附表 10.8 直流开关柜、负极柜监造项目表

监造等级：二级

序号	监检部套	监检项目	H	W	R	监测方式
1	质量保证文件	原材料检验方案，分承包方评价			√	查阅
		批量原材料抽检合格验收判定标准，是否有让步接收及有关规定			√	查阅
		原材料使用控制程序及相关记录，是否有紧急放行及方案			√	查阅
		是否有定期召开质量分析会及记录，不合格品的分类和控制及预防措施、纠正措施、工序转序的规定			√	查阅
		工厂确定的特殊过程（关键工序）及相应文件			√	查阅
		产品质量检验、试验标准			√	查阅
2	快速断路器手车、避雷器	产品质量出厂证明材料			√	查阅
		型式试验报告书			√	查阅
		进货验收、检验记录			√	查阅
3	分流器、变送器、接触器、辅助继电器	产品质量出厂证明材料			√	查阅
		型式试验报告书			√	查阅
		进货验收、试验记录		√		参与
		性能抽验记录			√	查阅
4	隔离开关	产品质量出厂证明材料			√	查阅
		型式试验报告书			√	查阅
		进货验收、检验记录			√	查阅
5	光纤接口模块、光纤	产品质量出厂证明材料			√	查阅
		型式试验报告书			√	查阅
		进货验收、检验记录			√	查阅
6	大电流脱扣装置	产品质量出厂证明材料			√	查阅
		型式试验报告书			√	查阅
		进货验收、检验记录			√	查阅
7	辅助继电器空气开关	产品质量出厂证明材料			√	查阅
		型式试验报告书			√	查阅
		进货验收、检验记录			√	查阅
8	电磁闭锁机构	产品质量出厂证明材料			√	查阅
		型式试验报告书			√	查阅
		进货验收、检验记录			√	查阅
9	二次回路装置及附件	产品质量出厂证明材料			√	查阅
		进货验收、检验记录			√	查阅
		外观检验记录			√	查阅
		安装配合尺寸检查记录			√	查阅

续附表

序号	监检部套	监检项目	监造等级：二级 H	监造等级：二级 W	监造等级：二级 R	监测方式
10	板材	材质证明材料			√	查阅
		材质规格尺寸检查		√		检查
		材质抽检试验报告			√	查阅
		原材料领用记录			√	查阅
11	生产过程	板材冲裁、折弯		√		参与
		柜体焊接		√		参与
		低压部分及柜体装配		√		参与
12	柜体结构	外壳厚度（柜体各部位钢板）		√		实测
		柜体及附件防锈措施（螺丝、螺母、铆钉等）		√		检查
		人工操作机构功能及相应手动分、合按钮、操作计数器、储能分合状态机械显示		√		参与
		电缆间隔尺寸		√		实测
		柜体接地线规格		√		检查
		控制电缆的规格及线径要求		√		检查
		开关柜端子排端子的预留量		√		检查
		各种标识的正确性		√		检查
13	型式试验	（1）开关柜型式试验		√		参与
		① 绝缘试验		√		参与
		② 雷电冲击试验		√		参与
		③ 工频耐压试验		√		参与
		④ 短时和峰值电流耐受试验		√		参与
		⑤ 辅助和控制回路的工频耐压试验		√		参与
		⑥ 电磁兼容性试验		√		参与
		⑦ 温升试验		√		参与
		⑧ 主回路电阻测量		√		参与
		⑨ 主回路和接地回路的动、热稳定试验		√		参与
		⑩ 开断和关合能力试验		√		参与
		⑪ 继电器和脱扣器设置的验证		√		参与
		⑫ 机械试验		√		参与
		⑬ 防护等级的检查		√		参与
		⑭ 振动试验		√		参与

续附表

序号	监检部套	监检项目	监造等级：二级			监测方式
			H	W	R	
13	型式试验	（2）快速断路器及手车型式试验			√	查阅
		（3）隔离开关型式试验			√	查阅
		（4）测控保护单元型式试验			√	查阅
		（5）避雷器单体型式试验			√	查阅
		（6）电缆插头型式试验			√	查阅
		（7）大电流脱扣装置型式试验			√	查阅
		（8）光缆型式试验报告			√	查阅
14	出厂试验	（1）开关柜出厂试验		√		参与
		① 结构检查		√		参与
		② 接线检查		√		参与
		③ 机械特性和机械操作试验		√		参与
		④ 主回路1min工频耐压干试验		√		参与
		⑤ 辅助回路和控制回路工频耐压试验		√		参与
		⑥ 主回路电阻测量		√		参与
		⑦ 辅助的电气装置的试验		√		参与
		⑧ 继电器和脱扣器设置验证		√		参与
		⑨ 接线正确性的检查		√		参与
		（2）快速断路器及手车出厂试验			√	查阅
		（3）隔离开关出厂试验			√	查阅
		（4）电磁闭锁机构出厂试验			√	查阅
		（5）避雷器单体出厂试验			√	查阅
		（6）电缆插头单体出厂试验			√	查阅
		（7）光缆出厂试验报告			√	查阅
15	抽检试验	光缆抽检试验		√		检查

附表10.9 排流柜监造项目表

序号	监检部套	监检项目	监造等级：二级			监测方式
			H	W	R	
1	质量保证文件	原材料采购控制措施			√	查阅
		进货检验、验收的判定标准，是否有让步接收及有关规定			√	查阅
		元件材料使用控制程序及相关记录，是否有紧急放行及方案			√	查阅
		产品质量定期分析规定及相关记录，不合格品的分类和控制及预防措施、纠正措施、工序转序的规定			√	查阅
		工厂确定的特殊过程（关键工序）及相应文件			√	查阅
		产品质量检验、试验标准			√	查阅

续附表

序号	监检部套	监检项目	监造等级：二级			监测方式
			H	W	R	
2	排流二极管	产品质量证明书			√	查阅
		性能试验报告			√	查阅
		进货检验、验收记录			√	查阅
		二极管抽样试验记录			√	查阅
3	可调电阻	产品质量证明书			√	查阅
		性能试验报告			√	查阅
4	熔断器	产品质量证明书			√	查阅
		性能试验报告			√	查阅
5	负荷开关	产品质量证明书			√	查阅
		性能试验报告			√	查阅
		开断电流试验			√	查阅
6	接地二极管	产品质量证明书			√	查阅
		性能试验报告			√	查阅
		进货检验、验收记录			√	查阅
		二极管抽样试验记录			√	查阅
7	隔离开关	产品质量证明材料			√	查阅
		型式试验报告			√	查阅
		进货检验、验收记录			√	查阅
8	分流器	产品质量证明材料			√	查阅
		性能试验报告			√	查阅
		进货检验、验收记录			√	查阅
9	数字电压表、电流表	产品质量证明材料			√	查阅
		型式试验报告			√	查阅
		进货检验、验收记录			√	查阅
10	杂散电流母排	原材料质量保证书			√	查阅
		机械强度试验报告			√	查阅
		导电率、化学成分分析			√	查阅
11	时间继电器、信号继电器	产品质量证明材料			√	查阅
		型式试验、出厂试验报告			√	查阅
		进货检验、验收记录			√	查阅

续附表

序号	监检部套	监检项目	监造等级：二级			监测方式
			H	W	R	
12	端子排	产品质量证明材料			√	查阅
		型式试验、出厂试验报告			√	查阅
		进货检验、验收记录			√	查阅
13	金属板材	材质证明材料			√	查阅
		材质规格尺寸检查		√		检查
		材质抽检试验报告			√	查阅
		原材料领用记录			√	查阅
14	柜体制作、组装、生产过程	（1）板材冲裁、折弯质量检查		√		检查
		（2）柜体焊接质量检查		√		检查
		（3）柜体装配质量检查		√		检查
		（4）排流柜组装质量检查		√		检查
15	型式试验	（1）二极管型式试验			√	查阅
		（2）分流器型式试验			√	查阅
		（3）可调电阻型式试验			√	查阅
		（4）隔离开关型式试验			√	查阅
		（5）端子排型式试验			√	查阅
		（6）电压、电流表型式试验		√		参与
		（7）时间、信号继电器型式试验		√		参与
		（8）排流柜型式试验				
		① 冲击耐受电压试验		√		参与
		② 短时耐受电流试验		√		参与
		③ 冲击耐受电流试验		√		参与
		④ 反向耐受电压试验		√		参与
		⑤ 排流柜功能调试试验		√		参与
		⑥ 机械特性和机械操作试验		√		参与
		⑦ 主回路工频耐压干试验		√		参与
		⑧ 辅助回路和控制回路工频耐压试验		√		参与
		⑨ 保护回路性能试验		√		参与
		⑩ 测量误差试验		√		参与
		⑪ 与 SCADA 系统接口试验		√		参与

续附表

序号	监检部套	监检项目	监造等级：二级			监测方式
			H	W	R	
16	出厂试验	结构及外观检查		√		参与
		接线及极性检查		√		参与
		冲击耐受电压试验		√		参与
		短时耐受电流试验		√		参与
		冲击耐受电流试验		√		参与
		反向耐受电压试验		√		参与
		机械特性和机械操作试验		√		参与
		主回路工频耐压干试验		√		参与
		辅助回路和控制回路工频耐压试验		√		参与
		保护装置性能检验		√		参与
		通信接口试验		√		参与

附表 10.10　交直流电源装置监造项目表

序号	监检部套	监检项目	监造等级：二级			监测方式
			H	W	R	
1	质量保证文件	原材料检验方案，分承包方评价			√	查阅
		批量原材料合格验收判定标准，是否有让步接收及有关规定			√	查阅
		原材料使用控制程序及有关记录，是否有紧急放行及方案			√	查阅
		产品质量分析会，预防措施和纠正措施，不合格品分类和控制，工序转序的规定			√	查阅
		工厂确定的特殊过程及相应文件			√	查阅
		产品质量检验标准文件			√	查阅
2	开关（直流开关、交流空气开关）	产品质量证明书或相关的证明材料			√	查阅
		技术指标检查记录			√	查阅
		进货验收记录及领用记录			√	查阅
3	功率管、整流模块	产品质量证明书或相关的证明材料			√	查阅
		特性检验记录			√	查阅
		进货验收记录及领用记录			√	查阅
4	EMI滤波器、浪涌保护器及其他继电器	产品质量证明书或相关的证明材料			√	查阅
		单体特性检验记录			√	查阅
		进货验收记录及领用记录			√	查阅

续附表

序号	监检部套	监检项目	监造等级：二级			监测方式
			H	W	R	
5	各种仪表、变送器	产品质量证明材料			√	查阅
		仪表检定记录			√	查阅
		进货验收记录及领用记录			√	查阅
6	电流互感器、防雷器、接地仪等	产品质量证明材料			√	查阅
		进货验收及领用记录			√	查阅
		检定和试验记录			√	查阅
7	生产过程	高频开关电源模块调试		√		参与
		集中监控器调试		√		参与
		蓄电池充、放电试验过程		√		参与
		整机装配		√		参与
		老化过程记录			√	查阅
		二次配线质量及附件（各种端子、熔断器等）配置				参与
8	整机调试	交直流测量调试、校核		√		参与
		交直流输出电源检查		√		参与
		遥信量、遥测量、遥控遥调功能实现		√		参与
		信号显示及复归（当地、远方）		√		参与
		绝缘距离（相间、相对地）检查		√		参与
		交流电源自动投切及交直流自动切换		√		参与
		交流系统冲击负荷、事故负荷、缺相保护、电压异常等试验		√		参与
		直流系统母线自动（手动）调压		√		参与
		故障检测及智能监控		√		参与
		报警信号（可带插拔）		√		参与
		电压绝缘监察，蓄电池异常，充电装置故障，母线电压异常		√		参与

附表10.11 交流电力电缆监造项目表

序号	监检部套	监检项目	监造等级：一级			监测方式
			H	W	R	
1	质量保证文件	原材料检验方案，分承包方评价			√	查阅
		批量原材料抽检合格验收判定标准，是否有让步接收及有关规定			√	查阅
		原材料使用控制程序及相关记录，是否有紧急放行及方案			√	查阅
		是否有定期召开质量分析会及记录，不合格品的分类和控制及预防措施、纠正措施、工序转序的规定			√	查阅
		工厂确定的特殊过程（关键工序）及相应文件			√	查阅
		产品质量检验、试验标准			√	查阅

续附表

序号	监检部套	监检项目	监造等级：一级			监测方式
			H	W	R	
2	铜	原材料质量保证书或相关文件资料			√	查阅
		导电率及成分分析记录			√	查阅
		进货检验记录			√	查阅
3	绝缘材料防紫外线护套、PE材料	原材料质量保证书或相关证明材料			√	查阅
		进货检验和试验记录			√	查阅
		进货单和领料单批次的比较			√	查阅
4	内外半导体材料	原材料质量保证书或相关证明材料			√	查阅
		进货检验和试验记录			√	查阅
		领料记录和试验记录			√	查阅
5	低烟无卤材料	原材料质量证明或相关证明材料			√	查阅
		原材料性能检验报告			√	查阅
		领料记录和试验记录			√	查阅
6	半导电尼龙带、铝塑复合带、无纺布带、铜带（屏、铠）	原材料性能检验报告			√	查阅
		原材料验收记录和检验记录			√	查阅
		材料领用记录			√	查阅
7	电缆终端、电缆中间接头、金具	产品质量证明材料			√	查阅
		产品试验报告			√	查阅
8	生产过程监造点	电缆拉线、绞线		√		参与
		导体屏蔽、绝缘、绝缘屏蔽三层共挤		√		参与
		绕包铜带、垫层		√		参与
		纵包径向防水层		√		参与
		挤包内衬层		√		参与
		绕包铠装层		√		参与
		挤护套		√		参与
9	试验	型式试验			√	查阅
		例行试验		√		参与
		抽样试验		√		参与
		特殊试验		√		参与

附表 10.12 直流电力电缆监造项目表

序号	监检部套	监检项目	监造等级：一级			监测方式
			H	W	R	
1	质量保证文件	原材料检验程序及验收判定标准，是否有让步接收规定			√	查阅
		对分承包方评价及合格分承包方名单			√	查阅
		原材料使用控制及相关记录，有无紧急放行及方案			√	查阅
		产品质量分析会，纠正和预防措施			√	查阅
		工厂确定的特殊过程及相应文件			√	查阅
		产品质量检验和试验标准文件			√	查阅
2	铜	原材料质量保证书或相关证明材料			√	查阅
		导电率及相关化学成分分析记录			√	查阅
		进货验收记录			√	查阅
3	绝缘材料、半导电材料、半导电带、护套料	原材料质量保证书或相关证明材料			√	查阅
		物理及电性能试验报告单、检验单、化验报告单			√	查阅
		合同产品使用材料进货单及领料单的批次比较			√	查阅
		材料使用记录			√	查阅
4	阻燃材料、防水材料、防紫外线材料	原材料质量保证书或相关证明材料			√	查阅
		性能试验和检验报告单			√	查阅
		理化分析报告单			√	查阅
		材料使用记录			√	查阅
5	电缆终端金具	产品合格证明			√	查阅
		进货检验记录			√	查阅
6	生产过程监造点	无氧铜杆生产		√		参与
		导体绞制		√		参与
		绝缘挤制及交联		√		参与
		铜带绕包		√		参与
		综合防水层制造		√		参与
		铜带铠装绕包		√		参与
		无碱玻璃布带绕包		√		参与
		外护套挤制		√		参与
7	试验	型式试验			√	查阅
		过程试验		√		参与
		抽样试验		√		参与
		出厂试验		√		参与

参考文献

[1] 中国城市轨道交通协会. 中国城市轨道交通协会信息[Z]. 2019.
[2] 住房和城乡建设部工程质量安全监督司. 城市轨道交通工程设计文件编制深度规定[Z]. 2013.
[3] 住房和城乡建设部. 建筑工程设计文件编制深度规定(2016年版)[A]. 建质函〔2016〕247号. 2016.
[4] 住房和城乡建设部工程质量安全监管司. 市政公用工程设计文件编制深度规定（2013年版）[Z]. 2013.
[5] 北京城建设计发展集团股份有限公司. 轨道交通工程专业指导书[Z]. 2013.
[6] 国家发展改革委. 关于加强城市轨道交通规划建设管理的通知[A]. 发改基础〔2015〕49号. 2015.
[7] 于松伟，杨兴山，韩连祥，张巍. 城市轨道交通供电系统设计原理与应用[M]. 成都：西南交通大学出版社，2008:14.
[8] 郭杰. 城市轨道交通工程接口管理研究[D]. 北京：中国铁道科学研究院，2011:12.
[9] 北京市规划委员会. 地铁设计规范：GB 50157—2013[S]. 北京：中国建筑工业出版社，2014.
[10] 北京城建设计发展集团股份有限公司. 质量职业健康安全和环境管理体系文件设计管理规定[Z]. 2014.
[11] 北京城建设计发展集团股份有限公司. 北京地铁8号线三期工程供电系统设备招标文件[Z]. 2014.
[12] 北京城建设计发展集团股份有限公司. 青岛蓝色硅谷城际轨道交通工程供电系统招标文件[Z]. 2014.
[13] 北京城建设计发展集团股份有限公司. 郑州市南四环至郑州南站城郊铁路工程供电系统设备招标文件[Z]. 2015.
[14] 北京城建设计发展集团股份有限公司. 福州市轨道交通2号线工程供电系统供电系统用户需求书[Z]. 2016.
[15] 北京城建设计发展集团股份有限公司. 宁波市轨道交通3号线一期工程乙供主要设备材料技术规格书[Z]. 2017.
[16] 住房和城乡建设部. 地下铁道工程施工质量验收标准：GB/T 50299—2018[S]. 北京：中国建筑工业出版社，2018:12.
[17] 住房和城乡建设部. 电气装置安装工程电气设备交接试验标准：GB 50150—2016[S]. 北京：中国计划出版社，2016:11.
[18] 全国城市客运标准化技术委员会. 城市轨道交通试运营基本条件：GB/T 30013—2013[S]. 北京：中国标准出版社，2013:10.
[19] 住房和城乡建设部. 城市轨道交通建设工程验收管理暂行办法[A]. 建质〔2014〕42号. 2014.
[20] 北京市轨道交通建设管理有限公司. 轨道交通钢铝复合接触轨工程施工质量验收标准：QGD-001-2013[S]. 北京：中国铁道出版社，2013.

[21] 庾莉萍. 我国国际工程承包发展现状及存在的问题[J]. 中国工程咨询，2006(12)：18-19.

[22] 文海鸥. 浅谈国际工程项目风险管理[J]. 中小企业管理与科技，2011(9)：42-43.

[23] 许惠燕. 国际工程投标报价程序[J]. 对外经贸实务，2008(4)：60-63.

[24] 国际咨询工程师联合会，中国工程咨询协会编译. 菲迪克（FIDIC）合同指南[M]. 北京：机械工业出版社，2016: 13.

[25] 刘辉. 中外铁路工程建设标准对比及海外应用探讨[J]. 工程经济与管理，2017，34(9)：1-8.

[26] 袁熙志. 工程设计管理概述[M]. 北京：冶金工业出版社，2017: 114.

[27] 李慧平. 最新国际工程项目管理实务全书[M]. 北京：中国建材工业科学出版社，2006: 585-586.

后 记

还是要感谢西南交通大学高平先生！十年前，为《城市轨道交通供电系统设计原理与应用》的成功出版，我衷心地感谢大学同窗好友高平先生。今天在这里，还要感谢高平先生。因为还是他的一席话，重新点燃了我的写作之火！

在"设计原理与应用"编著完成后，我一度想尽快牵头完成其"姊妹篇"——即本书"设计管理与服务"的编写工作。但实际情况是，2008年以后，我国城市轨道交通建设进入了快速发展期（过去的这十年，也许将成为我国城市轨道交通发展最快的历史期），城轨项目越来越多，设计任务越来越重，电气设计师们越来越忙。而我自己呢，也是整天奔波于全国各地项目，许多时候忙于事务性工作。所以，虽然在2016年就启动了本书的编写工作，但整个2017年，写作进展缓慢，年底与高平老同学聊天叙谈，他使我加深了对电气专业性工作的认识。城轨供电设计管理，与城轨供电设计原理一样，对于城轨建设工作也十分重要。于是，2018年春天，我又拿起了修订编写大纲三级目录的笔。

又是一年过去。今天是腊月二十三，按农历说法，还算在2018年戊戌狗年"里"。《城市轨道交通供电系统设计管理与服务》今天终于成稿了。2018年，是北京城建设计发展集团股份有限公司（英文缩写UCD，前身北京城建设计研究总院）成立60周年！本书也是UCD电气工程师们，献给企业60周年华诞的礼物！无疑，此刻的心情是十分愉悦的！

最后，感谢共同编写本书的同事们！正是大家的无私付出与努力，才成就了本书。这使得城轨供电系统设计管理，实现了系统化、程序化、规范化，也使得城轨供电系统设计服务，体现了过程化、合同化、国际化。UCD电气工程们总结设计管理经验，提升设计服务品质，与业内分享，这必将促进行业高质量可持续发展，并为新时代我国城市轨道交通建设事业做出贡献。此时，作为UCD电气工程师的一员，值得自豪与骄傲！

2018年腊月二十三，文慧园